# DER MIDRASCH ZUR ESCHATOLOGIE AUS DER QUMRANGEMEINDE (4QMidrEschat a.b)

*Materielle Rekonstruktion, Textbestand, Gattung und traditions-geschichtliche Einordnung des durch 4Q174 („Florilegium") und 4Q177 („Catena A") repräsentierten Werkes aus den Qumranfunden*

VON

ANNETTE STEUDEL

TUTA SUB AEGIDE PALLAS · 1683 ·

E.J. BRILL
LEIDEN · NEW YORK · KÖLN
1994

The paper in this book meets the guidelines for permanence and durability of the Committee on Production Guidelines for Book Longevity of the Council on Library Resources.

**Library of Congress Cataloging-in-Publication Data**

Steudel, Annette.
   Der Midrasch zur Eschatologie aus der Qumrangemeinde
(4QMidrEschata.b) : materielle Rekonstruktion, Textbestand, Gattung
und traditionsgeschichtliche Einordnung des durch 4Q174
("Florilegium") und 4Q177 ("Catena A") repräsentierten Werkes aus
den Qumranfunden / von Annette Steudel
      p.      cm. — (Studies on the texts of the desert of Judah, ISSN
0169-9962 ; v. 13)
      On t.p. "a.b" is superscript
      Includes bibliographical references and index.
      ISBN 9004097635 (alk. paper).
      1. Dead Sea scrolls. 4Q174—Criticism, interpretation, etc.
2. Dead Sea scrolls. 4Q177—Criticism, interpretation, etc.
3. Manuscripts, Hebrew—Jerusalem—Facsimiles.      4. Rockefeller
Museum (Jerusalem)      I. Dead Sea scrolls. 4Q174. German & Hebrew.
1994.      II. Dead Sea scrolls. 4Q177. German & Hebrew. 1994.
III. Title.      IV. Series.
BM488.5.S75      1994
296.1'55—dc20                                                    93-37983
                                                                      CIP


**Die Deutsche Bibliothek – CIP-Einheitsaufnahme**

**Steudel, Annette:**
Der Midrasch zur Eschatologie aus der Qumrangemeinde
(4QMidrEschata.b) : materielle Rekonstruktion, Textbestand,
Gattung und traditionsgeschichtliche Einordnung des durch
4Q174 ("Florilegium") und 4Q177 ("Catena A") repräsentierten
Werkes aus den Qumranfunden / von Annette Steudel. - Leiden ;
New York ; Köln : Brill, 1994
   (Studies on the texts of the desert of Judah ; Vol. 13)
   ISBN 90-04-09763-5
NE: GT

ISSN   0169-9962
ISBN   90 04 09763 5

PRINTED IN THE NETHERLANDS

DER MIDRASCH ZUR ESCHATOLOGIE AUS DER
QUMRANGEMEINDE
(4QMidrEschat [a.b])

# STUDIES ON THE TEXTS
# OF THE DESERT OF JUDAH

EDITED BY

F. GARCIA MARTINEZ
A. S. VAN DER WOUDE

VOLUME XIII

# INHALTSVERZEICHNIS

TEIL I
DER BEFUND DER HANDSCHRIFTEN
4Q174 UND 4Q177

# VORWORT

Das vorliegende Buch stellt die leicht überarbeitete Fassung einer Dissertation dar, die ich im November 1990 der Theologischen Fakultät der Georg-August-Universität Göttingen eingereicht habe.

Mein vorzüglicher Dank gilt Herrn Prof. Dr. Dr. Hartmut Stegemann, der dieses Thema angeregt und großartig betreut hat. Seine eigene Begeisterung für die Qumranforschung ist stets so ansteckend gewesen, daß mir meine Arbeit nur ganz selten zur Mühe, fast immer aber zu einem wirklichen Vergnügen geworden ist. Herrn Prof. Dr. Berndt Schaller, der als Zweitreferent mein Dissertationsmanuskript gelesen hat, verdanke ich zahlreiche wertvolle Hinweise, die Eingang in die Druckfassung gefunden haben.

Ein wesentlicher Teil der vorliegenden Arbeit ist in den Sommermonaten 1988-1992 in Jerusalem entstanden. Der École Biblique et Archéologique Française danke ich für ihre stets so herzliche Gastfreundschaft während dieser Zeit. Herrn Prof. Dr. Dr. Emile Puech danke ich für keineswegs selbstverständliche Einblicke in seine eigenen Forschungsarbeiten, vor allem aber für die Möglichkeit von ihm zu lernen. Viele Details meiner Arbeit verdanken sich seinen Hinweisen. Dank gebührt in diesem Zusammenhang auch Herrn Prof. John Strugnell, der mir in seiner Funktion als Editor in Chief vertrauensvoll Zugang zu den Originalhandschriften gewährt hat, ohne dies wäre meine Arbeit nicht möglich gewesen. Ebenso danke ich ihm für die Zeit, die er sich für Diskussionen genommen hat, seine kritischen Kommentare und neue Ideen, aber auch für materielle Unterstützung. Bei den Mitarbeitern des Rockefeller-Museums bedanke ich mich für ihre Hilfsbereitschaft und Geduld beim Auffinden der Manuskripte.

Besonders danken möchte ich Herrn Prof. Dr. George Brooke für seine freundliche Bereitschaft zum Gespräch über kontroverse Fragen und für viele nützliche Anmerkungen. Dankenswerterweise hat er mich auf J. M. Allegros handschriftliche Vorarbeiten zu DJDJ V hingewiesen und mir diese, einschließlich der PAM-Photos, mit denen Allegro gearbeitet hatte, zur Verfügung gestellt; für den Entstehungsprozeß meiner Arbeit ist dieses Material oft sehr hilfreich gewesen.

Dem Verlag, besonders Herrn Dr. Hans van der Meij und Herrn Pim Rietbroek, danke ich für die gute Kooperation bei der Drucklegung dieser

Arbeit, ebenso Herrn Prof. Dr. Florentino García Martínez für deren Aufnahme in die Reihe „Studies on the Texts of the Desert of Judah".

Der Universität Göttingen danke ich für die großzügige finanzielle Unterstützung meines Promotionsvorhabens durch ein Stipendium im Rahmen der Graduiertenförderung.

Zum Schluß, aber nicht zuletzt möchte ich all denen danken, die auf ganz unterschiedliche Weise zum Zustandekommen dieser Arbeit beigetragen haben, Freunden, Kollegen und besonders meiner Familie.

Göttingen, Juli 1993                                           Annette Steudel

# ABKÜRZUNGSVERZEICHNIS UND ZEICHENERKLÄRUNG

ZE     Zeicheneinheit(en). Jeder Buchstabe einer Handschrift sowie der reguläre Abstand zwischen zwei Wörtern wird als eine ZE gezählt. Von Belang ist dies für Textergänzungen in den Lücken eines Manuskriptes, auch für Berechnungen größerer Textumfänge. Dieses System entspricht dabei von seinen Resultaten her dem, welches den einzelnen Buchstaben unterschiedliche Wertigkeiten beimißt (siehe etwa ׳ gegenüber ם).

[…]     Zur Kennzeichnung einer Lücke (durch eine Beschädigung des Leders) im Bestand einer Handschrift. Text innerhalb dieser Klammern ist also lediglich in der Transkription ergänzt.

°     An dieser Stelle existiert in der Handschrift ein nicht zu identifizierender Rest eines Buchstabens.

א̊     Ein auf diese Weise in der Transkription markierter Buchstabe, hier als Beispiel א, ist möglicherweise zu lesen, doch die Schriftreste sind nicht eindeutig.

א̇     Der so in der Transkription gekennzeichnete Buchstabe, hier als Beispiel א, weist eine Zerstörung auf, ist aber sicher zu identifizieren.

א̣     Streichung durch den Schreiber.

< >     Tilgung durch den Schreiber.

כו֗ל     Supralineare Einfügung eines Buchstabens/Zeichens.

vac.     Vacat, unbeschriftetes Leder.

RQ     Revue de Qumrân

Neben allgemein üblichen Abkürzungen – wie z.B. Kol. für Kolumne – ist für zitierte Literatur das Abkürzungsverzeichnis von S. Schwertner (1974) verwendet.

# EINFÜHRUNG

Etwa die Hälfte der rund 800 Schriftrollen, welche in den elf Höhlen bei Chirbet Qumran am Toten Meer entdeckt wurden, sind bis heute ediert. Zu diesen zählen auch die meisten Handschriften, die der literarischen Gattung der „Midraschim" angehören.

Vor den Qumranfunden waren Midraschim lediglich durch das rabbinische Judentum, das frühe Christentum sowie durch einige Bücher des Philo Alexandrinus, vorausgesetzt man betrachtet seine Kommentare als Midraschim, bekannt.

Die qumranischen Midraschim – formal eigenständig und durchgängig älter als die anderen Zeugnisse – sind bislang noch wenig erforscht. Nur zu einer Teilgattung, zu den sogenannten „Pescharim", existieren neben Texteditionen weitergehende Untersuchungen. Der andere Teil dieser Gattung, die sogenannten „thematischen Midraschim", sind – mit Ausnahme von 11QMelchisedek und einem größeren Fragment von 4QFlorilegium – weitgehend unbeachtet geblieben.

Der Grund dafür liegt im fragmentarischen Erhaltungszustand der Handschriften „thematischer Midraschim". Hinzu kam das Fehlen eines Verfahrens, welches die Rekonstruktion auch stark beschädigter Texte – in den meisten Fällen handelt es sich bei den „thematischen Midraschim" um Unikate – gestattet. So waren hinreichend gesicherte Aussagen beispielsweise über Inhalt, Struktur und Abfassungsinteresse der „thematischen Midraschim" kaum möglich.

Gewährleistet wird eine Bearbeitung fragmentarisch und ohne Paralleltext erhaltener Manuskripte nun durch eine von H. Stegemann entwickelte *Rekonstruktionsmethode*. Dieses Verfahren, welches in erster Linie das materielle Erscheinungsbild der Handschriften berücksichtigt und somit weitgehend unabhängig ist von textlichen Erwägungen, bildet die arbeitstechnische Voraussetzung für die vorliegende Untersuchung.

Deren Gegenstand bilden zwei fragmentarisch erhaltene Midraschim-Handschriften aus den Qumranfunden, nämlich 4Q174 („Florilegium") und 4Q177 („Catena A").

Vornehmliches Ziel der vorliegenden Untersuchung ist die Beschreibung dieser Texte (Teil I). Grundlage dafür ist die materielle Rekonstruktion beider Manuskripte; die Rekonstruktionsmethode wird im Zusammenhang mit 4Q174 exemplarisch dargestellt. Abbildungen der rekonstruierten Handschriften 4Q174 und 4Q177 sind in einem Anhang der Arbeit beigegeben. Sie sollen lediglich der Veranschaulichung der Rekonstruktionsergebnisse dienen, nicht aber sind sie für die Textlesung geeignet; dafür verweise ich auf die Photos in den Editionen. Die Transkription der Texte 4Q174 und 4Q177 (Teil I,1.3 und 2.3) liefert den erhaltenen Textbestand und den mit annähernder Sicherheit in den Lücken zu ergänzenden Text. Alternative Lesungs- und Ergänzungsmöglichkeiten werden diskutiert (Teil I,1.5 und 2.5).

Eine Analyse der rekonstruierten Handschriften 4Q174 und 4Q177 unter ganz verschiedenen Aspekten soll weitgehende Aufschlüsse über deren Charakter (z.B. Textstruktur, Art und Weise der Schriftverwendung) sowie eine Verhältnisbestimmung beider Manuskripte zueinander ermöglichen (Teil II).

Die Beschreibung der Textinhalte ist an Themenschwerpunkten orientiert (Teil III,1), die wichtigsten Ergebnisse der Analyse der Schriftzitate und ihrer Auslegungen sind hier zusammengestellt.

In einem weiteren Abschnitt (Teil III,2) werden andere, „exegetische" Werke der spezifischen Qumranliteratur untersucht. Es handelt sich dabei – mit Ausnahme der „Exzerpt-Texte" – um Texte, in denen explizit Bibel zitiert und interpretiert wird. Ausgenommen sind also Bibelparaphrasen (z.B. 4Q158) und Werke wie etwa die „Hodajot" (1QH), die eine nur indirekte Schriftbenützung aufweisen. Der Bereich dieser Texte soll zahlenmäßig möglichst umfassend berücksichtigt werden, die Analyse der jeweiligen Werke sich aber auf solche formalen Befunde beschränken, die sich auch bei einer Untersuchung von 4Q174 und 4Q177 als aussage- und vergleichskräftig erwiesen haben.

Damit ist die Grundlage geschaffen, auf der eine nähere Gattungsbestimmung von 4Q174 und 4Q177 möglich wird (Teil III,3); in diesem Zusammenhang erfolgt auch eine Erläuterung des für beide Texte gewählten Titels „4QMidrEschat[a.b]". In Teil III, 4-6 soll eine Einordnung in den Kontext der Qumrangemeinde und ihrer literarischen Produktion versucht werden. Um Mißverständnissen vorzubeugen, sei noch eine wichtige Bemerkung vorausgeschickt: Wenn im folgenden von der „Qumrangemeinde" die Rede sein wird, so verstehe ich darunter nicht etwa eine kleine in Qumran lebende Sekte, sondern die – wie Josephus und Philo es bezeugen – breite Bewegung der Essener überhaupt.

# TEIL I

## DER BEFUND DER HANDSCHRIFTEN
### 4Q174 UND 4Q177

# 1. 4Q174 MidrEschat^A
## („Florilegium")

## 1.1. *Die Edition, materielle Beschreibung der Handschrift und der Forschungsstand*

### 1.1.1. *Die Edition*

J. M. Allegro, dem die Veröffentlichung von 4Q174 übertragen worden war, edierte diese Handschrift in drei Schritten.[1]

Zunächst präsentierte er ein Textstück aus Frg. 1 mit den Zeilen 10-13 in JBL 75 (1956).[2]

Zwei Jahre später erschien dann das ganze Frg. 1 in JBL (1958). An dem 1956 publizierten Textteil nahm er dabei leichte Korrekturen vor.[3]

Schließlich edierte J. M. Allegro 1968 in Band V der „Discoveries in the Judaean Desert of Jordan" (DJDJ) den gesamten erhaltenen Bestand der Handschrift 4Q174 unter dem bereits 1956 gewählten Titel „Florilegium". Es handelt sich dabei um sechsundzwanzig Fragmente, deren Transkriptionen auf den Seiten 53-57 des Bandes zu finden sind. Der Text von Frg. 1 entspricht hier weitgehend der Wiedergabe in JBL 1958, allerdings verzichtete J. M. Allegro auf einige seiner früheren Textergänzungen.[4] Für die größeren Fragmente erstellte er eine Übersetzung. In An-

---

[1] Zur „Vorgeschichte" der endgültigen Edition der Handschrift siehe auch G. J. Brooke (1985) 80-83.

[2] JBL 75 (1956) 174.176f. J. M. Allegro verwies hier in einer knappen Einleitung darauf, daß dieses Bruchstück einem Werk entstammt, welches er vorläufig mit 4Q Florilegium betitelte. Die 19-zeilige Kolumne, der das Bruchstück angehört, besteht – so Allegro – aus 21 Einzelfragmenten.

[3] JBL 77 (1958) 350-354. Diese Edition schließt das später von J. M. Allegro (1968) als Frg. 2 bezeichnete Bruchstück ein. Veränderungen gegenüber JBL 75: Z. 10: abweichende Angaben zur Vollständigkeit gelesener Buchstaben, Z. 11: עד עול[ם anstelle von ל[עול]ם, Z. 13: א[שר anstelle von וא[חר. Dem transkribierten Text und dessen Übersetzung schickte J. M. Allegro eine kurze Charakterisierung und eine photographische Abbildung des Fragmentes voraus; in Anmerkungen finden sich knappe Kommentare zum Text.

[4] Veränderungen gegenüber JBL 77: Frg. 1, Kol. I: Z. 1: Umfang der 2. Lücke, Z. 2 und 3: שפטים (def.) und אדני (def.), Z. 5: עולם [...]ה̇[ ] ˚יˊ anstelle von למ̇[...]נ̇פשו, Z. 9: נ̇[פשו למ̇[...]למ̇]נ̇פשו anstelle von נ̇[סר? und מה[...]א̇ anstelle von א̇[ונ]מה, Z. 14 und 19: Weglassen von על nach הדבר פשר, Z. 16: Ergänzung von לו[א יטמאו עוד], Z. 17: [בנ]ל[ו]לי̇ליהמ̇ה̇ anstelle von וא̇[נ̇]שי, נ̇[ל]ל[ו]שי anstelle von שי̇ und Lesung von ה̇[ו̇ר̇?י, Z. 19: ות̇ה̇[...]בחירי anstelle von בחירי ות̇ה̇[מה?; Kol. II,4: Weglassen von ה als erstem Buchstaben der Zeile.

merkungen wies er auf – meist biblische – Parallelen hin und ergänzte
Lücken im Text, vor allem dort, wo Schriftzitate dies nahelegen. Abbildungen aller dieser Fragmente finden sich in DJDJ V auf den Tafeln XIX
und XX.

## 1.1.2. *Materielle Beschreibung der Handschrift*

Die Originalfragmente von 4Q174 werden gegenwärtig im Rockefeller-
Museum (Department of Antiquities) in Jerusalem aufbewahrt. Von den
ursprünglich erhaltenen 26 Fragmenten dieser Handschrift fehlen dort inzwischen die Frg. 6a und 8.[1] Der Erhaltungszustand aller übrigen, verhältnismäßig dünnen Lederfragmente ist unterschiedlich, in der Regel aber
nicht schlecht. Konservatorisch präpariert wurden nur Frg. 1-3. Ihre
Oberfläche ist jetzt stark glänzend; das Leder erscheint durch diese Behandlung dunkler als das der übrigen Fragmente der Handschrift. Einige
Fragmente, z.B. Frg. 9, weisen eine weißliche Färbung auf, die durch
Lichteinwirkung entstanden ist. Frg. 7 ist fast vollständig korrodiert. Gleiches gilt für den linken Rand von Frg. 19, ebenso – wenn auch nicht in
gleichem Maße – für eine Reihe weiterer Fragmente, z.B. Frg. 13 und 14.
Materialvergleiche gestalten sich deshalb relativ schwierig.[2] Immerhin
läßt sich noch feststellen, daß das Leder besonders der Frg. 6-11 – soweit
im Original erhalten – dicker und härter ist als das geschmeidige Leder
von Frg. 1-3. Ein derartiger Befund könnte auf die einstige Zugehörigkeit
zu einem anderen Lederbogen schließen lassen; diese Schlußfolgerung ist
aber nicht zwingend, da das Leder auch im Rahmen eines Bogens Unterschiede solcher Art aufweisen kann.

Frg. 1 besitzt 19 Zeilen in einer von oben bis unten erhaltenen Kolumne. Dies dürfte zugleich die reguläre Zeilenzahl aller einstigen Kolumnen
dieser Schriftrolle gewesen sein.[3] Sowohl Linierungen für die Schrift-
zeilen[4] als auch Kolumnentrennerlinien sind zu erkennen. Der Zeilenabstand beträgt etwa 0,8 cm. Eine halbe Vacatzeile befindet sich auf Frg.
1,13. Auf Frg. 7,4 ist der Beginn einer „halben" Vacatzeile erhalten. Frg.
6,2 und 15,4(?) weisen ein „vollständiges" Vacat auf. Der obere Kolum-

---

[1] Bereits am 21.9.1987 vermerkte E. Puech in einer handschriftlichen Notiz, die sich
bei den Originalfragmenten befindet, daß er die Frg. 6a und 8 nicht mehr gefunden hat.

[2] Zudem wurden die meisten Fragmente, z.B. auch Frg. 1-3, auf Reispapier aufgeklebt und sind daher wenig lichtdurchlässig, so daß ein Vergleich der Materialstrukturen
sehr erschwert ist.

[3] Vergleiche H. Stegemann (1990), 198: „In a given scroll, the number of lines is re-
latively constant: either all columns have the same number of lines, or some of the columns differ slightly by one or two lines at the most". Zur Ausnahme der Tempelrolle
siehe ebd.

[4] Besonders deutlich sichtbar z.B. auf Frg. 9.

nenrand – ca. 2,0 cm – ist durch Frg. 1, 3, 9, 10, 13 und 15 repräsentiert,[1] der untere Rand – ca. 2,5 cm – eindeutig nur durch Frg. 1, möglicherweise auch durch Frg. 23. Frg. 4 zeigt links einen Nahtrand.[2] Ein linker Kolumnenrand ist außerdem auf Frg. 22 zu erkennen. Kolumnentrenner in voller Breite – ca. 2,0 cm – weisen die Frg. 1 und 9 auf.[3] Die Frg. 1 und 13 weisen rechten Kolumnenrand auf. Nur im Falle von Frg. 1 ist die vollständige Breite einer Kolumne erhalten; sie beträgt hier 15,0 cm.

Paläographisch ist 4Q174 mit J. Strugnell (1970) als eine frühherodianische, „formale" Schrift mit „rustic semiformal"-Elementen[4] zu charakterisieren.[5] Diese Handschrift wurde also etwa im letzten Drittel des 1. Jhds. v. Chr. angefertigt.[6]

Orthographisch zeigt 4Q174 eine deutliche Neigung zur Pleneschreibung, z.B. כיא und לוא. Es überwiegen lange Pronominalsuffixe für die 3. Pers. mask. pl. Diese Langformen sind in den nichtbiblischen Qumrantexten sonst nur selten vertreten. Doch weist E. Qimron (1986) darauf hin, daß auch einige andere fragmentarisch erhaltene Handschriften diese häufig bieten,[7] insbesondere im Zusammenhang mit Präpositionen oder kurzen Wörtern.[8] 4Q174 gebraucht für die suffigierten Präpositionen stets die Langform, z.B. להמה. Entsprechend ist der Befund bei den Personalpronomina: bezeugt ist in 4Q174 ausschließlich die Verwendung der langen Form המה. Auch die Pronomina der 3. Pers. mask./fem. sg. sind stets lang.

Offensichtliche Schreibfehler lassen sich nicht eindeutig nachweisen. Auf Frg. 1 und 3 ist allerdings die Z. 4a – sehr wahrscheinlich von gleicher Hand – nachgetragen. Dies läßt darauf schließen, daß 4Q174 nicht

---

[1] Der obere Abschluß der Frg. 9 und 10 stimmt auf dem Photo in J. M. Allegro (1968) Tafel XX nicht mit den Originalen überein. Der obere Rand ist tatsächlich geringer als in der Edition wiedergegeben. Er beträgt 2,0 cm , so auch von J. M. Allegro (1958), 350-351, beschrieben und verläuft ganz waagerecht.

[2] Deutlich erkennbar sind Einstiche. Reste des Fadens sind nicht mehr erhalten.

[3] Reste einer Kolumentrennerlinie, die das Ende der Zeilen auf Frg. 1,I markierte, sind zwischen den letzten Buchstaben (ם und ה) der Z. 3 und 4 erkennbar, ebenso hinter אשר in Z. 11. Einige Schriftreste rechts vom Kolumnentrenner auf Frg. 9 (Z. 1,4 und 5) sind bislang nicht registriert worden.

[4] Dafür charakteristisch sind z.B. א und ש.

[5] Siehe J. Strugnell (1970), 177, vergleiche F. M. Cross (1961), 138, Linien 4 und 5 der Tabelle. J. Strugnells „rustic semiformal" entspricht F. M. Cross' „round semiformal".

[6] G. J. Brooke (1985), 83f, datierte die Handschrift um ca. 50 n.Chr. Dies ist aber eindeutig erheblich zu spät, wie z.B. die Schreibung von ב und ק zeigt.

[7] Neben 4Q174 und 4Q177 sind dies 1Q27 („Livre des Mystères", ediert von D. Barthélemy und J. T. Milik (1955)) und 4Q287 („Berakot^b", siehe J. T. Milik (1972), 130ff), siehe aber auch unten die bislang unveröffentlichten 4Q463-Fragmente.

[8] Siehe E. Qimron (1986), 62. Die meisten Langformen in nichtbiblischen Handschriften bietet die „Tempelrolle".

das ursprüngliche Original dieses Textes bietet, sondern eine sekundäre Abschrift davon.

Meiner Untersuchung liegen neben den Handschriften-Originalen die Photographien PAM (Palestine Archeological Museum) 41.308, 41.807, 41.810, 42.605, 42.608, 42.423 und 43.440 zugrunde.

### 1.1.3. *Der Forschungsstand*

Vollzog sich die Veröffentlichung von 4Q174 in drei Etappen, so folgte ihr hierin die Forschungsgeschichte. Eine jede von J. M. Allegros Teilveröffentlichungen initiierte eine Reihe von sekundären Untersuchungen zu dieser Handschrift.

So beziehen sich auf die zunächst von J. M. Allegro 1956 publizierten vier Textzeilen von Frg. 1 unter anderem die Übersetzungen von Th. H. Gaster (1957),[1] M. Burrows (1958)[2] und H. Bardtke ([1]1958).[3] Im Rahmen seiner Studie zur Messianologie der Qumrangemeinde widmete sich auch A. S. van der Woude (1957) diesem ersten Teilstück von 4Q174.[4]

Im Anschluß an J. M. Allegros Veröffentlichung des gesamten Frg. 1 im Jahre 1958 erschienen 1959 modifizierende Wiedergaben dieses Textteiles von A. M. Habermann[5] und von Y. Yadin.[6] Besonders Y. Yadin nahm zahlreiche Veränderungen von Textlesungen und Ergänzungen der Textlücken vor, so daß sich die spätere Forschung neben J. M. Allegro vor allem auf Y. Yadin bezieht. Ebenfalls 1959 wurde ein kurzer Kommentar zu Frg. 1,I von W. R. Lane in JBL 78 veröffentlicht.[7] Übersetzungen von Frg. 1 finden sich bei A. Dupont-Sommer (1959),[8] J. Maier (1960),[9] G. Vermes ([1]1962)[10] und J. Carmignac (1963).[11] E. Lohse ([1]1964) nahm Frg. 1 in seine „Texte aus Qumran" auf. Die Lesung des

---

[1] Th. H. Gaster (1957), 351f.357. Die Übersetzung in Th. H. Gasters 3. überarbeiteter und erweiterter Auflage seines Buches (1976), 446-448, ist mit dieser identisch.

[2] M. Burrows (1958), 348.

[3] H. Bardtke ([1]1958), 298f (= [2]1961).

[4] A. S. van der Woude (1957), 172-175.

[5] A. M. Habermann (1959), 173f.

[6] Y. Yadin (1959), 95-98.

[7] W. R. Lane (1959), 343-346.

[8] A. Dupont-Sommer (1959), 323-327 und in A. Dupont-Sommers deutscher Übersetzung „unter Zugrundelegung der Originaltexte" durch W. W. Müller (1960), 335-339. Y. Yadins Lesungen waren ihm noch unbekannt.

[9] J. Maier (1960), I 185f, II 165f. J. Maier bezieht sich als erster – unter anderem – auf Y. Yadin (1959). Die Übersetzung in J. Maier/ K. Schubert (1982), 307f, ist mit J. Maier (1960), I a.a.O., identisch.

[10] G. Vermes ([1]1962), 243-244.

[11] J. Carmignac (1963), II 279-284, mit einer kurzen Einleitung und zahlreichen Anmerkungen zum Text.

Textes erfolgte dabei im wesentlichen mit J. M. Allegro (1958).[1] Eine weitere Übersetzung stammt von F. M. Tocci (1967).[2]

Nach der Edition sämtlicher 4Q174-Fragmente durch J. M. Allegro (1968) erschien zunächst ein Beitrag von E. Slomovic (1969) zu Frg. 1,I, der in den meisten seiner Lesungen Y. Yadin (1959) folgt.[3] Im Jahr 1971 wurde die 2. Auflage von E. Lohse „Die Texte aus Qumran" veröffentlicht.[4] Der für Frg. 1 gelesene Text ist mit dem der 1. Auflage identisch. Hinzugetreten war Frg. 3, welches E. Lohse mit J. M. Allegro (1968) las und ebenso wie dieser dem Frg. 1,II zuordnete. Auch G. Vermes fügte in den späteren Ausgaben seiner „Dead Sea Scrolls in English" Frg. 3 an gleicher Stelle hinzu, allerdings mit teilweise von J. M. Allegro (1968) abweichender Übersetzung.[5] Eine Übersetzung liefert auch L. Moraldi (1971).[6]

Zwei Untersuchungen gebührt eine besondere forschungsgeschichtliche Beachtung. Sie beziehen sich erstmals auf den gesamten erhaltenen Bestand der Handschrift 4Q174.

Zunächst handelt es sich dabei um einen Beitrag von J. Strugnell im Rahmen seiner grundlegenden „Notes en Marge du Volume V des <Discoveries in the Judaean Desert of Jordan>" (1970).[7] J. M. Allegro selbst hatte die Edition seiner 4Q-Handschriften als etwas Vorläufiges bezeichnet, das ohne Mitwirkung seiner Kollegen vom Herausgeber-Team zustandegekommen war.[8] So bot nun J. Strugnell wie zu den anderen DJDJ V-Texten auch zu 4Q174 zahlreiche Verbesserungen von Textlesungen und Ergänzungen der Lücken. Weitere biblische Parallelen wurden von ihm identifiziert und einzelne Fragmente zu Kombinationen zusammengestellt.

Die ausführlichste Würdigung erfuhr 4Q174 dann durch G. J. Brookes „Exegesis at Qumran. 4QFlorilegium in its Jewish Context" (1985).[9] G. J. Brooke bietet darin – nach eingehender Betrachtung des jüdisch-

---

[1] E. Lohse ([1]1964), 255-259 und 293 (Anmerkungen), mit kurzer Einführung. Neben J. M. Allegro (1958) folgte E. Lohse gelegentlich A. M. Habermann (1959), meist wohl deshalb, weil dessen punktierter Text die „mechanische" Vorlage für seine eigene Textausgabe war.

[2] F. M. Tocci (1967), 319.

[3] E. Slomovic (1969), 7-9.

[4] E. Lohse ([2]1971 = spätere Auflagen), 255-259 und 297 (Anmerkungen).

[5] Siehe zuletzt G. Vermes (1987, dritte Edition der Erstausgabe), 293f.

[6] L. Moraldi (1971), 573.

[7] J. Strugnell (1970), 220-225.177 und 237.

[8] Siehe J. M. Allegro „Preface" in DJDJ V.

[9] Eine Rezension dieses Werkes von J. Murphy-O'Connor findet sich in RB (1987), 296f.

exegetischen Umfeldes – den gesamten erhaltenen Text von 4Q174 mit Übersetzung und behandelt die Fragen nach Lesung und Ergänzung der einzelnen Textfragmente. In seinem anschließenden Kommentar geht es G. J. Brooke vor allem darum, die Struktur des Textes und die Art und Weise der hier erkennbaren Schriftinterpretation zu erhellen. Zum Vergleich werden schließlich exegetische Prinzipien in verschiedenen Qumrantexten analysiert. Ein von G. J. Brooke – nach einem Hinweis von W. H. Brownlee – beschriebenes „Frg. 27" der Handschrift erwies sich bei meiner Durchsicht der Originale lediglich als ein Bruchstück von Frg. 1, welches sich nicht mehr am richtigen Platz befand.[1]

In ihrem 1986 veröffentlichten Artikel „4QFlorilegium and the Idea of the Community as Temple" widmete sich D. Dimant 4Q174, 1,I,1-13, demjenigen Teil der Handschrift, der sich mit der Auslegung von 2Sm 7 befaßt. D. Dimant bietet eine eigene Lesung der Textpassage mit Ergänzungen der Lücken, einer Übersetzung und Erläuterungen. Zu dieser Untersuchung veranlaßt wurde sie durch das Erscheinen der „Tempelrolle" (11QT).[2]

In M. A. Knibbs Übersetzung von 4Q174 in „The Qumran Community" (1987) sind die erste Kolumne und der Beginn der nächsten Kolumnenzeile berücksichtigt. Zu diesen findet sich ein kurzer Kommentar, auch geht eine knappe Charakterisierung der Gesamthandschrift voraus.[3]

1988 erschienen M. Kisters „Marginalia Qumranica", in denen er sich mit 4Q174 Frg. 1,I,1-6 beschäftigt. M. Kister kommentierte hier diesen Textabschnitt, für den er eine neue Transkription mit Ergänzungen der Textlücken lieferte.[4]

M. O. Wise (1991) behandelte erneut die Frage der Tempelvorstellung in 4Q174.[5] Grundlage seiner Untersuchung ist eine Transkription und Übersetzung von Frg,1,I,1-13 dieser Handschrift.

---

[1] Zu diesem Frg. 27 siehe G. J. Brooke (1985), 91 und 128. Tatsächlich ist „Frg. 27" ein Bruchstück aus Frg. 1,I,2.3. Vermutlich aufgrund der Ähnlichkeit einzelner Buchstaben (ף/פ; ף/ה) wurde die 2. Zeile des Bruchstückes von H. W. Brownlee unzutreffend transkribiert. Anlaß für diesen Irrtum war, daß dieses Bruchstück sich aus J. M. Allegros „Frg. 1" gelöst hatte und unter die anderen kleinen Fragmente von 4Q174 geraten war, wo ich es 1988 noch vorfand.

[2] D. Dimant (1986), 165-189, geht in ihrer Studie auch auf die von G. J. Brooke gewonnenen Ergebnisse ein. Allerdings lag ihr lediglich die Dissertationsfassung von Brookes „Exegesis" vor, die für den Druck noch überarbeitet worden ist.

[3] M. A. Knibb (1987 = Neudruck 1988), 257-262.

[4] M. Kister (1988), 318-321.

[5] Diese ist Gegenstand der meisten Studien zu 4Q174. Eine Auflistung der forschungsgeschichtlichen Standpunkte zu diesem Thema findet sich bei M. O. Wise (1991), 107-109.

Die beste Wiedergabe weiter Teile von 4Q174 findet sich bei E. Puech (1992), der im Rahmen seines Werkes „La croyance des esséniens en la vie future: Immortalité, résurrection, vie éternelle?" den Text dreier Kolumnen[1] transkribiert, übersetzt und kommentiert.

## 1.2. Materielle Rekonstruktion der Schriftrolle

### 1.2.1. Die Rekonstruktionsmethode

Arbeitstechnische Grundlage der vorliegenden Untersuchung ist die Rekonstruktionsmethode von H. Stegemann.[2] Dieses Verfahren dient zur Rekonstruktion solcher Schriftrollen, die lediglich fragmentarisch erhalten sind, ohne daß Paralleltexte zur Verfügung stehen, die das ursprüngliche Verhältnis der erhaltenen Fragmente zueinander feststellbar machen.

Einst im Rahmen seiner Dissertation „Rekonstruktion der Hodajot"[3] entwickelt, hat sich H. Stegemanns Methode inzwischen für die Vorbereitung neuer Publikationen von Qumrantexten bewährt.[4] Da aber der technische Ablauf einer solchen Handschriften-Rekonstruktion in der Forschungsliteratur noch nie an einem Beispiel beschrieben worden ist, soll dieses exemplarisch für 4Q174 dargestellt werden.

### 1.2.2. Die Rekonstruktion der Schriftrolle

Grundvoraussetzung für die Rekonstruktion einer Schriftrolle ist die genaue Kenntnis des davon erhaltenen Materials. Daher ist vor Beginn der eigentlichen Rekonstruktionsarbeit eine eingehende Untersuchung der Originalhandschrift erforderlich, da den meisten Texteditionen eine detaillierte Beschreibung des Handschriftenmaterials nicht zu entnehmen ist

---

[1] E. Puech (diss. 1992). Kol. oi = Frg. 4; Kol. i = Frg. 1-2 + 21; Kol. ii = Frg. 1 + 3 + 24 + 5 + 12.

[2] Siehe H. Stegemann, Methods for the Reconstruction of Scrolls from scattered Fragments, in: L. H. Schiffman (1990), 189-220. Im folgenden zitiert als H. Stegemann (1990 Reconstruction).

[3] H. Stegemann, Rekonstruktion der Hodajot, Diss. Heidelberg 1963 (unveröffentlicht).

[4] Siehe z.B. die Textedition der sogenannten „Shirot 'Olat Ha-Shabbat" (ShirShabb) durch C. Newsom (1985). In Zusammenarbeit mit H. Stegemann gelang C. Newsom die Rekonstruktion zweier Handschriften (4QShirShabb^b = 4Q405 und 11QShirShabb) dieses Textes, was in ganz wesentlichen Bereichen dessen Verständnis überhaupt erst erschloß. Daß sich diese Methode auch als durchaus sinnvoll für die Rekonstruktion mancher biblischer Manuskripte erweist, zeigt J. Trebolle, 4Q Kings (4Q54), in: Trebolle Barrera, J. & L. Vegas Montaner (Ed.), Proceedings of the International Congress on the Dead Sea Scrolls, Madrid, 18-21 March 1991 (STDJ XI, 1, 1992) 229-246.

– so auch im Falle von 4Q174.[1] Zwar ist die technische Anwendung der
Rekonstruktionsmethode selbst weitgehend auch ohne die Originalfrag-
mente möglich, doch ist abschließend eine Überprüfung der gewonnenen
Rekonstruktionsergebnisse anhand der Originale unerläßlich.

Folgende vorbereitende Schritte sind für eine Rekonstruktion zunächst
notwendig:

– Von den zur Verfügung stehenden Photographien der Fragmente gilt
es Photokopien – auf Papier oder Overhead-Folie – in mindestens doppelter Ausführung anzufertigen. Auf diesen werden die Umrisse der Fragmente nachgezeichnet, so daß deren Konturen deutlich erkennbar werden.
Obere und untere Ränder, Nahtränder und Kolumnentrenner sind auf den
Photokopien zu vermerken. Weiterhin empfiehlt es sich, auch etwaige
Schriftzitate zu kennzeichnen und Fragmente, die durch solche miteinander in Verbindung stehen, zu markieren. Gleiches gilt für die Feststellung
von Vacat-Zeilen sowie für sichere Textergänzungen an den Texträndern.

– In einem nächsten Arbeitsschritt geht es um die Sortierung der Fragmente. Zunächst werden alle Fragmente gleichen Materials, das heißt der
gleichen Lederqualität, notiert. Daraus lassen sich Anhaltspunkte über die
Anzahl der bei der Herstellung einer Schriftrolle verwendeten Lederbögen gewinnen. Gleichzeitig ergeben sich dabei Anregungen und Über-
prüfungsmöglichkeiten für die Rekonstruktion, denn einst benachbarte
Fragmente weisen in der Regel eine ähnliche Lederfarbe und -stärke auf.
Weiterhin sind alle Fragmente des oberen bzw. unteren Handschriften-
randes zu sammeln. Nahtrandfragmente geben Hinweise darauf, daß anschließend ein Lederbogen mit möglicherweise anderer Qualität folgt. Für
die Rekonstruktion derjenigen Kolumne, der das Nahtrandfragment angehört, ist daran zu denken, daß ihre Breite nicht unbedingt der üblichen
Kolumnenbreite entsprechen muß. Für den Kolumnentrenner beim Nahtrand gilt in der Regel die doppelte Breite der normalen Kolumnentrenner.
Auch Fragmente, die gewöhnliche Kolumnentrenner aufweisen sind zu
sammeln; sie werden für die Ermittlung der einstigen Kolumnenbreite
von Bedeutung sein. Wesentlich ist sodann, Fragmente zu registrieren,
welche die vollständige Zeilenzahl der ursprünglichen Kolumnen erkennen lassen und die Gesamthöhe der Schriftrolle dadurch feststellbar machen, daß sie oberen und unteren Rand besitzen. Da die Höhe der Rolle

---

[1] Vergleiche im Unterschied zum meist „üblichen" Verfahren die hilfreichen materiellen Beschreibungen von M. Baillet in DJD VII (1982) oder von Y. Yadin in seiner
Edition der „Tempelrolle" (11QT, 1977). Zwar machte J. M. Allegro in JBL 77 (1958),
350-351, erste Angaben zum materiellen Befund von 4Q174 – in DJDJ V fehlen diese –
doch reichen sie für eine Rekonstruktion der Handschrift nicht aus.

stets gleich bleibt, ist dadurch der vertikale Spielraum für die Rekonstruktion festgelegt.

Die Hauptarbeit der Rekonstruktion besteht nun im Auffinden möglicher Fragmentkombinationen. Dieses geschieht in drei Schritten:

1. Es ist zu prüfen, ob *direkte materielle Kontakte* zwischen einzelnen erhaltenen Fragmenten der Handschrift festgestellt werden können.

2. Solche Fragmente sind zu ermitteln, die durch *Schriftzitate oder eindeutige Textübergänge* – z.B. von Zeilenenden auf einem Fragment zu Zeilenanfängen auf einem anderen – miteinander in Verbindung stehen.

3. Die einzelnen Fragmente müssen auf *einander korrespondierende Zerstörungsformen* hin untersucht werden. Weisen Fragmente sehr ähnliche Beschädigungsspuren auf – im Optimalfall annähernde Deckungsgleichheit der Bruchfiguren – so bedeutet dies, daß sie innerhalb der ursprünglichen Rolle direkt übereinander, das heißt in aufeinanderfolgenden Wicklungen der Schriftrolle, gelegen haben. Für die Rekonstruktion folgt daraus: Fragmente, die gleichförmige Schadstellen aufweisen, müssen auf der gleichen horizontalen Ebene angeordnet werden. Die Übereinstimmung von Zerstörungsformen kann mit Hilfe der Photokopien geprüft werden. Dabei werden die Kopien der zu vergleichenden Fragmente übereinander gelegt, vor eine starke Lichtquelle gehalten und gegeneinander verschoben.[1] Alle Fragmente sind auf diese Weise miteinander zu vergleichen[2] und entsprechende Zerstörungsformen auf den Photokopien zu vermerken.

Die Sicherheit solcher Fragmentzusammenstellungen ist selbstverständlich dort am größten, wo sich ein direkter materieller Kontakt von Fragmenten nachweisen läßt (Schritt 1). Schwieriger sind Distanzverbindungen, selbst dann, wenn Schriftzitate eine Kombination bestimmter

---

[1] Auf die Lichtquelle kann verzichtet werden, verwendet man für die Photokopien Overhead-Folie. Diese erweist sich zudem als besonders hilfreich, wenn im Verlauf der Rekonstruktionsarbeiten – zur Bestimmung ihrer Abfolge – mehrere Fragmente und später Fragmentkombinationen gleichzeitig gegeneinander geprüft werden sollen. Papier läßt dann nur noch relativ wenig Licht durch, und ein Vergleich der Schadstellen wird schwierig. Für die Rekonstruktion kann es auch nützlich sein, die auf Papier fotokopierten Fragmente auszuschneiden und sie wie Puzzle-Teile zu handhaben. Der jeweilige Stand der Rekonstruktion, vor allem gegen Ende der Arbeiten, läßt sich gut veranschaulichen, wenn man die Fragmente ihrem Platz in der Rolle entsprechend in einem dafür angefertigten Raster aufklebt. Verwendet man dabei Montageklebstoff, lassen sich später leicht Korrekturen vornehmen.

[2] Gleiche Schadstellen können sich auch innerhalb eines Fragmentes finden. Dies ist der Fall, wenn die Breite des Fragmentes mindestens dem Umfang der einstigen Rollenwicklung entspricht. Daher ist jedes Fragment auch mit sich selbst zu vergleichen. Auch sind die bereits in den ersten beiden Arbeitsschritten einander zugeordneten Fragmente in diese Untersuchung einzubeziehen.

Fragmente nahelegen (Schritt 2). Ist nämlich der ursprüngliche Abstand
zwischen Fragmenten, die durch die Wiedergabe eines Schriftzitates miteinander in Verbindung stehen, nicht anderweitig bekannnt, so läßt er sich
wegen möglicher Divergenzen in der Textdarbietung – z.B. verkürzte
Zitierweise oder Art der verwendeten Textüberlieferung – meist nicht eindeutig bestimmen. Häufig lassen sich die einstigen Abstände zwischen
einzelnen Fragmenten durch einen Vergleich ihrer Zerstörungsformen auf
materiellem Wege mit großer Genauigkeit ermitteln (Schritt 3). Ist man
für die Zusammenstellung bestimmter Fragmente allein auf letzteres Vorgehen angewiesen, so ist der Text, der sich aufgrund ihrer Zuordnung ergibt, zwar ein wichtiger Prüfstein, darf aber nicht seinerseits dazu dienen,
irgendwelche Fragmentkompositionen zu favorisieren.

Folgendes ergibt sich nun bei der Anwendung der Rekonstruktionsmethode auf 4Q174:

1. Mehrere *direkte materielle Verbindungen* von Fragmenten lassen
sich sichern.

Zunächst ist hier die Zusammenstellung der 21 einzelnen Bruchstücke
von Frg. 1 durch J. M. Allegro zu nennen, die gemeinsam eine beinahe
vollständige Kolumne bilden. Vollzogen hatte er diese Kombination bereits in seiner Veröffentlichung 1958. Ein Teilstück dieser Gesamtkompo-
sition im Bereich der Zeilen I,16-19 bezeichnete J. M. Allegro 1968 als
Frg. 2. Diese Zusammenstellung ist einwandfrei gelungen, ebenso die Zuordnung von Frg. 3 zum Oberteil der Kolumne, deren Beginn durch sein
Frg. 1,II,1-4 repräsentiert ist.

Über diese Feststellungen von J. M. Allegro hinaus hat J. Strugnell
(1970) eine Zuordnung von Frg. 21 zu Frg. 1 rechts oben (Z. 3) in Erwägung gezogen.[1] Diese Kombination wird neben ihrer materiellen Plausibi-
lität auch durch den sich ergebenden Text gesichert.

Mit hoher Wahrscheinlichkeit besteht ein unmittelbarer Kontakt auch
zwischen Frg. 13 und 14. Das ist bereits von J. Strugnell (1970) aufgrund
eines Zitates von Ps 5,3, welches sich auf beiden Fragmenten findet, vermutet worden.[2] Diese Verbindung läßt sich zwar wegen der starken Zerstörung beider Fragmente nicht eindeutig sichern, aber der Zustand des
Materials, der bei Frg. 13 und 14 auffällig gleich ist, spricht für eine Zusammengehörigkeit beider Fragmente. Auch korrrespondieren die Zeilenabstände einander gut.

---

[1] J. Strugnell (1970), 225.
[2] J. Strugnell (1970), 237.

Gesichert ist außerdem eine direkte materielle Verbindung von Frg. 24 und Frg. 3 (Z. 4), die E. Puech festgestellt hat.[1]

Schließlich könnte es auch einen materiellen Kontakt zwischen den Frg. 7 und 8 gegeben haben. Die Photographien und der Text lassen dies als möglich erscheinen. Doch muß es hier bei einer naheliegenden Vermutung bleiben, da das Original von Frg. 8 nicht mehr aufzufinden, daher eine materielle Überprüfung des Befundes leider inzwischen unmöglich geworden ist.

2. Etliche Fragment-Kombinationen werden durch *Schriftzitate* nahegelegt.

Dies gilt zunächst für die Frg. 1,II und 3, die bereits von J. M. Allegro (1968) aufgrund eines Daniel-Zitates miteinander in Verbindung gebracht worden sind. Dabei entsprechen einander jeweils die Z. 1 beider Fragmente. Zudem spricht die Tatsache, daß sowohl auf Frg. 1,II als auch auf Frg. 3 über der 4. Zeile eine Z. 4a nachgetragen ist, für die Kombination dieser Fragmente. Mit Hilfe des Textes allein läßt sich deren Abstand allerdings nicht mehr eindeutig bestimmen.

J. M. Allegro (1968) kombinierte ferner die Frg. 6 und 7 – und zwar Frg. 7 unterhalb von Frg. 6 – da diese durch ein Zitat von Dtn 33,8-11 miteinander in Verbindung stehen.[2] Aus inhaltlichen Gründen sind dieser Kombination die Frg. 8-11 zuzuordnen. J. M. Allegro stellte auf ihnen Bezüge zu Dtn 33,12 (Frg. 8) und Dtn 33,19-21 (Frg. 9-10, Frg. 11) fest. Eine exakte Bestimmung des Verhältnisses dieser Fragmente zueinander läßt sich aufgrund der Schriftzitate allein nicht erreichen. Diese legen lediglich die Vermutung nahe, daß Frg. 8-11 auf Frg. 6-7 folgten. Frg. 9 und 10 wurden dabei schon von J. M. Allegro (1968) auf derselben horizontalen Ebene einer Kolumne angeordnet, da beide Reste des oberen Kolumnenrandes aufweisen.

J. Strugnell (1970) vermutete, daß die Frg. 15 und 19 über eine Wiedergabe von Jes 65,22-23 miteinander in Verbindung stehen.[3]

3. Eine Untersuchung der Fragmente nach *einander korrespondierenden Zerstörungsformen* kommt zu folgendem Ergebnis:

Gleiche Beschädigungsspuren finden sich innerhalb von Frg. 1, und zwar in einem Abstand von 9,0 cm. Deutlich wird dies z.B., wenn man den vertikalen Abbruch von Frg. 1 am Ende der Z. 6ff – hervorgerufen

---

[1] E. Puech (Diss. 1992).

[2] Da aber J. M. Allegro (1968) Frg. 7,1 nicht korrekt identifiziert hat, stimmt auch der Abstand zwischen Frg. 6 und 7 in seiner Zusammenstellung dieser Fragmente auf Tafel XX nicht ganz.

[3] J. Strugnell (1970), 225. Vergleiche G. J. Brooke (1985), 90.

sicher durch die hier einst verlaufende, stark eingeprägte Kolumnentrennerlinie – um 9,0 cm nach rechts verschiebt. Die linke Hälfte von Frg. 1 weist dabei eine gute Deckungskorrespondenz mit der rechten Fragmenthälfte auf.[1]

Von diesem Befund her (9,0 cm Wicklungsumfang auf Frg. 1) ist die Größenordnung der benachbarten Wicklungsumfänge – der Abstände zwischen einander korrespondierenden Beschädigungsstellen – annäherungsweise abschätzbar.[2]

Frg. 3, welches schon von J. M. Allegro (1968) aufgrund seines inhaltlichen Befundes mit Frg. 1 in Verbindung gebracht worden war, läßt sich auch von seiner äußeren Form her als Nachbar von Frg. 1 erkennen. Nimmt man den Bereich von Frg. 3, in dem der Text am besten erhalten ist – die linke untere Ecke wird durch das Ende der Z. 5.6 markiert, die rechte obere durch den Beginn von Z. 1 – so ist festzustellen, daß die Breite dieses Blockes exakt dem Abstand zweier vertikaler Linien auf Frg. 1 entspricht. Es handelt sich dabei um die Linie, die den Zeilenbeginn von Frg. 1,II kennzeichnet und um einen starken Bruch, der 3,5 cm rechts davon senkrecht durch Frg. 1 verläuft.[3]

In der Nähe von Frg. 3 sind die Frg. 13 und 14 anzusiedeln, die mit hoher Wahrscheinlichkeit in direktem materiellen Kontakt gestanden haben und wie Frg. 3 dem oberen Kolumnenbereich angehören. So lassen sich beispielsweise gut die Zerstörungsformen im linken oberen Bereich von Frg. 3 mit den linken Rändern von Frg. 13 und 14 vergleichen. Die deutliche Schrumpfung des Materials von Frg. 13 und 14 erklärt den gegenüber Frg. 3 geringeren Zeilenabstand dieser Fragmente.

Frg. 5 zeigt gute Entsprechungen zu Frg. 1. Dabei korrespondiert Frg. 5,1 dem Frg. 1,5 auf Höhe der letzten Buchstaben des Wortes ישמורהו.[4]

Ähnlichkeiten mit Frg. 5 wiederum weist Frg. 12 auf. Die linken Ränder beider Fragmente sowie der untere Abschluß und die Zeilenabstände

---

[1] Besonders eindrücklich ist dies im Bereich der Z. 5-9 zu beobachten.

[2] Zu- bzw. Abnahmen der Umfänge einer Schriftrolle pro Wicklung liegen bei Lederrollen in einem Bereich von 0,1 cm (z.B. 11QT) bis 0,5 cm (z.B. 4Q405 = 4QShirShabb[f] und 4Q504 = DibHam[a]). Abhängig ist dies in erster Linie von der Lederstärke und von der Wicklungsrichtung der Schriftrolle. Die meisten in Qumran gefundenen Lederrollen sind von mittlerer Lederqualität, sie weisen Zunahmen von 0,2-0,3 cm auf. Siehe dazu H. Stegemann (1990 Reconstruction), 195.

[3] Die untere horizontale Bruchkante von Frg. 3 könnte durch eine besonders scharf gezogene Zeilenlinierung bewirkt worden sein.

[4] Siehe den Bruch auf Frg. 1, der der oberen Spitze von Frg. 5 entspricht. Vergleiche auch die Entsprechungen zum rechten und linken Rand sowie die linke untere Ecke von Frg. 5.

entsprechen einander gut. Frg. 12,1 ist deshalb auf der gleichen horizontalen Ebene wie Frg. 5,2 anzuordnen.

Frg. 4 korrespondiert der rechten unteren Ecke von Frg. 1. So entspricht der obere Rand von Frg. 4 einem ausgeprägten Riß, der in diesem
Bereich durch Frg. 1,13 verläuft, der Nahtrand einer deutlichen, senkrecht
dazu stehenden Beschädigung.[1] Die letzte Zeile von Frg. 4 deckt sich
dann mit Frg. 1,18, dürfte also die vorletzte Zeile einer vorausgehenden
Kolumne gewesen sein.

Eine weitere Gruppe von Fragmenten mit ähnlichen Zerstörungsformen bilden die Frg. 9-11. Diese gleichen einander in ihrer gegenüber
Frg. 1-3 helleren Lederfarbe und stärkeren Lederqualität.[2] Die maximale
Breite von Frg. 10 entspricht exakt der von Frg. 9 im vergleichbaren Bereich.[3] Frg. 9 und 10 – beide Fragmente weisen oberen Kolumnenrand auf
– lagen also vermutlich in direkt benachbarten Rollenwicklungen. Mit
großer Wahrscheinlichkeit ist Frg. 11 unterhalb von Frg. 10 anzuordnen,
und zwar so, daß der äußerste rechte Bruch eine Linie mit dem von
Frg. 10 bildet, also dem rechten Rand von Frg. 9 entspricht. Der obere
Abschluß von Frg. 11 korrespondiert dabei recht gut einem Riß, der durch
Frg. 9,4 verläuft.[4]

In einem weiteren Arbeitsschritt ist es möglich, die ursprüngliche Reihenfolge dieser Fragmente zu ermitteln, bei denen auffällige materielle
Entsprechungen beobachtet werden konnten (Frg. 1-5, 9-11, 13 + 14).

Zunächst zum Umfeld von Frg. 1, auf dem einander entsprechende
Schadstellen in einen Abstand von 9,0 cm existieren: Das Nahtrand-
Frg. 4, es weist eindeutige Korrespondenzen zum unteren rechten Bereich
von Frg. 1 auf, ist eine Rollenwicklung weiter rechts von diesem anzuord-
nen. Der einstige Umfang dieser Wicklung läßt sich noch ermitteln,
berücksichtigt man die übliche Breite der Kolumnentrenner in dieser
Handschrift, die 2,0 cm beträgt.[5] Da bei Nahträndern von der doppelten
Breite ausgegangen werden muß, also insgesamt 4,0 cm,[6] ergibt sich ein
Abstand von 8,6 cm zwischen einander entsprechenden Beschädigungs-

---

[1] Vergleiche ferner auch die Entsprechungen zwischen der linken unteren Ecke von
Frg. 4 und dem Neigungswinkel im rechten unteren Bereich mit Frg. 1.
[2] Vergleiche auch die gleichartige Oberflächenstruktur des Leders, besonders Frg. 9
und 10.
[3] Z. 1 und etwas darüber.
[4] Frg. 11,1 entspricht Frg. 9,5.
[5] Die Kolumnentrennerlinie auf Frg. 4 ist auf Höhe des ersten ל in בליעל (Z. 3) in
einem Abstand von 2,0 cm zum Nahtrand zu erkennen. Auf die ursprüngliche Breite des
Kolumnentrenners am rechten Rand von Frg. 1 ist nur indirekt zu schließen (siehe z.B.
links 2,0 cm), da das Fragment vor dem Nahtrand abbricht.
[6] Vergleiche z.B. 4Q177 zwischen Kol. IX und X.

spuren auf Frg. 1 und 4. Demzufolge liegt an dieser Stelle der Schriftrolle
– von rechts nach links betrachtet – eine Umfangzunahme von 0,4 cm pro
Wicklung vor. Die letzte Zeile von Frg. 4 repräsentiert wahrscheinlich die
vorletzte Zeile jener Kolumne, die einst Frg. 1,I vorausging.

In linker Nachbarschaft von Frg. 1 befindet sich im oberen Kolumnenbereich Frg. 3. Der Umfang dieser Wicklung wird – gemäß der Beobachtung zu Frg. 4 – etwa 9,4 cm betragen haben. Zur gleichen Kolumne
gehören auch Frg. 5 und 12. Entsprechend der Entwicklung der Abstände
in diesem Bereich der Handschrift repräsentiert Frg. 5 den „Beginn" der
Z. 5-10 dieser Kolumne.[1] Frg. 13 + 14, für die eine materielle Nähe zu
Frg. 3 beobachtet worden war, gehören der oberen rechten „Ecke" der folgenden Kolumne an. Da der Abstand zwischen gleichen Beschädigungsstellen auf Frg. 3 und 13 + 14 ca. 9,8 cm betragen haben muß, ergibt sich
für die Kolumne der Frg. 1,II, 3, 5 und 12 eine Breite von etwa 14,5 cm.[2]

In der auf Frg. 13 + 14 folgenden Kolumne sind im oberen Bereich die
Frg. 15 und 19 anzusiedeln, die aus textlichen Gründen eine Einheit bilden.[3] Ein solches Arrangement wird nahegelegt durch gewisse Ähnlichkeiten zwischen Frg. 15 und 14. Man vergleiche z.B. deren Breite und den
Neigungswinkel ihrer Ränder. Eine direkte Nachbarschaft beider Fragmente ist aber aufgrund der Kolumnenaufteilung auszuschließen. Das
Fragment, welches sich einst in unmittelbar nächster Nachbarschaft zur
Linken von Frg. 13 + 14 befunden hat, existiert wohl nicht mehr.[4] Dann
wäre mit Frg. 15 das entsprechende Fragment der übernächsten Rollenwicklung erhalten. Es müßte also in einem Abstand von etwa 20,8 cm
links von Frg. 14 paziert werden. Ein weiteres Indiz spricht für eine solche Zuordnung: Auf Frg. 19 sind am linken Rand Korrosionsspuren zu
entdecken, die vermutlich durch einen in der Nachbarschaft befindlichen
Nahtrand hervorgerufen wurden. Geht man ausnahmsweise einmal von
dem Abstand aus, den der zwischen Frg. 15 und 19 zu ergänzende Zitattext nahelegt, und zieht die oben gemachten Beobachtungen zur Distanz
zwischen Frg. 14 und 15 hinzu, so spricht einiges dafür, daß sich im Abstand des in diesem Rollenbereich vorherrschenden Wicklungsumfanges

---

[1] Die Abstände zwischen gleichen Schadstellen auf Frg. 1, 5 und 12 betragen etwa
9,4 cm und 9,8 cm.

[2] Bei Annahme des rollenüblichen Kolumnentrenners von 2,0 cm. Eine Abweichung
der Kolumnenbreite vom Durchschnitt in dieser Größenordnung (ca.0,5 cm) liegt durchaus im Rahmen des Normalen.

[3] Bislang ist in den Transkriptionen von Frg. 15 stets unvermerkt geblieben, daß sich
oberhalb der ersten Textzeile ein Freiraum befindet. Dabei wird es sich nicht um ein
„vacat" handeln, sondern, wie es die Rekonstruktion wahrscheinlich macht, um oberen
Kolumnenrand.

[4] Vergleiche z.B. 4Q177 Kol. IX oben rechts.

– etwa 11,0 cm – rechts von Frg. 19 ein Nahtrand befunden hat, dessen Abdruck auf Frg. 19 zu erkennen ist. Die sich so ergebende Breite der Kolumne, die Frg. 13 + 14 repräsentieren, betrüge reguläre 15 cm, ein Befund, der durch den Zitattext beider Fragmente bestätigt wird. Dagegen läßt sich die Breite der Kolumne, der Frg. 15 und 19 angehören, auf materiellem Wege nicht mehr ermitteln, da kein linkes Nachbarfragment ausfindig gemacht werden kann.[1] Für die Annahme eines Nahtrandes in diesem Rollenbereich spricht die Anzahl von drei Kolumnen, die sich dann auf dem vorausgehenden Lederbogen befunden hätte.[2]

Daß Frg. 4 derjenigen Kolumne angehört, die Frg. 1,I unmittelbar vorausgeht, ist oben bereits festgestellt worden. Zu eben dieser Kolumne gehören auch Frg. 9,II-11. Dabei ist ein Fragment in unmittelbarer linker Nachbarschaft von Frg. 10 und 11 nicht mehr erhalten. Dies erklärt sich aus der Tatsache, daß der obere Bereich der Handschrift sowohl rechts als auch links vom einstigen Nahtrand besonders stark zerstört ist.[3] Übernächster Nachbar zur Linken der Kombination von Frg. 10 und 11 ist Frg. 1, in einem Abstand von 16,8 cm. Deutlich wird diese Korrespondenz, betrachtet man beispielsweise den rechten Abschluß von Frg. 11, der dann mit dem rechten Rand von Frg. 1,4f zur Deckung kommt.[4] Für Frg. 10 allerdings lassen sich keine eindeutigen Übereinstimmungen mit Frg. 1 finden. Die Plazierung von Frg. 10 ist also allein aufgrund der zuverlässigen inhaltlichen Kombination mit Frg. 11 möglich. Bestätigt würde sie durch die sich ergebende Kolumnenbreite von 15 cm, die auch der zu ergänzende Zitattext nahelegt.[5] Die Schwierigkeit einer exakten, unzweifelhaften Zuordnung gleicher Beschädigungsspuren in diesem Bereich der Handschrift könnte aus einer sekundären Zerstörung der Rolle herrühren, die bereits von J. M. Allegro beobachtet worden ist.[6] Für eine Zuordung der Frg. 9-11 zu dieser Kolumne spricht nicht zuletzt, daß nach

---

[1] Der Zitattext, der vermutlich für Frg. 15 und 19 zu ergänzen ist, legt nahe, daß diese Fragmente zu einer etwas schmaleren Kolumne gehört haben. In der Regel ist dies bei Kolumnen der Fall, die direkt an einen Nahtrand angrenzen. Die Kolumneneinteilung dieses Lederbogens wäre dann vom linken Ende des Lederbogens begonnen worden; dabei blieb für die Kolumne am rechten Ende nicht mehr genügend Platz. Zu einer „Restkolumne" rechts auf einem Lederbogen vgl. z.B. 1QS I und 11QT LVII, siehe dazu H. Stegemann (1990 Reconstruction) 198 mit Anm. 83.

[2] Drei oder vier Kolumnen pro Lederbogen ist die übliche Zahl, vgl. z.B. 11QT und 1QJes^a. Zu Ausnahmen siehe H. Stegemann (1990 Reconstruction) 197f.

[3] Vgl. z.B. auch 11QT zwischen den Nahtrandkolumnen XXXV und XXXVI.

[4] Vgl. auch die obere Bruchkante von Frg. 11.

[5] Da es sich um eine Nahtrandkolumne handelt, ist diese Kolumnenbreite allerdings nicht zwingend zu erwarten.

[6] „It is clear from the nature of the edges that at some time in antiquity the scroll was brutally torn apart" J. M. Allegro (1958) 350.

einem „Durchspielen" aller Plazierungsmöglichkeiten der 4Q174-Fragmente, die aus dem oberen Handschriftbereich erhalten sind, keine andere plausible Einordnung möglich ist.[1]

Aus textlichen Gründen mit hoher Wahrscheinlichkeit in der Nähe von Fr.9-11 anzusiedeln sind die Frg. 6-8. Möglich ist dies aber lediglich zur rechten Seite von Frg. 9-11. Auch der auf ihnen vorhandene Schrifttext legt nahe, daß sie der vorausgehenden Kolumne angehört haben. Während ein ausführliches Dtn-Zitat das Verhältnis der Frg. 6 und 7 zueinander bestimmbar macht, sind nur wenige Anhaltspunkte gegeben, die eine weitergehende zuverlässige Rekonstruktion ermöglichen. Dies liegt vor allem am offenbaren Fehlen eines direkten Nachbarn dieser Fragmente, wie es auch schon für den Bereich links von Frg. 10 und 11 konstatiert werden mußte. Man gerät hier an die Grenzen der materiellen Rekonstruierbarkeit: ohne den Text wäre eine Zuordnung der Frg. 6-8 kaum möglich.

Wahrscheinlich entspricht die untere Kante von Frg. 7, der sich eventuell Frg. 8 anschließt, dem Bruch, welcher sich auf Frg. 4 – übernächster linker Nachbar von Frg. 7 – auf Höhe der 3. Zeile befindet. In textlicher Entsprechung wäre Frg. 6 darüber anzuordnen. Für die horizontale Lage der Fragmente innerhalb ihrer Kolumne könnte angenommen werden, daß der nahezu senkrecht verlaufende linke Rand von Frg. 6 – er findet seine Fortsetzung in dem von Frg. 7 – von der gleichen Beschädigung bestimmt ist, die im oberen Bereich den rechten Rand von Frg. 9 verursacht hat. Die entsprechenden Zerstörungsformen von Frg. 7 auf Frg. 4 sind in dieser Hinsicht nicht eindeutig. Stimmt die Plazierung von Frg. 8, dann repräsentieren die Frg. 6-8 die Z. 6-16 ihrer Kolumne, und zwar jeweils die Zeilenenden.[2] Die ursprüngliche Breits dieser Kolumne läßt sich nicht mehr auf materiellem Wege feststellen, da es kein Fragment gibt, welches sich rechts von Frg. 6-8 plazieren ließe. Der rekonstruierbare Zitattext der Kolumnenzeilen 9-10 legt es nahe, daß diese Kolumne eine reguläre Breite von etwa 15 cm besaß.

Die Einzelbeobachtungen ergeben nun folgendes Bild:

Es lassen sich Bestandteile von sechs aufeinanderfolgenden Kolumnen rekonstruieren, nämlich:

---

[1] Ähnlichkeiten ließen sich z.B. auch zwischen Frg. 9 und 13+14 entdecken. Doch die gegebenen Wicklungsumfänge machen eine sinnvolle Aneinanderreihung, welche durch Kolumnenbreiten und zudem durch die Textfolge bestätigt würde, unmöglich.
[2] Eine derartige horizontale Anordnung der Fragmente wird durch ein gutes Übereinanderstehen der Zeilenabschlüsse in dieser Kolumne gestützt.

A    Frg. 6, 7, 8, 9,I,
B    Frg. 9,II, 10, 11, 4,
C    Frg. 1,I, 21, 2,
D    Frg. 1,II, 3, 24, 5, 12,
E    Frg. 13, 14,
F    Frg. 15, 19.[1]

Die reguläre Breite der Kolumnen, die sich auf drei Lederbögen verteilen, betrug etwa 15 cm. Die Abstände zwischen einander entsprechenden Schadstellen liegen in einem Bereich von 7,8-11,0 cm. Sie nehmen von rechts nach links um 0,4 cm pro Wicklung zu. Eine Zunahme der Wicklungsumfänge in dieser Richtung bedeutet nun, daß der Textbeginn der Handschrift im Inneren der ursprünglichen Rolle gelegen hat, dort, wo ihr Durchmesser am geringsten ist. Nach dem Lesen war diese Handschrift also nicht wieder lesebereit zurückgewickelt worden. Das zeigen auch die mit 0,4 cm relativ großen Zunahmen der Wicklungsumfänge, die bei Berücksichtigung der verhältnismäßig geringen Lederstärke von 4Q174 auf eine lockere Wicklung schließen lassen. Wäre die Rolle nach dem Lesen von ihrem Benutzer zurückgewickelt worden, so wäre dies fester geschehen, die Zunahmen wären geringer. Die Abstände zwischen gleichen Schadstellen geben Auskunft darüber, aus welchem Bereich der ursprünglichen Handschrift die rekonstruierten Fragmente stammen: Am rechten Rekonstruktionsrand liegen die Abstände bei 7,8 cm. Bei einer Abnahme von 0,4 cm pro Wicklung nach rechts hin zum einstigen Beginn der Schriftrolle und unter Zuhilfenahme der Beobachtung, daß bei „verkehrtherum" gewickelten Rollen dieser Lederstärke der innerste Wicklungsumfang verhältnismäßig groß ist, kann darauf geschlosen werden, daß die erhaltenen Fragmente dem Anfang der Rolle ziemlich nahe sind. Rechnet man auf einen zu erwartenden kleinsten Abstand von etwa 6,2 cm herunter, dann ergibt sich, daß der ersten fragmentarisch erhaltenen Kolumne A ein unbeschriebenes „handlesheet" von ca. 15 cm vorausging.[2] Die erste rekonstruierte Kolumne A war also mit hoher Wahrscheinlichkeit die

---

[1] Direkte Textübergänge von einer Kolumne zur nächsten – Stellen also, an denen die Rekonstruktionsergebnisse besonders gut getestet werden können – sind nur von C zu D erhalten. Textlich ansatzweise überprüfbar sind die Übergänge von A zu B und von B zu C.

[2] Die äußerste rechte erhaltene Wicklung besaß einen Umfang von etwa 7,8 cm. Addiert man die folgenden Wicklungsumfänge bis zu einem kleinsten von 6,2 cm (7,4 + 7,0 + 6,6 + 6,2), so erhält man einen verlorengegangenen Anfang der Handschrift von 27,2 cm Länge. Davon sind etwa 11,5 cm für die Kolumne A von Frg. 6-9,I abzuziehen (Meßpunkt für einen Abstand von 7,8 cm z.B. unterer rechter Rand von Frg. 7). Übrig bleiben 15,7 cm für das „handlesheet". Der erste Lederbogen umfaßte demnach 2

Kol. I der einstigen Handschrift. Die rekonstruierten Kolumnen A-F repräsentieren dann den Text der Kol. I-VI des ursprünglichen Manuskriptes. Die Gesamtkolumnenzahl und -länge der Rolle läßt sich dagegen auf materiellem Wege nicht mehr ermitteln, da lediglich deren „Anfang" erhalten ist und dieser sich im Inneren der Schriftrolle befand.

---

Kolumnen und ein „handlesheet", ist also von vergleichbarem Umfang wie der zweite Lederbogen dieser Handschrift.

Rechnete man *alternativ* auf einen kleinsten Abstand von 5,0 cm herunter, so ergäbe sich, daß eine weitere Textkolumne (ca. 15 cm) und ein „handlesheet" von ebenfalls etwa 15 cm vorausgingen. Daß dieser erste Lederbogen dann 3 Kolumnen und ein „handlesheet" umfaßt hätte, der zweite Lederbogen dagegen nur 3 Kolumnen, läge im Rahmen des Möglichen, vgl. z.B. die schwankende Kolumnenzahl pro Bogen in der „Tempelrolle" (3 und 4) und 1QJes[a] (2,3 und 4); näheres siehe H. Stegemann (1990 Reconstruction) 197f, besonders Anm. 71.

Eine sichere Entscheidung über den verlorenen Rollenbeginn ist nicht möglich, allerdings wäre ein innerer Wicklungsumfang von 5,0 cm bei den vorliegenden Zunahmen von 0,4 cm pro Wicklung sehr gering. Auch favorisiert der Text die erstere Lösung: der ersten fragmentarisch erhaltenen Kolumne ging lediglich ein „handlesheet" voraus.

(Zu inneren Wicklungsumfängen von „verkehrtherum" gewickelten Qumranrollen siehe H. Stegemann (1990 Reconstruction) 196f, vgl. z.B. 1QS um 5 cm, 1QH um 7 cm im „handlesheet", 1QM um 9 cm in Kol. I.)

## 1.3. *Der Textbestand von 4Q174*

Kol. I: Frg. 9,I, 6, 7, 8

| | |
|---|---|
| :01 | ]　°[ |
| :02 | ]　[ |
| :03 | ]　[ |
| :04 | ]ה[ |
| :05 | vacat  [ |
| :06 | ]לׄ האדבר את קרן[ |
| :07 | vacat  [　] |
| :08 | [　] [ ] כיא המה בני צדוק וא[נ]שׄיׄ[ עצתו] |
| :09 | [בק]דׄשׄ המתנדבים יחד על התורה ואשר אמר אׄ[שר י]בׄוׄאׄוׄ[ ] |
| :10 | [ ]לׄ[ ]בׄ[לי]בׄ אשר לוא יבוא שמה כיא אם יחד יעמודו לאנשי[ ] |
| :11 | המחנה על הלוכה לפניהם [ל]פׄרׄושׄ ישראל ביׄמׄ[י ]המשׄפׄטׄ כולה ויהיה ישראל[ ] |
| :12 | vacat  יׄקׄרׄבׄ[ ] מן ויאמרו ממקדש יׄקׄבׄ דרכם בם צמח דויד העומד עם דורשי[ התורה] |
| :13 | האׄ[ל]הׄ כתוב בספר המלכים ו[ ] |
| :14 | [　] אשׄרׄ[א]מׄרׄ[ |
| :15 | [　] בׄ הׄ ויׄאׄ[ |
| :16 | [תׄהׄ]יׄ°°°ׄ לׄ[אׄ ]מׄ יׄבׄנׄהׄו[ |
| :17 | [שׄמ] בׄני לׄקׄל גׄדׄיׄ הׄ זׄהׄ לׄוׄ הׄמׄ הׄזׄה לׄבׄנׄיׄ הׄ עׄשׄה ? |
| :18 | [　] |
| :19 | [　] |

01: ותחזק[ן     א̊ש[ור ]הזה זרי[ן      ]

02: רחו[ק]ם מים     ]

03: וזרה [ ]אשר התורה נתן דלק וקדם את קדקד האבניך ויאמרו לי מי ה[קרן     ]

04: פתחתי[ קבר וספר אשר קהלה הנחמת בעמו והמחשבה עם אלהיא[ ]

05: על שי[ל      וזרח והאה גבה הכרתה כל ויכל ב[ ]

06: הרגש[י̊      התנהם ד וזרה ודלה אשר יהם כל ב ˚מ ל[      ]

07: [      ]הרל[ ]

08: [      ]

09: [      ]

10: [      ]

11: [      ]

12: [      ]המחזקי̊ם את אצצאי̊

13: [      ]הל̊ו̊ם נהרה בתאמהבהמ

14: [      ]את̊ נחה אשר י̊השה לבלע̊

15: [      ]ה נ די̊ררה קשן למשבב

16: [      ]לרהלה חמה חמל מ̊של̊[

17: [      ]ה̊חממ̊הל̊מ אל̊

18: [ה̊ברה̊ה̊לא̊ה̊ ]את אל̊ [ה̊ש]ה̊ל̊[ה̊      ]

19: [עמ̊ו המשל הם, ומבוא ימשל ישראל אל ושראל רבה ושמה והמחזק ומ̊ה הפבה הנמה וזתה המואל הם,     ]

Kol. II: Frg. 9,II, 10, 11, 4

Kol. III: Frg. 1, 21, 2

01 [רשי]א אבוה ן מ ד̇וע ה̇ז̇ה תיבה המשנ המ אשמ ן̇י̇י̇̇̇כ̇מ רשאכ לכה

02 הפסכ̇ הזה תיבב רשא ימׄע̇ רׄבׄקׄ ]שׄׄא̇ל̇ [י̇]ן ב̇ המה ל̇ארשׄ[י] ]ד̇[קׄפמ שׄדׄקׄמ̇[

03 ][ן̇]י̇ר̇נׄ ]הרות ישעמ[ רׄחׄוׄה רשא ך̇וׄנׄב המה רׄבׄד̇ נׄל̇בׄ ]שׄד̇קׄמ̇[ ]ר̇ה

04 ][ר̇]ה̇[ל̇] ]ך̇רׄד̇ ד̇ר̇ח̇אׄ הׄ ל̇א̇ ך̇רׄד̇ ד̇ר̇ח̇אׄ הׄ רׄב̇ד̇ ]ר̇חׄאׄל̇[ ]המ̇דׄ̇̇ח̇

05 ][לׄ]א̇ר̇שׄ̇̇[י] המ̇ ל̇א̇ל̇ ]המ̇א̇תׄטׄחׄבׄ המ̇תׄוׄלׄכׄל̇ ן̇ב̇ המ̇ד̇ה̇ד̇ אׄל̇ ]הׄ̇[

06 [ר̇]אׄש̇יׄ המ̇ת̇וׄא̇ ל̇יׄשׄכׄה̇ל̇ ל̇עׄיׄל̇ב̇ ת̇ב̇שׄחׄמ̇ב̇ וׄאׄ̇ב̇ רׄש̇א̇כ̇ המ̇תׄמ̇ש̇א̇[ב̇] המ̇תׄל̇כׄל̇ המ̇ת̇וׄא̇ ל̇יׄש̇כׄמ̇

07 ל̇ב̇קׄ̇י הׄ̇̇̇̇̇̇וׄה̇י ת̇אׄ ]המ̇תׄל̇ ]ד̇[רׄ]ו̇ה̇ל̇ ]ד̇ר̇וׄה̇ל̇ רׄש̇א̇ ]ל̇[תׄ]ר̇ו̇ה̇ל̇ ]לׄ̇̇ל̇

08 []וׄה̇ ]תׄוׄב̇שׄחׄמ̇ ]המ̇ל̇עׄ ]ב̇וׄש̇חׄל̇וׄ רׄ̇[וׄ]א̇ ]ן̇בׄ ל̇יׄש̇כׄה̇ל̇ לׄ̇[עׄ]יׄל̇ב̇ ת̇ב̇שׄחׄמ̇ב̇ ]אׄוׄב̇ רׄש̇א̇כׄ המ̇תׄמ̇ש̇א̇[בׄ] המ̇תׄוׄל̇כׄל̇

09 ][ל̇]א̇ vacat המ̇תׄעׄ̇[שׄ]רׄ[תׄ] ]ת̇ב̇שׄחׄמ̇ב̇ לׄ̇עׄיׄל̇ב̇ל̇ ]ה̇מ̇תׄוׄ̇[ י̇]ה̇ל̇ ]ל̇

10 וׄ̇תׄוׄכׄל̇מ̇ מ̇ אׄסׄכׄ ת̇אׄ ]ית̇וׄ̇[נׄ]יׄכׄה̇וׄ ]ה̇כׄ̇[יׄ]ר̇ח̇א̇ ]ה̇כׄעׄ̇[רׄ]ז̇ ת̇א̇ ]י̇תׄ̇[וׄ]מ̇יׄקׄה̇וׄ ]ה̇כׄל̇ ]ה̇שׄעׄ̇[י̇] תׄ̇[יׄ]בׄ ]י̇כׄ ]הׄ̇[וׄ]ה̇י̇ ]ה̇כׄל̇ ]ר̇מׄא̇[

11 ר̇ש̇א̇ הׄרׄו̇ת̇ה̇ ]ש̇רׄ̇[ו̇]דׄ ]מ̇עׄ ]דׄ̇[מ̇]וׄעׄ̇̇ה̇ ]ד̇י̇וׄדׄ ]חׄמ̇צׄ ]הׄ̇ [אׄ]וׄה̇ ]ן̇ב̇ל̇ ]יׄל̇ ]הׄי̇ה̇י̇ ]א̇וׄה̇וׄ ]ב̇א̇ל̇ ]אׄ̇וׄ̇ל̇ הׄ̇[יׄהׄ]א̇̇ ]י̇נ̇אׄ ]מ̇ל̇וׄעׄל̇[

12 ת̇כׄ̇וׄסׄ ה̇איׄ̇הׄ ]ת̇ל̇פׄ̇וׄ̇נׄ̇ה̇ ]ד̇י̇וׄדׄ ]ת̇כׄ̇וׄ̇̇סׄ ]ת̇אׄ יׄתׄ̇וׄ̇מׄ̇יׄ̇קׄ̇ה̇וׄ ]בׄוׄ̇תׄ̇כׄ רׄ̇ש̇א̇כׄ ]מ̇יׄ̇מׄ̇יׄ̇ה̇ ]תׄ̇[יׄ]רׄחׄ̇[א̇ב̇ ]ןׄ̇[וׄ]י̇צׄב̇ ]מׄ̇[וׄ]קׄ̇[י]

13 vacat לׄ̇א̇רׄשׄ̇י ת̇אׄ ]ע̇יׄ̇שׄ̇וׄ̇ה̇ל̇ ]ד̇וׄ̇מ̇ע̇יׄ ]ר̇שׄא̇[ תׄ]ל̇פׄ̇וׄ̇נׄ̇̇ה̇ ]ד̇י̇וׄדׄ̇

14 וׄ̇ג̇הׄ̇י מ̇יׄ̇מׄ̇וׄ̇א̇ל̇וׄ ]ו̇ש̇גׄ̇רׄ המׄ̇[ל̇ ]איׄ̇בׄ̇נׄ̇ה̇ היׄ̇עׄ̇ש̇י̇ ]ר̇פׄ̇סׄבׄ ]ב̇וׄ̇תׄ̇כׄ̇[ רׄ]ש̇[א̇] אׄ̇רׄ̇בׄדׄ̇ה̇ ]רׄ̇שׄ̇פׄ[

15 רׄ̇ש̇[א̇ ]לׄ̇עׄ[ ]רׄ̇בׄ̇ד̇ה̇ רׄ̇[שׄ̇]פׄ̇ וׄ̇חׄ̇[ישׄמׄ ]לׄ̇עׄ̇וׄ הׄ̇וׄ̇ה̇י̇ לׄ̇עׄ̇ ]ד̇חׄיׄ ]וׄ̇ד̇סׄ̇וׄ̇נׄ ]מ̇יׄ̇נׄ̇זׄ̇ורׄ̇וׄ̇ צׄ̇רׄא̇ ]יׄ̇כׄ̇לׄמׄ̇ ]וׄ̇בׄ̇צׄ̇יׄ̇תׄ̇י קׄ̇יׄ̇רׄ̇

16 ]מ̇יׄ̇מׄ̇יׄ̇ה̇ ]ת̇יׄ̇רׄ̇חׄ̇א̇בׄ ]ל̇א̇רׄ̇ש̇י ]י̇רׄ̇יׄ̇ח̇ב̇ ]וׄ̇קׄ̇[יׄרׄ̇י̇וׄ ]מ̇יׄ̇וׄ̇ג̇ וׄ̇ש̇ג̇רׄ̇[יׄ]

17 ה̇מׄ̇ה̇מׄ ר̇אׄ̇ש̇י̇וׄ לׄ̇[ע]יׄ̇[ל̇ב̇ ]תׄ̇ו̇לׄ̇כׄ̇לׄ הׄ̇דׄ̇ו̇ה̇[י̇ ]תׄ̇יׄ̇בׄ ]ל̇עׄ ]ה̇אׄ̇בׄ̇̇̇[ה̇ ]ף̇ר̇צ̇מ̇ה̇ ]ת̇עׄ ]הׄ̇[אׄ̇]יׄ̇ה̇

18 הׄ̇רׄ̇ו̇תׄ̇̇̇ה̇ ]ל̇וׄ̇כׄ̇ תׄ̇א̇ ]וׄ̇[שׄ]ע̇י̇וׄ ]ל̇וׄ̇כׄ̇מׄ וׄ̇[לׄ]צׄ̇נׄ̇יׄ̇וׄ ]ם̇יׄ̇לׄ̇̇[כׄ̇]סׄ̇מׄ ]תׄ̇ירׄ̇א̇ש̇[

19 ]ת̇וׄ̇א̇זׄ̇וׄ ]ה̇שׄ̇ו̇מ̇ ]ה̇וׄ̇̇̇̇צׄ̇ ]ר̇ש̇א̇[כׄ]

:01 [ ] והזה את האבן מן הקצרה להזכיר בן כל האבן מן האבן להזכיר בן כל מ[

:02 [אל/בדר] והוה אלוהים גם אשר היה אל אשר ל[ד]ל[ם] בדרוה בדבר הנאמר אל[יב]רב

:03 [בכל] אל[ל]א מעשיה וה[ן בזה מעשה וה]ל[ש]דיה גל[ל]ש[...]א בדבר בדרה מעשה וה[

:04a [שמא הזן יקבור הזלא אלבה ן]ד[הלוה יברד]ה בדבר מדרוה מדר[הוה יררך]ה ם[ק]ריהו

:04 [... בהזדוה הבה ד]ה[ר] מדרוה אלא הדלא מן ד[רב]א ד[נד]א[ל]א אשר הבה [

:05 [ ] אש[ ]ם ם[ ] ]ם הדרה ד] ]°( )[

:06 ]ם[ט]וה אמ[ש]ל[ ]ם[ ] ]ם ם[הם]שם°[ ]

:07 ]ם אלא[ב]ם האח[ ]ם[ ] אם[ ]ל°ם[°]ם[

:08 [°]ל[ם האזה םם ]° ל[ו]ם האזה אם'[ן ]° ]בדם[

:09 [הם]מהדוה ד] ]°ם[דהדוה הם]ם ]םם[

:10 ] ל°[ ] [

:11 ]ם[שם?

:12 ]

:13 ]

:14 ]

:15 ]

:16 ]

:17 ]

:18 ]

:19 ]

Kol. IV: Frg. 1,II, 3, 24, 5, 12

Kol. V: Frg. 13 + 14

]יהודֿ֯[ 01:
פשֿ]ר (יֿהֿוֿה דֿבֿר בֿקֿהֿל קֿדֿשֿוֿ) לֿאֿבֿדֿ בֿ אֿלֿהֿ בֿ אֿ אֿחֿוֿרֿ וֿאֿ֯בֿ֯רֿ֯הֿ לֿקֿהֿל׳ הֿפֿשֿ֯רֿ ל֯קֿהֿל ה֯ 02:
על דֿבֿרֿ]הֿ אֿהֿרֿוֿן החֿ֯כֿ֗מֿ֯הֿ 03:

]מֿ אֿח֗֯[ 04:
] [ 05:
] [ 06:
] [ 07:
] [ 08:
] [ 09:
] [ 10:
] [ 11:
] [ 12:
] [ 13:
] [ 14:
] [ 15:
] [ 16:
] [ 17:
] [ 18:
]לֿשֿאֿתֿ[ 19:

Kol. VI: Frg. 15, 19

:01 [היכל הקפה חושב שׂ]עיד הדזע[י אי]הר הדיע[ש אי]הר יבנה יואהר יבואל]
:02 [ח ריאמ רמה ךמלֿ]יֿ חל בכל םדךד אשעתי ]םעבב] <בבעמ> ימ[ רמבֿ ץ]ימ הרבני ד]רל[ם
:03 [ןרלד אלוֿ אמה תֿ[בהל] זֿ מד אמ אֿיד הזח רמה אמ]ןרֿבֿ]
:04                ] vacat? [
:05              ]
:06              ]
:07              ]
:08              ]
:09              ]
:10              ]
:11              ]
:12              ]
:13              ]
:14              ]
:15              ]
:16              ]
:17              ]
:18              ]
:19              ]

*Die weiterhin nicht eingeordneten Fragmente von 4Q174*

Frg. 16

| | |
|---|---|
| ]א̇[ | 1: |
| ]ח̇וקים ] | 2: |
| ]וברקי̇[ם? | 3: |
| ]א̇°[ | 4: |

Frg. 17

| | |
|---|---|
| ]ג̇ורל̇[ן | 1: |
| ]מ̇ה את פ] | 2: |
| ]בתו עליה[ם | 3: |
| ]ל̇[ | 4: |

Frg. 18

| | |
|---|---|
| ]ב̇ [ | 1: |
| ]ה א[ | 2: |
| ]בט̇[ן | 3: |

Frg. 20

| | |
|---|---|
| ]ה את כל[ה? | 1: |

Frg. 22

| | | |
|---|---|---|
| ]ם̇ | 1a: | 1 |
| vacat ? | 1: | 2a |
| ]°ה יחד | 2: | 2 |

Frg. 23

| | |
|---|---|
| ]ה̇ דורש[ | 1: |

Frg. 25

| | |
|---|---|
| ]ש[ | 1: |
| ]לשמ̇[ו | 2: |
| ]°°[ | 3: |

Frg. 26

| | |
|---|---|
| ]°°[ | 1: |
| אש[ר צו̇]ה? ? | 2: |

## 1.4. *Übersetzung des rekonstruierten Textes*

### Kol. I

(1-5)
(6) […] (vacat) (7) […] zu vernichten das Horn (8) […] (vacat) (9) [„Und für Levi sprach er: Deine Thummim und deine Urim für den Mann deiner Huld, den du versucht hast zu Mass]a und mit dem du gestr[i]tten hast an den Wassern von Meriba, der ge[sprochen hat (10) zu seinem Vater und zu seiner Mutter: „Ich kenne sie nicht", und der seine Brüder nicht ansah und seine Söhne nicht ka]nnte; denn [sie hielten dein Wor]t, und [deinen] Bund (11) [bewahrten sie. Sie lehren Jakob deine Rechtssatzungen und Israel dein Gesetz. Sie legen Räucherwerk] vor deine Nase und Ganzopfer auf deinen Altar. (12) [Segne, YHWH, seine Stärke, und habe Gefallen am Tun seiner Hände. Zerschlage die Hüften seiner Gegner und seiner Hasser, so daß] sie [nicht (mehr)] aufstehen" (Dt 33,8-11). (vacat) (13) [… die U]rim und die Thummim für den Mann (14) […] wenn er gesagt [hat (15) …] Erde. Denn[ … (16)…„Und für Benjamin sprach] er: Er ist der Liebling Y[HWHs; (17) er wohnt sicher bei ihm. Er beschirmt ihn allezeit, und zwischen seinen Berglehnen wohnt er." (Dt 33,12) …]
(18-19)

### Kol. II

(1) und der Glanz[ …die]s ist das gerech[te] Opfer […] (2) … Gute … des Lande[s …] (3) „Und für Gad sprach[ er: Gepriesen sei, der Gad weiten Raum schafft. Wie eine Löwin lagert er sich und zerreißt Arm und Scheitel. Und er ersah sich einen Erstlingsanteil, denn dort war der Anteil] (4) eines Führers[ aufbewahrt (?). Und es versammelten sich die Häupter des Volkes. Er vollstreckte die Gerechtigkeit YHWHs und seine Gerichte zusammen mit Israel." (Dt 33,20.21a). […] (5) über die, die sich abgewandt haben von[ … ]verborgen […(6) zu befreien[ ….] alles, was er uns befohlen hat, sie haben getan die ganze (?) […]
(7-11)
(12) [… ]die, die verschlingen die Nachkommenschaft von (13) [… d]ie, die ihnen grollen in ihrer Eifersucht (14) [… ]Das ist die Zeit, wenn Belial losgelassen ist (15) [… ü]ber das Haus Juda schlimme Dinge, um sie zu befehden (16) […] (und?) er trachtet mit all seiner Kraft danach, sie zu zerstreuen (17) […] er bringt sie hinein, zu sein (18) [… das Haus (?) J]uda, und der Gott I[sr]aels wi[rd] (19) [mit ihm sein, wie er gesagt hat durch den Mund des Propheten (?): „Und ich will meinem Volk einen Platz zuweisen und es einpflanzen, damit es an seinem Ort wohne und sich nicht mehr ängstige. Und kein]

## Kol. III

(1) Feind [wird es me]hr [überfallen, und kein] Ruchloser [wird fort-
fahr]en, [es zu bedrücken] wie vordem, seit dem Tag, an dem (2) [ich
Richter bestellt habe ]über mein Volk Israel" (2Sam 7,10-11aα + Ps
89,23(?)). Dies ist das Haus, welches[ er errichten wird ]für[ sich] am
Ende der Tage, wie es geschrieben steht im Buch des (3) [Mose: „Das
Heiligtum, ]YHWH, welches deine Hände errichtet haben. YHWH ist
König für immer und ewig „(Ex 15,17b-18). Dies ist das Haus, in welches
nicht eintreten wird (4) [der am Herzen Unbeschnittene noch der am
Fl]eisch [Unbeschnittene für ]immer noch ein Ammoniter noch ein Moa-
biter noch ein Bastard noch ein Fremder noch ein Proselyt für immer, sondern die Heiligen des Namens (?). (5) „YH[W]H [ist König (?) für ]im-
mer" (Ex15,18): beständig wird er über ihm erscheinen, und Fremde
werden es nicht mehr zerstören, wie sie vordem zerstörten (6) das Heiligt-
tu[m I]sraels wegen derer Sünde. Und er sagte, daß man ihm ein Heiligtum von Menschen bauen solle, damit darin seien für ihn Rauchopfer (7)
vor ihm, Taten/Werke des Dankes. Und wenn er gesagt hat zu David:
„Und ich will dir[ Ruhe verschaffen] vor all deinen Feinden" (2Sam
7,11aβ), so heißt das, daß er ihnen Ruhe verschaffen wird vor al[len] (8)
Söhnen Belials, die sie zu Fall bringen wollen, um si[e] zu vernichten[
durch Schu]ld, weil sie eingetreten sind in den Plan [Be]l[i]als, um zu Fall
zu bringen die Sö[hne] (9) des Licht[es], und um zu ersinnen gegen sie
frevlerische Pläne, damit sie [ge]fangen würden von Belial durch ihre
frevlerische Verirrung. (vacat). (10) [„Und] YHWH hat dir [kund]getan,
daß er dir ein Haus bauen wird; und ich werde aufrichten deinen Samen
nach dir, und ich werde errichten den Thron seiner Königsherrschaft (11)
[für im]mer. Ich werde ihm Vater sein, und er wird mir Sohn sein" (2Sam
7,11b-14). Dies ist der Sproß Davids, der auftreten wird mit dem Erforscher des Gesetzes, den (12) [er aufstehen lassen wird ]in Zi[on am En]de
der Tage, wie es geschrieben steht: „Ich werde die zerfalle[ne] Hütte
Davids wieder aufrichten" (Am 9,11a). Das ist die zerfallene Hütte (13)
Davids, die er aufstehen lassen wird, um Israel zu retten. (vacat)
(14) Darlegung von „Wohl [dem] Manne, der nicht wandelt im Rat der
Gottlosen" (Ps 1,1a). Die Bedeutsamkeit dieser Stel[le ist: Sie] sind die,
die abgewichen sind vom Weg [der Sünder (?)], (15) worüber geschrieben
steht im Buche des Propheten Jesaja in Bezug auf das Ende [der] Tage:
„Und es geschah, als mich die [Hand] ergriff,[ daß er mich davon ab-
brachte zu gehen auf dem Weg] (16) dieses Volkes" (Jes 8,11). Und sie
sind es, über die geschrieben ist im Buche des Propheten Ezechiel, daß[
„sie sich] ni[cht mehr verunreinigen sollen durch all] (17) ihre Göt[z]en"

(Ez 37,23). Dies sind die Söhne Zadoqs und die Mä[n]ner ihres Ra[te]s, die sich erbar[men (?)], die hineinkamen (?) nach ihnen in den Rat der Gemeinschaft. (18) [„Warum tob]en die Völker und sinn[en] die Nationen [Eitles? Es er]heben sich [die Könige der Erde, und die Für]sten ratschlagen miteinander gegen YHWH und gegen (19) [seinen Gesalbten" (Ps 2,1-2). Die Be]deutsamkeit der Stelle ist, [daß sich erheben die Völ]ker und [Eitles] sin[nen gegen] die Erwählten Israels am Ende der Tage.

## Kol. IV

(1) Dies ist die Zeit der Läuterung, welche gekom[men ist über das Haus J]uda, um zu verzehren [ durch Feuer die Gottlosen und zu vertilgen alle Söhne (?) ] (2) Belial(s), aber es wird übrigbleiben ein Rest[ von Erwähl-lte]n (?) in Bezug auf das L[o]s, und sie tun das ganze Gesetz, [wie Gott es befohlen hat dem / durch (?)] (3) Mose. Dies ist die [Zeit, wi]e es geschrieben steht im Buche des Propheten Daniel: „für [die Gottlosen] gottlos zu hande[ln, und nicht werden sie verstehen,] (4a) aber die Gerechten werden [gereinigt, weißge]macht und geläutert werden, und das Volk derer, die Gott kennen, wird festbleiben" (Dan 12,10, 11,32b.35). Sie [sind die Männer ] (4) der Wahrheit, [welche viele zur Einsicht bringen werden (?)] nach der Läuterung, die zu ihnen hin[absteigen wird in dieser Zeit (?)...] (5) [... ]während seines / ihres Hinabsteigens von [...] (6) [Gottlosig]keit wie .. [...] hinsichtlich der Gottlosen [...] (7) [I]srael und Aaron[ ... ]alle (?) [...] (8) [er w]eiß: das ist die vorbestimm[te Zeit der Heimsuchung / des Krieges (?) ...] ... [...] (9) [Gottlosigkei]t (?) unter allen Sehern [...] nicht (?) [...] (10) [...] ...[ ... wie es geschrieben steht (?)] im Buch des (11) Mo[se (?)...]
(12-19)

## Kol. V

(1) sie verwüsten (?) [...] (2) „Horch auf [mein] Schrei[en, du mein König und mein Gott, denn zu dir will ich beten. Oh YHWH, frühe vernimmst du meine Stimme" (Ps 5,3(.4a)). Die Bedeutsamkeit] (3) dieser Stelle in Bezug auf das Ende der [Tage bezieht sich auf ...] (4) [...] denn sie sind [...]
(5-18)
(19) [... wie]

## Kol. VI

(1) [es geschrieben steht im Buch] des Prophe[ten Jesa]ja: [„Sie werden nicht bauen, daß ein anderer bewohne, sie werden nicht pflanzen, daß ein

anderer esse;] (2) [denn wie die Tage des Baumes] werden die Tage meines Volkes sein, [und das Werk ihrer Hände werden] meine [Er-wähl]ten [verzehren.] N[icht werden sie sich umsonst mühen,] (3) [und nicht werden sie zeugen zu plötzlichem To]d, denn der Same [der Geseg-neten YHWHs sind sie" (Jes 65,22.23). Denn] sie sind[ …] (4) […] (vacat ?) […] (5-19).

### 1.5. *Erläuterungen zu Text und Übersetzung*

#### Kol. I

Den erhaltenen Bestand dieser Kolumne bilden die **Frg. 9,I und 6-8**. Frg. 9,I, welches die Z. 1-5 der Kolumne repräsentiert, liefert lediglich ge-ringe Buchstabenreste von den Enden der Z. 1.4 und 5. Die Frg. 6-8 bie-ten den Text von den Enden der Z. 6-16. Es ist nicht möglich, die Breite dieser ersten Kolumne auf rein materiellem Wege zu rekonstruieren; der in den Z. 9-11 zu ergänzende Zitattext läßt aber auf eine einstige Kolum-nenbreite von 15 cm schließen.[1]

**Z. 7-8**  Reste einer Zitatauslegung – vielleicht zum Juda-Segen – sind erhalten. Wahrscheinlich bildete קרן den Zeilenschluß.[2] Entsprechend 1QM I,5 ist zu Beginn von Z. 8 möglicherweise בליעל zu ergänzen.[3]

**Z. 9-12**  In Z. 9-12 ist der Segensspruch für Levi, Dtn 33,8-11, wie-dergegeben worden. J. Strugnell (1970) gelang es, die Reste dieses Zitates auf den stark beschädigten Fragmenten zutreffend zu identifizieren; G. J. Brooke (1985) hat sich in seiner Transkription dieser Lesung angeschlos-sen.[4] Zitiert wurde vollständig, allerdings mit Varianten zum MT. Sichere Abweichungen vom MT sind die in dieser Handschrift übliche Plene-schreibung[5] und die Lesung von ו vor תריבהו (Z. 9), die mit dem Samari-tanus geteilt wird. Unklar ist allerdings, ob mit dem Samaritanus hier tat-

---

[1] Etwa 77 ZE = 15 cm; gut 5 ZE entsprechen dabei 1 cm. Verweise auf Kol. VIII-XII beziehen sich im folgenden auf 4Q177 VIII-XII.

[2] Vergleiche die Abschlüsse der Z. 1-5.

[3] In 1QM I,5 ist wahrscheinlich ebenfalls בליעל zu ergänzen. Vergleiche Juda im Kontext der Milḥama-Stelle (1QM I,2). Vergleiche zur Zeile auch 4Q177 XI,9.

[4] Siehe J. Strugnell (1970) 224 und G. J. Brooke (1985) 89. J. M. Allegro (1968) 56, hatte zwar auch Dtn 33,8-11 gelesen, allerdings die erhaltenen Buchstaben in abwei-chender Weise diesem Zitat zugewiesen.

[5] Pleneschreibung von כיא (Z. 10), באפכה und מזבחכה (Z. 11). Die Pleneschreibung, die in den freiformulierten Teilen dieser Handschrift auftritt, wird in den meisten Fällen auch in den Zitattext eingetragen (siehe etwa in Kol. III,14, vergleiche z.B. auch 4Q177).

sächlich ותריבהו (so ist es in der Transkription wiedergegeben) oder mit
4Q175 (Testimonia) ותרבהו gelesen worden ist, da der Buchstabe י nur
einen geringen Platz einnimmt und die Rekonstruktion nicht auf 0,1 cm
präzise sein kann; erschwerend hinzu kommt der Erhaltungszustand der
Fragmente.[1] Ebenfalls nicht ganz sicher ist, ob der Beginn des Zitates zu
Anfang von Z. 9 nach dem MT oder nach der LXX beziehungsweise
4Q175 14ff zu ergänzen ist.[2] Erstere Lösung wäre im Verhältnis zu den
Z. 10.11 etwas kurz, letztere etwas lang.[3] Doch würde eine Ergänzung
nach dem MT eher zum Beginn der Z. 12 tendieren, so daß diese vorzuziehen ist.[4] In dieser Weise ergänzen auch J. Strugnell (1970) und G. J.
Brooke (1985). Allerdings entgegen beiden ist wahrscheinlich in Z. 10
nicht gemäß 4Q175 16 ידעתיכה zu ergänzen, sondern mit J. M. Allegro
(1968) gemäß dem MT ראיתיו;[5] denn es gibt keinen sicheren Beweis
dafür, daß 4Q174 hier die gleiche Textfassung wie 4Q175 benützt haben
sollte, im Gegenteil: in Z. 12 liest 4Q174 mit dem MT יקומון, 4Q175 20
aber יקומו.[6] Die Zitatergänzungen dieser Zeilen lassen eine ursprüngliche
Kolumnenbreite von 15 cm erwarten. Die Zitatwendung (שמרו אמרתכה ו)
(ינצורו) בריתכה (Z. 10) findet – leicht abgewandelt – häufige Verwendung
in anderen Qumrantexten.[7]

**Z. 13**   Reste der Auslegung zu Dtn 33,8-11 sind erhalten. Zitat und
Auslegung sind durch das „vacat" am Ende von Z. 12 voneinander abgegrenzt. Auffällig an der – sicher mit dem verlorenen Zeilenbeginn einset-
zenden – Deutung ist die Aufnahme der Begriffe האורים und התומים aus
dem Schriftzitat in umgekehrter Reihenfolge und ohne Pronominalsuf-

---

[1]  Siehe auch J. Strugnell (1970) 224.
[2]  MT liest וללוי אמר הבו וללוי תמיך, LXX und 4Q175 lesen וללוי אמר תמיך.
איש חסידכה kann ebenso mit „dein Frommer" (Vergleiche Jes 57,1) übersetzt werden.
Doch wegen einer möglichen Variante mit איש in der Interpretation ist am besten „Mann
deiner Huld" zu übersetzen.
[3]  Vor Textbeginn zu ergänzen sind für Z. 10: 55 ZE, Z. 11: 53 ZE, Z. 9 in MT-Ergän-
zung (auf Höhe des Beginns von Z. 10.11): 49 ZE, Z. 9 in LXX/4Q175-Ergänzung: 58
ZE.
[4]  Auf vergleichbarer Höhe sind für Z. 12 52 ZE zu ergänzen.
[5]  J. M. Allegro (1968) 56, J. Strugnell (1970) 224, G. J. Brooke (1985) 89. G. J.
Brooke ergänzt in Z. 11 zudem ויאירו mit 4Q175 17 anstelle von MT יורו.
[6]  Allerdings ist zu berücksichtigen, daß 4Q175 zahlreiche orthographische Eigenhei-
ten aufweist, יקומו also nicht unbedingt in der Textvorlage von 4Q175 gestanden haben
muß. Weitere Abweichungen von 4Q175 14-20 gegenüber dem MT sind: ינצר (sg. mit
LXX) statt MT ינצרו sowie בל (יקומו) statt MT מן (יקומון); בנו mit MT Ketib (בניו MT
Qere ist dann bezeugt, so ist in der Transkription von 4Q174 Kol. I,10 mit J. Strugnell und G. J. Brooke ergänzt; J. M. Allegro ergänzt בנו.)
[7]  In Bezug auf den „Lehrer" siehe 1QH XV,15, in Bezug auf die בני צדוק siehe 1QS
V,2.9, 1QSa I,3 und siehe CD XX,17.

fixe. Biblisch begegnet diese Reihenfolge z.B. in Ex 28,30, in Qumran z.B. in 4QpJes^d. Ob nach לאיש in Anlehnung an Z. 9 eine Form von חסד zu ergänzen ist, ist nicht sicher.

**Z. 14-16** Vielleicht ist in Z. 14 אֲמ̇]ר[ אשר zu lesen;[1] dann hätte man es mit einer Zitationsformel zu tun, wie sie sich z.B. auch in Kol. III,7 findet.[2] Welches Zitat aber folgte, läßt sich nicht mehr feststellen. Denkbar wäre beispielsweise auch, daß ein Teil des Levi-Zitates innerhalb der Auslegung wiederholt worden ist.[3] Möglicherweise ist in Z. 15 die in 4Q174 oft benützte Deuteformel הואה כיא zu ergänzen, so würde mit ארץ das letzte Wort eines Schriftzitates vorliegen; allerdings ist dies – aufgrund der allgemeinen Verwendung von כיא – sehr spekulativ. In Z. 16 ist ein Bruchstück vom Beginn des Benjamin-Segens (Dtn 33,12) erhalten.[4] Wie weit Dtn 33,12 tatsächlich zitiert worden ist, kann nicht mehr eindeutig geklärt werden. In Analogie zum Zitat von Dtn 33,8-11 könnte aber eine vollständige Wiedergabe vermutet werden.

**Z. 18-19** In diesen Zeilen ist sehr wahrscheinlich der Segen für Sebulon (und Issaschar) Dtn 33,18-19 zitiert worden.

## Kol. II

Den erhaltenen Bestand der Kolumne bilden die **Frg. 9,II, 10, 11 und 4**. Während die Frg. 9,II, 10 und 11 aus dem oberen Bereich dieser 15 cm breiten Nahtrandkolumne stammen (Z. 1-6), hat Frg. 4 seinen Platz im unteren Abschnitt (Z. 12-18). Aus dem mittleren Kolumnenbereich ist kein Fragment erhalten.

**Z. 1** Mit E. Puech ist zu Beginn der Zeile sicher והיהוד anstelle des von J. M. Allegro (1968) vermuteten, seltenen והידד zu lesen.[5] Die Lesung הו[א]ה זבח הצד]ק? ist von J. Strugnell (1970) vorgeschlagen worden.[6]

---

[1] Nach einem Hinweis von E. Puech.

[2] Kol. III,7: ...אשר אמר דויד ...; eine andere Übersetzungsmöglichkeit für אשר אמר wäre „wovon es heißt".

[3] Zu אשר אמר als Einleitung wiederholter Zitatteile innerhalb einer Auslegungen siehe z.B. 1QpHab VII,3.

[4] Mit dem MT (und der LXX) ist sicher ידיד zu lesen (der Samaritanus hat stattdessen יד יד‎).

[5] Nach einem Hinweis von E. Puech. Das zweite ו ist gut möglich, vergleiche z.B. ו in ואהרון (Frg. 5,3) und auch das erste ו in והיהוד selbst; הידד ist im AT nie mit ו + Artikel belegt, dagegen והיהוד 1Chr 29,11. Es fällt die Parallele zwischen הוד und dem häufig daneben verwendeten הדר auf (z.B. Ps 21,6, 96,6), welches sich im Joseph-Segen in Dtn 33,17 findet, doch vergleiche den deutlichen Bezug auf Dtn 33,19 nur wenige Worte weiter in der gleichen Zeile.

[6] Die Lesung von א ist sicher. Siehe J. Strugnell (1970) 223.

Sie ist Teil einer Auslegung zu Dtn 33,19.[1] זבח הצדק greift die זבחי צדק dieses Zitates auf.

**Z. 2**   Formal ist in dieser Zeile die Fortsetzung der Dtn 33,19-Interpretation zu erwarten. Vielleicht nimmt טוב הארץ die שפוני טמוני חול der Schriftstelle auf.[2]

**Z. 3-5**   Der Segen für Gad (Dtn 33,21) setzt mit Beginn von Z. 3 ein. Ein weiterer Rest davon ist am Anfang der Z. 4 erhalten. Die Ergänzung des verlorenen Zitattextes (gemäß MT) dazwischen füllt genau die Breite der Kolumne aus.[3] Auffällig ist, daß in Z. 4 die defektive Schreibung des MT von מחקק beibehalten ist, während auch im Zitat die in 4Q174 übliche Pleneschreibung zu erwarten wäre.[4] Wie weit der Segen zitiert wurde ist nicht mehr eindeutig rekonstruierbar; ist Dtn 33,21 vollständig wiedergegeben worden, so endete dieses Zitat nach der Mitte der Z. 4. In Z. 4 wird anschließend die Auslegung von Dtn 33,21 begonnen haben, deren Reste in Z. 4-6 erhalten sind. Ob על zu Beginn von Z. 5 Teil einer Pescherformel ist, läßt sich nicht mehr sicher nachweisen; Pescherformeln sind im Kontext der Dtn 33-Segnungen nirgends erhalten.[5] [הספון ע° ], welches in der Mitte von Z. 5 zu lesen ist, nimmt das ספון des Zitates auf.

**Z. 6**   In der hier vorliegenden Auslegung könnte der Versteil Dtn 33,21b Verwendung gefunden haben.[6] In Anlehnung an die Schriftstelle wäre dann etwa עשו את כול[ צדקת אל zu ergänzen. Vergleicht man aber die parallele Verwendung dieser Formulierung in Kol. IV,2, so könnte ebenso ... עשו את כול[ התורה gelesen worden sein.[7] Möglicherweise ist die – stilistisch ungewöhnliche – Formulierung ... כול אשר צונו עשו in Anlehnung an Dtn 33,4a (התורה צוה לנו משה) gebildet worden.[8]

---

[1] Zu זבח – hier wahrscheinlich auf die Gemeinde bezogen – vergleiche 1QS IX,3-5 (besonders Z. 4). Vgl. auch Kol. III,6f.

[2] Vergleiche die – allerdings in anderer Form – verwendeten Begriffe in der Parallelstelle Gen 49,15.

[3] Nach ולנד אמ[מ] sind 68 ZE zu ergänzen, dies entspricht genau dem Abstand von 13,7 cm bis zum Zeilenende (Kolumnenbreite 15 cm; 5 ZE = 1 cm).

[4] Vergleiche z.B. die Pleneschreibung in der Wiedergabe von Dtn 33,8-11 in Kol. I,9-12. G. J. Brooke (pers. Hinweis) verwies zu מחקק auf ταξω in TestMose (eine Dtn 33-34 „Paraphrase") = Levit.

[5] Die Ergänzung nach שבי על ist nicht sicher, doch sehr wahrscheinlich wird es sich um eine Gemeindebezeichnung im weiteren Sinne gehandelt haben. Häufig findet sich in Qumrantexten die feste Bezeichnung שבי פשע, siehe z.B. 1QS X,20, CD II,5. Eine andere Konstruktion mit שבי ist in 4QpPs^a III,1 anzutreffen: שבי המדבר („die Umkehrenden der Wüste").

[6] Dtn 33,21b: ... יהוה עשה ...; der Singular des Zitates wurde dann auf eine pluralische Größe (עשו) umgedeutet.

[7] Vergleiche zur Zeile auch Ex 35,1.29.

[8] Auffällig ist die Form von צונו. Die 1. Pers. wird sonst in Interpretationen nicht verwendet, siehe den Wechsel der Person noch in der gleichen Zeile (עשו).

**Z. 12**  In Z. 12 und 13 sind lediglich Teile von Auslegungen erhalten. Ob diese möglicherweise zum Asser-Segen gehören, ist nicht mehr nachweisbar. Zu צאצאי als Teil einer Konstruktusverbindung vergleiche צאצאי יהודה in Kol. X,12.[1]

**Z. 13**  Zur Verbindung von נטר und קנא vergleiche Nah 1,2; dort allerdings ist YHWH Subjekt, während es in 4Q174 wahrscheinlich die Feinde der Gemeinde sind.[2]

*Exkurs: Erwägungen zur Wiedergabe
der Dtn 33-Segnungen in 4Q174*

Zu beobachten ist zunächst folgendes: Erhalten sind Reste der Segnungen für *Levi* (Dtn 33,8-11 in Kol. I,9-12), *Benjamin* (Dtn 33,12 in Kol. I,16-17) und *Gad* (Dtn 33,20-21 in Kol. II,3-4). Mit sehr hoher Wahrscheinlichkeit ist auf eine Wiedergabe des *Sebulon* ( und Issaschar)-Segens (Dtn 33,18-19 in Kol. I,18-19) zu schließen. Die hier überlieferte Reihenfolge der Segenssprüche entspricht also der in Dtn 33. So wäre zu erwarten, daß zu Beginn von Kol. I – vor dem Levi-Segen – der Segen für *Ruben* (Dtn 33,6) und der Segen für *Juda* (Dtn 33,7) gelesen worden ist. Der Juda-Segen scheint aufgrund von erhaltenen Auslegungsresten in Kol. I,7 in dieser Zuordnung auch vom Text her gut möglich zu sein. Im Anschluß an den Gad-Segen könnten dann die Segnungen für *Dan, Naphtali und Asser* (Dtn 33,22-25) gefolgt sein.

Folgendes Bild ließe sich **hypothetisch** rekonstruieren:

Kol. I,1 Ruben (32 ZE)
Kol. I,1-2 kurzer Kommentar dazu
Kol. I,3 Juda (78 ZE)
Kol. I,4-8 Kommentar dazu
Kol. I,9-12 Levi
Kol. I,13-16 Kommentar dazu
Kol. I,16-17 Benjamin
Kol. I,17-18 kurzer Kommentar dazu
Kol. I,18-19 Sebulon (und Issaschar) (117 ZE)
Kol. I,19 – Kol. II,2 Kommentar dazu
Kol. II,3-4 Gad

---

[1] Dafür, daß vielleicht auch hier צאצאי יהודה gelesen worden ist, könnte בית יהודה (Z. 15) sprechen.

[2] Zu בקנאתמה vergleiche Kol. IX,13.

Kol. II,4-6 Kommentar dazu
Kol. II,7 Dan (33 ZE)
Kol. II,7-8 kurzer Kommentar dazu
Kol. II,9 Naphtali (54 ZE)
Kol. II,9-10 kurzer Kommentar dazu
Kol. II,11-12 Asser (82 ZE)
Kol. II,12-13 Kommentar dazu

Auf die Schwierigkeiten einer solchen „Rekonstruktion" sei kurz hingewiesen:
– Es ist unklar, ob tatsächlich alle Zitate vollständig wiedergegeben worden sind.
– Unsicher ist der Gebrauch von Freiräumen (vacat); für den Juda-Segen
  und dessen Kommentierung wäre dann aufgrund des „vacat" in Z. 6
  (Ende) davon auszugehen, daß ein Teil des Zitates innerhalb der Auslegung wiederholt worden ist (zu Beginn von Z. 6). Nicht alle Segnungen scheinen notwendigerweise mit Zeilenbeginn eingesetzt zu haben
  (siehe Benjamin). Ein Gebrauch von Freiräumen entsprechend deren
  Einsatz in 1QH (Hodajot) ist denkbar, er wäre dann aber nicht konse-
  quent durchgeführt worden.[1]
– Schwer zu ergründen ist, wie weit die letzten drei Segnungen und ihre
  Kommentare in Kol. II hineingereicht haben. Hat Kol. II,12-13 tatsächlich noch zum Abschnitt der Dtn 33-Segnungen (Kommentar zu
  Asser) gehört, oder liegt hier bereits eine neue formale Einheit vor? Zu
  vermuten wäre, daß direkt mit ‏היאה העת אשר‎[... (Z. 14) der neue Text-
  abschnitt beginnt.
– Die einleitenden Verse *Dtn 33,1-5*, für deren Wiedergabe etwa 4
  Kolumnenzeilen benötigt worden wären, sind offensichtlich nicht explizit wiedergegeben worden. Gleiches gilt – und dies ist der auffällig-
  ste Befund – für den *Joseph-Segen* (Dtn 33,13-17; 274 ZE). Dessen
  Wiedergabe wäre zwischen „Benjamin" (Kol. I,16-17) und „Sebulon"
  (Kol. I,18-19) zu erwarten. Doch aus Platzgründen ist dies gänzlich
  auszuschließen. Auch ist eine wesentlich andere Anordnung der Fragmente nicht möglich. So bestünde lediglich die Möglichkeit, daß der
  Joseph-Segen den übrigen Segnungen vorangestellt worden ist. Dies
  wäre aber auch nur unter der Annahme einer weiteren Textkolumne
  vor Kol. I möglich. Zudem hätte eine solche Voranstellung des Joseph-

---

[1] Siehe die Abbildung der Handschrift in der Hodajot-Edition von E. L. Sukenik
(1954).

Segens keinerlei Parallelen in der Vielzahl von verschiedenen Stammeslisten.[1]

Für ein bewußtes *Fortlassen der Größe „Joseph"* im Zusammenhang der Segnungen in 4Q174 existieren dagegen einige Gründe:
Der Text von 4Q174 an sich gibt – soweit erhalten – keine Begründung für dieses Weglassen. Doch ein Blick auf andere Qumrantexte kann indirekt auf die Ursache schließen lassen:
Besonders in 4QpNah wird „Ephraim" als Chiffre für Feinde der Qumrangemeinde benützt,[2] in 4QpPs^a II,17 sind „Ephraim" und „Manasse" Bezeichnungen für gegnerische Gruppen.[3]
Aufschlußreich ist auch ein von E. Schuller (1990) veröffentlichtes Fragment (Frg. 1) einer Handschrift (4Q372), welches Joseph zum Thema hat.[4] Das ursprüngliche Werk, von dem 4Q372 Frg. 1 nur einen Teil repräsentiert, ist vorqumranisch: es entstand vielleicht um ca. 200 v. Chr., jedenfalls vor Johannes Hyrkans Angriff auf Sichem.[5] Unter den Qumranhandschriften finden sich davon mindestens zwei Abschriften, die eine paläographisch der mittleren hasmonäischen Periode zuzurechnen (4Q371), die andere (4Q372) ist späthasmonäisch-frühherodianisch.[6] Der Text von 4Q372 Frg. 1 nun nimmt den einen Strang biblischer Joseph-Tradition auf, nämlich den, der „Joseph" als Bezeichnung der Nordstämme benützt.[7] Deutlich wird die anti-samaritanische Tendenz des Textes: Es gilt, die Frage der wahren Joseph-Nachkommenschaft zu klären. Sind die Nachkommen Josephs die, die geographisch momentan auf dem Stammesgebiet von Ephraim und Manasse wohnen, oder befindet sich der „echte Joseph" noch im Exil? Der Verfasser des Textes vertritt klar diese Position: Erstere sind die falschen, denn sie haben eine במה gebaut und verhalten sich feindlich gegenüber Jerusalem; die wahren Nachkommen

---

[1] Zur Frage der Stammessegnungen in den Qumrantexten könnte vielleicht eine Rekonstruktion der bislang in ihrer Gesamtheit unveröffentlichten „Patriarchal Blessings" weitere Informationen liefern.

[2] Z. B. 4QpNah II,2.8, III,5, hier = דורשי חלקות (vergleiche 4Q177 IX,12); aufgrund des fragmentarischen Kontextes unklar ist 4QpHos^b Frg. 2,3. Siehe „Ephraim" möglicherweise auch in 4Q177 X,16.

[3] Zur Verwendung der Chiffren „Ephraim" und „Manasse" für die Gegner der Qumrangemeinde siehe H. Stegemann (1971) 69-82 und 87-95.

[4] Vergleiche zu den folgenden Ausführungen E. Schuller (1990).

[5] So von E. Schuller (1990) vorsichtig vermutet.

[6] E. Schuller (1990) nimmt an, daß vielleicht zwei weitere Manuskripte dieses Werkes existieren (4Q373 und 2Q22).

[7] Siehe etwa die Asaph-Psalmen (z.B. Ps 77,16, 80,2, 81,5 und besonders Ps 78,67), Am 5,6.15, 6,6, Ez 37,15-23, Sach 10,6-10, TestNaph 5-6. Auf den „Genesis-Joseph" finden sich nur einzelne Anspielungen im Text.

Josephs weilen noch leidend, aber in der Gewißheit auf eine zukünftige
Befreiung durch Gott im Exil. Die Identifizierung der Samaritaner mit
dem „falschen Joseph" ist eindeutig.[1] So existiert hier ein frühes Doku-
ment (proto-)samaritanischer Polemik. Die Tatsache, daß dieses Werk in
mehreren – gegenüber 4Q174 älteren – Kopien im Bestand der Qumran-
bibliothek erhalten ist, könnte ein Zeugnis dafür sein, daß man die zeit-
genössisch so „negativ" besetzte Chiffre „Joseph" vermeiden wollte.[2]

**Z. 14.15**   אשר העת ]היאה (Z. 14) könnte den unmittelbaren Beginn
eines neuen Sinnabschnittes in 4Q174 darstellen.[3] Eine andere Möglichkeit wäre, daß hier bereits die Interpretation eines vorausgegangenen,
verlorenen Zitates vorliegt, welches nicht mehr zum Kontext der Stammessegnungen gehört hat.[4] Vergleicht man die in Z. 14.15 verwendeten
Begriffe, so zeigen sich in ihrer Kombination und in ihrem inhaltlichen
Zusammenhang auffällige Parallelen zu CD IV,10-13.[5] Zur Explizierung
der Belialsherrschaft wird in CD IV,14 ein Zitat von Jes 24,17 hinzugezogen. Könnte dieses Zitat auch hier in Z. 14 der Deutung vorausgegangen
sein? Der Kontext spricht keineswegs dagegen. Dafür spräche besonders
die Formulierung בליעל יפתח, in welcher sich נפתחו ממרום כי ארבות כי (Jes
24,18) spiegeln könnte.[6] Dabei ist יפתח in Parallele zu CD IV,13 und Jes
24,18 sehr wahrscheinlich als Niphal aufzufassen.[7]

**Z. 16**   Das Bruchstück einer Auslegung liegt vor. G. J. Brooke (1985)
weist für כוח auf Dan 11,15 und für בזר auf Dan 11,24 hin.[8] Dan 11 ist ein
Kapitel, welches auch in Kol. IV Verwendung findet. Zu Beginn der Zeile

---

[1] „...there is sufficient reason to suggest that 4Q372 1 is a specifically anti-Samaritan
text, that is, directed against the Jewish community around Shechem with its cultic
centre at Mount Gerizim", E. Schuller (1990) 371.

[2] Siehe später (1. Jhd. n. Chr.) als Zeugnis samaritanisch-jüdischer Polemik Flavius
Josephus Ant. IX,291; XI,341.

[3] Dieser würde dann eine Art Gesamtinterpretation der vorausgehenden Dtn 33-Seg-
nungen darstellen. ... העת היאה meint hier sicher die Endzeit (אחרית הימים); vgl. den
הימים אחרית-Bezug der Stammessegnungen in Gen 49,1.

[4] Vergleiche z.B. Kol. III,2.

[5] Zu העת (Z. 14) vergleiche הקץ CD IV,10, בליעל יפתח (Z. 14) vergleiche
משלח בליעל CD IV,13, יהודה בית (Z. 15) vergleiche CD IV,11.

[6] Wenn Jes 24,17 zu ergänzen ist, wäre Z. 14 etwa folgendermaßen zu lesen:
בליעל יפתח אשר העת היאה] הארץ יושב עליכה ופה ופחת פחד ...

[7] Zu dieser Übersetzung von פתח siehe z.B. Jer 1,14. J. M. Allegro (1968) 56 und
G. J. Brooke (1985) 93, sehen in בליעל das aktive Subjekt zu יפתח und übersetzen folg-
lich: „that is the time, when Belial shall open". G. J. Brooke (1985) 160, weist für Z. 15
auf Parallelen zu Gen 49,23-24 hin. Doch scheint der Kontext der Segnungen an dieser
Stelle der Handschrift bereits verlassen zu sein.

[8] G. J. Brooke (1985) 160.

ist sowohl ובקש als auch יבקש möglich, da der erste Buchstabe nur fragmentarisch erhalten ist.

**Z. 17** בוא im Hiphil erinnert an Formulierungen über ein Hineinbrin-
gen in die Gemeinde.[1] Vielleicht könnte האוה הבית אש[ר הביאמה להיות
ergänzt werden. Ging möglicherweise ein Zitat von Ex 15,17a (vergleiche
Ex 15,17b.18 in Kol. III,3) voraus?[2] Denkbar wäre beispielsweise auch,
daß hier Gedanken zum Ausdruck gebracht werden, die erst ab Z. 19 mit
expliziten Schriftzitaten näher ausgeführt werden.

**Z. 18.19** Diese Zeilen sind mit E. Puech (1992 diss.) ergänzt. Z. 19
beinhaltete sicher den Beginn von 2Sam 7,10; der von E. Puech („par
ex.") ergänzte Zeilenanfang ist zwar hypothetisch, doch entspricht er formal dem zu Erwartenden und füllt gut den zur Verfügung stehenden Platz.

## Kol. III

Dies ist die besterhaltene Kolumne des Werkes. Gebildet wird sie aus den
**Frg. 1, 21 und 2.**[3] Der Text von Kol. III läßt sich mit Hilfe von Schriftzitaten beziehungsweise in den Lücken zu erwartenden Formulierungen nahezu vollständig erschließen.[4]

**Z. 1** Der Zeilenbeginn ist unsicher. Doch ist vielleicht mit J. Strugnell (1970) und D. Dimant (1986) an eine Verbindung von 2Sam 7,10f
und – allerdings leicht abgewandelt – Ps 89,23 zu denken.[5] Am Ende von

---

[1] Vergleiche z.B. 1QS I,7f. und 1QH XVIII,28.

[2] Eine ganz andere Bedeutung läge hier vor, nimmt man etwa ein vorausgehendes
Zitat von Ez 44,7a an (vergleiche Kol. III,3f.), siehe Verwendung von להיות und הביאמה
(in Ez 44,7a בהביאכם).

[3] Frg. 2 wurde bereits von J. M. Allegro (1968) korrekt eingeordnet, siehe Tafel XIX.
Da das Fragment in sich aber etwas geschrumpft und dadurch verzogen ist, ergeben sich
für die Z. 16-19 gegenüber der Darstellung etwas veränderte Distanzen.

[4] Die besten Ideen für den Text von Kol. III,1-IV,5 verdanke ich E. Puech, der mir
erlaubt hat, die Vorarbeiten zu seiner Dissertation zu zitieren (im folgenden: E. Puech);
selbstverständlich bedeutet dies nicht E. Puechs Zustimmung zu sämtlichen Textlesungen, -ergänzungen etc. in diesem Abschnitt. Auf eine genaue Seitenangabe für die übrige
verwendete Literatur wird im folgenden im allgemeinen verzichtet, da die entsprechenden Stellen in den jeweiligen Arbeiten durch die Zeilenangaben leicht zu finden sind.

[5] J. Strugnell (1970) und D. Dimant (1986) in Anknüpfung an J. M. Allegro (1968),
entgegen Y. Yadin (1959). Nach D. Dimant (1986) ist der Text hier transkribiert. אויב
(D. Dimant (1986), vergleiche J. M. Allegro (1958)) ist אויב[י] (G. J. Brooke (1985)) vorzuziehen, nicht zuletzt aufgrund des Umfanges der Lücke (2,2 cm = 10 ZE). Diesem
entspricht die Ergänzung von D. Dimant (1986) nach אויב, G. J. Brookes (1985) Ergänzung ist zu lang. Gleiches gilt auch für J. Strugnells (1970) Ergänzungsvorschlag
(אויב] בו ולוא יוסי[ף), der allerdings nur eine syntaktische, nicht aber inhaltlich andere
Lesung bedeutet. אויב stammt vielleicht aus Ps 89,23, siehe aber auch dessen Gebrauch
sonst in 2Sam 7.

Kol. II,19 ist dann gemäß dem Zitat ולוא zu ergänzen. Möglich ist auch D.
Dimants (1986) Alternativvorschlag ירניזהו ע[וד] / [ולוא] (2Sam 7,10); vergleiche M. O. Wise (1991), der – trotz der Variante אויב – mit dem MT
ולוא ירדנו ע[וד] liest. Entsprechend wäre dann die Ergänzung in Kol. II,19 zu
verändern. Abweichungen in der Wiedergabe von 2Sam 7,10b gegenüber
dem MT sind: בן עולה (sg. mit LXX und Ps 89,23; MT liest pl.); היום (sg.)
wird mit dem MT gegen die LXX (pl.) gelesen.[1]

**Z. 2**   Es ist nicht ganz sicher, ob mit dem MT defektiv שפטים – so
J. M. Allegro (1968) und D. Dimant (1986) – oder gemäß der in der Regel
von der Handschrift verwendeten Pleneschreibung שופטים zu ergänzen
ist, wie in der übrigen Literatur. M. Kisters (1988) Ergänzung der zweiten
Lücke durch יברא א[ל]והים ב[אחרית הימים ist zu lang; am besten wird
mit D. Dimant (1986) אשר [יכין ל[וא] באחרית הימים zu lesen sein.[2]

**Z. 3.4**   Mit Y. Yadin (1959) könnte als Beginn der Z. 3 [מושה ergänzt
werden, ebenso gut möglich ist aber J. Carmignacs (1963) Alternativvorschlag für das erste Wort: [התורה.[3] Frg. 21 geht in Z. 3 Frg. 1 unmittelbar
voraus. Zu יהוה (Frg. 21) bei der Wiedergabe von Ex 15,17b.18 ist neben
vielen Manuskripten des MT vor allem der Samaritanus zu vergleichen.
Dieser hat außerdem ebenso wie 4Q174 עולם anstatt לעולם (MT). Zu
„Beginn" von Z. 4 existieren auf Frg. 21 Reste von zwei Buchstaben, die
zu ר und ש gehören könnten; eine sichere paläographische Entscheidung
ist nicht möglich, da die Schriftreste in zu geringem Umfang erhalten
sind. ר und ש wären nach der Ergänzung der Lücke gemäß Ez 44,9 – so
hat es P. W. Skehan vorgeschlagen – an dieser Stelle zu erwarten.[4] Im
übrigen werden Ez 44,9 und Dtn 23,3.4 frei kombiniert. Die einzige Per-
sonengruppe, die nicht diesen beiden Schriftstellen entstammt, ist – am
Ende der Aufzählung – die des גר („Proselyt").[5] Lesung und Übersetzung

---

[1] Ist vielleicht im Falle von בן עולה bewußt der Singular gewählt worden, um sich
damit polemisch gegen einen unreinen, nicht-zadoqidischen Hohenpriester zu wenden?
Vergleiche die בני עולה in 1Sam 2,11-36, vergleiche 1Kö 2,26-27.35b. Siehe auch P.
Kyle Mc Carter (1984) 203-206 zur Stelle. M. O. Wise (1991) ergänzt die Lücke nach
עולה בן gemäß 2Chr 17,9 mit [לנלות],ל, doch scheint eine Ergänzung gemäß MT 2Sam
7,10 ([לענוה([ו)] näherliegend.

[2] M. Kister (1988) 318. Reste von ב sind erhalten. Auch G. J. Brookes (1985) יבנה
(vergleiche A. M. Habermann (1959)) – anstelle von יכין – ist nicht ganz auszuschließen,
ebenso Y. Yadins (1959) יעשה (aber mit לוא statt Y. Yadins (1959) לך). Eine Ergänzung
von [יכונו] (M. O. Wise 1991) ist für die Lücke zu lang.

[3] J. Carmignac (1963) „de la Loi". Vergleiche J. Strugnell (1970), der diese Möglichkeit für ebenso wahrscheinlich hält. Zu מושה בספר vergleiche 4QMMT C 22; zu
בספר התורה vergleiche CD V,2.

[4] Siehe J. Strugnell (1970) 221.

[5] Y. Yadins (1959) ועד anstelle von גר ist paläographisch nicht möglich. Zur Übersetzung von גר als „Proselyt" vergleiche auch G. J. Brooke (1985), D. Dimant (1986),

der letzten beiden Wörter von Z. 4 sind unsicher. Paläographisch ist sowohl קדושי als auch קדושו möglich. Im Falle von קדושי könnte es sich um eine Konstruktus- oder um eine suffigierte Form handeln. Auch für שם gibt es zwei Deutungsmöglichkeiten: muß „dort" oder „Name" übersetzt werden? Vor allem zwei Alternativen sind möglich: entweder כי קדושי שם „sondern die Heiligen des Namens"[1] – so ist es in der Transkription wiedergegeben – oder כיא קדושו שם („denn sein Heiliger dort").[2] Erstere Lösung – also ein Bezug auf die Gemeinde – ist zu präferieren, denn wer sollte mit dem „Heiligen" gemeint sein?

**Z. 5**  Beim ersten Buchstaben dieser Zeile kann es sich nur um י oder ו handeln. Es ist paläographisch nicht möglich, den zweiten Buchstaben als נ zu lesen.[3] Nahezu sicher dagegen ist ה.[4] So ist eine Lesung von יֹ[ה]וֹ̇ה [ימלוך עולם sehr wahrscheinlich. Die Ergänzung von 6 ZE entspricht exakt dem Umfang der Lücke.[5] Hier liegt also eine Wiederholung des zweiten Teiles von Ex 15,17b.18 (Z. 3) innerhalb der Interpretation vor.[6] (Vergleiche zur Wiederholung einzelner Zitatteile in der Auslegung

---

E. Qimron (1986 99, vergleiche CD XIV,4) und M. A. Knibb (1988), D. R. Schwartz (1990) 165.174 Anm. 37. M. O. Wise (1990), 201, hat darauf hingewiesen, daß eine Übersetzung von גר als „sojourner" in dieser Phase der hebräischen Sprache ebenso möglich ist. M. Kisters (1988) Lesung des Beginns (עולם[ אשר בו מום כול) 318, ist zu kurz.

[1] Mit E. Puech; in dieser Weise faßt auch E. Lohse (1971) den Ausdruck auf, übersetzt aber „die den Namen Heilige tragen", vergleiche die Übersetzung bei A. Dupont-Sommer (1959), J. M. Allegro (1968): קדושי שם „my holy ones are there", ebenso A. M. Habermann (1959) und W. R. Lane (1959). Eine Übersetzung von כיא mit vorausgehendem לוא als „sondern" ist möglich. Zu קדושי שם vergleiche eventuell auch Kol. XI,15.

[2] קדושו שם wird mehrheitlich (J. Maier (1960), J. Carmignac (1963), E. Slomovic (1969), G. J. Brooke (1985) und D. Dimant (1986)) im Anschluß an Y. Yadin (1959) („His holy ones are there" קדושו = קדושיו) gelesen und entsprechend übersetzt, siehe aber auch J. Carmignac (1963) Anm. 9. M. O. Wise (1991) übersetzt קדושו שם mit „his holiness will be rev[eale]d there". Vergleiche auch Kol. X,2.

[3] Entgegen G. J. Brooke (1985), D. Dimant (1986) und M. O. Wise (1991), sie lesen zu Beginn יֹנ[ל]ה (G. J. Brooke liest dann in Anlehnung an Jes 40,5 כבודו ל[עולם], D. Dimant עולם[ כבוד in Parallele zu 1QH 3,4, 13,6. Beide verweisen für den vorliegenden Kontext auf 11QT 29,8-10. Für עליו יראה weist D. Dimant vor allem auf Jes 4,5, 60,2; Gen 22,14 und Num 14,10 hin.

[4] Wenn in der übrigen Literatur der Zeilenbeginn gelesen wird, dann der zweite Buchstabe stets als ה.

[5] Vergleiche zum Zeilenbeginn J. M. Allegro (1958) und A. M. Habermann (1959): יֹ[ה]וֹה ימלוך ל[עולם, die Übersetzung bei W. R. Lane (1959) und A. Dupont-Sommer (1959).

[6] Dieser Befund – Wiederaufnahme von V. 18 – würde dem genau widersprechen, was O. Camponovo (1984) 284 in diesem Zusammenhang konstatiert: „Aber der Satz von der Königsherrschaft Gottes wird nicht wiederaufgenommen." In O. Camponovos Transkription der Z. 5, 281, ist bis auf die Lesung von ה der Beginn offengelassen. Zum Königtum Jahwes vergleiche auch Jes 24,23. Zum möglichen Zitat von Jes 24,17 in Kol. II,14 siehe oben.

die Technik in den Pescharim.) Der erste Teil (Ex 15,17b) wurde in den
Z. 3.4 interpretiert. Diese Auslegung ist am Ende von Z. 4 syntaktisch
vollständig abgeschlossen. Paläographisch möglich wäre zu Beginn von
Z. 5 auch ה̇[י]ה̇, was allerdings kaum einen Sinn ergibt. Für eine Lesung
von וה̇[מ]ה̇ ist die Lücke zu schmal. Aus diesem Grund scheint es keine andere Möglichkeit zu geben, als יה̇[ו]ה̇ zu lesen. Dieses ist auch vom Text
her durchaus sinnvoll, denn … תמיד benötigt die Nennung eines Subjekts,
das mit Blick auf den Kontext nur Gott sein kann. So beginnt mit תמיד,
welches wahrscheinlich das zuvor nicht zitierte ועד aus Ex 15,18 modifi-
zierend aufnimmt, die Interpretation dieser Zitatwiederholung. Für das
Fehlen von Interpretationsformeln gibt es zahlreiche Belege in Qumrantexten.[1] 1QpHab VI,5 bezeugt das Auslassen einer Zitationsformel vor
der Wiederaufnahme eines Zitatteiles. Die Lesung von יהוה in einem Text
wie 4Q174 läßt eindeutig darauf schließen, daß es sich zu Beginn von Z. 5
tatsächlich um ein Schriftzitat handelt, trotz der stilistisch durch das Fortlassen der Formeln bedingten Schwierigkeiten.[2]

**Z. 7**   Mit G. J. Brooke (1985) ist מעשי תורדה zu lesen. Diese Lesung ist
bereits von J. Strugnell in Erwägung gezogen worden. Die Lederoberfläche ist beim Kopf von ד – auch bei ו – abgeblättert, doch ist ד noch zu
erkennen. Man vergleiche z.B. das zweite ד in לדויד. Die ansonsten in der
Literatur vertretene Lesung מעשי תורה ist paläographisch nicht möglich,
dies zeigt besonders eine Sichtung des Originals.[3] Bestätigt wird die Lesung מעשי תורדה durch den kultischen Kontext der Stelle.

**Z. 8**   A. M. Habermanns (1959), Y. Yadins (1959), E. Slomovics
(1969) und G. J. Brookes (1985) Ergänzungen der Lücke sind zu lang.[4]
D. Dimants (1986) Vorschlag לכלותמ[ה] באו[נ]מה paßt, ebenso würde
לכלותמ[ה] בא[ש]מה das Spatium gut ausfüllen.[5] כאשר scheint eher in begründender Funktion zu stehen, ist daher besser mit „weil" als mit „wie"
zu übersetzen. Eine Übersetzung von במחשבת בליעל mit „in den Plan Be-

---

[1]   Siehe Teil III,2 und 4.

[2]   Siehe zur Verwendung des Tetragramms H. Stegemann (1978) und Teil III,4. Möglicherweise liegt das Fehlen der Formeln auch in der hierarchischen Struktur der Zitate
in diesem Textabschnitt begründet (siehe Teil II); die Zitatwiederholung von Ex 15,18
steht hier in unterster Position.

[3]   Somit wird die Parallele zu Gal 2,16 und Röm 3,20.27-28 hinfällig, vgl. dazu aber
4QMMT מקצת מעשי התורה (allerdings mit Artikel und anders lautender Übersetzung).

[4]   A. M. Habermann (1959): לכלוחמ[ה] ולהשחית[מ]ה,
Y. Yadin (1959): לכלותמ[ה] בעוונותי[מ]ה,
E. Slomovic (1969): לכלותמ[ה] במחשבותי[מ]ה,
G. J. Brooke (1985): לכלותמ[ה] במשנת[מ]ה.

[5]   Vergleiche Z. 9. So die Transkription.

lials" ist mit J. Carmignac (1963) aufgrund des vorausgehenden באו wahrscheinlicher als „mit".[1]

**Z. 9**  Reste von ח sind vor פ im oberen Bereich erhalten. Am Ende der Zeile ist אׁשׁמה zu lesen.[2]

**Z. 10.11**  2Sam 7,11b-14a wird mit Auslassungen und leichten Veränderungen gegenüber dem MT wiedergegeben; möglicherweise lag eine sehr alte Textüberlieferung zugrunde.[3] Reste des zweiten ל sind zu Beginn von Z. 11 erhalten. Zu צמח דויד vergleiche neben Jer 23,5 etc. auch 4QpJes^a Frg. 8-10,17 und 4QPatr Z. 3f.

**Z. 12**  Zu Beginn der Zeile ist sicher eine Form von קום zu lesen.[4] In der Literatur wird diese stets im Qal ergänzt, möglich – darauf weist auch D. Dimant (1986) hin – ist ebenso Hiphil, mit Jahwe als Subjekt. Im Blick auf das Zitat von Am 9,11 und auf Z. 13 ist – mit E. Puech – eher יקים zu erwarten. Auffällig ist die Textform des Zitates von Am 9,11, welches gegen den MT und die LXX aber mit Apg 15,16 zitiert wird. Selbst die Einleitungsformeln stimmen überein.[5] Paläographisch ist היאה zu lesen, was auch zu סוכת דויד paßt.[6]

---

[1] „Mit" z.B. J. M. Allegro (1968) und E. Lohse (1971). Y. Yadins (1959) Lesung von חעו anstelle von באו ist paläographisch nicht möglich.

[2] Mit J. Strugnell (1970), so auch D. Dimant (1986); G. J. Brookes (1985) אׁ[ו]נׁ[מ]ה (= J. M. Allegro 1958 und andere) ist nicht möglich, da die erhaltenen Schriftreste nicht zu נ passen. Zur Formulierung mit חפש vergleiche CD III,16-19, aber auch 1QH IV,19.

[3] Auslassen von יהוה am Ende von V.11b, Auslassen von V.12aα, 12aγ-13a. V.11b: יבנה (statt MT יעשה) vergleiche 1Chr 17,10 (MT und LXX), vergleiche 2Sam 7,13. Pleneschreibung von והכינותי etc. vergleiche 1Chr 17,11, aber auch sonst in 4Q174. Ausgelassen wird also vor allem das, was auf Salomo als Tempelerbauer hinweist (V.13a). V.13a ist auch eine textgeschichtlich spätere Einfügung in den 2Sam 7 Zusammenhang, die זרע (ursprünglich kollektiv) nachträglich auf Salomo (sg.) verengt; siehe dazu z.B. P. Kyle Mc Carter (1984) 205. Vorausgesetzt dem Verfasser hätten verschiedene Texte zur Verfügung gestanden: Ist hier vielleicht vom 4Q174-Verfasser ganz bewußt eine alte Textüberlieferung (enthielt diese auch die übrigen Auslassung?) gewählt worden, die den eigenen Zwecken entgegenkam? Allerdings bestimmen die Qumran-Autoren die *Ausführlichkeit* der Wiedergabe von Schriftzitaten häufig selbst, so daß diese nicht zwangsläufig an eine bestimmte Textvorlage gebunden sein muß. J. Trebolle Barrera verdanke ich eine ganz ausführliche textkritische Analyse dieser 4Q174-Stelle, die ich hier leider nur in einigen Ergebnissen wiedergeben konnte.

[4] So auch A. M. Habermann (1959), Y. Yadin (1959), E. Slomovic (1969), J. Strugnell (1970) und D. Dimant (1986). G. J. Brookes (1985) Ergänzung von ימשול ist zu lang, es ist nur Platz für 4 ZE. Gleiches gilt für A. S. van der Woudes (1957) ימלוך.

[5] Vergleiche ebenso CD VII,16; jedoch mit anderer Einleitung. Näheres siehe G. J. Brooke (1985).

[6] היאה mit J. M. Allegro (1968) entgegen J. Strugnell (1970), G. J. Brooke (1985) und D. Dimant, die sich aus grammatikalischen Gründen für הואה entscheiden. Doch Näheres siehe unten zu Z. 13. Zum Zion als „Heilsort" vergleiche auch Jes 25. Vielleicht stand Jes 24-27 in irgendeiner Weise im Hintergrund der Überlegungen in Kol. II und

**Z. 13** Mit A. S. van der Woude (1957), J. Carmignac (1963) und E. Puech (diss. 1992) ist יעמיד – Hiphil – ist zu lesen. היאה in Z. 12 ist nicht das Subjekt – dies ist wie in Z. 12 Jahwe –, sondern Objekt des ohnehin maskulinen Verbs.[1]

**Z. 14** Nach einer halben „Vacat-Zeile" in Z. 13 folgt zu Beginn von Z. 14 מ(ן) מדרש, welches zwar einerseits Einleitung zu Ps 1,1 und dessen Auslegung, andererseits und vor allem aber Überschrift zum gesamten folgenden Abschnitt ist.[2] In anderem Zusammenhang weist J. T. Milik (1956) auf 4Q-Paralleltexte zu 1QS V,1 hin, die in ihrer Überschrift das gegenüber 1QS sicher ältere מדרש („Darlegung") verwenden.[3] Ähnlich wird auch hier in 4Q174 der Gebrauch von מדרש zu werten sein. Ps 1,1aα ist vollständig und – abgesehen von der Pleneschreibung von לוא – gemäß dem MT wiedergegeben. Paläographisch ist in der anschließenden Auslegung eher סרי als סרו zu lesen.[4] Daher wird die vorausgehende Pescherformel wohl folgendermaßen gelautet haben: סרי) המה הדבר פשר ...). Diese Ausprägung der Pescherformel ist zwar unüblich, hat aber ihre Parallele in der kürzeren : פשרו + Personalpronomen + Interpretationsbezug.[5] על הדבר פשר ist nicht möglich, da ein Buchstabenrest erhalten ist, der nicht zu ל (על) gehören kann; ה (המה) dagegen ist denkbar.[6] G. J. Brooke (1985) könnte zurecht an der Ergänzung von [רשעים(ה) am Ende der Zeile zweifeln. Sein חטאים mag besser sein, da es der Gewohnheit nichtwiedergegebene Zitatteile für die Deutung zu verwenden entspricht.[7] Das על, welches G. J. Brooke (1985) am Schluß ergänzt, ist – betrachtet

---

III; allerdings handelte es sich beim Königtum Jahwes und dem Zion ja um traditionelle, ganz allgemein geläufige Vorstellungen.

[1] יעמיד, während sonst יעמוד gelesen wird, wobei aber auch D. Dimant (1986) auf die Möglichkeit der Lesung eines Hiphil hinweist; der kurze Strich verweist eher auf י als auf ו.

[2] Zu überlegen wäre, ob nicht auch Ps 1,1aα Teil dieser Überschrift ist.

[3] Siehe Milik, RB 63 (1956) 61. In welcher Weise man מדרש im Abschlußsatz der Damaskusschrift (Text siehe J. T. Milik (1972) 135) zu verstehen hat und welche gattungsgeschichtliche Bedeutungsamkeit dieser Stelle zukommt, wird nach einer Veröffentlichung der 4Q-Manuskripte zu untersuchen sein.

[4] Y. Yadin (1959) (J. Maier (1960), E. Slomovic (1969), J. Strugnells (1970) 2. Ergänzungsvorschlag) liest מדרך סרו אשר הדבר פשר.

[5] Vergleiche z.B. 4QpNah II,2 (und öfter) oder 4QpPsᵃ II,4 (und öfter). Praktisch bedeutet dies, daß nach הדבר פשר beziehungsweise פשרו ein Doppelpunkt zu lesen ist.

[6] Vergleiche J. Carmignac (1963) und J. Strugnells (1970) 1. Ergänzungsvorschlag. Möglich wäre auch ו.

[7] רשעים(ה) zuerst durch A. M. Habermann (1959). J. Strugnell (1970) versieht diese Ergänzung mit einem Fragezeichen. Ps 1,2 liest die Verbindung der Worte חטאים דרך. Y. Yadin liest העם מדרך סרו (1959), so auch J. Maier (1960) und E. Slomovic (1969).

man den bis zum Zeilenende zur Verfügung stehenden Platz – unnötig und auch sprachlich ungewöhnlich.[1]

**Z. 15**  Das Zitat von Jes 8,11, welches hier beginnt und bis Z. 16 (Anfang) reicht, ist nicht notwendigerweise mit G. J. Brooke (1985) nach 1QJes<sup>a</sup> zu ergänzen, allerdings ist auch die Lesung des MT – so die Transkription – unsicher.

**Z. 16**  Ez 37,23 wurde hier zitiert, doch in leichter Abwandlung gegenüber dem MT.[2] Wie Jes 8,11 ist es durch eine כתוב-Formel eingeleitet. Eine Parallelüberlieferung für diese Textform existiert nicht.

**Z. 17**  Die Lesung dieser Zeile ist nicht ganz einfach, da die Kolumne in diesem Bereich beschädigt ist. Wahrscheinlich aber ist sie mit E. Puech (diss. 1992) – und teilweise mit J. Strugnell (1970) – zu lesen.[3]

**Z. 18**  Mit Zeilenbeginn setzt uneingeleitet ein Zitat von Ps 2,1-2 ein. Auf dem Original ist ש ganz erhalten. בֿ in בֿיחד – einzige dem MT widersprechende Lesung in Ps 2,1.2[4] – wurde vielleicht schon früher durch Abschaben der Lederoberfläche zu korrigieren versucht.[5]

**Z. 19**  Die Zeile könnte in etwa mit A. M. Habermann (1959), aber auch mit J. Strugnell (1970) zu lesen sein, jedoch aufgrund der Abstände leicht verändert.[6] Sicher ist die Lesung von ה in וה]נו.

---

[1] Es ist keine derartige qumranische Zitationsformel belegt, auch אשר כתוב עליהמה ist keine rechte Parallele. Die grammatikalische Konstruktion kommt auch ohne על aus.

[2] So als erster Y. Yadin (1959) (gegen J. M. Allegro (1958), A. Dupont-Sommer (1959) und G. Vermes (1987): Ez 44,10); zu lesen ist mit J. Strugnell (1970) und G. J. Brooke (1985) am Zeilenende בכול (vergleiche zu כול schon J. Carmignac (1963)), so wird die Zeile gut ausgefüllt und das zu Beginn von Z. 17 sicher nicht gelesene ב – vor נלוליהמה ist kein Platz – des Zitates wäre gewährleistet.

[3] רוח]מים] ist nicht sicher, ה allerdings ist sehr wahrscheinlich; G. J. Brookes (1985) Ergänzung (רוח]קים מרע ... ואחריהמה) ist mit den erhaltenen Schriftresten nicht vereinbar. Vor אשר, welches wahrscheinlich ist, scheinen keine Buchstaben sondern eine Wortabstandslücke zu existieren, so daß es Schwierigkeiten mit J. Strugnells (1970) Lesung (רוח]פי צ]דק אשר באו מאחריהמה) gibt (auch wegen ה – nicht ר – vor der dritten Klammer, siehe oben). Sicher sind ל, ע und צ sowie das ה von היחד.

[4] ביחד steht der LXX näher, vergleiche G. J. Brooke (1985) 120.

[5] Erstmals entdeckt von J. Strugnell (1970), vgl. G. J. Brooke (1985); zuvor wurde יחד gelesen.

[6] Frg. 2 ist etwas weiter nach rechts zu drehen. A. M. Habermann (1959) liest: ...פשר הדבר [על הנ]יים יה]נו ריק על] בחירי ישראל, J. Strugnell (1970): פ]שר הדבר [אשר ירנשו מלכי הגו]יים והתיצבו] (והֿ]נו ריק) (oder על בחירי (?בחירו) ישראל G. J. Brookes (1985) Lesung der Zeile (]משיחו פ]שר הדבר [אשר הגוייים המה הכתֿ]יים וה]וֿסֿי בוא המה] בחירי...) ist nicht möglich: eine Lesung von הכתֿ]יים ist ausgeschlossen, da sonst Reste des Fußes von ת (unter י) erhalten sein müßten; auch ה ist durch das sicher zu lesende ה (siehe unten) ausgeschlossen. Aufgrund der paläographischen Befunde beziehungsweise der Distanzen sind auch die Ergänzungen von Y. Yadin (1959, in Anlehnung an CD IV,3.4)

## Kol. IV

Den Bestand dieser Kolumne bilden die **Frg. 1,II, 3, 24** (Z. 1-5.11) **sowie die Frg. 5 und 12** (Z. 5-10).[1] Die materielle Rekonstruktion ergab, daß Kol. IV etwas schmaler, ca. 0,5 cm, als die üblichen 15 cm ist.[2]

**Z. 1**   Die erste Lücke ist mit G. J. Brooke (1985) zu ergänzen.[3] Dagegen kann der Abstand bis zum Zeilenschluß nur noch sinngemäß rekonstruiert werden. Zu erwarten wäre beispielsweise eine Formulierung wie: Z. 1 ... לדהתם [באש הרשעים ולכלות כול בני[ן Z. 2/ בליעל...⁴

**Z. 2**   Der Anschluß von נשאר שאר – diese Lesung stammt von J. Strugnell (1970) – durch ו wird am besten mit „aber" wiederzugeben sein. Auf dem Original sind nach der Lücke Spuren erhalten, die wahrscheinlich zu ו und ר (oder ד?) gehören. Auch ein Rest von ל (?) ist zu erkennen. Es ist möglich לֹ[נ]וֹרֹל zu lesen – so auch J. Strugnell (1970) und E. Puech (diss. 1992) –, allerdings nicht sicher.[5] So ist die Lesung von [בחירי]ם ל[נ]ֹורֹל, die zwar den Abständen entspricht, mit einem gewissen Vorbehalt zu betrachten. Für die textliche Rekonstruktion des Zeilenendes aber gibt es gute Parallelen. In Analogie zu Kol. II,6 kann der Schluß ergänzt werden.[6]

**Z. 3-4**   Zitiert werden – mit Abweichungen vom MT – Dan 12,10; 11,32b.35. Die Ergänzung der Lücken hängt nicht unwesentlich davon ab, wie die eingeschobene Z. 4a zu werten ist. Handelt es sich bei ihr um einen späteren Zusatz – allerdings von gleicher Hand – in einen bereits kompletten Text, oder hatte der Schreiber beim Kopieren einer Vorlage diese Zeile vergessen und sie nachträglich eingefügt? Die Ergänzungen in der Transkription gehen von letzterem aus.[7] Dafür spricht auch die Tatsache, daß man es in Z. 4 sicher mit dem Teil einer Interpretation zu tun

---

(...בחירי [נים וה]מה] (משיחיו פ]שר הדבר [על בני צדוק הכוה]נים וה]מה] und E. Lohse (1971)
(...בחירי] (משיחיו פ]שר הדבר [על הנו]יים וה]מה ]בחירי]) nicht möglich.

[1]  Zu einer eventuellen Zugehörigkeit von Frg. 26 siehe unten.

[2]  Der in den Z. 1-4 ergänzte Text geht von einer rekonstruierten Kolumnenbreite von 14,5 cm aus; 4,0-4,5 ZE = 1 cm.

[3]  Zu עת המצרף הב]אה vergleiche Kol. VIII,1.3; zur Übersetzung „die Zeit der Läuterung, die *gekommen ist*" siehe 4QpPs[a] I,17-19. Zu בית י]הודה vergleiche Kol. II,15.

[4]  Mit E. Puech (diss.1992). Zu אש, welches gut zu להתם und zur „Läuterung" paßt, vergleiche Kol. X,7(?), zu הרשעים vergleiche Kol. III,14, zu בני בליעל vergleiche Kol. III,8 und IX,7(?).

[5]  G. J. Brookes (1985) ישר]אל , 88, ist paläographisch ausgeschlossen, seine Ergänzung der Lücke durch [הע]ם ist zu kurz. Im Falle des vorangehenden אשר sind Reste von ר erhalten.

[6]  Vergleiche Ex 39,1.5.7, Dtn 34,9 und Lev 8,36, Num 36,13; ähnlich 1QS I,3, VIII,15. Zu einer möglichen Zugehörigkeit von Frg. 26 zu dieser Zeile siehe zu Frg. 26.

[7]  Zur Assimilation in ויצטרפו (Z. 4a, Hitpael) siehe E. Qimron (1986) 55. 48f.

hat,[1] dessen Einfügung dann am Ende von Z. 4a (...המ]ה) im Anschluß an die Zitatkombination Dan 12,10. 11,32b vorläge. Das versehentliche Auslassen der Z. 4a beim Kopieren läßt sich mit dem durchgängigen Text erklären, der sich auch ohne diese Zeile ergibt. Die Ergänzung der 2. Lücke in Z. 4 folgt dem Vorschlag von E. Puech (diss. 1992).

**Z. 5**   Vier ZE vom Zeilenbeginn entfernt findet sich Frg. 5,1. Die erhaltenen Schriftreste gehören wahrscheinlich zu einem א. Der weitere erhaltene Zeilenbestand könnte – so ein Vorschlag von G. J. Brooke (1985) – auf ein Zitat von Ex 34,29(b) hinweisen.[2] Zu lesen wäre dann: ושני לוחות העדות ביד מוש[ה ברדתו מ]ן ההר. Problematisch ist diese Ergänzung allerdings wegen der auf Frg. 24 erhaltenen Reste von einem oder zwei Buchstaben, die damit wahrscheinlich nicht zu vereinbaren sind.[3] Es lassen sich keine Anhaltspunkte für einen Pescher zu Ps 3,1-2 entdecken.[4]

**Z. 6**   E. Puech (diss. 1992) ergänzt zu Beginn der Zeile [רש]עה und liest auf Frg. 12 Reste von לרשעים, vom darauffolgenden Wort ist der erste Buchstabe – vielleicht כ – bruchstückhaft erhalten.

**Z. 7**   י, welches vor Frg. 5,3 ([י]שראל ואהרון) zu ergänzen ist, fällt exakt mit dem Zeilenbeginn zusammen. Sehr wahrscheinlich handelt es sich bei ישראל ואהרון nicht, wie es G. J. Brooke (1985) angenommen hatte, um den Teil einer Messias-Formulierung. Wie G. J. Brooke (1985) selbst feststellte, herrscht in Qumrantexten bei einer solchen stets die umgekehrte Reihenfolge vor.[5] Es liegt hier sicher vielmehr traditioneller Gebrauch der Wendung „Israel und Aaron" vor, wie ihn z.B. auch 1QM III,13.14 und CD I,7 widerspiegeln.[6] Eine Übersetzung von Frg. 12, welches sich über die Z. 7-10 erstreckt, ist – bis auf Z. 10 – kaum möglich, da der Kontext der einzelnen Wörter nicht mehr zu erschließen ist; man siehe z.B. לוא Z. 9, bei dem nicht klar ist, ob „nicht" oder „in Bezug auf ihn" zu übersetzen ist.

---

[1] Mit Ausnahme von המצרף מצר[ף] (auf Frg. 24), welches Parallelen zu לצרוף (Dan 11,35) aufweist, sind keine Ähnlichkeiten zu einer Schriftstelle zu entdecken. Zu Beginn von Z. 4 ist mit E. Puech (diss. 1992) האמ֯ת֯ zu lesen, א und מ sind sicher. J. Strugnell (1970), 222, hatte zu Beginn von Z. 4 הדבר vermutet. G. J. Brookes (1985) Ergänzung des Zeilenbeginns (ה[משכילים) ist mit den erhaltenen Schriftresten nicht vereinbar. אנשי האמת vergleiche 1QpHab VII,10, auch hier in Endzeitzusammenhängen. In der ergänzten Formulierung יבינו לרבים (siehe Transkription) wäre dann eine Aufnahme von Dan 11,33 (vergleiche auch Dan 12,10) durch die Deutung zu sehen.

[2] Siehe aber auch die von G. J. Brooke (1985) alternativ angestellten Überlegungen zur Stelle. Vergleiche die Verwendung von Ex 34 in 11QT II.

[3] Im übrigen findet sich in Frg. 24,1 ein Rest von מ֯, der zu וע֯ם in Z. 4a gehört.

[4] So J. Strugnells (1970) Vermutung 237.

[5] Siehe z.B. 1QSa II,14.20, CD XII,23.

[6] G. J. Brooke (1985), 126, vermutete – ausgehend von der These, hier liege eine Messiasformulierung vor – in der gegenüber anderen Qumrantexten veränderten Reihenfolge einen Wandel in der Messianologie der Gemeinde.

**Z. 8**   Zu Beginn ist – durch den Zeilenbeginn vorgegeben – ע[ד]י zu ergänzen. Eventuell stellt כיא הואה eine gebräuchliche Interpretations-formel dar.[1] Doch vielleicht ist die syntaktische Einteilung, die bereits J. M. Allegro (1968) vorgenommen hat, sinnvoller.[2] Nach מ ist ein weiterer Buchstabenrest erhalten; E. Puech (diss. 1992) ergänzt מו[עד (ה) und denkt an eine Formulierung wie מועד הפקודה (1QS III,18; IV,18), מועד מצרף (1QM XV,12), מועד מלחמה.

**Z. 9**   Mit E. Puech (diss. 1992) könnte zu Beginn der Zeile [רשע]ה ergänzt werden, sicher ist dies nicht. Ist bei בכול החוזים möglicherweise an Mose zu denken?[3]

**Z. 10**   Vielleicht ist eine Zitationsformel zu ergänzen.

**Z. 11**   Am linken Rand von Frg. 1 sind zu Zeilenbeginn מ und Reste eines weiteren Buchstaben erhalten. Paläographisch möglich wäre מו[שה, so daß eventuell כאשר כתוב [בספ]ר / מו[שה gelesen werden könnte. Aller-dings würde dies eine relativ kurze Zeile 10 voraussetzen.


## Kol. V

Der Beginn der ersten vier Zeilen dieser Kolumne ist durch die **Frg. 13 + 14** repräsentiert. Die Rekonstruktion ergab eine übliche Breite von 15 cm für Kol. V.

**Z. 1**   Zu Beginn ist vielleicht י̇ה̇רוב[ן zu lesen, dabei ist ב sehr wahr-scheinlich und י möglich.[4]

**Z. 2**   Der Anfang von Ps 5,3 ist erhalten, darauf hat J. Strugnell (1970) verwiesen.[5] Entsprechend der rekonstruierten Kolumnenbreite könnte

---

[1]  Zur Interpretationsformel כיא + Pers. pron. vergleiche Kol. V,4, VI,3. Da diese stets im Anschluß an Zitate der prophetischen Überlieferung benützt zu werden scheint, könnte man auch im vorliegenden Fall eventuell mit einem vorausgehenden Propheten-zitat rechnen, zumindest wahrscheinlich nicht mit einem Psalmzitat. Doch welches, ist nicht klar. Es müßte dann mit ידע geendet haben.

[2]  Siehe J. M. Allegro (1968) 56, so auch G. J. Brooke (1985) 94.

[3]  חזה als Synonym für נביא siehe z.B. Am 7,12, vergleiche auch z.B. 1QM XI,8. In den Qumrantexten gewöhnlich in Konstruktusverbindungen belegt, die von ganz unter-schiedlicher Bedeutung sein können, siehe z.B. CD II,12, 1QH II,15, IV,10.20. Auch eine Identifizierung mit Bileam ist nicht ausgeschlossen, siehe die in Qumran beliebte Stelle Num 24,17 (z.B. CD VII,19f).

[4]  Mit E. Puech, nach persönlichem Hinweis.

[5]  Auf Frg. 14 sind zu Beginn Reste von י, eindeutig ב und am Schluß beinahe unbe-schädigt ו erhalten. G. J. Brookes (1985) Stellungnahme 127 und Anm. 141, zu J. Strug-nells (1970), 237, Wertung dieser beiden Fragmente beruht auf einem Mißverständnis. J. Strugnell (1970) unterscheidet klar die Handschriftentypen in 4Q174 und 4Q177 vonein-ander und vermutet nicht eine Zugehörigkeit von Frg. 13 und 14 zu 4Q177.

nach Ps 5,3 ein Zitat von Ps 5,4a gefolgt sein.[1] Die Ergänzung von פשר
am Zeilenende ist sicher.

**Z. 3**   Zur Pescherformel פשר הדבר לאחרית הימים על, die hier zu ergänzen ist, vergleiche man 4QpJes^c (4Q163) Frg. 6-7,II,14, Frg. 23,II,10.

**Z. 4**   כיא המה ist vermutlich Interpretationsformel.

**Z. 19**   Am Ende dieser Zeile ist der Beginn der Zitationsformel zu ergänzen, die das Jesajazitat in Kol. VI,1 einleitet.

## Kol. VI

Die **Frg. 15 und 19** bilden den Bestand der letzten „erhaltenen" Kolumne
von 4Q174 (Z. 1-4). Da sich die Breite dieser Nahtrandkolumne auf materiellem Wege nicht mehr rekonstruieren läßt, kann sie nur aus dem zu
ergänzenden Zitattext erschlossen werden. Dieser läßt eine Kolumnenbreite von ca. 12 cm erwarten.[2]

**Z. 1-3**   Zu Beginn ist die Zitationsformel כאשר /Z. 1 כתוב בספר
יש[עיה הנב]יא zu ergänzen.[3] Die Plazierung der Frg. 15 und 19 innerhalb
dieser Kolumne – gemäß der materiellen Rekonstruktion – wird durch den
zu ergänzenden Zitattext von Jes 65,22.23 bestätigt.[4] Auf dieses Zitat hat
bereits J. Strugnell (1970) hingewiesen; G. J. Brooke (1985) schließt sich
J. Strugnell an. V.23 wurde offensichtlich ohne den Schluß (וצאצאיהם אתם)
wiedergegeben.[5] המה (Frg. 19,2) in Z. 3 ist dann als Bestandteil der Interpretationsformel כיא המה aufzufassen .

**Z. 4**   Eine vierte Zeile ist erhalten (Frg. 15), sie weist lediglich „vacat"
auf.

---

[1] Ergänzung von 58 ZE insgesamt = Abstand bis zum Zeilenende von 12,7 cm (bei
4,5 ZE auf 1 cm in Z. 2). Dies entspräche der Kolumnenbreite von 15 cm.

[2] 59 ZE in Z. 1 und 2, dies entspricht hier ca. 12 cm (5 ZE ≈ 1 cm).

[3] Da man es mit einem folgenden Prophetenzitat zu tun hat, ist diese Zitationsformel
zu erwarten.

[4] 5 ZE entsprechen etwa 1 cm, dann ergibt sich für Z. 1: 1. Lücke: 2,6 cm ≈ 12 ZE
(?), Z. 2: 1. Lücke: 2,6 cm ≈ 13 ZE, 2. Lücke: 4,1 cm ≈ 20 ZE, Z. 3: 1. Lücke: 2,8 cm ≈
14 ZE, 2. Lücke: 3,7 cm ≈ 19 ZE.

[5] In 1QJes^b XIII,5-7 (ed. E. L. Sukenik (1954) 13) wird Jes 65, 22-23 vollständig
wiedergegeben. Zu fragen wäre, warum das Versende in 4Q174 nicht mitzitiert wurde.
Vielleicht verwendete man es in irgendeiner Weise in der folgenden Deutung, z.B. –
זרע ברוכי aufnehmend – ...צאצאי המה כיא, damit allerdings den Sinn der Schriftstelle
leicht verändernd. צאצאי in einer Konstruktusverbindung ist ein beliebter Terminus in
den Interpretationsteilen dieses Werkes, siehe Kol. II,12 und X,12. In Kol. II,12 tritt
צאצאי[ן mit בלע auf, vergleiche dazu Jes 65,22 Zitat in Z. 1 (לוא ישעי ואחר יואכל), dies
spricht eventuell für eine Verwendung der צאצאי in der Interpretation.

*Die weiterhin nicht eingeordneten Fragmente*

Frg. 16

In Z. 1 sind Reste von א zu erkennen. Vielleicht ist in Z. 2 חֿוקים zu lesen,[1] möglich wäre auch – so J. Strugnell (1970) – המ[חֿו]יקים. Sicher ist in Z. 3 eine Pluralendung von ברק („Blitz") zu ergänzen.[2] In Z. 4 ist nach א der Rest eines weiteren Buchstabens erhalten.

Frg. 17

Vielleicht könnte in Z. 3 שלהובתו עליהם gelesen werden.[3]

Frg. 18

Reste von ב sind in Z. 1 erhalten. Zu בטן (Z. 3) – diese Lesung stammt von J. Strugnell (1970) – vergleiche man z.B. 1QpHab VI,12, aber auch 1QM V,13.

Frg. 20

Möglicherweise gehören die Schriftreste zu Beginn der Zeile zu ה.

Frg. 22

Der Abstand zwischen den beiden beschriebenen Zeilen ist ungewöhnlich groß, so daß zwischen beiden eine weitere – hier am Zeilenende zumindest unbeschriebene – vermutet werden muß. Allerdings scheint nicht ein doppelter Zeilenabstand vorzuliegen, sondern wahrscheinlich war entweder die erste (1a) oder die zweite Zeile (2a) eine Ergänzungszeile zwischen den Linien.[4]

Frg. 23

Wahrscheinlich ist zu Beginn ה zu lesen.[5]

---

[1] ה ist der Lesung von ו/ and ו wahrscheinlich vorzuziehen, vergleiche etwa die schmale Schreibung von ה in יניה Kol. III,7, allerdings ist der Winkel der „Beine" in Frg. 16,2 noch kleiner. J. M. Allegro (1968) und G. J. Brooke (1985) lesen יקים.

[2] Einmal kommt im AT וברקים vor, nämlich in Ex 19,16, vergleiche Sinai-Kontext in Kol. IV? Zu וברקים vergleiche aber z.B. auch 1QH I,12 (1QH I,10 להוקיהם, vergleiche oben Z. 2).

[3] Ist in dieser Form nicht belegt, vergleiche aber ähnlich z.B. in 1QH VIII,30 und 1QM VI,3.

[4] Der Zeilenabstand auf Frg. 22 zwischen den beiden beschrifteten Zeilen entspricht dem von Kol. IV von Z. 4a zu Z. 5 und Z. 2 zu Z. 4a.

[5] Ein Teil des „Kopfes" ist erhalten, jedoch nur in halber Strichstärke, da das Leder hier abgeblättert ist. Am ehesten wäre דורש התורה (siehe Kol. III,11, IX,5) oder דורשי חלקות (siehe Kol. IX,12) zu erwarten.

Frg. 25

In Z. 3 scheinen Reste von zwei Buchstaben erhalten zu sein.

Frg. 26

ר und וֹ[1] sind in Z. 2 sicher. Falls אשׁ[ר צו[ה zu lesen ist, könnte Frg. 26 eventuell aus Kol. IV,1-2 stammen.[2]

### *Exkurs: 4Q463 – Weitere „Florilegium"-Fragmente?*

In seiner Einleitung zur Handschrift 4Q174 äußerte J. Strugnell (1970) die Vermutung, daß sich unter den unidentifizierten Fragmenten aus Höhle 4Q einige befinden könnten, die ebenfalls zu 4Q174 gehören.[3] J. Strugnell hat mich freundlicherweise auf diese Fragmente hingewiesen, sie mir zur Überprüfung zugänglich gemacht und deren vorläufige Veröffentlichung erlaubt.[4]

Es handelt sich dabei um vier Fragmente, nämlich um **4Q463 Frg. 1-4**. Gemeinsam sind sie auf dem Photo PAM 43.546 abgebildet.[5] **Frg. 1** (Z. 1-5), das größte dieser Fragmente, stammt vom oberen linken Rand einer Kolumne. Die – nur auf diesem Fragment noch erkennbaren – Zeilenlinien haben die horizontalen Risse in Z. 3 und 4 sowie die untere Bruchkante in Z. 5 hervorgerufen. Formal läßt sich der hier erhaltene Text wahrscheinlich am ehesten als eine Art „Levitikus-Paraphrase" beschreiben.[6] **Frg. 2** teilt mit Frg. 1 den Gebrauch von אויביהמה, sowie die Verwendung langer Pronominalsuffixe für die 3. Pers. mask. pl., gleiches gilt für suffigierte Präpositionen.[7] In beiden Fragmenten ist ein deutlicher

---

[1] Oder ׳.

[2] Nach einem Hinweis von E. Puech. Siehe in Kol. IV die sichere Ergänzung von Z. 2.

[3] J. Strugnell (1970) 220.

[4] Die *eigentliche Edition* dieser Fragmente liegt in den Händen von M. Smith, der mir dankenswerterweise seine bisherigen Ergebnisse zur Verfügung gestellt hat. Im folgenden beschränke ich mich unter anderem aus diesem Grund auf eine kurze Charakterisierung der Fragmente, auf deren Transkription und Abbildung. Auch hat mir J. Strugnell eigene handschriftliche Transkriptionen dieser Fragmente zur Verfügung gestellt. E. Puech verdanke ich zahlreiche Vorschäge für Textlesungen.

[5] Folgende weitere Photographien existieren: PAM 41.855 (Frg. 1), 42.047 (Frg. 2), 42.170 (Frg. 1), 42.832 (Frg. 1 und 2), zwei andere Photos (Frg. 1-3 und Frg. 1) tragen keine Nummern.

[6] Siehe Z. 1-3. Eine Bibel-Paraphrase (Gen, Ex) existiert unter den Qumrantexten etwa in Gestalt von 4Q158 (ed. J. M. Allegro (1968) 1-6 mit Tafel I).

[7] אויביהמה in Frg. 1,2 (hier in orthographischer Abänderung des Zitattextes) und Frg. 2,5, siehe ferner ואוניהמה in Frg. 1,4 (eventuell auch רואשׁיהמה in Frg. 2,6), מהמה in Frg. 1,4 und עליהמה in Frg. 2,5.

Hang zur Pleneschreibung festzustellen.[1] Einigermaßen signifikant ist in
Frg. 2 das Auftreten von בליעל (Z. 3). Explizite Schriftwiedergaben lassen sich auf Frg. 2 nicht entdecken. Nur geringe Reste von Text sind auf
**Frg. 3** und **Frg. 4** erhalten. Frg. 4 repräsentiert den Anfang dreier Zeilen,
von denen nur ein Wort sicher zu identifizieren ist, nämlich das biblisch
belegte ידיד. ידיד findet sich ebenso in 4Q174 Frg. 8,3, tritt aber daneben
mehrmals in anderen Qumrantexten auf.[2]

Entscheidend für die Frage, ob diese 4Q463-Fragmente zur Handschrift 4Q174 gehören oder nicht, sind die *paläographischen Befunde*.
Zunächst ist festzustellen, daß die Frg. 1-4 untereinander sehr wahrscheinlich derselben Handschrift angehören, man siehe etwa die Schreibung von ה, ח oder א.[3] Die Schreiberhand dieser Fragmente ist der von
4Q174 zwar sehr ähnlich – beide gehören der formalen Schrifttradition an
– doch sind sie nicht identisch. Die Schrift der 4Q463-Fragmente ist deutlich „runder" als die von 4Q174. Besonders gut sichtbar ist dies bei einem
Vergleich der Buchstaben ח und ה in beiden Manuskripten.[4] Allein aufgrund dieses paläographischen Befundes ist es sicher, daß *die 4Q463-
Fragmente nicht zur Handschrift 4Q174 gehört haben*.[5]

Die Darstellung dieser bislang unveröffentlichten 4Q463-Fragmente
im Rahmen der vorliegenden Arbeit geschieht allein, um diesen „Negativ-
Befund" für den Leser überprüfbar zu machen. Daher seien im folgenden
die Transkription und die Abbildung der Fragmente gegeben:

4Q463

Frg. 1

| | |
|---|---|
| [ `°°דמה vac. ויזכור אל את דברו אשר אׄמׄרׄ` | ]  :1 |
| [ `לאׄ]מׄור גם בהיותם בארצות אויביהמׄ]ה לא` | ]  :2 |
| [ `מא]סתים ולא נעלתים לכלתׄ]ם להפר בריתׄי וחסדׄי מהמה ויהי מלׄ]אׄ` | ]  :3 |
| [       `°נסתרות ואוזנידהמה פתח וישמעו]` | ]  :4 |
| [                `ׄלׄ[`  `°°°°°ׄ]ׄ`  `הׄתׄ]ׄ` | ]  :5 |

---

[1] Diese ist auch in das Levitikus-Zitat eingetragen.

[2] Siehe z.B. 4Q379 („Psalms of Josua") Frg. 1,2 (לוי ידיד, siehe C. Newsom (1988)
67f).

[3] Sicher ist diese Zusammengehörigkeit im Falle der Frg. 1 und 2. Für Frg. 3 und
besonders Frg. 4 (der Zeilenabstand scheint hier etwas geringer zu sein) läßt sich dies
nicht eindeutig nachweisen, da nur wenige Buchstaben erhalten sind, doch siehe z.B. ח
auf Frg. 3.

[4] Vergleiche aber z.B. auch נ und א.

[5] Auch ist das Material der 4Q463-Fragmente stärker als das von 4Q174. Gegen eine
Zugehörigkeit von Frg. 1 spricht ferner der obere Kolumnenrand, der hier 1,3 cm (Z. 1

4Q463 Frg. 1-4

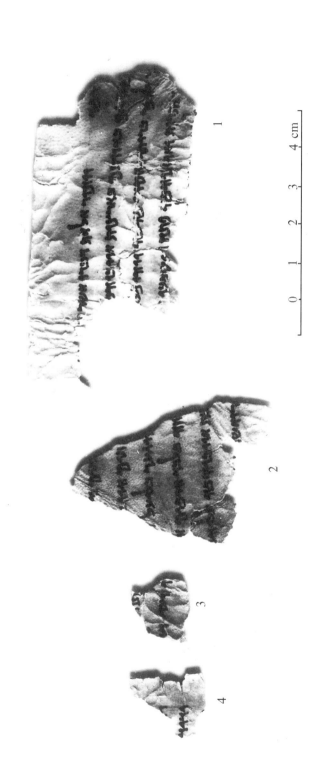

1

2

3

4

0 1 2 3 4 cm

(PAM 43.546)

**Z. 1**  Zu ... ויזכור אל את דברו vergleiche ähnlich Lev 26,42 (וזכרתי
(... את בריתי. Die Lesung des Zeilenendes ist unsicher. Wahrscheinlich ist
אמר zu lesen, dem sich dann ein aus zwei Buchstaben bestehendes Wort
(vielleicht זאת) anschloß, sicher ist allerdings lediglich א in אמר.[1]

**Z. 2.3**  Zu Beginn ist sicher לא[מור zu ergänzen; dieses Ende einer Zitationsformel existiert so nur in 1QM, in defektiver Schreibung auch
zweimal in der „Mahnschrift" der Damaskusschriften.[2] Danach findet sich
in Z. 2.3 eine Wiedergabe von Lev 26,44.[3] Der nicht mehr erhaltene Zitattext ist in der Transkription nach dem MT ergänzt. Das ist allerdings aufgrund der zahlreichen Abweichungen von diesem im erhaltenen Bestand
sehr spekulativ.[4] ... וחסדי מהמה scheint dann bereits wieder selbstformulierten Text darzustellen, der sich unmittelbar an das Zitat – dieses
gewissermaßen eigenständig fortsetzend – anschloß. Möglicherweise ist
anstelle des Suffixes der 1. Pers. sg. in וחסדי und בריתי das der 3. Pers.
mask. sg. zu lesen, י und ו sind in dieser Handschrift nicht immer eindeutig voneinander zu unterscheiden. Am Ende kann vielleicht eine Form
von מלאך ergänzt werden.

**Z. 5**  E. Puech konnte zu Beginn der Zeile Reste von ה und ח identifizieren. Zwischen beiden ist supralinear ר hinzugefügt. Die genaue Anzahl
der Buchstaben dieser Zeile sowie die Wortabstände sind aufgrund der
nur sehr gering erhaltenen Schriftreste nicht mehr sicher festzustellen. Die

---

ist reguläre Kolumnenzeile), in 4Q174 aber ca. 2,0 cm beträgt; ebenso scheint der Stil
(paraphrasierende Verwendung von Leviticus) ein Gegenargument zu sein. Letzteres
gibt Grund zu der Annahme, daß dann die 4Q463-Fragmente auch nicht eine weitere Abschrift des *Werkes* darstellen, welches hinter 4Q174 steht, obgleich auffällige orthographische Parallelen (besonders die Verwendung langer Pronominalsuffixe und suffigierter
Präpositionen) bestehen (siehe auch den – allerdings weniger charakteristischen – Gebrauch von בליעל, ידיד und die „Feinde" als Thema in beiden).

[1] Dieser Vorschlag zur Lesung des Zeilenschlusses stammt von E. Puech. Die Lederoberfläche ist am Zeilenende teilweise zerstört. א ist auf dem Originalfragment deutlich
zu erkennen. Liest man אׄמׄר, so wäre die Zeile etwa folgendermaßen zu verstehen:
„...Und Gott gedachte seiner Worte, wenn er gesagt hat:", (zu אמר vergleiche alttestamentlich z.B. Dtn 22,14, Ez 35,10); danach wäre ein Zitat zu erwarten, welches aber
aufgrund von Z. 2 nur relativ kurz gewesen sein dürfte, so ist diese Lesung nicht unproblematisch. אׄמׄר עׄם oder אׄמׄר כׄ sind paläographisch ebenfalls nicht ganz auszuschließen, wären aber ungewöhnlich. Falls nicht אׄמׄר zu lesen ist, wäre auch eine andere Wort-
einteilung am Zeilenende möglich.

[2] In 1QM bildet לאמור den Schluß sämtlicher Zitationsformeln (1QM X,6, XI.5f.11),
לאמר in CD III,20f und IV,13f.

[3] Ein Zitat von Lev 26,44, so hat M. Smith festgestellt, existiert auch in 3Makk 6,15.

[4] Auslassen von ואף und זאת (MT liest ואף גם זאת בהיותם), die Lesung von בארצות
anstelle von MT בארץ wird mit dem Samaritanus geteilt, Plenschreibung von אויביהמה
(MT איביהם), möglicherweise ist daher auch die vollere Schreibung (z.B. von לוא) im
nicht mehr erhaltenen Zitattext anzunehmen.

in der Transkription für Z. 2-5 eingetragene Markierung der Zeilenenden ist in Anlehnung an Z. 1 vorgenommen, sie stellt nur eine Orientierung, nicht aber den exakten Verlauf des Kolumnenrandes dar, der verloren ist.

**Frg. 2**

1:                                          [הֹ עים֯ [
2:                                    [לֹ היו תים[
3:                                [° בליעל וינער[
4:                            [שרֹ]א הימים מלבד חה[
5:                       הֹ]מֹ]יהם עלי אויביהמה את[
6:                           הֹ]מֹ]ריאשיהֹ[
                                     ] vacat [

**Z. 6**  ראשיהמה ist nicht ganz sicher; ר]נֹ]יאשֹ[ ist eventuell möglich, allerdings wäre dann von einem recht großen ה am Wortschluß auszugehen, so daß paläographisch der erste Lesungsvorschlag vorzuziehen ist. Unterhalb von Z. 6 befindet sich ein Vacat oder unterer Kolumnenrand.

**Frg. 3**

1:                                        [חֹה ]
2:                              (?) [רות דֹ]וֹ]ה ועד[
                                     ] vacat [

**Z. 2**  Die hier erhaltene Buchstabenfolge existiert auch in 4Q158 Frg. 1,9, gemäß dieser Stelle ist der Textschluß ergänzt.[1] Unterhalb von Z. 2 befindet sich ein Vacat oder unterer Kolumnenrand.

**Frg. 4**

1:                                          [אֹרֹ]
2:                                         [דיד]
3:                                          [ °]

**Z. 1**  Die Lesung dieser Zeile, wiedergegeben hier nach J. Strugnells handschriftlicher Transkription, ist unsicher.

---

[1] Zu 4Q158 siehe auch 53 Anm. 6. Die Möglichkeit, daß 4Q463 Frg. 3 den Rest einer Parallelhandschrift zu 4Q158 darstellt, ist nahezu auszuschließen, da sich in 4Q158 Frg. 1,8 nirgends die dann zu erwartenden Buchstaben חה (4Q463 Frg. 3,1) finden, aber auch der 4Q158-Text ist fragmentarisch.

## 2. 4Q177 MidrEschat[B]
### („Catena A")

### 2.1. Die Edition, materielle Beschreibung der Handschrift und der Forschungsstand

#### 2.1.1. Die Edition

Ebenso wie 4Q174 wurde auch 4Q177 von J. M. Allegro im 5. Band der „Discoveries in the Judaean Desert of Jordan" 1968 veröffentlicht. J. M. Allegro gab dieser Handschrift den Titel „Catena (A)".

Dreißig größere und kleinere Fragmente wurden von ihm zu 4Q177 gezählt. Dabei bot J. M. Allegro zunächst eine Transkription der Fragmente, die ersten vierzehn Fragmente jeweils mit Übersetzung.[1] Ergänzt wird dies durch Anmerkungen, in denen er auf bestimmte Textlesungen, biblische und außerbiblische, besonders qumranische Parallelstellen hinwies.[2] Die Photographien der Fragmente – leider wie auch sonst in diesem Band ohne Maßstabsangabe – finden sich im Anhang.[3] Angeordnet wurden die 30 Fragmente in der Regel ihrer Größe nach, doch stellte J. M. Allegro bereits einige zu Fragmentkompositionen zusammen, und zwar meist aufgrund von Schriftziaten.

#### 2.1.2. Materielle Beschreibung der Handschrift

Zur Handschrift 4Q177 gehören 34 Lederfragmente.[4] Diese befinden sich gegenwärtig in Jerusalem im „Rockefeller-Museum" und werden dort, aufgeteilt auf zwei Platten[5] unter den Nummern 277 und 289 aufbewahrt. Es fehlen die Originale der Frg. 18, 22, 27 und 31. Zwei verschiedene Lederqualitäten lassen sich nachweisen, denen können die meisten der Fragmente eindeutig zugeordnet werden.[6] Zum einen ist dies ein etwas

---

[1] J. M. Allegro (1968) 67-74.

[2] Bei Schriftbezügen wurden vom MT abweichende Lesarten vermerkt.

[3] J. M. Allegro (1968), Tafeln XXIV und XXV.

[4] Die vier von J. Strugnell (1970) gefundenen Fragmente (Frg. 31-34) gehören eindeutig zur Handschrift 4Q177, dafür sprechen Schrift, Zeilenabstand und Lederbeschaffenheit.

[5] Wie im Falle von 4Q174 sind die Fragmente teilweise auf Reispapier aufgeklebt.

[6] Das heißt, es handelt sich um mindestens zwei Lederbögen. Daß sich nicht alle Fragmente zuordnen lassen, liegt einmal daran, daß einige Originale verlorengegangen sind und eine Beschreibung ihres Materials nicht vorliegt; andere scheinen weder dem einen noch dem anderen Material anzugehören, bilden untereinander aber auch keine

dickeres, grobnarbiges, helles Leder (Frg. 5, 6, 7, 8, 9, 10, 11, 20, 21, 26, 29), zum anderen ein vergleichsweise dünnes, dunkles Leder (Frg. 1, 2, 3, 4, 12, 13, 14, 15, 23, 24, 25, 28, 30, 32, 33, 34). Der Erhaltungszustand der Fragmente ist gut; die Schrift ist in den meisten Fällen deutlich lesbar. Die vollständige Zeilenzahl – 16 Zeilen pro Kolumne – findet sich auf Frg. 5, ein Fragment, welches sowohl oberen als auch unteren Rand aufweist. Oberer Rand findet sich außerdem auf den Frg. 6, 11 und 14, unterer Rand auf den Frg. 3, 9 und 34. Links auf Frg. 11 ist ein Nahtrand zu erkennen. Weitere Kolumnenränder verzeichnen die Frg. 13 und 15. Kolumnentrennerlinien und Linien, die die Zeilen markieren, sind nicht zu entdecken.[1] Die Breite der Kolumnentrenner beträgt etwa 1,0 cm.[2] Der durchschnittliche Zeilenabstand liegt bei etwa 0,6 cm, variiert jedoch teilweise bis zu 0,2-0,3 cm.[3] Einen besonders auffälligen Zeilenabstand im unteren Bereich, nämlich einen sehr geringen, weisen die Frg. 2, 3 und 34 auf. Auch ist das Schriftbild hier enger. Dagegen wurden die letzten zwei Zeilen des Frg. 12 deutlich breiter und scheinbar weniger sorgfältig geschrieben. J. Strugnell (1970) charakterisierte die – nur an dieser Stelle der Handschrift auftretende – Schrift als der Tradition „<semiformelle> vulgaire" zugehörig, läßt aber die Frage offen, ob diese Zeilen aus gleicher oder anderer Schreiberhand stammen.[4] Im erhaltenen Textbestand sind keine eindeutigen Vacatzeilen festzustellen.[5] Kleinere Vacats, Freiplätze von etwa 3 ZE finden sich auf den Frg. 5,12 und Frg. 19,4 sowie eventuell auf Frg. 29,2.[6] Ein Kreuz-Zeichen ist in der 2. Zeile von

---

einheitliche Gruppe. Vermutlich muß man sie wohl als einer der beiden Lederqualitäten zugehörig betrachten, da es auch innerhalb des gleichen Lederbogens Qualitätsunterschiede geben kann.

[1] Wahrscheinlich waren diese lediglich eingeritzt, also nicht mit Tinte gezogen. Aufgrund der Lederveränderung im Laufe der Jahrhunderte sind sie daher nicht mehr zu erkennen.

[2] Zwischen den Nahtrandkolumnen die doppelte Breite, 2,0 cm.

[3] Solche Abweichungen sind z.B. innerhalb von Frg. 2 zu beobachten.

[4] Siehe J. Strugnell (1970) 246. Vergleiche z.B. auch die von J. Strugnell, 186, derselben Schrifttradition zugeordnete Handschrift 4QpJes[b] (4Q162).

[5] Auch der relativ große Abstand zwischen Z. 8 und 9 des Frg. 2 (Frg. 3,2 und 3) ist vermutlich nicht als Vacatzeile anzusehen: die 16 ausgefüllten Zeilen von Frg. 2 entsprechen der üblichen Gesamtzeilenzahl pro Kolumne, siehe dazu unten. Der große Abstand ist vermutlich aus der Unregelmäßigkeit zu erklären, die bei der Linierung von Frg. 2 vorherrscht.

[6] Ein Freiraum unbestimmter Länge befindet sich auf Frg. 29,2. Es ist nicht sicher, ob es sich hier um eine gewöhnliche Lücke zwischen zwei Wörtern handelt oder ob der Abstand möglicherweise größer war, da das Fragment an dieser Stelle abbricht. Für letzteres spricht die Tatsache, daß nach dem Freiraum ein Kreuz-Zeichen folgt, welches möglicherweise einen Textneubeginn markiert.

Frg. 29 zu erkennen, vielleicht auch auf Frg. 13,II,9. Frg. 12,8 bietet das einzige supralineare Kreuz dieser Handschrift.

Zur Paläographie ist folgendes zu bemerken: J. Strugnell (1970) ordnete die Handschrift 4Q177 paläographisch der Schrifttradition „Rustic Semiformal" zu und datiert sie in frühherodianische Zeit.[1] Dieser Schrifttyp ist in Höhle 4Q häufig, besonders unter den nichtbiblischen Handschriften anzutreffen.[2] Charakteristisch für die Zugehörigkeit von 4Q177 zu dieser Schrifttradition ist beispielsweise die Schreibung der Buchstaben א und ה, auch die Verwendung von medialem פ anstelle eines finalen.[3] Auffällig ist die Ausführung zahlreicher ב, deren Grundstrich – von links nach rechts geschrieben – über den senkrechten Arm von ב nach rechts hinausreicht.[4] Diese Schreibung tritt gelegentlich in frühherodianischen Schriften auf; zur Regel wird sie erst in spätherodianischen Manuskripten.[5] Die Entstehung der Handschrift 4Q177 ist etwa um die Zeitenwende anzusetzen.[6]

Die Orthographie von 4Q177 weist einen deutlichen Hang zur Pleneschreibung auf.[7] Lange Pronominalsuffixe werden für die 3. Pers. mask. pl. verwendet,[8] doch sind die ebenfalls vorhandenen Kurzformen in der Überzahl. Auch bei den suffigierten Präpositionen sind sowohl Lang- als auch Kurzformen belegt. Für Personalpronomina gilt, daß המה stets in dieser langen Form gebraucht wird.[9] Die Pronomina der 3. Pers. mask./-fem. sg. kennt 4Q177 in langer ebenso wie in kurzer Schreibung.[10]

Verschiedentlich lassen sich Schreibfehler in der Handschrift nachweisen. Dabei könnten die Fehler in Frg. 2,15 und Frg. 12,6 gut als solche erklärt werden, die beim Kopieren einer Handschrift auftreten. Möglicherweise ist auch die Veränderung der Schrift in den beiden letzten Zeilen von Frg. 12 ein Indiz dafür, daß man es bei 4Q177 mit einer Kopie zu tun hat. Einzelne Buchstaben beziehungsweise Zeichen sind nachträglich supralinear eingetragen.[11]

---

[1] Siehe J. Strugnell (1970) 236.

[2] Vergleiche z.B. 4QpPs[a] (4Q171).

[3] Mediales פ anstelle eines finalen siehe Frg. 8,10.13, Frg. 23,2 und Frg. 30,2. Ein finales ף findet sich in Frg. 11,4. צ, welches einmal am Wortschluß auftaucht, wird final geschrieben (Frg. 19,5).

[4] Siehe z.B. ביהוה (Frg. 6,7), אויב (Frg. 11,11), החרב (Frg. 3,10).

[5] Siehe F. M. Cross (1961) 175 und 139.

[6] Vergleiche zur paläographischen Einordnung F. M. Cross (1961), besonders 138, Linie 5.

[7] Siehe z.B. כיא und לוא.

[8] Vergleiche auch 4Q174.

[9] Vergleiche ebenso 4Q174.

[10] Langform: Frg. 3,7, Frg. 2,14; Kurzform: Frg. 14,5, Frg. 12,8.

[11] Frg. 3,6, Frg. 12,8.

Die vorliegende Untersuchung basiert neben den Handschrift-Origina-
len auf den Photographien PAM 41.318; 41.808; 42.608; 42.615; 43.420;
44.186 und 44.188.

### 2.1.3. *Der Forschungsstand*

Zur Handschrift 4Q177 insgesamt existiert nur eine Untersuchung, und
zwar stammt sie von J. Strugnell, der sich in seinen „Notes en marge du
volume V des «Discoveries in the Judaean Desert of Jordan»" auch
4Q177 widmete.[1]

Dort werden von ihm zunächst in einer Einleitung allgemeine, die
Handschrift insgesamt betreffende Dinge angesprochen.[2] Neben einer
kurzer Charakterisierung der Handschrift, äußerte J. Strugnell hier auch
eine Vermutung zur ursprünglichen Anordnung der Fragmente von
4Q177 und verband damit die Möglichkeit einer Beziehung zu 4Q174.
Seine These ist folgende: Die Reihenfolge der erhaltenen Fragmente von
4Q177 könnte an den ersten sechzehn Psalmen orientiert sein. Die Frg. 12
und 13,I weisen Ps 6,2-3.6(?) auf, Frg. 5 und 6 enthalten Ps 11,1 und 12,1;
auf den Frg. 10 und 11 etc. befindet sich Ps 12,7, 13,2-3.5, und auf den
Frg. 1-4 etc. werden Ps 16,3; 17,1 zitiert. Einen wichtigen Hinweis hatte
J. Strugnell von P. W. Skehan erhalten: Ähnlichkeiten zeige ein solcher
psalterorientierter exegetischer Text mit dem Midrash zu Ps 1 und 2, der
sich in 4Q174 findet.[3]

Im Hauptteil seiner Erörterung hat sich J. Strugnell den einzelnen
Fragmenten der Handschrift 4Q177 zugewandt. Dabei fügte er den 30
Fragmenten, die J. M. Allegro zu 4Q177 zählt, vier weitere (Frg. 31-34)
hinzu.[4] In seiner Bearbeitung der Fragmente wies er auf Schwierigkeiten
der Allegro-Lesungen hin, diskutierte sie und nahm zahlreiche Korrekturen vor.[5] Daneben entdeckte er weitere Schriftzitate und Anspielungen,
die ihn Zusammengehörigkeiten von Fragmenten erkennen ließen, welche
über die Allegro-Kombinationen hinausgehen und sie teilweise verändern. Für zwei dieser Fragmentkompositionen erstellte J. Strugnell insge-

---

[1] J. Strugnell (1970) 236-248 mit den Tafeln IV und V (260f).

[2] J. Strugnell (1970) 236f.

[3] J. Strugnell (1970) weist hier ferner auf die Möglichkeit eines weiteren Psalmzitates und Peschers in 4Q174 Frg. 13 und 14 (Ps 5,3) hin. Außerdem fragt er, ob nicht die
Frg. 1,II und 3 dieser Handschrift in Zusammenhang mit Ps 3,1-2 stehen könnten.

[4] Photographische Abbildung der Frg. 31-34 siehe J. Strugnell (1970) 261, Tafel Vc
(PAM 44.188).

[5] Eine der häufigsten Korrekturen ist die von ' und ו, welche in dieser Handschrift
schwer zu unterscheiden sind.

samt eine neue Transkription und Übersetzung.[1] Doch auch für die anderen Fragmentzusammenstellungen ergaben sich Veränderungen, vor allem durch Textergänzungen, die J. Strugnell vornahm. Neben textlichen Erwägungen trug häufig das materielle Erscheinungsbild der Fragmente zum Zustandekommen der Strugnell-Kombinationen bei. Für eine Reihe weiterer, auch kleinerer Fragmente wies J. Strugnell auf solche materiellen Zusammenhänge hin.[2]

1969 untersuchte J. Carmignac die אחרית הימים-Belege in den bis dahin veröffentlichten Qumrantexten und widmete sich in diesem Rahmen auch „Catena (A)" 4Q177.[3]

Eine kurze Textpassage aus 4Q177 hat später forschungsgeschichtliche Bedeutung erlangt: Zur Identifizierung der 1977 von ihm veröffentlichten „Tempelrolle" (11QT) bezieht sich Y. Yadin (1977) unter anderem auf 4Q177 Frg. 2 und 3 (Z. 13.14). Die Auswertung dieses Befundes durch Y. Yadin wurde allerdings später – nach einer neuen Übersetzung – von J. Strugnell (1970) und H. Stegemann (1986) zurückgewiesen.[4]

E. Puech (diss. 1992) widmete sich auf breiterer Basis der Handschrift 4Q177, und zwar im Zusammenhang mit seiner bereits erwähnten Untersuchung zu 4Q174.

## 2.2. *Materielle Rekonstruktion der Schriftrolle*

1. Zunächst sollen die Fragmente behandelt werden, zwischen denen *direkte materielle Verbindungen* bestehen.

J. Strugnell (1970) beobachtete eine Reihe solcher Fragment-Kontakte: So ist Frg. 24 links von Frg. 2 anzuordnen, dabei entsprechen einander jeweils die Z. 1 der Fragmente.[5]

Eine Verbindung scheint auch zwischen den Frg. 1 und 4 zu existieren,[6] und zwar in der Weise, daß Frg. 1 (Z. 1) vor Frg. 4 (Z. 2) plaziert wird.

Frg. 4 wiederum wird in materiellem Kontakt zu Frg. 2 gestanden haben, der sich allerdings schwer nachweisen läßt, da es nur geringe Berührungspunkte gibt.[7]

---

[1] Für die Frg. 1-4 etc. siehe J. Strugnell (1970) 238 (Text) und 240f (Übersetzung); für Frg. 10-11 etc. siehe 243 (Text ab Z. 7) und 244f (Übersetzung ab Z. 9); neue Übersetzungen finden sich auch für eine Reihe weiterer Stellen.

[2] Z. B. die Erwägungen zu Frg. 16, J. Strugnell (1970) 246, oder Frg. 30, 247.

[3] J. Carmignac (1969), Catena (A) Frg. 5-6,3, Frg. 1-4,7 und Frg. 12-13,I,2.

[4] Neue Übersetzung durch J. Strugnell (1970); vergleiche Ph. R. Callaway (1988) 244.

[5] Siehe J. Strugnell (1970) 237.238.

[6] Siehe J. Strugnell (1970) 237.238.

[7] Der obere Rand von Frg. 4 schließt sich rechts unterhalb von Frg. 2,8 an.

Auch Frg. 31 wird von J. Strugnell in direkter Verbindung mit Frg. 2, nämlich auf Höhe der Z. 13.14, angeordnet.[1]

Zwar nicht aufgrund eines direkten Kontaktes, dennoch aber aufgrund materieller Beobachtungen, fügte J. Strugnell – wie zuvor schon J. M. Allegro (1968) – der Kombination um Frg. 2 das Frg. 3 hinzu.[2] Die Korrespondenz der auffälligen Zeilenabstände spricht deutlich für die Zusammenstellung beider Fragmente, allerdings muß ihr Abstand zueinander erst bestimmt werden.[3]

Eine von J. Strugnell vermutete unmittelbare Verbindung besteht auch zwischen Frg. 6 und Frg. 8, wobei letzteres unterhalb von Frg. 6 ansetzt, also dessen Verlängerung darstellt.[4]

Ferner ist Frg. 7 unterhalb von Frg. 11 zu plazieren.[5]

Drei weitere Fragmente konnte J. Strugnell einander zuordnen: Frg. 9 und 10 stehen in direktem Kontakt, Frg. 20 berührt beide Fragmente.[6]

2. Eine Reihe weiterer Fragmente scheint aufgrund von *Schriftzitaten* miteinander in Verbindung zu stehen, auch wenn ihr genauer Abstand zueinander zunächst ungewiß bleiben muß.

So beobachteten zwar sowohl J. M. Allegro als auch J. Strugnell eine Zusammengehörigkeit der Frg. 5 und 6 aufgrund eines Zitates von Ps 11,1 in Z. 7.8 beider Fragmente, doch ergänzen sie die Lücke zwischen ihnen, deren Umfang unbekannt ist, jeweils unterschiedlich.[7]

Die Frg. 12 und 13 werden von J. M. Allegro wie von J. Strugnell in gleicher Weise – aufgrund von Zitaten von Jer 18,18 und Ps 6,2.3[8] – ein-

---

[1] Siehe J. Strugnell (1970) 248.238, der diese Verbindung für sehr wahrscheinlich hält. Eine Überprüfung dieser Verbindung war nicht möglich, da das Originalfragment 31 nicht mehr aufzufinden war, doch lassen die Photographien eine solche Verbindung plausibel erscheinen.

[2] J. M. Allegro (1968) 67f und J. Strugnell (1970) 237.238.

[3] Jeweils die letzten Zeilen von Frg. 2 und 3 entsprechen einander. Ihr Abstand zueinander ist deutlich geringer als sonst in der Handschrift üblich. Auffällig ist die Korrespondenz auch auf Höhe von Frg. 2,8.9 und Frg. 3,2.3, hier ist der Zeilenabstand größer als gewöhnlich. Sowohl J. M. Allegro als auch J. Strugnell ordneten Frg. 3 links von Frg. 2 an. Bereits J. M. Allegro hatte eine Zuordnung von Frg. 1 und 4 zu dieser Fragmentkomposition vorgenommen; Frg. 4 allerdings an anderer Stelle, dessen Plazierung er aber selbst als „only very tentative" bezeichnete, siehe J. M. Allegro (1968) 67f.

[4] Siehe J. Strugnell (1970) 244 und dort auch Tafel V b. Dieser Auffassung hat sich J. T. Milik (1972) 132, angeschlossen.

[5] Siehe J. Strugnell (1970) 244 und dort auch Tafel V a.

[6] Siehe J. Strugnell (1970) 244 und dort auch Tafel V a.

[7] Siehe J. M. Allegro 69, und J. Strugnell 241; J. Strugnell geht von einem deutlich größeren Umfang der Lücke zwischen Frg. 5 und 6 aus.

[8] Siehe J. M. Allegro (1968) 71 und J. Strugnell (1970) 245. Dabei entsprechen einander jeweils die Z. 1 von Frg. 12 und Frg. 13,I. Jer 18,18 in Z. 1 und Ps 6,2 in Z. 2 der Fragmente.

ander zugeordnet. Auffällig ist bei dieser Kombination allerdings der Wechsel der (Hand-)Schrift unten auf Frg. 12.[1]

Bereits J. M. Allegro (1968) stellte fest, daß Frg. 10 und 11 durch ein Zitat von Ps 13,2-3 miteinander in Verbindung stehen.[2] J. Strugnell konnte diesen drei weitere Fragmente – Frg. 9, 20 und 26 – zuordnen, die ihrerseits ebenfalls Bruchstücke des Psalmzitates aufweisen.[3]

Der unmittelbare Anschluß von Frg. 7,1 an Frg. 11,11 wird durch ein Zitat von Ps 13,5 bestätigt.[4]

Auf Frg. 7,3 findet sich die Einleitung zu einem Ezechielzitat, welches auf Frg. 9,6 wiedergegeben wird.[5]

Der Verbindung der Frg. 2 + 24 fügte J. Strugnell zur Linken Frg. 14 hinzu, so daß jeweils die Z. 1 der Fragmente einander entsprechen. Ihre Kombination ist durch Schriftzitate in Z. 2 (Ps 16,3) und Z. 4 (Ps 17,1) gesichert.[6]

3. Unabhängig von diesen Beobachtungen sind sämtliche Fragmente auf *gleiche Beschädigungsspuren* zu untersuchen:

Es existiert kein Fragment, auf dem an sich gleichförmige Zerstörungsformen einwandfrei zu identifizieren wären.[7] Somit ist kein Anhaltspunkt für die Größenordnung der Wicklungsumfänge gegeben, und eine Bestimmung der Abstände einzelner Nachbarfragmente zueinander kann erst in einem weiteren Schritt nach dem Auffinden gleicher Schadstellen erfolgen.

Sehr ähnliche Bruchformen weisen die **Frg. 5 und 6 + 8** auf. Senkrechte Bruchlinien herrschen hier vor. Eine stark ausgeprägte findet sich etwa in der Mitte von Frg. 5. Diese hat die rechte Bruchkante von Frg. 6 hervorgerufen; die linken Bruchkanten von Frg. 5 und 6 entsprechen einander. Ein waagerechter Bruch, der durch Frg. 5,10 geht, ist für den Schlußbruch von Frg. 6,10 verantwortlich. Unterhalb von Frg. 6 schließt sich direkt Frg. 8 an, welches die gleiche Breite wie Frg. 6 aufweist, also dessen Verlängerung darstellt. Dies wird durch senkrechte Bruchlinien

---

[1] Frg. 13,II ist wieder in der üblichen Schrift geschrieben.

[2] Siehe J. M. Allegro (1968) 70f, Ps 13,2-3 auf Frg. 10,2, Frg. 11,8 und Frg. 10,3 (J. M. Allegro übersah die Schriftreste einer ersten Zeile auf Frg. 10, daher findet sich bei ihm eine andere Zeilenzählung für Frg. 10).

[3] Siehe J. Strugnell (1970) 243f. Dabei entsprechen einander jeweils die Z. 1 der Fragmente, diese wiederum sind auf Höhe von Frg. 11,9 anzuordnen. Eine solche Plazierung von Frg. 26 ist bereits von J. M. Allegro (1968) vermutet worden, siehe aber auch dessen zweiten Plazierungsvorschlag S.73.

[4] Siehe J. Strugnell (1970) 243f.

[5] Vergleiche J. Strugnell (1970) 243f.

[6] Letzteres nur auf Frg. 2 und 14, da Frg. 24 zuvor abbricht.

[7] Vergleiche dagegen 4Q174 Frg. 1; siehe aber auch unten zu 4Q177 Frg. 12.

bestätigt, die sich auf Frg. 6 finden und sich in gleicher Weise auf Frg. 8 fortsetzen. Der Bruch zwischen Frg. 6 und 8 ist durch die bereits erwähnte horizontale Bruchlinie in Frg. 5,10 hervorgerufen. Daraus ergibt sich also, daß die Frg. 5 und 6 + 8 in unmittelbarer Nachbarschaft gestanden haben, wobei Frg. 6,1 dem Frg. 5,1 und Frg. 8,1 dem Frg. 5,10 entspricht. Diese Anordnung wird dadurch bestätigt, daß sowohl Frg. 5 als auch Frg. 6 oberen Rand aufweisen, die Zeilenabstände einander entsprechen, alle drei Fragmente der stärkeren Lederqualität angehören und eine ähnliche, helle Farbe besitzen. Hinzu kommt die Bestätigung durch das Schriftzitat von Ps 11,1f, welches sich in Frg. 6,7 und Frg. 5,8 findet. Das Psalmzitat gibt gleichzeitig Auskunft darüber, daß Frg. 5 dem Frg. 6 vorausgegangen sein muß, da jeweils die Z. iff beider Fragmente einander korrespondieren.

**Frg. 7, 9 und 11** erwiesen sich als Fragmente, die einer weiteren Kombination zuzuordnen sind. Auch hier sind senkrechte Bruchlinien im Material charakteristisch. Die einstige materielle Verbindung der Frg. 11 und 7, die untereinander anzuordnen sind, wird durch die Fortsetzung senkrechter Bruchlinien von Frg. 11 auf Frg. 7 bestätigt. Frg. 11,11 und Frg. 7,1 bilden gemeinsam die Kolumnenzeile 11. Also stellt die Schlußzeile 6 von Frg. 7 gleichzeitig die letzte Kolumnenzeile dar. Daß diese Nahtrandkolumne tatsächlich 16 Zeilen besaß, wird dadurch bestätigt, daß Frg. 7 und Frg. 9 einander entsprechen. Frg. 9 weist unteren Kolumnenrand auf. Die annähernde Deckungsgleichheit der Frg. 7 und 9 zeigt sich in sehr ähnlich verlaufenden senkrechten Falten, die in Frg. 9 so stark ausgeprägt sind, daß sie teilweise zu Rissen geworden sind. Zudem ist der treppenartige Abbruch des rechten Randes für beide Fragmente kennzeichnend.[1] Frg. 7,1 entspricht dabei Frg. 9,3. Die letzten Zeilen beider Fragmente bilden zugleich die letzte Zeile der Kolumne. Zu dieser Komposition der Frg. 11 + 7 und 9 lassen sich aufgrund des materiellen Befundes mindestens zwei weitere Fragmente hinzufügen: **Frg. 10** schließt sich – wie bereits erwähnt – direkt an den linken, oberen Rand von Frg. 9 an, dabei korrespondieren einander Frg. 9,1 und Frg. 10,3. Nicht nur der unmittelbare materielle Kontakt der entsprechenden Fragmentränder, sondern auch ein starker Riß in der Mitte von Frg. 10, der in gleicher Weise wie die in Frg. 9 ausgeprägt ist und seine Fortsetzung im unteren Teil von Frg. 9 findet, sprechen für eine solche Verbindung. Ferner ist ein direkter

---

[1] Dem Frg. 9 fehlt die „letzte Treppenstufe"; dieser Abbruch läßt sich möglicherweise durch eine senkrechte Falte an entsprechender Stelle auf Frg. 7 erklären. Frg. 9 ist aufgrund eines starken Risses in seiner Mitte auseinandergebrochen; eine Entsprechung findet sich in einer scharfen Falte auf Frg. 7. Die linke Hälfte von Frg. 9 ist in sich in horizontaler Ebene zusammengezogen, so daß sich eine Zeilenkorrespondenz zur rechten auf der Abbildung nur schwer erkennen läßt.

materieller Kontakt der Frg. 10 und **Frg. 20** beobachtet worden. Wie auch im Falle von Frg. 10, läßt sich die Entstehung dieses kleineren, schmalen Frg. 20 aus den starken senkrechten Falten und Rissen erklären, die in dessen Umgebung zu finden sind.[1] Frg. 20 hat zudem eine Entsprechung im linken unteren Rand von Frg. 11. Zusammenfassend läßt sich feststellen: Die Kombination der Frg. 9, 10 und 20 entspricht dem unteren Teil der Kombination der Frg. 11 + 7. Diese Ähnlichkeit beider Arrangements zeugt für deren Nachbarschaft. Für ein nahes Beieinanderstehen der Frg. 7, 9, 10, 11 und 20 spricht außerdem die Tatsache, daß alle diese Fragmente eine helle Lederfarbe aufweisen und der dickeren Lederqualität angehören. Die Kombination der Frg. 9, 10, 11, 20 ist gleichzeitig durch ein eindeutiges Schriftzitat von Ps 13,2f gesichert. Aus textlichen Gründen ließ sich auch **Frg. 26** dieser Kombination zuordnen, dessen Z. 1 ein weiteres Wort von Ps 13,3 wiedergibt. Diese Zuordnung ist zwar nicht durch eine entsprechende Zerstörungsform gesichert, allerdings weist das Material an sich (helle Lederfarbe und starke Lederqualität) auf eine Plazierung von Frg. 26 im Zusammenhang mit der oben dargestellten Kombination hin.

Für eine weitere Fragmentkombination spielt der Vergleich der Zeilenabstände eine entscheidende Rolle. Der Abstand zwischen den beiden jeweils letzten Zeilen der **Frg. 2** (Z. 15 und 16) und **Frg. 3** (Z. 9 und 10) ist gleich groß und deutlich geringer als in dieser Handschrift üblich. Die Z. 9 und 10 des Frg. 3 bilden das untere Kolumnenende. Obwohl kein unterer Kolumnenrand zu erkennen ist, muß man dies ebenso für Frg. 2,15.16 annehmen. Grund dafür ist die Übereinstimmung der Zeilenabstände mit Frg. 3 und die Tatsache, daß die Anzahl der Zeilen pro Kolumne ebenso im Falle von Frg. 5 sechzehn beträgt. Auch für die Fragment-Kombination Frg. 11, 7, 9 etc. hatte sich diese Zeilenzahl ergeben. So kann davon ausgegangen werden, daß auf Frg. 2 vermutlich alle Zeilen der Kolumne vertreten sind.[2] Auf eine Zugehörigkeit der Frg. 2 und 3 zur gleichen Kolumne, das heißt auf die Nachbarschaft beider, läßt außerdem eine Ähnlichkeit ihrer Zerstörungsformen schließen: Die maximale Breite dieser Fragmente ist gleich, sie beträgt bei beiden 5,5 cm.[3] Das von

---

[1] Die Breite von Frg. 10 und 20 entspricht den Abständen, in denen auch auf Frg. 9 Risse existieren.

[2] Daher ist es auch relativ unwahrscheinlich, daß der Abstand zwischen Z. 8 und 9 eine Vacatzeile darstellt, das heißt Frg. 2 siebzehn Zeilen statt der kolumnenüblichen sechzehn aufweisen würde. Bestätigt wird dies durch die unregelmäßigen Zeilenabstände auf Frg. 2.

[3] Zur Veranschaulichung dieser Beobachtung ist es hilfreich, sich beide Fragmente als Blöcke vorzustellen. Die Breite dieser Blöcke ist vorgegeben durch den jeweils äußersten rechten und linken Rand der Fragmente.

J. Strugnell (1970) entdeckte **Frg. 34** ist ebenfalls auf Höhe der Z. 15.16
zu plazieren, da es denselben charakteristischen Zeilenabstand aufweist.
Eine exakte Zuordnung dieses Fragmentes ist auf materiellem Wege allerdings kaum möglich. Für eine Kombination der Frg. 2, 3 und 34 spricht
außerdem deren Lederstärke. Alle drei Fragmente gehören der dünnen
Lederqualität an und weisen zudem eine relativ dunkle Farbe auf.[1] Lederfarbe und -stärke sowie Zeilenabstand spielen eine Rolle für die Zuordnung zweier weiterer Fragmente zu dieser Kombination: Das Material der
**Frg. 1 und 4** ist ein dünnes und vergleichbar dunkles Leder. Beide Fragmente weisen eine Abfolge von Zeilenabständen auf, wie sie nur einmal
noch in dieser Handschrift zu finden ist. Die Abstände der Zeilen 1-3 des
Frg. 1 entsprechen denen der Zeilen 2-4 des Frg. 4 und den Z. 10-12 des
Frg. 2. Frg. 1 und 4 sind *rechts* von Frg. 2 anzuordnen, da es hier die beste
Entsprechung der Zeilenabstände gibt.[2] Auf der linken Hälfte des Frg. 2
ist nämlich der Abstand zwischen Z. 10 und Z. 11 um etwa 0,1 cm größer
als auf der rechten. Da der Abstand der Z. 4 und 5 des Frg. 3 – also die
Kolumnenzeile 10 und 11 – dem der *linken* Seite von Frg. 2 entspricht, ist
darauf zu schließen, daß Frg. 3 links von Frg. 2 zu plazieren ist. Textliche
Gründe sowie das Material an sich geben Anlaß dazu, auch **Frg. 14 und
Frg. 24** dieser Kombination zuzuordnen. Frg. 24 schließt sich vom Material her unmittelbar an die linke Seite von Frg. 2 an, wobei einander jeweils die Z. 1 entsprechen.[3] Ebenso links von Frg. 2 muß Frg. 14 gesessen
haben. Frg. 14 weist oberen Kolumnenrand auf; Frg. 14,1 und Frg. 2,1
sind auf einer horizontalen Ebene anzusiedeln. Dafür spricht die Korrespondenz sämtlicher Zeilenabstände sowie das dünne Leder. Diese Zuordnung wird durch zwei Schriftzitate bestätigt. So lassen sich also zunächst aufgrund des materiellen Befundes die Frg. 1-4, 14, 24, 31 und 34
einer Kombination zuordnen.

Die **Frg. 12 und 13**, die beide der dünneren, dunkleren Lederqualität
angehören, bilden eine weitere Kombination. Für eine Nachbarschaft dieser Fragmente, die über ein Schriftzitat miteinander in Verbindung stehen,
spricht die Übereinstimmung der Zeilenabstände; gleiche Zerstörungsformen lassen sich aber nicht ausmachen. Aufgrund der Psalmwiedergabe
ist darauf zu schließen, daß Frg. 12 rechts von Frg. 13 zu plazieren ist. Die
Zeile 11 des Frg. 12 bildet die Schlußzeile der Kolumne. Ob diese gleich-

---

[1] Die Färbung variiert zwar leicht innerhalb dieser Fragmente, ist aber im Vergleich
zu der zuvor genannten Kombination dunkler.
[2] Zudem scheint es einen direkten materiellen Kontakt zwischen den Frg. 1, 4 und 2
zu geben.
[3] Im Rockefeller-Museum ist das Originalfragment 24 an richtiger Stelle neben Frg. 2
aufgeklebt.

zeitig die 16. Zeile darstellt, ist noch offen, da die Z. 10 (ab צִיּוֹן) und 11 nicht in der Art geschrieben sind, wie dies sonst für die Handschrift üblich ist. Die Kombination mit Frg. 13 zeigt eine Fortsetzung der folgenden Kolumne in der für die Handschrift charakteristischen Schreibweise. Scheint dieser Befund zunächst gegen eine Plazierung von Frg. 13 nach Frg. 12 zu sprechen, so weist doch die Ähnlichkeit des Materials beider Fragmente, das Schriftzitat, welches sie verbindet, und nicht zuletzt die Tatsache, daß sich keine andere akzeptable Zuordnungsmöglichkeit ergibt, auf eine Kombination der Frg. 12 und 13 hin.[1]

In einem ersten Durchgang erhält man also vier Gruppen (Kombinationen) von Fragmenten, die untereinander jeweils charakteristische Entsprechungen aufweisen. Dieses sind:

A  Frg. 5, 6, 8,
B  Frg. 7, 9, 10, 11, 20, 26,
C  Frg. 1-4, 14, 24, 31, 34,
D  Frg. 12, 13.

Es schließt sich die Frage an, ob sich gruppenübergreifendend weitere Entsprechungen ergeben. Diese würden, in Verbindung mit Informationen über Kolumnentrenner, Nahtrand etc., Aufschluß über die Reihenfolge der Fragmente beziehungsweise Fragmentkombinationen innerhalb der Rolle ergeben. Rückschlüsse auf Breite und Anzahl der Kolumnen wären zu erwarten.

Der Nahtrand links auf Frg. 11 dient dabei als ein markanter Anhaltspunkt. Frg. 11 sowie die zugeordneten Frg. 7, 9, 10, 20, 26 (Gruppe B) bestehen aus dickem, hellen Leder. Frg. 5, 6 und 8 (Gruppe A) gehören der gleichen Lederqualität an, wogegen die beiden anderen Kombinationen – Frg. 1-4, 14, 24, 34 (Gruppe C) und Frg. 12 und 13 (Gruppe D) – dünneres, relativ helles Material aufweisen. So läßt sich als Arbeitshypothese annehmen, daß die Kombinationen A und B dem gleichen Lederbogen angehören, Kombination A also rechts von B steht. Dem anderen, dünneren Lederbogen ließen sich die Kombinationen C und D zuschreiben, die links vom Nahtrand gefolgt sein könnten.

---

[1] Die Plazierungsmöglichkeiten für Frg. 13 sind klar durch seinen Kolumnentrenner festgelegt. Eine andere Zuordnungsmöglichkeit ergäbe sich für Frg. 13 lediglich mindestens drei Rollenwicklungen weiter rechts von Frg. 5 (unten), dann nur bei Annahme einer um einige Zentimeter breiteren Kolumne vor Kol. VIII. Doch dies wäre eine ausgesprochen künstliche Rekonstruktion (vor allem das völlige Fehlen von Nachbarfragmenten, Material und Kolumnenbreite). Ebenso unmöglich ist eine gänzlich andere Zuordnung von Frg. 12.

Für den rechten Lederbogen (Kombination A vor B) ergäbe sich nach den bisherigen Beobachtungen folgende Reihenfolge (von rechts nach links): Frg. 5, 6 + 8; 9 + 10 + 20; 11 + 7. Diese Anordnung der Fragmente wird durch Ähnlichkeiten der Zerstörungsformen bestätigt. Alle Fragmente der beiden Kombinationen sind durch senkrechte Bruchlinien bestimmt. So sind in der Breite der Frg. 6 + 8 starke Risse auf Frg. 9 festzustellen, die selbst noch in der darauffolgenden Wicklung – Frg. 11 + 7 – ihre Entsprechung finden.[1]

Für den dunklen, dünnen Lederbogen (Gruppe C und D) war hypothetisch angenommen worden, daß er sich unmittelbar an den dickeren, hellen Lederbogen der Gruppe A und B angeschlossen haben könnte, wobei der Nahtrand auf Frg. 11 den Übergang bilden würde. Die gute Entsprechung, die Frg. 2 in Frg. 11 + 7 findet, liefert den Beweis: Sowohl Frg. 11 + 7 als auch Frg. 2 repräsentieren sämtliche 16 Kolumnenzeilen. Zwischen Z. 4 und 5 verläuft auf Frg. 11 ein horizontaler Bruch, der sich an gleicher Stelle auf Frg. 2 wiederfindet. Eine weitere Entsprechung ist in einer Bruchkante zu sehen, die beide Fragmente etwa auf Höhe der Z. 9 in ihrem rechten Teil aufweisen. Feststellen ließ sich bereits, daß die Frg. 3 und 14 links von Frg. 2 anzuordnen sind. Ihre exakte Beziehung untereinander ist durch senkrecht verlaufende feine Risse festgelegt. Frg. 14 ist so über Frg. 3 zu plazieren, daß diese Zerstörungslinien ihre Fortsetzung finden. Dabei bilden der äußerste linke Abschluß von Frg. 14 und die senkrechte Bruchkante etwa in der Mitte von Frg. 3 eine vertikale Linie. Diese findet ihre Entsprechung in dem Nahtrand von Frg. 11 + 7. Eine gute Korrespondenz der Zeilenabstände zwischen den Kombinationen C und D ergibt sich, ordnet man die 1. Zeile von Frg. 12 der 6. Kolumnenzeile zu. Dies bedeutet, daß die letzte Zeile (Z. 11) des Frg. 12 gleichzeitig die letzte Kolumnenzeile (Z. 16) bildet. Für eine Plazierung der Frg. 12 und 13 im unteren Kolumnenbereich sprechen auch schwache, aber bereits auf der Infrarot-Photographie deutlich erkennbare Spuren (leichte Risse und Farbveränderungen) auf Frg. 12, die auf eine Ähnlichkeit mit Frg. 3 hinweisen. Daraus läßt sich schließen, daß Frg. 12 in der Nachbarschaft von Frg. 3 anzuordnen ist. Dies ist nur links von Frg. 3 möglich. Die bisherigen Überlegungen zu den Kompositionen C und D zusammenfassend, ergibt sich für die Fragmentenfolge folgendes (von rechts nach links): Frg. 2, 14, 3; 12, 13.

---

[1] Die linke Kante von Frg. 6 + 8 entspricht dem linken Kolumnenrand von Frg. 11 + 7; die rechte Kante von Frg. 6 + 8 ist in einer langgezogenen senkrechten Falte auf Frg. 11 + 7 zu erkennen, die auf Höhe der Z. 9-11 eine Bruchkante bildet. Ein direktes linkes Nachbarfragment von Frg. 6 ist verlorengegangen.

Die Abfolge aller Fragmentkompositionen sieht folgendermaßen aus
(von rechts nach links): A, B, C, D.

Zu ermitteln sind im folgenden die *Abstände zwischen entsprechenden
Schadstellen* sowie die *Breite und Anzahl der Kolumnen.*

Die Tatsache, daß es sich bei den Kombinationen A, B, C, D,I (und
D,II) um in sich textlich abgeschlossene Einheiten handelt – dies ist durch
eindeutige Schriftzitate belegt – spricht dafür, daß jede dieser Kombinationen einer eigenen Kolumne angehörte. Es müssen sich also Kolumnentrenner zwischen den Kompositionen A und B, das heißt nach Frg. 6 + 8,
den Kompositionen B und C – dieser ist auf Frg. 11 vorhanden – und den
Kompositionen C und D, also nach Frg. 3 befunden haben. Ein weiterer
Kolumnentrenner ist innerhalb der Komposition D auf Frg. 13 sichtbar.
Die Breite der Kolumnentrenner liegt bei 1,0 cm, am Nahtrand ist mit
doppelter Breite, 2,0 cm also, zu rechnen. Der Umfang der Rollenwicklung, das heißt der Abstand zwischen gleichen Schadstellen beziehungsweise Fragmententsprechungen, läßt sich – anders als bei 4Q174 – im
Falle von 4Q177 lediglich durch geduldiges „Probieren" ausfindig
machen. Die Zuordnung der Fragmente zu fünf Kolumnen[1] sowie die
Informationen über die Breite der Kolumnentrenner sind dabei hilfreich.

Hier seien nur die Ergebnisse wiedergegeben: Bei dem erhaltenen
Material der Handschrift 4Q177 liegen *gleiche Schadstellen 7,5-6,5 cm
voneinander entfernt.* Die Abstände entsprechender Zerstörungstellen betragen von Frg. 5 zu Frg. 6 + 8 7,5 cm, von Frg. 6 + 8 zu Frg. 9 7,3 cm,
von Frg. 9 zu Frg. 11 + 7 7,1 cm, von Frg. 11 + 7 zu Frg. 2 6,9 cm, von
Frg. 2 zu Frg. 3 6,8 cm, von Frg. 3 zu Frg. 12 (hier besteht eine Lücke)
den doppelten Abstand, nämlich 13,3 cm, von Frg. 12 zu Frg. 13 6,5 cm.[2]
Die Abstände nehmen also von rechts nach links ab. Dies bedeutet: je
weiter man in den linken Bereich der Rolle vorrückt, desto geringer ist der
Wicklungsumfang. Daraus läßt sich schließen, daß der *Textbeginn* der
Rolle *außen* gelegen haben muß. Die Rolle war also – anders als 4Q174 –
richtig herum, das heißt lesebereit, aufgewickelt. Davon zeugt auch die
relativ geringe *Zunahme der Abstände* von jeweils *etwa 0,1 cm* auf dem
linken, dünneren Lederbogen und *etwa 0,2 cm* auf dem rechten, dickeren
Lederbogen, dies entspricht in etwa der Lederstärke.

---

[1] Fünf Kolumnen = Komposition A, B, C, DI, und DII. Auf dem rechten Lederbogen
befanden sich also mindestens zwei, auf dem linken mindestens drei Kolumnen.

[2] Der Abstand zwischen Frg. 12 und Frg. 13 ergibt sich als Folge der vorausgegangenen Abstände und wird durch die beiden Schriftzitate bestätigt. Zwei weitere Fragmente
können der Gesamtrekonstruktion hinzugefügt werden, nämlich **Frg. 31**, welches zwischen Frg. 2 und 3 (Z. 13f) paßt, und möglicherweise das ihm entsprechende, 6,7 cm ent-
fernte **Frg. 15**, welches dann den Kolumnenübergang von C zu D bildet.

Die *reguläre Kolumnenbreite* in 4Q177, die sich aus der Abstandsbe-
stimmung ergibt, beträgt *15 cm*. Eine Ausnahme bildet die *Kolumne vor
dem Nahtrand* (Kombination B). Sie ist lediglich *11,7 cm* breit. Durch
Schriftzitate, welche die Kolumnenbreite der Kol. A und B festlegen,
werden die Rekonstruktionsergebnisse bestätigt. Die Größe der Abstände
zwischen gleichen Schadstellen, 7,5-6,5 cm, weist, unter Berücksichtigung der relativ geringen Lederstärke, darauf hin, daß die erhaltenen
Fragmente aus der *Mitte der Rolle* stammen.[1] Bei gegebener Lederstärke
und Aufrollrichtung könnte man einen Umfang der innersten Wicklung
von etwa 4 cm annehmen.[2] Rechnet man auf diesen kleinsten Abstand
herunter, den Nahtrand Frg. 11 als Zentrum der Rolle annehmend, so ergibt sich eine Gesamtkolumnenzahl für diese Rolle von *ca. 18 Kolumnen*.
Dies würde bedeuten, daß in der Kol. A die ursprüngliche Kol. VIII der
Handschrift vorliegt. Die rekonstruierten fünf Kolumnen „A-D,II" entsprechen dann also den Kol. VIII-XII der Gesamthandschrift. Die ersten
sieben Kolumnen scheinen verloren, ebenso wie die letzten sechs.

Schließlich bleibt festzuhalten, daß alle größeren Fragmente einander
zugeordnet werden konnten.[3] Für den Text der Handschrift ergibt sich
daraus, daß jede Zeile der Kol. VIII,1-X,16 durch irgendwelche Schriftreste vertreten ist.

Die von J. Strugnell (1970) – vornehmlich aufgrund textlicher Erwägungen – zusammengestellten Fragment-Kombinationen wurden ganz
hochgradig durch die materielle Rekonstruktion bestätigt.

---

[1] Bei etwa der Hälfte aller stark zerstörten Handschriften stammen die erhaltenen
Fragmente aus dem Mittelteil der Rolle, siehe H. Stegemann (1990 Reconstruction) 201
mit Anm. 108.
[2] Vergleiche die zahlreichen Beispiele für innere Wicklungsumfänge von Qumranrollen bei H. Stegemann (1990 Reconstruction) 196f mit Anm. 108.
[3] Zu **Frg. 19** siehe Erläuterungen zu Kol. XI.

## 2.3. *Der Textbestand von 4Q177*

Kol. VIII: Frg. 5, 6, 8

| | |
|---|---|
| ‏ח ‏[החזיר ‏ח‏[‏אל את אשר ‏יחזד‏[‏ | 01: |
| ‏[‏ח ‏]אמשל רשף ‏חוזר ‏הנכא אלוה החזר רשה והנש‏[‏א‏]‏ו‏ vacat ‏ואשו הנשה ‏[‏א‏(ה‏)‏ | 02: |
| ‏ח‏[‏ח ‏ח‏ נ‏ ‏חזבה לילכ‏ ‏על ‏[‏ | 03: |
| ‏[‏א ‏]‏נ‏א‏ חים חדר‏ ‏[ | 04: |
| ‏ח‏[‏ק‏]‏ר לדום חליה‏] ‏ר‏[‏עשי‏]‏ חים המפל לדורה ‏[‏ ‏אל‏ה ‏ולכ‏ ? ‏חיה ח‏ ‏[‏ב‏]‏ אליד ‏[‏ם‏? | 05: |
| ‏[‏קרץ לדם חזא‏ ‏לבגר החזם החנש‏] ‏ ‏לעשו חזב‏ח לאר‏ חדר‏ה לדחב חזא מיח‏ך ‏[ | 06: |
| ‏[‏אבה‏]‏ ‏ ‏חזרד לילה ‏חרזל‏ ‏[ ? ‏לכ‏[‏ שח ‏אל חזר‏ ? ‏אנש/‏ש אוחר‏ | 07: |
| ‏[‏ ‏המצה הה זה חשרזרד‏ ‏חזמסר ‏אלח‏[‏י‏]‏חזדר אחור חצב של יל‏ דר חזרה לפחי‏ל‏ח הבלב ‏חצל‏ח ‏רצ‏[‏ת לרשנו‏ה ‏אל ‏למ‏ח‏ר לעשי‏ ‏לאב‏ ‏חהש‏ר נחל‏ח‏[‏ | 08: |
| ‏[‏חובהז‏ ‏חבקה ‏ד‏חרה‏ אש‏ר חחזמ‏ ‏vacat ‏לחבשרד‏ ‏חלחה חמקרזה ‏רשאן‏ | 09: |
| ‏[‏ ‏חזבחה ‏לזבש ‏חמאבר ‏השחדר ‏ח ‏חלה ‏רד ל‏?‏שבה לח‏ל? ‏איש דר ‏ח ‏לקח ‏רם ‏חו‏ | 10: |
| ‏[‏לחבנה ‏]‏אל‏ה ‏חזרה זרלדב ‏[ | 11: |
| ‏[‏ח ‏]רקב מה חרל‏ ‏איל ‏? ‏[ ‏חרשמד‏]‏ה על הרשה‏ | 12: |
| ‏חזא‏ ‏[‏חזרמד חזזה חזנ‏[‏ ‏[‏חרחושת חרשה חשד‏]‏ | 13: |
| ‏[‏ ‏די‏ חזה אשר חלם ד‏[‏ל‏א‏]‏ ‏ ‏[‏חל חה אשר חלם דל‏[‏ | 14: |
| ‏[‏חאש‏ה ‏חזבח הקבל משרו חזזרח ח‏[‏אל‏ ‏חזר א‏]‏נחל חזק ‏חזל ‏חזרמחר ‏[ | 15: |
| ‏[‏ ‏ ‏ח‏ החזי חזחוה ‏ח‏]‏ ‏ח ‏ר‏ חזחרו‏ ‏חזל ‏[ | 16: |

Kol. IX: Frg. 11, 10, 26, 9, 20, 7

01: [אמרת יהוה יהוה אמרתם בפרש בעת לכסף זהוב פרח בגלל לרבוד לבני בבדיל פקוד במטהם במבחם אמר אמרה
02: [אמרה וכנהו ואתה כי אמר יהוה איש אל אמר איש בם נהר מים מטהרתם מנה חרב אתם נשבר בפין וכנבה
03: ] את במלך גדלה דעת מלפיל אמר
04: ] כלי אמר בריבך בריה הלוא אספוף
05: ] נתן ברוח שליח יהוה כיא
06: ] רמש על אל אשם בג נשלם מעמי
07: ] תמתה כדד אם את הכמבתם
08: ] עד אמר יהוה הלוא את הפכתם לאמר לכם בארץ כול אמר גמלו נהם במרך
09: [המבטח ובדשו ןין בראשה לאבינו אמר הדיק ]יהוה אמר הלוא יהיה אל
10: [ה]וחיה?[ו] |יהו| הם אמרתם מאתם בישטהם
11: |יהון ]ותה אמר ברוד שליח יהוה |ותפ ]
12: ותבל? דוד |ואנו יפלו לב מלאה ברה
13: אמרי |שך| |ואספר אמר הלוא אספטבלנה ]לואה ך |ותם
14: [ברי אשר יצאי]ל יהוה הכלי נבבל |ואספר בלה יהודה[ם]
15: [םו רים אשר ליאל ובני |ואבתו נטנם |ואטמן אבר ?]
16: [סל]ם יחזקו מהל מלו מל ]ם |ואל[ה ]

Kol. X: Frg. 2, 24, 14, 3, 4, 1, 31

01: ] כו?]ל דבריהם[ ]°[ ת]שׄבחוׄת הכבוד אשר יואמׄ[ר [
02: ] והסיר יהוה ]מׄמׄכה כול חלי לקדוׄ[שים אשר ]בא[רץ ]הׄמה ואדירׄי כול חפצׄי [בם [
03: ] ]°נהיה כמוהוׄ[ ולב נמס? ו]פיק ברכים וחלחלה בכול מתׄנׄ[ים [
04: ] ]אׄ[ש]רׄ [ ]°[ ]ל°תמה שמעהׄ[ יהוה צדק] הקשיבה רנתי האזינה ל[תפלתי [
05: ] ]וׄ באחרית הימים בעת אשר יבקש °[ ]° את עצת היחד הוׄא ה[ [
06: ] ]° פשר הדבר אשר יעמוד איש מביׄ[ת? ]°°רׄיׄם °°°°[ ]°[ל [
07: ] ]היו כאש לכול תבל והמה אשר כתוב עליהם באחרית[ הימים ]°°ה פוחׄ[זים? [
08: ] ]מוׄשׄלׄ [בנ]ורל אור אשר היה מתאבל בממשלת בל[יעל ומושל בחושך?] אשר היה מתאבלׄ[ בממשלת[
09: ] ]בה ממנוׄ ו°[ ] לרׄאשי אבל שוב °°°[ אׄ]לוהי הרחמים ואל ישרא[ל ]מול כׄפׄ[ [
10: ] ]אׄשר ה[ת]נוללו ברוח[י ב]ליׄעל ונסלח להם לעולם וברכם[ ]עׄוד<מיד>לעולם וברכם[ כפ?]לאי קציהׄ[ם[
11: [וכבר?]יׄת אבותם בׄמספר שמות[ם] מפורשים בשמות לאיש ואיש הׄ[ ש]נׄוׄתיהם וקץ מעמדם וׄ[ ]יׄ לשונם
12: ] ]אׄ את צאׄצׄאי יהודה[ ו]עׄתה הנה הכול כתוב בלוחות אשר [ ]אל יׄדיעהו את מספר [כול? דור]וׄת וינח[יל[
13: ] ]°[ ]לׄ[ו] ולזרעו [עד] עולם ויקום משמה ללכתׄ מׄן אׄרׄםׄ[ ]תקעו שופר בגבעה השופר הואה ספר
14: [התורה חצוצרה ברמה הח]צׄ[צרה הי]אה ספר התורה שנית אשר מאסו כׄ[ול אׄ]נשי עצתו וידברו עליו סרה וישלׄחׄ
15: ] או]תות עׄ גדולות על הׄ°[ ]° ויעקוב עומד על הגתות ושמח על רדתׄ
16: ] ]תׄ בחׄרׄב אפ°(°)[ ]לׄאנשי עצתו המה החרב ואשר אמר

Kol. XI: Frg. 19, 12, 13,I, 15

]הׁ[ :01

]ה אל אלׁהׁ הזה יש[ע]מ :02

]הׁ ידי ההרתבל ֺ [ :03

]ה vac. הלילהני הׁ[שא :04

]היהת אפמרי ירׁ[ :05

]ׁהׁ התמר[ הׁ :06

:07

]מׁ[ עב :08

:09

]ׁה[ :10

]בשהמל ידהו[ :11

:12

]יׁ[דהמׁ[ :13

]ה באמׁ[ :14

]ׁ[ :15

:16

Z.11: Statt בהשמרל lies בהשמרכה.

Kol. XII:  Frg. 13,II

01:

02:

03:

04: [מ]  [ ]ה עׄ

05: [י בליעל

06: הימים [לאחרית]

07: [ב]ׄ שופׄר

08: [אכסומ]

09: [ ]ׄ אל את

10: בליע]ל

11: [אנשי]

12: X [ ]ׄ

13:

14:

15:

16:

*Die weiterhin nicht eingeordneten Fragmente von 4Q177*

Frg. 16

1: [וילמ]

2: [ ] לעצ]ת היחד?

3: [מ]

4: [ה]ׄ

Frg. 18

1: [עׄלׄיׄהׄם]

2: [ספר ]

3: [שׄכבוׄ]

4: [ ] א רׄ]ׄ

5: [ב]

Frg. 17

1: [במ]

2: [ ] ׄב]ׄ

3: [שׄתות]

4: [vac.]

Frg. 21

1: [ ]ׄ ׄ]

2: [ ]ׄ אשר יבקש

3: ל]ׄ ב]קׄש

**Frg. 22**

| | |
|---|---|
| [מה] | 1: |
| יהושוע ̇ב̇ן נון[ | 2: |
| [לבחר̇ו] | 3: |

**Frg. 29**

| | |
|---|---|
| [ל̇ר̇ע̇יכה] | 1: |
| ת̇[ × ] | 2: |
| [פ̇רח ל̇ה] | 3: |

**Frg. 23**

| | |
|---|---|
| [כ̇יא] | 1: |
| [אסף̇] | 2: |
| [ל̇ב ע̇]פ̇ר? | 3: |

**Frg. 30**

| | |
|---|---|
| [˚˚˚˚˚˚˚˚] | 1: |
| א[ס̇פסוף ˚˚ | 2: |
| [ום לשל̇] | 3: |

**Frg. 25**

| | |
|---|---|
| [˚˚˚( ˚)] | 1: |
| [ה̇ב̇ן] | 2: |

**Frg. 32**

| | |
|---|---|
| [˚˚] | 1: |
| [חושך ה̇] | 2: |
| [ו ˚˚] | 3: |

**Frg. 27**

| | |
|---|---|
| [ש ̇] | 1: |
| [בחירי] | 2: |

**Frg. 33**

| | |
|---|---|
| [ ˚ ] | 1: |
| [ם̇ במ̇] | 2: |
| [ ˚˚ ] | 3: |

**Frg. 28**

| | |
|---|---|
| [ת̇] | 1: |
| א[שר אמ̇]ר | 2: |
| [לה ̇] | 3: |

**Frg. 34**

| | |
|---|---|
| [ל̇שפוך] | 1: |
| [משלך] | 2: |
| [ vac. ] | |

## 2.4. *Übersetzung des rekonstruierten Textes*

### Kol. VIII

(1) [...] die Prahler, die [... während der Läuterung, die] gekommen ist über die Männer der Ge[meinschaft,] (2) [wie es geschrieben steht im Buche des Pro]pheten [Jesaja:] „Dieses Jahr iß, was von selbst [wächst und im folgenden Jahr (iß), was dann noch von selbst hervorkommt" (Jes 37,30b.c). Und wenn es heiß]t: „was von selbst wächst", (so) ist [das] (3) [...] während der Zeit der Läuter[ung, die gekommen ist über ...] danach wird aufstehen [...] (4) [...] denn sie alle sind Kinder [...] die Prahle[r] sprechen [...] (5) [... wie es geschrieben steht] über sie im Buche [des Propheten] Je[saja: „Und die Waffen des Schurken sind böse" (Jes 32,7a) (?). De]nn die Weisung der Pra[hler] (6) [... ]ruft sie (?), wie[ es geschrieben steht über sie im Buche des Propheten Jesaja: „Er si]nnt auf Ränke, um zu ver[derben die Armen] (7) [mit Lügenworten" (Jes 32,7b.c). ... die Männer/der Mann] des Spottes Israe[l ... „Für den Musikleiter.] Von David. In YHWH[ ist meine Zuflucht.] (8) [Denn, siehe, die Gottlosen spannen den Bogen] und befestigen den Pfeil au[f der Sehne, um in der Verborgenheit zu schießen auf die, die aufrichtigen Herzens sind" (Ps 11,1a.2). Die Bedeutsamkeit dieser Stelle ist,] daß fliehen (?) die Män[ner ...] (9) [... wie ein Vo]gel von seinem Platz (flieht) und verschwinde[t von seinem Land. Und sie sind es, über di]e [geschrieben steht] im Buche der [Propheten (?):] (10) [„Wegen einer 'Kleinigkeit' nehmt ihr schmerzhaf]tes[ Pfand.] Wenn einer käme und Eitl[es und Trug vorlöge: („Predigen will ich dir von Wein und Rauschtrank"), das wäre ein P]rediger für das Volk" (Mi 2,10b.11). Das[...] (11) [... w]ie es geschrieben steht über sie im Buche [des Propheten ...] .. die Listigen/Klugen (?) [...] (12) [...] „Dem Musikleiter. Auf der [Achten" (Ps 12,1a). ...] „Denn ein unver[ständiges] Volk (13) [ist es" (Jes 27,11b). ...] Sie sind die achte Abteilung/der achte Zeitabschnitt [...] ... Liebe ..[...] (14) [... „(und) es ist] kein Frieden" (Jer 6,14 ?), wovon gilt: sie sind[ ...] (15) [wie es geschrieben steht im Buche des Propheten Jesaja (?):] „Rindertöten und Kleinviehschlachten, [Fleisch]e[ssen und Weintrinken" (Jes 22,13b). ...] (16) [...] Weisung, die, welche die Gemeinschaft bedrücken (?)[...]

### Kol. IX

(1) [„Die Reden YHWHs sind lautere Reden, sind Silber (im Schmelztiegel zu Boden gereinigt)] siebenfach [geläu]tert" (Ps 12,7). Wie es geschrieben steht (2) [im Buche des Propheten Sacharia: „Auf einem Stein sind sieben Augen. Siehe,] seine Inschrift [ist einge]graben, spricht

YHWH" (Sach 3,9b). Das heißt (3) [… wi]e es über sie geschrieben steht:
„Und ich heile (4) […"… al]le Männer Belials und das ganze zusam-
mengelaufene Gesindel (5) […] sie/ihnen der Erforscher des Gesetzes.
(„)Denn es gibt nicht (6) […(")] ein jeder [soll stehen] auf seiner Warte,
wenn auftreten (7) […] die, die zu Fall bringen wollen die Söhne des
Lichtes (8) [… „Wie lange, YHW]H, willst du [meiner ewig] vergessen?
[Wie lange verbirg]st du dein Angesicht vor mir? Wie lange soll ich tra-
gen (9) [Schmerzen] in meiner Seele, [Kummer in meinem] Herzen [bei
]Tage? Wie lange soll sich [erheben mein Feind über mich?" (Ps 13,2.3).]
Die Bedeutsamkeit der Stelle bezieht sich [au]f die Reinigung (?) des
Herzens der Männer (10) der [Gemeinschaft (?)] am Ende der Tage, denn
[…, ]um sie zu prüfen und zu reinigen (11) […] sie durch/im Geist und
Auserlesene und Geläuter[te … es] heißt (?): „Damit der Feind nicht sagt
(12) [: ,Ich habe ihn besiegt'" (Ps 13,5a).] Sie sind die Gemeinschaft
derer, die nach „glatten Dingen" suchen, die […] die danach trachten zu-
grundezurichten (13) [die Männer der Gemeinschaft (?)] durch ihre Eifersucht und durch ihre Anfeindung […] … [… wie ]es geschrieben steht im
Buch des Prophe[ten] Ezechiel: (14) [„das Haus Israel] und Juda wie alle
Völk[e]r" (Ez 25,8). [… am Ende] der Tage, die sich versammeln gegen
si[e] (15) [… ]das gerechte Volk, aber der Gottlose, der Tor und der Ein-
fälti[ge … ]… der Männer, die Gott (?) dienen (16) [… entfer]nen die
Vorhäute ihrer Fleischherzen im le[tzten] Geschlecht […] und alle, die zu
ihnen gehören, wird er für unrein erklären (?) und [nicht]

## Kol. X

(1) [… al]l (?) ihre Worte[ … Lo]bpreisungen (?) der Herrlichkeit, wovon
er sprich[t …] (2) [… „und YHWH wird wegnehmen] von dir alle Krank-
heit" (Dt 7,15). „In Bezug auf die Heili[gen, die ]im Lan[de] sind, sie sind
die Vornehmen, [an denen] ich mein ganzes Gefallen habe" (Ps 16,3).
[…] (3) […] „nicht ist desgleichen gewesen" (Jo 2,2), [„und verzagte
Herzen (?) und ]wankende Knie und Zittern in allen Lend[en" (Nah
2,11b) …] (4) [… wo[von] gilt: […] … „Höre, [YHWH, gerechte Sa-
che,] merke auf mein Flehen, schenke Gehör [meinem Gebet" (Ps 17,1a)
…] (5) […] am Ende der Tage, in der Zeit, wenn (er) trachtet […] den Rat
der Gemeinschaft. Das ist [..,,.] (6) […]" Die Bedeutsamkeit dieser Stelle
ist, daß auftreten wird ein Mann aus dem Hau[s (?) …] … […] (7) [… sie
werden] sein wie Feuer für die ganze Erde. Und sie sind es, über die geschrieben ist am Ende[ der Tage …] … „sind Leicht[fertige" (Zeph 3,4)
(?) …] (8) [… ]der Herrscher [über das L]os des Lichtes, welcher in
Trauer ist während der Herrschaft Bel[ials, und der Herrscher über die

Finsternis (?),] welcher in Trauer ist [während der Herrschaft …] (9) […]
… von ihm und […] in Bezug auf die Häupter der Trauer wendet … […
Go]tt des Erbarmens und Israe[l …] … gemäß .[..] (10) [… ], in denen sie
sich gew[ä]lzt haben wegen der Geist[er Be]lials, und es wird ihnen vergeben für immer, und er segnet sie […] beständig (?) für immer, und er
segnet sie [… gemäß der Wund]er ih[rer] Zeiten (11) [und gemäß dem
Bun]d (?) ihrer Väter durch die Zahl [ihrer] Namen, deutlich angegeben
durch Namen, Mann für Mann[ …] ihre [J]ahre und die Zeit ihres Beste-
hens und […] ihrer Sprachen (12) […] die Nachkommenschaft Judas.
[Und] nun, siehe, das alles ist aufgeschrieben auf Tafeln, die […] .. und er
ließ ihn wissen die Zahl [aller (?) Geschlech]ter, und er gab zu er[ben]
(13) […] ihm und seiner Nachkommenschaft [für] immer. Und er stand
auf von dort, um wegzugehen von Aram. „Blast Schophar in Gibeah"
(Hos 5,8aα). Der Schophar, das ist das Buch (14) [der Thora. „(Blast)
Chazozrah in Ramah" (Hos 5,8 aβ). Die Cha]zo[zrah, das] ist wiederum
das Buch der Thora, welches verworfen haben al[le Mä]nner seines Rates,
und sie haben widerspenstig gegen ihn geredet. Und (er) schickte (15)
[…] große Zeichen über .. […] und Jakob wird stehen auf der Kelter und
sich freuen über das Herausfließen (16) […] durch das Schwert … […] in
Bezug auf die Männer seines Rates. Sie sind das Schwert, wenn es
heißt/(er) gesagt hat

## Kol. XI

(1) [„,…"] (2) […Tä]ter von Schandtat … […] (3) […] murren sie gemeinsam und .. […] (4) [… wor]in sie sich wälzten. .. […] (5) […] …
„Ich will Glut des Zornes sammeln" (Ez 22,20) (?) […] (6) [… ]sie werden umkehren und …[ … „denn nie wird ausgehen] die Weisung dem
Prie[ster noch der Rat dem Weisen noch das Wort] dem Propheten" (Jer
18,18). (7) […] in Bezug auf das Ende der Tage, worüber David gesagt
hat: „YH[W]H, züchti[ge mich ]nicht in deinem Zorn. [Sei mir gnädig,
YHWH, den]n ich verschmachte" (Ps 6,2a.3a) (8) […] „und meine Seele
ist zutiefst erschrocken. Nun aber, YHWH, wie lange? Sei mir gnädig,
rette [mein] Leb[en" (Ps 6,4.5a). …] … über (9) [… Söhne (?) Be]lials,
um sie zu vernichten in seinem Zorn, wovon gilt: nicht wird er übriglas-
sen [… nicht ]wird er in Ruhe lassen Belial (10) [… Ab]raham bis auf
zehn Gerechte in der Stadt, denn der Geist der Wahrheit .. [… „den]n (11)
[im Tode gedenkt man deiner ]nicht" (Ps 6,6a) […] … und ihre Brüder
durch den Plan Belials, und er wird die Oberhand gewinnen über s[ie …]
… […] (12) […] der Engel seiner Wahrheit wird helfen allen Söhnen des
Lichtes aus der Hand Belials […] (13) ihre Hände […] sie/ihnen […]und

um [sie] zu zerstreuen in ein dürres und wüstes Land. Dies ist die Zeit der
Demütigung des Lehr[ers (?)...] (14) denn [...] beständig (?) wird fliehen
der Le[hre]r (?), und/aber die große Hand Gottes wird mit ihnen sein, um
ihnen hinwegzuhelfen von allen Geistern [Belials (?) ...] (15) .. [... und
die,] die Gott fürchten, werden seinen Namen heiligen, und sie werden
zum Zion kommen mit Freude und nach Jerusalem[ ...] (16) [... Be]l[ia]l
und alle Männer seines Loses werden verti[lgt sein ]für immer, und alle
Söhne des Li[chtes] werden gesammelt werden [...]

## Kol. XII

(1-4)
(5) Belial [...] (6) in Bezug auf das Ende [der Tage ...] (7) Schophar in
.[...] (8) „ich bedeckte sie"(?) [...] (9) Gott ... [...] (10) Belia[l ...] (11)
die Männer [...]

### 2.5. *Erläuterungen zu Text und Übersetzung*[1]

#### Kol. VIII

Diese Kolumne wird vertreten durch die **Frg. 5, 6 und 8**. Jede der sechzehn Zeilen ist durch Text repräsentiert. Der Abstand zwischen den Frg. 5
und 6 beträgt für die Z. 1-10 etwa 5,5 cm, welches ca. 30 ZE entspricht.
Für die Z. 11-13 (Frg. 5 und 8) verringert er sich auf etwa 4,7 cm. Die
Distanz zwischen Textende (Frg. 6 und 8) und Kolumnenende ist durch
die Rekonstruktion bekannt, sie beträgt etwa 0,7-1,0 cm.[2] Das Zitat von
Ps 11,1f in Z. 7 und 8 läßt möglicherweise auf eine Kolumnenbreite von
15 cm schließen.[3] Daraus ergäbe sich ein Abstand zwischen Zeilenbeginn
und Textbeginn (Frg. 5) von etwa 4,4 cm (ca. 24 ZE).

**Z. 1**  Die von J. Strugnell gebotenen Ergänzungsvorschläge für die
Lücke zwischen Frg. 5 und 6 sind gut möglich.[4] Sicher ist die Ergänzung

---

[1] Im folgenden Abschnitt 2.5 werden – wegen des häufigen Auftretens dieser Litera-
turverweise – J. Strugnell (1970) lediglich mit J. Strugnell, J. M. Allegro (1968) lediglich
mit J. M. Allegro wiedergegeben. Verweise auf Kol. I-VI beziehen sich auf 4Q174 I-VI.
[2] Dies entspricht etwa 5 ZE. Doch bedingt durch die Fragmentform variieren die
Abstände von Zeile zu Zeile. Die Anzahl der Zeichen bis Kolumnenende ist nur ein
„Idealwert", da häufig der Kolumnenrand nicht exakt beachtet wird.
[3] Siehe hierzu Z. 7 und 8. Der linke Kolumnenrand war durch die materielle Rekonstruktion bekannt, nicht aber der rechte. Die Kolumnenbreite von 15 cm entspräche den
Rekonstruktionsergebnissen für Kol. X und XI (zur Ausnahme der Nahtrandkolumne IX
siehe oben); möglich – allerdings ungewöhnlich – wäre auch eine Kolumnenbreite von
20,5 cm („Beginn" ≈ 54 ZE), siehe unten.
[4] J. Strugnells, 241, erster Ergänzungsvorschlag:

einer Formulierung wie מצרף ה[בא על אנשי הי]חד (vergleiche Kol. IV,1).[1]
Vielleicht liegt in dem auf Frg. 5 erhaltenen Textbestand der Beginn der
Auslegung vor, so daß in etwa folgendes gelesen werden könnte:[2]
(פשר הדבר) המ[ה ההוללים אשר י]°°°ו ... במצרף ה[בא על אנשי הי]חד. Wäre es
nicht – aufgrund von ההוללים – vorstellbar, daß es sich bei dem vorausgegangen Schriftzitat um Ps 5,6 handelte?[3] Eine Ergänzung des Zitat-
schlusses von Ps 5,6 zu Beginn der Zeile entspräche dem zur Verfügung
stehenden Freiraum.[4]

**Z. 2**  Zu Beginn der Zeile wird anknüpfend an die vorausgegangene
und das folgende Zitat einleitend [כאשר כתוב בספר ישעיה הנ]ביא gestanden
haben.[5] Anschließend an die Zitationsformel wird Jes 37,30 (b.c) zitiert.
Die Lesung entspricht dem MT (Ausnahme שפיח statt MT ספיח[6]). Die
Lücke zwischen Frg. 5 und 6 wäre gut ausgefüllt – wahrscheinlich aber
mit einem kleinen Freiraum zwischen Zitat und Auslegung –, ergänzte
man nach dem Zitat wie J. Strugnell[7] ואשר אמ[ר. Am Zeilenende ist [ה]וא
(J. Strugnell) oder הו]אה[ (J. M. Allegro) zu vervollständigen.[8]

---

אשר י]אמר בספר ישעיה הנביא על המצרף ה[בא וג׳,
zweiter Ergänzungsvorschlag:
אשר י]...ו וי...ו באחרית הימים במצרף ה[בא וג׳;
J. Strugnells zweitem Ergänzungsvorschlag ist der Vorzug zu geben, da eine Zitationsformel, wie sie sein erster Vorschlag nahelegt, so umfangreich nirgends in 4QMidr-
Eschat belegt ist und der Formelgebrauch in diesem Werk sehr stereotyp ist; auch eine
nachgestellte Zitationsformel ist auszuschließen.

[1] Zu אנשי היחד vergleiche z.B. 1QS V,1.2, 4Qpatr 5. Zur Übersetzung von מצרף הבא
siehe zu Z. 3.

[2] Vergleiche teilweise J. Strugnells zweiten Ergänzungsvorschlag (siehe oben).

[3] In Ps 5,6 ist ההוללים Subjekt des Satzes, auf welches המה ההוללים bezogen sein
könnte. Übersetzung von הוללים gemäß Ps 5,6, so auch J. M. Allegro 69.

[4] Zu lesen wäre dann etwa:
לוא יתיצבו הוללים לנגד עיניכה שנאת
כל פועלי און (פשר הדבר) המ[ה ההוללים אשר (Z. 1)/. Der Beginn des Psalms wäre dann
also in der letzten Zeile der vorausgehenden Kolumne zu ergänzen. Zu פשר הדבר המה
vergleiche Kol. III,14.

[5] Dies würde bei einer angenommenen Kolumnenbreite von 15 cm genau in den zur
Verfügung stehenden Platz von 4,3 cm passen. Zur Kolumnenbreite siehe zu Z. 7 und 8.
Zur Zitationsformel vergleiche die üblichen Einleitungen der Prophetenzitate im Text,
z.B. Kol. IX,1.

[6] Zum Wechsel von ס und שׂ vergleiche entgegengesetzt Kol. XI,15. Zu שׂ und ס siehe
auch E. Y. Kutscher (1982)13f.

[7] J. Strugnell 241. J. M. Allegro 68, der von einem wesentlich geringeren Abstand
zwischen Frg. 5 und 6 ausgeht, liest in der Lücke Jes 37,30b mit anschließender Pescherformel. Die Ergänzung einer Pescherformel ist wahrscheinlich nicht möglich, siehe unten Teil II,3,6.

[8] Beide Schreibweisen des Personalpronomens sind belegt, zur Kurzform vergleiche
z.B. Kol. XI,13, zur Langform z.B. Kol. X,13.

**Z. 3**   J. Strugnells Ergänzungsvorschlag

עד עת המצ[רף הבאה עליהם באחרית הימים ו]אחרי bietet formal eine gute Möglichkeit, könnte aber etwas zu kurz sein.[1] Zu יעמוד, dessen Subjekt nicht bekannt ist, vergleiche man Kol. X,6, aber auch Kol. III,13.[2]

**Z. 4**   Am Zeilenende ist ההולל[ים zu ergänzen.[3] Unklar bleibt die Formulierung כיא כולם ילדים, besonders der absolute Status von ילדים ist ungewöhnlich und in Qumrantexten ohne Parallele.

**Z. 5**   עליהם בספר weist darauf hin, daß die zur Einleitung von Prophetenzitaten übliche Formel עליהם כתוב[ בספר כאשר/אשר והמה ergänzt werden muß.[4] In der Lücke zwischen ישעיה/ירמיה/יחזקהל הנביא Frg. 5 und 6 ist also ein kurzes Zitat zu erwarten. Gut passen würde Jes 32,7a, vielleicht mit einem kleinem Abstand zwischen Zitat und Deutung. Der erhaltene Rest der Zeile ( כיא תורת ההו[ן) wird dann die Auslegung des Zitates dargestellt haben.[5] Vielleicht ist – mit Blick auf Z. 1.4 sowie den Kontext – תורת ההו[ן]ללים zu ergänzen.[6]

**Z. 6**   קרא לדם[ stellt das Ende der Auslegung dar. כאשר ist der Beginn der Zitationsformel, die in der Lücke zwischen Frg. 5 und 6 ergänzt werden muß und durch welche die Wiedergabe von Jes 32,7 eingeleitet wird. So ist mit J. Strugnell[7] כאשר[ כתוב עליהם בספר ישעיה הנביא הוא ז[מות zu lesen. Der erhaltene Text des Zitates von Jes 32,7b.c, das bis zum Anfang von Z. 7 (einschließlich) reicht, wird in Übereinstimmung mit den MT wiedergegeben. Jes 32,7 weist deutliche Parallelen zu Ps 10,2.7-11 auf.[8] Für den damaligen „Leser", dem diese Zusammenhänge geläufig waren, könnte dies den Bezug zu Ps 11,1f hergestellt haben, welcher in Z. 7f zitiert wird.

---

[1] Siehe J. Strugnell 241; um etwa 2 ZE zu kurz; sicher ist lediglich עת המצ[רף הבאה על...]; zur Verbindung von הבאה הימים und עת המצרף הימים siehe z.B. auch Kol. III,19-IV,1. J. M. Allegros Ergänzung (מצרף הבאה ואחרי) , 68, ist zu kurz.

[2] In Kol. III,13 allerdings wahrscheinlich im Hiphil.

[3] Vergleiche J. M. Allegro 68; siehe auch Z. 1.

[4] Vergleiche z.B. Kol. IX,13 und III,16.

[5] Es existiert keine biblische Parallele zu תורת ההון. Zum Auslegungsbeginn mit כיא vergleiche 1QpHab IX,7.

[6] Konstruktus-Formen mit תורה im Sinne von „Gesetz/Thora" sind in Qumrantexten hauptsächlich תורת משה (z.B. 1QS V,8; CD XV,2.9.12) und תורת אל (z.B. 1QpHab I,11). Doch scheint es sich in Z. 5 um negative Weisungen der Gegner zu handeln, vergleiche den Kontext der Stelle.

[7] Siehe J. Strugnell 241; diese Ergänzung füllt genau die Lücke zwischen Frg. 5 und 6 und stimmt formal, siehe oben. J. M. Allegros Ergänzung der Zitationsformel (כאשר אמר הוא זמות), 69, ist zu kurz.

[8] Vor allem thematische Ähnlichkeit, doch vergleiche auch das Vokabular: Jes 32,7 זמות und Ps 10,2 במזמות; Jes 32,7 עניים und Ps 10,9 עני (2x), die letzte Übereinstimmung ist noch deutlicher, berücksichtigt man den 1QJes[a]-Text, der hier עניים liest; wurde vielleicht nach 1QJes[a] zitiert?

**Z. 7** Zu Beginn der Zeile muß Jes 32,7c ergänzt werden (siehe oben Z. 6). Das erste Wort auf Frg. 5,7 ist in seiner Lesung umstritten, da das Leder an dieser Stelle leicht zerstört ist. J. M. Allegro liest להלעין, J. Strugnell dagegen vermutet להלצון im Hinblick auf die Auslegung von Jes 32,7.[1] Letzteres scheint passender und auch paläographisch möglich. הלצון את ישראל ist dann der erhaltene Rest der Deutung, die auf das Zitat von Jes 32,7 gefolgt sein muß. Zu denken ist dann sicher an den איש הלצון von CD I,14[2] beziehungsweise die אנשי הלצון von CD XX,11.[3] J. Strugnells Ergänzungsbeispiel ישרא]ל ולכלוחם בכול ימי ממשלת בליעל למנצח] לדויד stellt formal eine gute Möglichkeit für die Fortführung der Auslegung dar, ist aber wahrscheinlich etwas zu lang.[4] An die Interpretation schließt sich die Wiedergabe von Ps 11,1a an.[5] Diese endet genau mit dem Zeilenschluß.

**Z. 8** Ps 11,2 ist hier zitiert worden. Ein Teilstück davon findet sich auf Frg. 5. E. Puech hat bemerkt, daß ursprünglich wahrscheinlich ויכננו geschrieben und das zweite נ dann „ausradiert" worden ist.[6] Die Lesung ויכנו statt des masoretischen כוננו entspricht der Peshitta, חצים entspricht der LXX-Lesung, während der MT חצם liest. Zuvor muß, einsetzend vermutlich genau bei Zeilenanfang, der Beginn von Ps 11,2 gestanden haben, dessen Ende in der Lücke zwischen Frg. 5 und 6 zu ergänzen ist. So ergibt sich für das gesamte Zitat folgendes: Wiedergegeben wurde der erste Teil von Ps 11,1, an diesen schloß sich direkt Ps 11,2 an.[7] Von einem anderen Befund gehen allerdings J. M. Allegro und J. Strugnell aus.[8] Beide vermuten, daß Ps 11,1 vollständig wiedergegeben worden ist. Die Kolumnenbreite würde so etwa 20,5 cm betragen. Diese Annahme läßt sich zwar durch die materielle Rekonstruktion nicht widerlegen,[9] ist jedoch auch

---

[1] Siehe J. M. Allegro 69 und J. Strugnell 242.

[2] Vergleiche auch die Parallele zwischen הלצון und ההוללים (Z. 1). Der איש הלצון von CD I,14 (vergleiche auch den Israel-Bezug dieser Stelle) entspricht dem איש הכזב (z.B. 1QpHab V,11) bzw. מטיף הכזב (1QpHab X,9).

[3] Zu den אנשי הלצון – den „Anhängern" des איש הלצון – vergleiche auch 4QpJes<sup>b</sup> 2,6.10. Vergleiche Z. 3 Ende.

[4] Siehe J. Strugnell 241. J. M. Allegros Ergänzung (ישרא]ל למנצח] לדויד), 69, ist zu kurz.

[5] Sicherlich ohne zusätzliche Zitateinleitung, da sonst die vorausgehende Auslegung sehr kurz wäre. Näheres zu Ps 11,1f siehe zu Z. 8.

[6] Persönlicher Hinweis von E. Puech.

[7] Vermutlich wird Ps 11,2 vollständig zitiert. (J. M. Allegro ergänzt nur Ps 11,2a in der Lücke; dies ist deutlich zu kurz.) Für die Lücke zwischen Frg. 5 und 6 würde dies allerdings bedeuten, daß etwa 6 ZE mehr als sonst üblich darin Platz gefunden haben müßten; wurde also eine verkürzte Version wiedergegeben? Zur Ergänzung der Lücke siehe auch unten und J. Strugnell 241.

[8] J. M. Allegro 69; J. Strugnell 242 (zu Z. 9).

[9] Wegen des Fehlens eines rechten Nachbarn von Frg. 5.

nicht zwingend notwendig. Für die These, daß lediglich Ps 11,1a, nicht auch der zweite Versteil zitiert worden ist, das heißt für eine geringere Kolumnenbreite, spricht besonders folgende Beobachtung: Spielt man die verschiedenen Möglichkeiten der Zitatergänzung für Ps 11,1f (Z. 7.8) in Bezug auf die Vollständigkeit durch, so ragt eine hervor: Die Kolumnenbreite würde bei einem Zitat von Ps 11,1a.2 genau 15 cm ergeben. Dies ist die Breite, die sich für die reguläre Kol. X und XI durch die Rekonstruktion herausgestellt hatte.[1] Bei einem solchen unvollständigen Zitat würde es sich nicht um eine Ausnahme handeln, sondern eine teilweise Wiedergabe von Schriftzitaten ist häufig belegt.[2] Zudem scheint es, als wäre der zweite Versteil von Ps 11,1 bewußt ausgespart worden, um mit seiner Hilfe die Interpretation des übrigen Zitates vorzunehmen. Betrachtet man das Ende der Z. 8 und den Beginn von Z. 9, so finden sich hier zwei Begriffe aus dem nicht-zitierten Ps 11,1b, nämlich ינודו (Z. 8) und (כ)צפור (Z. 9). Sie gehören eindeutig dem Pescher an, dessen Einleitungsformel am Schluß der Lücke zwischen Frg. 5 und 6 (Z. 8) zu ergänzen ist.[3] Zwar ist es möglich, daß direkt im Anschluß an die Pescherformel ein einzelnes Wort des Zitates aufgenommen wird, doch ist dies selten der Fall.[4] Zudem handelt es sich dann stets um Begriffe, die keiner Übertragung mehr bedürfen.[5] Auch werden dabei niemals, wie es hier der Fall wäre, zwei Wörter zur einer derartigen Interpretation hinzugezogen.[6]

**Z. 9** Die bereits in Z. 8 beginnende Auslegung des Psalmzitates wird in Z. 9 fortgesetzt. Zu Beginn dieser Zeile – eventuell auch schon am Ende von Z. 8 – muß die nähere Bestimmung der אנשי ergänzt werden. Zuvor erfährt man über sie, daß sie „fliehen" (ינודו),[7] im Verlauf von Z. 9

---

[1] Die Kolumnenbreite von ≈ 20,5 cm, die sich durch eine Ergänzung des vollständigen Psalms ergeben würde, fiele aus dem Rahmen. Sie ließe sich nicht wie z.B. die variierende Breite der Nahtrandkolumne IX erklären. Eine Abweichung von der regulären Breite ist zwar häufig auch bei „normalen" Kolumnen in Qumranhandschriften zu beobachten, jedoch nicht in diesem Umfang.

[2] Siehe z.B. Kol. XI,7, IV,10f, vergleiche z.B. auch 1QS VIII,7f.

[3] פשרו אשר siehe auch J. Strugnell 241.

[4] Dieses findet sich z.B. in Kol. III,18f und 1QpHab XII,12f (nicht zu verwechseln ist dies mit einer anderen, häufigen Form der Auslegung, die – eingeleitet durch ein Personalpronomen – einzelne Begriffe aus dem Zitat aufgreift und auslegt).

[5] Z. B. נויים in Kol. III,18f, פסל in 1QpHab XII,12f, vergleiche dagegen das bildliche צפור hier in Kol. VIII,9.

[6] Für die „längere Lösung" spräche der „schlechte Rat", der in Ps 11,1b gegeben wird und der die Verbindung zu Mi 2,10f herstellen würde. Vielleicht wurde dies aber von den damaligen Hörern/Lesern assoziiert, ohne daß es zitiert werden mußte.

[7] Die Übersetzung von ינודו ist nicht ganz sicher: Vom Kontext her nahezu auszuschließen ist ein futurisches Verständnis; so wäre entweder „sie flohen" (Imperfekt) oder aber „(wieder und wieder) fliehen" zu übersetzen (Letzteres gemäß D. Michels (1960),

kommt eine weitere Charakterisierung hinzu, nämlich כצפור „wie ein Vogel". Beide Begriffe entstammen, wie oben erwähnt, dem Zusammenhang von Ps 11,1f. Hier sind es die, „die aufrichtigen Herzens sind", welche verfolgt werden.

Demnach könnte אנשי als Teil einer Gemeindebezeichnung aufgefaßt werden, nicht ganz auszuschließen ist aber auch, daß lediglich auf eine bestimmte Gruppe innerhalb der Gemeinde Bezug genommen wird.[1]

In der Lücke zwischen Frg. 5 und 6 ergänzt J. Strugnell[2] die Fortsetzung des Peschers und den Beginn der Zitationsformel, von der ein Bruchstück eindeutig auf Frg. 6 erhalten ist, folgendermaßen:

ונל]ה מארצו והמה vac. אשר כתוב עליה]ם בספר.

מארצו ist als letztes Wort des Peschers denkbar, die Einleitungsformel ist sicher.[3] Gemäß der Rekonstruktion wäre dann eine kleine Lücke von etwa 4 ZE zwischen dem Pescherende und dem Neueinsatz zu erwarten. Gleiches läßt sich z.B. in Kol. XII,12 beobachten. Solche Freiplätze sind auch in Kol. X,6 belegt, hier werden Zitat und Pescher voneinander abgehoben. Die gleiche Funktion hat vermutlich das supralineare Kreuz in Kol. XI,13. In Bezug auf das von ihm vermutete Micha-Zitat in der folgenden Zeile, schlägt J. Strugnell vor, am Ende בספר ה]נביאים zu ergänzen.[4]

**Z. 10** Die Lesung dieser Zeile ist erschwert durch einen horizontalen Bruch auf Frg. 5 – besonders auf der linken Hälfte – und die untere Bruchkante von Frg. 6, die durch diese Zeile verläuft. Hinzu kommt Frg. 8. Zu lesen ist wohl בעבור טמאה תחבל וחבל נמרּ?]ץ לה איש הולך רו[ח ושקר כזב ... והיה מ]טּף העם היא[.[5] Dabei sind רו, טּף und הע unsicher.[6] Wie J. Strugnell herausgefunden hat, wird diese Lesung der Zeile gestützt durch die Parallele Mi 2,10f. Für die Abweichungen vom MT, die der erhaltene Textbestand bietet, lassen sich jeweils Parallelbelege finden.[7]

---

176 und öfter, Feststellung bezüglich der Tempora in den Psalmen, daß das Imperfekt zum Ausdruck sich wiederholender Handlungen verwendet werden kann.).

[1] Dann etwa diejenigen, die vom „Lügenmann" zum Austritt aus der Gemeinde bewegt worden sind? Vgl. aber Kol. XI,14?

[2] Siehe J. Strugnell 242.

[3] Vergleiche Kol. III,16 und X,7.

[4] Siehe J. Strugnell 242; denkbar wäre z.B. auch die Ergänzung בספר ה]ושע הנביא, welche J. Strugnell, am angegebenen Ort, selbst nicht ausschließt; dies wäre dann eine fälschliche Zuschreibung des folgenden Micha-Zitates an Hosea.

[5] Vergleiche J. Strugnell 242 und 244.

[6] Von ר und ו ebenso wie von ט und ף (Frg. 8) ist nur der untere Teil, dagegen von ה und ע nur Reste vom oberen Buchstabenrand erhalten; zu ף am Wortschluß vergleiche z.B. Z. 13; J. M. Allegros Lesung י]לל, 69, berücksichtigt einen senkrechten Tintenstrich zu wenig (vermutlich den ersten, welcher zu ה gehört); statt ר liest J. M. Allegro ד.

[7] Siehe J. Strugnell 242: Pleneschreibung von הולך (30 Kennicott-Manuskripte), נמרּץ לה (analoge Konstruktion in der Peshitta), העם ohne הזה (1 Kennicott-Manuskript).

Dafür, daß es sich trotz aller Varianten tatsächlich um die Wiedergabe
von Mi 2,10f handelt, spricht zudem der Kontext. Gemäß der Breite dieser Kolumne, die J. Strugnell durch das Zitat von Ps 11,1.2 festgelegt
sieht, ergänzt er *vollständig* Mi 2,10.11.[1] Diese Wiedergabe würde dann
mit dem Anfang von Z. 10 begonnen haben; nach J. Strugnells Ergänzung
betrüge die Kolumnenbreite allerdings etwa 20,5 cm. Bedenkt man aber
die Möglichkeit, daß auch *unvollständig* zitiert werden kann und berücksichtigt die zu erwartende Kolumnenbreite von 15 cm, welche sich durch
ein Zitat von lediglich Ps 11.1a.2 (Z. 7f) ergeben würde, dann zeigt sich
ein leicht abweichendes Bild. Es wäre dann davon auszugehen, daß Mi
2,10.11 nicht von Beginn an wiedergegeben worden ist, sondern sich an
die Einleitungsformel (Z. 9 Ende) direkt mit dem Anfang der Z. 10 Mi
2,10b.11 angeschlossen hat. So ist der Text in der Transkription wiedergegeben. Dieses entspricht exakt dem rechten Rand bei einer Kolumnenbreite von 15 cm.[2] V. 11 wird dabei – wie auch der erhaltene Text erwarten läßt – leicht abweichend vom MT wiedergegeben worden sein, da eine
vollständige Ergänzung zwischen Frg. 5 und 6 + 8 etwas zu lang wäre.[3]
Wie das Zitat in der Lücke zu ergänzen ist, ist daher unsicher.
Wahrscheinlich leitet הי]א am Ende der Zeile die Auslegung des Zitates
ein;[4] zu ergänzen wäre dann z.B.

עת /(Z. 11) המצרף הבאה על אנשי היחד כ[אשר כתוב ]עת/ הי]א.[5]

**Z. 11**　Zum Beginn der Zeile siehe zu Z. 10. In der Lücke zwischen
Frg. 5 und nun Frg. 8, die sich ab Z. 11 auf etwa 4,7 cm (≈ 26 ZE) ver-
kleinert, ist die Einleitungsformel fortzusetzen. Daran müßte sich ein
Zitat angeschlossen haben, das in diesem Zwischenraum beginnt. Aufgrund der כתוב-Formel ist darauf zu schließen, daß es sich um ein kurzes

---

[1] Siehe J. Strugnell 242, und siehe – auch zum folgenden – zu Z. 7.8.

[2] Die Ergänzung von Mi 2.10b (siehe Transkription) entspricht genau dem Abstand
zwischen rechtem Kolumnenrand und Textbeginn (24 ZE, siehe oben). Einzuwenden
wäre, daß gerade der dann nichtzitierte Versteil Mi 2,10a (קומו ולכו כי לא זאת המנוחה)
eine recht gute Verbindung zum vorausgehenden Textzusammenhang schaffen würde.
Vielleicht war das aber lediglich der Grund für die „Zusammenstellung" der Zitate, vielleicht wurde V.10a auch in der Interpretation verwendet.

[3] Zu den Abweichungen vom MT siehe oben. Die vollständige Ergänzung wäre um
etwa 5 ZE zu lang, in der Transkription ist deshalb der besonders unsichere Teil
אטף לך ליין ולשכר („Predigen will ich dir von Wein und Rauschtrank") weggelassen,
was aber nicht heißt, daß er nicht in irgendeiner Weise in der Lücke wiedergegeben worden ist. Übersetzung des schwierigen Verses Mi 2,10b mit H. W. Wolff (1982) 38.

[4] Vergleiche z.B. Kol. XI,13 (היא עת עגות); gleichzeitig kann dies als Beginn der Zitationsformel (Z. 11) betrachtet werden, vergleiche Kol. X,16.

[5] Dies würde einer Kolumnenbreite von 15 cm gut entsprechen; zur Ergänzung vergleiche z.B. Z. 1.

Zitat handelte, welches nicht dem Psalter angehört.[1] Zu ] ֿ ד ערומי[ findet sich keine vergleichbare Stelle im AT, so ist davon auszugehen, daß es wahrscheinlich bereits zur Interpretation gehört.[2] Welches Zitat vorausging, läßt sich nicht mehr ergründen.

**Z. 12**  Zu Beginn der Zeile hat vermutlich die Fortsetzung der Auslegung des Schriftzitates von Z. 11 gestanden. Zwischen Auslegungsende und dem Anfang der Wiedergabe von Ps 12,1f (...למנצח על) besteht ein Freiraum von etwa 3 ZE.[3] Daß Ps 12,1a ergänzt werden muß,[4] ergibt sich aus der folgenden Z. 13, die den Begriff השמינית, der sich in Ps 12,1 findet, innerhalb der Deutung aufnimmt. Nicht klar aber ist, was danach in der Lücke folgt. Zu denken wäre z.B. an:

[למנצח על ה]שמינית מזמור לדויד הושיעה יהוה] (Ps 12,1.2aα), so J. T. Milik (1972)[5] oder aber

למנצח על ה]שמינית הושיעה יהוה כיא נמר חסיד], also eine Wiedergabe von Ps 12,1a.2a.[6] Direkt im Anschluß daran findet sich der Beginn von Jes 27,11b. Am Ende der erhaltenen Zeile ist entgegen J. M. Allegro,[7] der hier מ liest, mit großer Wahrscheinlichkeit כ zu lesen. Zu ergänzen ist mit J. T. Milik (1972): (Jes 27,11bα) הוא (Z. 13)/בי]נות (Z. 12) [כיא לוא עם.[8] Es liegt hier also eine Zitatverbindung von Ps 12,1.2aα beziehungsweise Ps 12,1a.2a und Jes 27,11b vor.[9]

**Z. 13**  Vielleicht ist zu Beginn der Ziele im Anschluß an Jes 27,11bα Jes 27,11bβ zu ergänzen

---

[1] Siehe unten Teil II,3.4.

[2] Eine Übersetzung von ערומי ist nicht eindeutig möglich, doch im vorliegenden Kontext ist sicher an ערם in der Bedeutung von „listig" oder „klug" zu denken.

[3] Wahrscheinlich hat dieser Freiplatz die gleiche Funktion wie die Kreuzzeichen in und über dem Text (siehe z.B. Kol. XI,13). Auslegung und Zitat sollen deutlich voneinander getrennt werden. Es scheint sich nicht um die Kennzeichnung eines neuen Sinnabschnittes zu handeln. Das letzte Wort vor dem Freiraum wurde durch Punkte über und unter ד und einem Punkt über ו getilgt. Zu solchen Tilgungspunkten vergleiche z.B. Kol. X,15. Zur Schwierigkeit der Übersetzung von למנצח (siehe auch Z. 7) siehe die einschlägigen Kommentare zum Psalm.

[4] Und nicht etwa Ps 8,1 (למנצח על הנתית).

[5] J. T. Milik (1972) 133.

[6] Beide Ergänzungen könnten ein wenig zu lang sein (etwa 30 ZE statt ca. 26 zu erwartenden ZE, siehe oben); doch scheint sich gleichzeitig die Schrift etwas zu verkleinern, siehe vor allem die nachfolgenden Zeilen, z.B. Z. 13: 18 ZE auf 2,3 cm.

[7] Siehe J. M. Allegro 70.

[8] J. T. Milik (1972) 133 (allerdings unter Annahme einer anderen Zeilenaufteilung).

[9] Vergleiche Kol. X,2 (Dtn 7,15 und Ps 16,3); die Kombination der Zitate Ps 12,1a(2a) + Jes 27,11b könnte neben der inhaltlichen Verbindung formal durch כיא begründet sein, welches sich in beiden Zitaten findet. Letzteres könnte aber auch ein Grund dafür sein, die Substitution von Ps 12,2aβ durch Jes 27,11b anzunehmen, siehe J. T. Miliks (1972) Lesung und Ergänzung von Ps 12,1.2aα + Jes 27,11b (letzterer Teil ist von J. T. Milik nicht als Zitat gekennzeichnet).

(עם בֹּ[ינות (Z. 13) / הוֹא על כן לוֹא ירדחמנו עשהוֹ]) ... (Z. 12)). Die Lücke zwischen Zeilen- und Textbeginn wäre dann exakt ausgefüllt, nimmt man
eine Kolumnenbreite von 15 cm an. Doch bleibt die Ergänzung spekulativ. Der Anfang der Auslegung ist auf Frg. 5 erhalten.[1] Dabei wird, unter
Zuhilfenahme des Personalpronomens המה, das Wort השמינית aus dem
zuvor zitierten Psalm aufgenommen.[2] Wahrscheinlich gehört auch der auf
Frg. 8 erhaltene Textbestand zur gleichen Deutung.[3] Zu lesen ist hier mit
J. T. Milik (1972): ספֹ[ חסד ספֹ. Beim ersten פ handelt es sich nicht um
ein ף, wie J. M. Allegro es liest.[4] Die Lesung חסד ist eindeutig.[5] Wahrscheinlich nimmt חסד ebenso einen Begriff des Psalms auf, nämlich חסיד
aus Ps 12,2aβ; gleiches gilt für ספו, welches die LXX (ὠλιγώθησαν), Versio Syriaca und Targum anstelle von פסו MT in Ps 12,2b lesen.

**Z. 14**   א[ין שלום könnte das Ende eines Zitates darstellen. Jer 6,14,
8,11, oder Ez 13,10.16 kämen dafür in Frage. Alle vier Stellen, die in
ihrer Aussage sehr ähnlich sind, enden mit ואין שלום und würden inhaltlich gut in den Kontext der Kol. VIII passen.[6] Welche Stelle zitiert wurde
und in welchem Umfang, läßt sich wohl nicht mehr rekonstruieren. Sieht
man in א[ין שלום das Zitatende, so muß אשר המה die Deutung eingeleitet
haben.[7] Eine Fortsetzung der Zeile wäre z.B. folgendermaßen denkbar:[8]

---

[1] J. T. Milik (1972), 133, ist in seiner Ergänzung von einer abweichenden Zeilenaufteilung und Fragmentabständen ausgegangen, als dies nun die materielle Rekonstruktion
nahelegt. So ist die von ihm auf etwa 50 ZE angenommene Lücke, die er folgendermaßen
ergänzte, zu lang (um etwa 20 ZE): ... עם בֹ[ינות הוא ... ומנצח הוא ... והשמינית] המה העונה ...

[2] J. Strugnell, 242, vermutete eine eventuelle Herkunft des Wortes עונה von der Wurzel עונה „singen", vergleiche Ps 12,1a. Siehe J. T. Milik (1972) 132f. Vgl. Hen 91, 12f?

[3] Die von J. T. Milik (1972), 133, vorgeschlagene Ergänzung der Auslegung durch
den Rest von Ps 12,2 (V.2aβ-Schluß
... השמינית] "כיא גמר חסד כיא ספו אמונים מבני אדם" [סף ...) dürfte in dieser Weise etwas
lang sein. Vielleicht wurde aber eine abweichende Lesung, die um einige ZE kürzer ist,
wiedergegeben. Ungewöhnlich wäre allerdings die starke Verflechtung von Zitat und
Auslegung.

[4] Siehe J. M. Allegro 70.

[5] So auch J. T. Milik (1972) 133. J. M. Allegros Lesung ההר, 70, ist paläographisch
nicht möglich; J. Strugnell liest חמד bzw. חסד, 244; der zweite Buchstabe des Wortes ähnelt zwar einem ם (siehe J. Strugnells חמד), doch liegt hier eine der beiden in 4Q177
üblichen Schreibweisen für ס vor, siehe Frg. 6,9. Die andere Schreibung von ס ist
häufiger und findet sich z.B. gleich zu Beginn des auf חסד folgenden Wortes (ספֹ[ו).

[6] Es ist allerdings auch nicht ganz auszuschließen, daß es sich bei א[ין שלום um den
Teil einer Auslegung handelt.

[7] Eine Einleitung der Deutung durch אשר + Pers. pron. ist unüblich, doch durchaus
denkbar (zur Einleitung der Auslegung durch אשר siehe z.B. Kol. III,7). Oder אשר המה
ist Teil innerhalb einer Deutung, siehe oben.

[8] Vergleiche 4QpNah II,2; die דורשי חלקות werden auch in Kol. IX,12 erwähnt. Die
vorgeschlagene Ergänzung würde die gesamte Zeile ausfüllen.

אשר המה דו]רשי חלקות לאחרית הימים אשר בכחש ושקרים יתהלכו]. Die Lesung von ו ist nicht ganz sicher.

**Z. 15** Wahrscheinlich ist zu Beginn der Zeile eine Zitationsformel zu
ergänzen, die die Wiedergabe von Jes 22,13b einleitet. Zu lesen wäre
etwa:[1] [כאשר כתוב בספר ישעיה הנביא]. Ebenso könnte aber auch Jes 22,13a
vorausgegangen sein. Die Einleitungsformel wäre dann am Ende von
Z. 14 zu erwarten. Jes 22,13b wird gemäß dem MT zitiert, die Pleneschreibung der Wörter הרוג, ושחוט und צואן weicht dabei vom MT ab.[2]
Vielleicht ist nach Jes 22,13b auch V.13c (אכול ושתו כיא מחר נמות) zitiert
worden, doch dies läßt sich nicht belegen.

An dieser Stelle ist zu überlegen, ob nicht der Rekonstruktion ein weiteres Fragment hinzugefügt werden kann. Auf **Frg. 17,3** findet sich das
Wort [שׁחות,[3] welches in Z. 15 als Bestandteil von Jes 22,13b sicher zu
ergänzen ist. Gehört also Frg. 17 links neben Frg. 5? Zwar stimmen die
Zeilenabstände und die Lederfarbe beider Fragment gut überein, jedoch
ist das Leder von Frg. 17 dünner als das von Frg. 5. Auch findet sich bei
der materiellen Rekonstruktion kein „Gegenstück" zu Frg. 17, welches
dann links neben und etwas unterhalb von Frg. 8 zu erwarten wäre. Ein
weiteres Problem bei einer derartigen Zuordnung würde sich daraus ergeben, daß nach der dritten Zeile von Frg. 17 scheinbar eine Vacatzeile folgt
oder aber unterer Kolumnenrand. Dies würde bedeuten, daß Z. 16 nur zu
Beginn Text enthält und die Auslegung, die sich hier findet, etwa nach der
Mitte der Zeile beendet ist. Da Kol. IX,1 mit einem Zitat beginnt, wäre
eine solche halbe Vacatzeile am Schluß der vorausgehenden Kolumne
denkbar. Doch lassen sich in 4Q177 keine Parallelen finden. Möglich wäre
allerdings auch, daß es sich um ein „kleineres" Vacat von ein paar Zeichen handelt, welches die Auslegung von einer folgenden Zitationsformel
abgrenzte.[4] Vorsicht ist aber bei einer solchen Zuordnung geboten.

**Z. 16** Der erhaltene Textbestand ist der Rest einer Auslegung, die
auf das Zitat von Jes 22,13 folgte. התורה könnte ebenso mit „das Gesetz"
übersetzt werden. Unklar ist die Übersetzung von עושי היחד, welches von
J. M. Allegro, 69, mit „those who institute the community" wiedergeben wird. J. Strugnell (1970), 242, zweifelt an der Richtigkeit dieses Ver-

---

[1] Vergleiche z.B. Kol. IX,13.

[2] Diese Pleneschreibung findet sich in 7 Kennicott-Manuskripten, siehe J. Strugnell
242.

[3] Mit J. Strugnell, 246, שחות; J. M. Allegro, 63, liest אוחות. J. Strugnell selbst, 246,
weist auf den inhaltlichen Bezug von Frg. 17,3 zu Frg. 5,15 hin, entscheidet sich dann
aber aufgrund der materiellen Schwierigkeiten gegen eine solche Plazierung.

[4] Einleitungsformel zu Ps 12,7 (Kol. IX,1), vergleiche z.B. Kol. XI,7; zu einem solchen Freiraum vergleiche z.B. Z. 12.

ständnisses von עושי היחד. Ein Parallelbeleg für diesen ungewöhnlichen
Ausdruck läßt sich nicht finden. Auf seine Untersuchung von 1967 zu
einem ähnlichen Befund in 1QS VIII,3-4 hinweisend, fragt J. Strugnell
(1970), ob hinter עושי nicht ein Verb עשה oder עוש „troubler" stehen
könnte.[1] Eine Übersetzung von עושי היחד etwa durch „die, welche die Gemeinschaft bedrücken" würde nicht schlecht in den Kontext der Kolumne
passen, allerdings läßt sich die Existenz einer solchen Verbform in den
Qumrantexten nicht nachweisen.[2]

## Kol. IX

Die **Frg. 11, 10, 26, 9, 20 und 7** bilden den erhaltenen Bestand dieser Kolumne. Alle 16 Zeilen enthalten Reste von Text. Dabei sind die Z. 1-7 allein durch das Nahtrandfragment 11 repräsentiert, so daß von diesen nur
jeweils das letzte Zeilendrittel bekannt ist. Die materielle Rekonstruktion
ergab für Kol. IX eine Breite von 11,7 cm. Diese wird durch das Zitat von
Ps 13,2f in Z. 8.9 bestätigt. Für die Z. 1-7 bedeutet dies einen Abstand
zwischen Zeilenbeginn und Beginn des erhaltenen Textes von ca. 8,1 cm,
welches etwa 46 ZE entspricht.[3]

**Z. 1**   Kol. IX beginnt mit dem Zitat von Ps 12,7, dessen Schluß sich
auf Frg. 11 findet. Der Umfang der Lücke zwischen Zeilenbeginn und
Einsetzen des erhaltenen Textes entspricht genau dem fehlenden Psalm-
teil.[4] So ist zu vermuten, daß Ps 12,7 vollständig und von Zeilenbeginn an
zitiert wurde.[5] Direkt im Anschluß an die Wiedergabe von Ps 12,7 folgt
eine Zitationsformel, beginnend mit dem häufig anzutreffenden כאשר
כתוב.

**Z. 2**   Die in Z. 1 einsetzende Zitationsformel muß zu Anfang von Z. 2
fortgesetzt werden. Sicher ist sie auf die folgende Wiedergabe von Sach
3,9 zu beziehen.[6] Hier liegt erstmalig in 4Q177 eine Konstruktion vor, bei

---

[1]  Siehe J. Strugnell (1967), 580-582.
[2]  Vergleiche עשה II, W. Gesenius (1962), 624, „pressen", siehe auch im Neuhebräi-
schen.
[3]  Der Abstand variiert leicht von Zeile zu Zeile, da der rechte Rand von Frg. 11 nicht
ganz gleichmäßig verläuft. Entsprechendes gilt dann für die Anzahl der ZE, sie ist hier
für die erste Zeile berechnet und kann in den folgenden Zeilen leicht abweichen; auch
die Schrift ist nicht immer völlig regelmäßig.
[4]  Von Ps 12,7 fehlen die ersten 46 ZE, dies entspricht exakt dem zur Verfügung stehenden Platz von 8,1 cm. J. M. Allegro, 70, ergänzt ebenfalls Ps 12,7.
[5]  Über die Lesart kann nur spekuliert werden, da der erhaltene Text sehr kurz ist.
Anzunehmen wäre, daß der MT gelesen wurde, da dieser von der Länge genau passen
würde.
[6]  Es ist sehr unwahrscheinlich, daß sich diese Formel gleichsam ausleitend auf den

der ein Zitat (Ps 12,7) mit Hilfe eines anderen (Sach 3,9) ausgelegt wird. Die Kombination beider Schriftstellen liegt in der Verwendung der Zahl „Sieben" begründet, welche sowohl in Ps 12,7 (שבעתים) als auch in Sach 3,9 (שבעה) eine Rolle spielt. Die Wiedergabe von Sach 3,9 ist zu lesen:[1] מפותחת פתוחה נואם יהוה. Für die Lesung des ersten ח spricht nicht nur die Parallelstelle, sondern auch der erhaltene Schriftrest an sich.[2] Etliche Abweichungen vom MT sind festzustellen.[3] Bei einem derartig veränderten Zitat lassen sich nur Vermutungen darüber anstellen, was zuvor wiedergegeben worden ist. Daß aber dem Zitat von Sach 3,9bβ ein weiterer Teil dieser Schriftstelle vorausgegangen sein muß, zeigt deutlich die formale Gliederung der ersten zwei Zeilen. Wahrscheinlich ist Z. 2 etwa folgendermaßen zu ergänzen:

כאשר כתוב (Z. 1) /[זכריה הנביא

על אבן אחד שבעה עינים הני מפ[תחת וני]. Danach wäre in Z. 2 der gesamte Versteil Sach 3,9b wiedergegeben worden. Diese Ergänzung (47 ZE) füllt gut den zur Verfügung stehenden Platz von etwa 8,1 cm aus.[4] Mit großer Wahrscheinlichkeit leitet אשר am Schluß der Zeile die Auslegung des Sacharia-Zitates ein.[5] Es handelt sich hier also genau genommen um eine doppelte Interpretation: Ps 12,7 (Z. 1) wird gedeutet durch Sach 3,9 (Z. 2), und Sach 3,9 erfährt eine weitere Auslegung (Z. 2f).

**Z. 3** Der Wortlaut dieser Auslegung, die zu Beginn von Z. 3 zu ergänzen ist, läßt sich nicht mehr rekonstruieren. Die Deutung wird bis zum Beginn der Einleitungsformel gereicht haben, die sich auf Frg. 11,3 findet. Diese Zitationsformel (אשר עליהם כתו(ב)) ist im Vergleich zu dem bisherigen Befund innerhalb der Handschrift insofern auffällig, als daß nicht die Quelle genannt wird, aus der zitiert wird.[6] Mögliche Gründe dafür wären, daß es sich um ein Gedächtniszitat handelt, oder aber dem Verfasser von 4Q177 war die genaue biblische Herkunft des Zitates unbe-

---

vorausgegangenen Psalm bezieht. Für eine nachgestellte Zitationsformel gibt es im Text keine Parallelbefunde. Zur Lesung der Formel vergleiche z.B. Z. 13.

[1] Vergleiche J. M. Allegro, 70, und J. Strugnell 244.

[2] Der obere, linke Buchstabenteil ist erhalten; die Strichführung weist eindeutig auf ein ח hin.

[3] מפותחת פתוחה statt MT מפתח פתחה; פתוחה in 57 Kennicott-Manuskripten, siehe J. Strugnell 244; Pleneschreibung von נאם; Weglassen von צבאות am Ende.

[4] Für die Vermutung, daß also zuvor Sach 3,9bα zitiert wurde, spricht שבעה, durch welches die Verbindung zu Ps 12,7 hergestellt wird. Doch ist über die genaue Lesung nur zu spekulieren, da der erhaltene Text relativ stark vom MT (nach welchem in der Transkription ergänzt wurde) abweicht.

[5] Zur Einleitung der Interpretation durch אשר siehe z.B. Kol. III,7.

[6] Ansonsten בספר ... הנביא; eine vergleichbare Zitationsformeln, in der eine Quellenangabe ebenso fehlt, findet sich aber in Kol. III,12.

kannt.[1] Denkbar wäre, daß dem Autor von 4Q177 eine Zitatensammlung oder eine ähnliche sekundäre Quelle[2] vorgelegen hat, die dieses Zitat ohne Verfasserangabe aufführte. Nirgendwo im hebräischen AT findet sich ורפאתי את.[3] Die Möglichkeit eines Zitates von 2Chr 7,14 (Schluß)[4] ist nahezu auszuschließen, da in Qumrantexten nie explizit aus den Chronikbüchern zitiert wird. ורפאתי את weist andererseits gewisse Ähnlichkeiten zur LXX-Lesung von Jes 6,10 auf. Der letzte Versteil lautet hier καὶ ἰάσομαι αὐτούς.[5] Z. 3f wäre dann sinngemäß etwa folgendermaßen zu ergänzen:

(Z. 3) ... / (Z. 4) ורפאתי את / המה כיא המה אנשי גורל אל
...[6] אשר יזקקץ לעד ויטמא/ויכלה כ]ול אנשי בליעל

Allerdings ist Jes 6,10 eingebettet in den Kontext des Gesamtverses und erhält von daher seine Bedeutung.[7] Die vorhandene Einleitungsformel ((כ)אשר עליהם כתוב) macht es sehr wahrscheinlich, daß es sich hier um ein echtes („kanonisches") Schriftzitat und nicht um ein „apokryphes" Zitat handelt.

**Z. 4** Zu Beginn der Zeile ist die Fortsetzung des Zitates zu ergänzen; darauf muß die Interpretation gefolgt sein, deren Rest sich auf Frg. 11,4 findet. In Analogie zu וכול האספסוף kann zu Anfang des erhaltenen Textes vermutlich כ]ול אנשי בליעל gelesen werden. Die Lesung von ו ist wahrscheinlich, aber nicht sicher.[8] Das hier verwendete Wort האספסוף findet

---

[1] Möglich, allerdings ziemlich unwahrscheinlich wäre auch, daß die wiedergegebene Schriftstelle sehr gebräuchlich und somit „jederman" geläufig war, daher auch ihre *Zuordnung* als allgemein bekannt vorausgesetzt werden konnte. Zu einem unklaren „Zitat" trotz Zitationsformel vergleiche im NT z.B. 1Kor 9,10.

[2] Näheres siehe unten in Teil II,3.2.

[3] Daß es sich bei ורפאתי את um den Beginn eines Zitates handelt – sich auch die Zitationsformel also nicht etwa auf ein möglicherweise vorausgehendes Zitat bezieht –, kann als sicher vorausgesetzt werden. Nirgendwo in den Auslegungsteilen der Handschrift finden sich Verben in der 1. Pers. sg. Auch J. M. Allegro, 71, sieht in ורפאתי את einen Zitatbeginn, vergleiche J. Strugnell 244; nachgestellte Zitationsformeln sind im Text nicht nachzuweisen.

[4] Vergleiche auch den Kontext.

[5] MT liest ורפא לו.

[6] „‚Und ich heile sie.' Denn sie sind die Männer des Loses Gottes, welche er reinigen wird für immer, aber er wird für unrein erklären/vernichten alle Männer Belials…"

[7] Der Gesamtkontext der vorliegenden Jesaja-Berufung allerdings könnte zum Thema der Kolumne passen, denn es wird von den „unreinen Lippen" gesprochen (z.B. Jes 6,5), und auch das עד מתי (Jes 6,11) findet sich ähnlich in עד אנה in Ps 13,2f (siehe Z. 9). Ist vielleicht das עליהם der Zitationsformel (Z. 3) auf das αὐτούς der LXX-Lesung bezogen? Die einzige Stelle, an der sich sonst noch רפאתי im AT findet, ist 2Kö 21, doch paßt der Bezug nicht zum Zusammenhang des vorliegenden Textes. Zu רפא als „endzeitlichem" Begriff in Qumrantexten vergleiche z.B. 1QS IV,6.

[8] Nur ein kleiner Rest ist von diesem Buchstaben übrig (links oben).

sich nur einmal im AT (Num 11,4) und ist auch in anderen Qumrantexten ungebräuchlich.[1] Sicher wird daher in der Aufnahme gerade dieses Wortes innerhalb der Auslegung auf Num 11,4 Bezug genommen: „Das zusammengelaufene Gesindel" verleitet hier das Gottesvolk in der Wüste zu Murren und Undankbarkeit gegenüber Gott.[2]

**Z. 5** Diese Zeile ist weitgehend durch einen horizontalen Bruch beschädigt. Doch die Lesung ist bis auf ר in דורש sicher. Es ist zu erwarten, daß die Interpretation in Z. 5 fortgesetzt wird. Nicht sicher ist, ob דורש התורה deren Schluß zu bildet[3] und dann mit כיא אין ein neues Zitat beginnt. Zwar ist die Formel כיא אין so allgemein, daß nicht zwingend auf den Anfang eines Zitates geschlossen werden muß, doch wäre die Auslegung anderenfalls ungewöhnlich lang.[4] Das nächste Zitat (Ps 13,2f) findet sich erst in Z. 8. Für eine Zitatergänzung von כיא אין ergäben sich vor allem zwei Möglichkeiten: Ps 5,10 und Ps 6,6. Dabei ist letztere mit relativ großer Sicherheit auszuschließen, da sie inhaltlich schlecht in den Zusammenhang dieses Abschnittes paßt. Außerdem wird Ps 6,6 in Kol. XI,10f wiedergegeben worden sein. Eine sinnvolle Ergänzung böte in unserem Zusammenhang Ps 5,10, obgleich die Reihenfolge der Psalmen an dieser Stelle das erste Mal unterbrochen wäre.[5]

**Z. 6** Nimmt man mit כיא אין (Z. 5) den Beginn von Ps 5,10 an, so muß die Fortsetzung dieses Zitates in Z. 6 gestanden haben. Jedoch ist das gesamte Zitat zu lang. Auch beginnt der Pescher, dessen Rest auf Frg. 11,6 existiert, bereits in der Lücke zwischen Zeilenanfang und erhaltenem Text. Unter Berücksichtigung dieser Tatsache könnte man vermuten, daß z.B. Ps 5,10aαb zitiert worden ist. Dies würde genau passen, wenn der Beginn des Peschers etwa nach CD IV,11f zu ergänzen ist.[6] Zu lesen wäre dann vielleicht folgendes:

(Z. 5) ... כיא אין [בפיהו נכונה לשונם יחליקון] vac. פשר הדבר

אשר יעמוד ]איש על מצורו בעומדם[7]. Doch ist die Ergänzung einer Pescherformel nicht ganz sicher.[8]

---

[1] Vergleiche aber 4Q177 Frg. 30.

[2] Für einen gezielten Gebrauch dieses biblischen Begriffes spricht auch der Kontext.

[3] Zu דורש התורה vergleiche Kol. III,11.

[4] Vergleiche aber Kol. X,8-12.

[5] ... Ps 12,7 (Z. 1); Ps 5,10 (Z. 5f); Ps 13,2f (Z. 8f) ..., doch siehe auch Kol. XI (Ps 6,2ff).

[6] איש על מצורו findet sich auch in CD IV,11f; diese Formulierung ist an Hab 2,1 angelehnt (vergleiche auch 1QpHab VI,13).

[7] Dafür, daß Ps 5,10b wiedergegeben worden ist, spräche die Verbindung zu den דורשי חלקות (Z. 12). Bei der vorgeschlagenen Ergänzung wäre eine kleine Lücke von etwa 3 ZE zwischen Zitat und Pescher zu erwarten (vergleiche z.B. Kol. X,6).

[8] Das Suffix ם- bezieht sich sicher auf die Gegner der Gemeinde. עמד ist hier am be-

**Z. 7** Zum ersten Mal in Kol. IX tritt zu Frg. 11 ein weiteres Fragment, Frg. 10, hinzu. In Z. 7 ist jedoch nur der Rest zweier Buchstaben erhalten. Vermutlich ist ]ֿמ ֿ[ zu lesen.[1] Es ist denkbar, daß die gesamte Z. 7 zur Interpretation gehört, die in Z. 6 beginnt. המכשילים את בני האור ist eindeutig Teil einer Auslegung. Vielleicht kann – in Anlehnung an Kol. III,8 – eine Formulierung wie etwa בני בליעל המכשילים ergänzt werden.[2] Relativ häufig finden sich in Qumrantexten Wendungen mit כשל im Hiphil.[3] Steht hinter dieser Interpretation vielleicht – zumindest mittelbar – die Schriftstelle Mal 2,8 ? So müßten unter den מכשילים diejenigen verstanden werden, die die Söhne des Lichtes durch Weisungen zu Fall bringen, das heißt „verführen".[4]

**Z. 8** In dieser Zeile sind sowohl auf Frg. 10 als auch auf Frg. 11 Reste des Schriftzitates von Ps 13,2f erhalten, welches in der folgenden Z. 9 fortgesetzt wird. Auf Frg. 10,2 ist ]ֿה ֿתֿשֿכֿח[ zu lesen. Dabei ist ש nur in Anlehnung an den Psalm zu vermuten ist, da es durch einen senkrechten Bruch, der durch Frg. 10 verläuft, beinahe vollständig zerstört ist. Die Lücke, die zwischen Frg. 10 und 11 hier gemäß der Rekonstruktionsergebnisse 3,0 cm (≈ 17 ZE) beträgt, ist genau durch das fehlende Psalmstück zu ergänzen.[5] Die Abweichungen vom MT betreffen die vollere Schreibweise von פניכה und אשיתה (MT: אשית und פניך) und das Weglassen von את vor פניכה.[6] Ansonsten wird der Psalm wörtlich und vollständig wiedergegeben. Unsicher bleibt der Beginn dieser Zeile. Eine Ergänzung von Ps 13,1 insgesamt, welche die Einleitung des Psalms darstellt, wäre zu lang. Denkbar wäre, daß eine vom Verfasser formulierte Einleitungsformel vorausgegangen ist, doch müßte diese sehr kurz (ca. 12 ZE) gewesen sein, z.B.: אשר אמר דויד.[7] Die Möglickeit einer Fortsetzung der vorausgegangenen Interpretation zu Beginn von Z. 8 – z.B. durch באחרית הימים

---

sten im Sinne von „existieren" zu verstehen. Vielleicht kann im Anschluß an בעומדם (Z. 6) zu Beginn von Z. 7 entsprechend CD I,14 ergänzt werden (jedoch im Plural), siehe auch zu Kol. VIII,7.

[1] ]ֿמ ֿ[ liest auch J. Strugnell 243; für die Lesung eines מ spricht der leicht schräge Grundstrich, der hier allerdings nicht sehr lang ist und man so auf ein relativ kleines מ schließen müßte. J. M. Allegro, der Frg. 10 ebenfalls an dieser Stelle einordnete, gibt in seiner Transkription, 71, die erste Zeile von Frg. 10 nicht wieder.

[2] Vergleiche zu den Z. 7-16 J. Strugnells Transkription der Fragmente, 243; vergleiche ähnlich auch 1QS III,24. Der gesamte Abstand zwischen Frg. 10,1 und Frg. 11,7 beträgt etwa 3,5 cm (≈ 20 ZE).

[3] Vergleiche ähnlich auch 1QH V,28.36. Im AT ist diese Form dagegen selten belegt.

[4] כשל ist sicher in übertragenem Sinne zu verstehen. Zu den בני האור vergleiche Kol. III,8f (hier ohne Artikel).

[5] תשכחני נצח עד אנה תסתיר פניכה ונ׳.

[6] J. Strugnell, 245, verweist auf 4 Kennicott-Manuskripte, die את weglassen.

[7] Vergleiche Kol. IX,7 (אשר אמר דויד), doch siehe Teil II,3.4.

– ist nicht auszuschließen, obwohl diese auch mit dem Ende der Z. 7 zu einem stimmigen Abschluß käme. Das würde den Ausfall einer Einleitung des Psalms bedeuten.[1]

**Z. 9** Diese Zeile wird durch fünf Fragmente repräsentiert. In ihrer Abfolge von rechts nach links sind dies: Frg. 26, 9, 10, 20 und 11. Sie bilden hier die Fortsetzung von Ps 13,3, dessen Wiedergabe in Z. 8 beginnt und in Z. 9 wie folgt lautet:

[עצות ]בֹּנפשי [ינון ב]לֹּבֹבֹוֹ יֹוֹמֹם עד אנה ירֹ[ום איֹבֹי עלי.[2] Zwischen dem Zeilenbeginn und בנפשי besteht ein Spatium von 1,0 cm (≈ 5 ZE). In diesen Freiraum paßt genau das Wort עצות, welches an dieser Stelle innerhalb von Ps 13,3 zu ergänzen ist und die direkte Verbindung zwischen den Z. 8 und 9 herstellt. Der fortlaufende Text von Ps 13,2f über zwei Zeilen (Z. 8.9) bestätigt hier die Kolumnenbreite von 11,7 cm, die sich durch die materielle Rekonstruktion ergeben hatte. Mit dem Einsatz von Frg. 11,9 beginnt die Auslegung von Ps 13,2f.[3] Doch die Lesung des Pescheranfangs ist nicht eindeutig: J. M. Allegro liest [פֹּשֹׁר הֹדֹבֹרֹ לנצח ונ', J. Strugnell [פֹּשֹׁר הֹדֹבר [ע?]ל נצח ונ'.[4] Sowohl das Originalfragment als auch Infra-rot-Aufnahmen lassen keine sicheren Schlüsse zu, ob mit J. M. Allegro לנצח oder mit J. Strugnell [ע?]ל נצח zu lesen ist. Gegen J. M. Allegros Lesung spricht, daß eine derartige Pescherformel nirgends belegt ist. Auch muß ל nicht notwendig zu נצח gehört haben; die Abstände zwischen den einzelnen Wörtern sind in dieser Zeile kaum von denen zwischen einzelnen Buchstaben zu unterscheiden. So scheint J. Strugnells Lesung von פֹּשֹׁר הֹדֹבר [ע?]ל נצח näherliegend, jedoch ist nicht ganz sicher, ob zwischen ר und ל Platz für ein ע bleibt. Mit נצח greift der Pescher ein Wort aus Ps 13,2 auf.[5]

---

[1] Vergleiche z.B. Kol. III,18.

[2] Zur Lesung von עצות („Kummer") beziehungsweise עצבות („Schmerzen") siehe die einschlägigen Kommentare. בנפשי findet sich auf Frg. 26. Frg. 9, welches in zwei Teile zerfallen ist, bietet Schriftreste von sechs oder fünf (J. M. Allegro 70) Buchstaben, die nicht mehr eindeutig zu identifizieren sind. In Anlehnung an Ps 13,3 ist hier auf Frg. 9 vermutlich לבבֹי יֹוֹמֹם zu lesen. Die Lücke zwischen Frg. 26 und 9 ist entsprechend Ps 13,3 durch בנפשי [ינון ב]לֹבבֹי zu ergänzen, was exakt dem zur Verfügung stehenden Platz entspricht. An Frg. 9 schließen sich direkt die Frg. 10 (עד אנה) und Frg. 20 (יר) an. Zitiert wird vollständig und nach MT-Lesung. Vermutlich ist die Pleneschreibung אויבי zu ergänzen, statt איבי (MT), vergleiche Z. 11.

[3] Möglicherweise bestand zwischen dem Ende des Zitates von Ps 13,3 und dem Auslegungsbeginn ein kleiner Freiraum von etwa 3 ZE, vergleiche z.B. Kol. XI,4, VIII,12.

[4] Siehe J. M. Allegro, 71, J. Strugnell, 243 und 245. Vor ר sind Reste von zwei Buchstaben zu erkennen; ה, ב und ר sind vorhanden, siehe auch J. Strugnell 243.

[5] Zu einer Übersetzung von נצח an dieser Stelle mit „Reinigung" siehe J. Strugnells Vorschlag, 244.245. Siehe die Verbindung von Heilung und Reinigung in diesem Werk. Zu נצח im Sinne von „Reinigung" vergleiche zum einen I נצח im Arabischen etwa „rein,

**Z. 10**   Die in Z. 9 begonnene Interpretation wird in Z. 10 fortgesetzt.[1]
Sie erstreckt sich wohl über die gesamte Zeile, ist jedoch nur sehr bruchstückhaft erhalten. Vielleicht ist im Anschluß an Z. 9 היחד zu ergänzen,
welches genau in den zur Verfügung stehenden Platz passen würde.
J. Strugnell liest zu Beginn der Zeile ‏[...]ה̊[...]עֹת̊[...]נה באחרית הימים ו‏ֹ.[2]
Die Identifizierung von ע vor ת ist allerdings problematisch, vielleicht ist
‏ת̊ג‏[ zu lesen.[3] Auch ist die Lesung des oder der Buchstaben vor באחרית
nicht ganz sicher, außer ה, welches eindeutig ist. Das Leder ist hier am
Rand zerstört, vielleicht ist ת zu lesen (‏ת̊ה[).[4] לבוחנם ולצורפם ist in Anlehnung an die Schrift gebildet. Die nächste Parallele weist diese Formulierung zu Jer 9,6 auf,[5] doch möglich sind auch Sach 13,9 und Ps 66,10. Die
beiden letztgenannten Stellen verwenden die Begriffe in Zusammenhang
mit dem Bild der Läuterung von Metallen, ein Bild welches auch in
4Q177 eine große Rolle spielt, man siehe z.B. עת המצרף הבאה in Kol.
VIII,4.

**Z. 11**   Es handelt sich hier zunächst um die Fortsetzung des Peschers
von Z. 9f.[6] Dafür spricht die Verwendung der Begriffe ברורים ומזוקקים.[7]
Beide sind alttestamentlich in Zusammenhang mit dem Bild der Aussonderung beziehungsweise Läuterung belegt[8] und sind parallel zu den Formulierungen לבוחנם ולצורפם (Z. 10) eingesetzt worden. Der nach der
Lücke erhaltene Textbestand wird durch die hier aufeinanderstoßenden

---

lauter, zuverlässig sein", im Äthiopischen „rein, unschuldig sein",, zum anderen II נצה
im Arabischen „sprengen, bespritzen", im Sabäischen „besprengen", siehe W. Gesenius
(1962) 517. J. M. Allegro übersetzt seine Lesung mit: „The interpretation of the phrase
‚for ever' the heart of men of…".

   [1]   Die Frg. 26, 9, 10, 20 und 11 bilden den erhaltenen Bestand dieser Zeile.
   [2]   Siehe J. Strugnell 243.
   [3]   Die auftretenden Winkel wären ungewöhnlich für ע, auch wäre ein Rest des rechten
Armes im oberen Bereich zu erwarten, der zu fehlen scheint.
   [4]   J. M. Allegro, 71, liest מה, doch ist מ von der Form her relativ unwahrscheinlich.
   [5]   Jer 9,6: צורפם ובחנתים; besteht eine „spielerische" Verbindung zwischen der Wurzel בחן (Substantiv בחן = „Wartturm") und מצורו („seine Warte", Z. 6)?
   [6]   Frg. 9, 10, 20; zur Lesung des Textes siehe J. Strugnell 243, seine Lesung von ברוה
– J. M. Allegro, 70, liest ברוב (Frg. 9,3) – ist wahrscheinlich (siehe Form des Buchsta-
benrestes), doch ist ה nicht ganz eindeutig (an dieser Stelle teilt ein senkrechter Bruch
Frg. 9). J. Strugnells Lesung, 243, von וברורים (Frg. 9 und 10) ist sicher zutreffend, auch
wenn ' und מ nur noch bruchstückhaft erhalten sind.
   [7]   Zu ברורים ומזוקקים vergleiche 1QH VI,15 (neue Zählung, מזוקקי und ברורי), siehe
dazu E. Puech (1988), 66 und 80, zu ברר und זקק vergleiche auch 1QS IV,20.
   [8]   ברורים vergleiche Neh 5,18; 1Ch 7,40, 16,41, ברר vergleiche äthiopisch „Silber",
vergleiche Z. 1, siehe unten); מזוקקים vergleiche Ps 12,7, 1Ch 28,18, 29,4 (Läuterung
von Metallen). Auffällig ist, daß die Wurzeln צרף (Z. 10) und זקק (Z. 11) bereits in Z. 1
im Zitat von Ps 12,7 begegnen, hier jedoch nicht in Bezug auf die Gemeinde, sondern
auf die Worte Gottes.

Frg. 7 und 11 gebildet. Überliefert ist ein Zitat von Ps 13,5a, welches bis zum Beginn von Z. 12 reicht. Abweichend von der MT-Lesung (איבי) wird אויב wiedergegeben.[1] Die auf Frg. 7 erhaltenen Schriftreste von מ und ר gehören wahrscheinlich zu einer Zitationsformel, die die Wiedergabe von Ps 13,5a einleitete, vielleicht (ו)אשר א[מר.[2]

**Z. 12** Zu Beginn dieser Zeile wird das letzte Wort von Ps 13,5a (יכלחיו) gestanden haben. Zwischen dem Einsetzen des erhaltenen Textbestandes auf Frg. 9 – hier liegt der Anfang einer mit dem Personalpronomen המה beginnenden Auslegung vor – und dem Zitatende hat sich wahrscheinlich ein kleiner Freiplatz von etwa 3 ZE befunden. Der Beginn der Interpretation wird mit J. Strugnell wie folgt zu lesen sein: [המה עדת דורשי ח[ל]קות המ ̊ [3. Für die Lücke zwischen Frg. 20 und 7 läßt sich keine eindeutige, durch Parallelen gesicherte Ergänzung finden.[4] Es wird jedoch eine Negativ-Beschreibung der עדת דורשי חלקות zu erwarten sein, wie sie am Ende der Zeile (Frg. 7) vorliegt. Das דורשי aus dieser Bezeichnung wird durch יבקשו aufgenommen. Mit dessen Hilfe wird eine nähere Beschreibung dieser Gruppe vorgenommen.

**Z. 13** Zu Beginn der Zeile fehlt der Textbestand in einem Umfang von etwa 8 ZE. In dieser Lücke ist das Objekt zu ergänzen, auf welches sich יבקשו לחבל (Z. 12) bezieht. Zu denken wäre dabei insbesondere an eine Gemeindebezeichnung, vielleicht עצת היחד.[5] Die Auslegung wird fortgesetzt bis kurz vor Einsatz von Frg. 7. Mit J. Strugnell wird auf Frg. 9 בֿ[קנאתהמה ובמשטמ]ה zu lesen sein.[6] Im Anschluß daran findet sich auf

---

[1] Zu אויב vergleiche vielleicht die lucianische Rezension der Septuaginta (J. Strugnell 245). Oder handelt es sich lediglich um einen Schreibfehler (Auslassen von י am Wortende)? Ps 13,5a wird vollständig wiedergegeben.

[2] Denkbar wäre auch, daß kein *explizites* Zitat von Ps 13,5a vorliegt, die Abweichung und die Kürze, siehe unten, könnten dafür sprechen. Wurde vielleicht auf Ps 13,5a nur innerhalb des Peschers zu Ps 13,2.3 zurückgegriffen, vergleiche z.B. Ps 11,1b in Kol. VIII,8f? Doch zeugt die Wortfolge eher für ein tatsächliches Zitat.

[3] Siehe J. Strugnell 243; zu den דורשי חלקות vergleiche z.B. 4QpNah I-III, CD I,18 und 1QH II,15; zu חלקות auch Ps 12,3f; der Buchstabe nach ה und מ ist nur noch zu einem geringen Teil erhalten (nahezu senkrechter, jedoch leicht abgewinkelter Strich, der zum rechten Buchstabenteil gehört; davon geht im unteren Bereich keine waagerechte Linie aus), vielleicht ה, dann wäre המה[ zu lesen.

[4] J. Strugnell, 244, übersetzt „until they seek to ruin" und setzt dabei die Lesung von אשר עד... voraus, die er aber nicht in der Transkription, 243, wiedergibt. Dies muß nicht unbedingt zutreffen.

[5] (יבקש)...עצת היחד, vergleiche Kol. X,5 oder vielleicht auch – wenn nicht zu lang – אנשי היחד, vergleiche z.B. Kol. VIII,1.

[6] Siehe J. Strugnell 243; J. M. Allegro, 70, ergänzt – בקנאתהמה entsprechend – ובמֿשטמ[המה, doch ist dies nach den Rekonstruktionsergebnissen nicht möglich, da die Ergänzung zu lang wäre.

Frg. 20 ל als letzter Buchstabe eines nicht mehr erhaltenen Wortes. Die
Rekonstruktion läßt erkennen, daß zwei Buchstaben vor ל zu diesem
Wort gehört haben müssen. Die Lesung des darauffolgenden Wortanfan-
ges lautet – mit J. Strugnell – פֹשׁ[.[1] Wahrscheinlich ist eine Form von פשע
zu lesen. In der Lücke zwischen Frg. 20 und Frg. 7 (ca. 13 ZE) ist das
Ende der Deutung und anschließend der Beginn der Zitationsformel zu
ergänzen, die sich auf Frg. 7 findet. Das Ende der Zitateinleitung fällt mit
dem Zeilenschluß zusammen.

**Z. 14**  Mit Zeilenbeginn muß auch das Ezechiel-Zitat eingesetzt
haben, welches durch die Zitationsformel (Z. 13) angekündigt wurde.
J. Strugnells Vermutung, daß es sich bei diesem Zitat um eine freie Wiedergabe von Ez 25,8 handele, ist sicher zutreffend.[2] Ez 25,8 wurde möglicherweise in einer der LXX-Lesung ähnlichen Form wiedergegeben, so
daß zu Beginn der Zeile וֹיהודה] בית ישראל[ zu ergänzen wäre.[3] Für die
Lesung von העמים statt הגוים (MT) ist möglicherweise die Peshitta zu vergleichen. Direkt im Anschluß, also zu Anfang der Lücke zwischen Frg. 9
und Frg. 7, wird die Auslegung des Zitates begonnen haben. J. Strugnells
Ergänzungsvorschlag פשר הדבר על אחרית] הימים paßt zwar gut in den zur
Verfügung stehenden Platz.[4] Doch wäre dies dann das einzige Mal in
4Q177 wie in 4Q174, daß ein Zitat, welches nicht dem Psalter entstammt,
durch einen „Pescher" im eigentlichen Sinn – das heißt eingeleitet durch
eine Pescherformel – ausgelegt würde. Besser wäre z.B. folgende Ergänzung: הימים המה העמים /הגוים באחרית].[5] Mit העמים /הגוים wäre dann auch
das Subjekt von יקבצו näher definiert, welches ansonsten unbestimmt
bliebe.[6] Am Ende der Zeile ist עליה[ם] sicher zu ergänzen,[7] da an dieser
Stelle das Objekt des Satzes zu erwarten ist.

---

[1]  J. Strugnell 243; J. M. Allegro, 73, geht von einem leicht zerstörten ב aus (vergleiche öfter auf Frg. 20) und liest [ב, während J. Strugnell zwei Buchstaben – ohne Zerstörung – daraus liest. J. Strugnells Lesung wird durch das Original gestützt.

[2]  J. Strugnell 245.

[3]  Diese Ergänzung paßt genau in den zur Verfügung stehenden Platz. Welche Textform von Ez 25,8 dem Verfasser von 4Q177 tatsächlich vorlag, läßt sich nicht mehr
ermitteln, da seine Lesung mit keiner bekannten Textüberlieferung übereinstimmt.
Denkbar wäre auch, daß es sich um ein Gedächtniszitat handelt. Die Möglichkeit einer
falschen Zitatzuweisung (Z. 13) ist auszuschließen. Die Lesung von ו ist zwar nicht
unmöglich (וֹיהודה[), jedoch nicht sicher, J. M. Allegro, 70, liest מֹ.

[4]  Siehe J. Strugnell 243.

[5]  Zur Einleitung der Interpretation durch ein Personalpronomen + Aufnahme eines
einzelnen Zitatwortes (+ אשר) siehe Kol. III,11f, sie ist aber auch sonst in Qumrantexten
verbreitet.

[6]  Oder folgt erst in der nächste Zeile (Z. 15) eine nähere Bestimmung?

[7]  Vergleiche auch J. M. Allegro 70 und J. Strugnell 245. Letzterer schließt allerdings
auch עליה nicht aus; doch das wäre ungewöhnlich.

**Z. 15** Die Interpretation von Ez 25,8 wird fortgesetzt. Im erhaltenen Textbestand dieser Zeile finden sich Bezeichnungen für eine Reihe verschiedener Personengruppen, sowohl positive als auch negative. Dabei ist wahrscheinlich davon auszugehen, daß עם צדיק syntaktisch noch zur Satzkonstruktion der vorausgehenden Z. 14 zu rechnen ist. Zu Beginn der Z. 15 wäre dann etwa eine parallele Formulierung wie [עם צדיק וינו את] zu erwarten.[1] רשע, אויל und פתי – hier Singular – gehören zu dem häufig in Qumrantexten verwendeten Vokabular.[2] Nach der Lücke zwischen Frg. 9 und Frg. 7 ist mit J. Strugnell ]נ[י zu lesen.[3] J. M. Allegros Ergänzung am Schluß der Zeile ist ebenso möglich, jedoch nicht zwingend notwendig.[4]

**Z. 16** Der auf Frg. 9 erhaltene Textbestand weist Ähnlichkeiten zu Jer 4,4 auf. Zu lesen ist zu Beginn der Zeile[5] [וֹרֹ]וֹ ערלות לֹבֹ] בֹ[שרם. Das direkt anschließende בדור הא]חרון weißt darauf hin, daß es sich bei der Wiedergabe von Jer 4,4 nicht um ein Zitat im eigentlichen Sinn handelt, sondern um eine Anspielung innerhalb einer Interpretation.[6] Der Beginn des

---

[1] Das zu ergänzende Verb käme dann wahrscheinlich aus dem Bereich „endzeitlicher Bedrückungen", vielleicht ינה (Hiphil), vergleiche 4QpPs$^a$ III,7.

[2] Zu רשע vergleiche vor allem 4QpPs$^a$ (siehe hier auch das Gegenüber von „Gerechten" und „Gottlosen"); zu אויל vergleiche CD XV,15; zu פתי vergleiche besonders 4QpNah, 1QpHab XII,4; zu Z. 15 insgesamt vergleiche CD XX,20.21 (siehe Mal 3,17.18)? Auffällig ist die Parallele zum häufigen Gebrauch dieser Begriffe in den alttestamentlichen Proverbia, also in weisheitlicher Literatur. Ist in dieser Dreierreihung eine Rangfolge – vom Negativsten sich abschwächend – zu erkennen (vergleiche z.B. die פתי in 4QpNah)?

[3] Daß נ gelesen werden muß (J. Strugnell 243) statt ע (J. M. Allegro 70), ergibt sich aus der „Federführung" beim Schreiben: der erhaltene Buchstabe ist in einem Zug geschrieben, ein ע benötigt zwei Ansätze. Nach J. Strugnell, 245, ist am besten בֹּני (Anlehnung an Mal 3,17?) bzw. פֹּני zu lesen, (oder עֹיֹני?).

[4] J. M. Allegros Ergänzung – אל]הים אחרים –, 70, würde sich bis zum Beginn von Z. 16 erstrecken. Die Aussage wäre der genau entgegengesetzt, die sich allein aus dem erhaltenen Textbestand ergibt, siehe aber zu Kol. X,2.

[5] Vergleiche J. Strugnell 243 und 245; entgegen J. M. Allegro (לשרם?, 70) ist wahrscheinlich mit J. Strugnell לֹבֹ] בֹ[שרם zu lesen, da die Lücke zwischen Frg. 9a und Frg. 9b größer ist, als es J. M. Allegros Lesung zuläßt. Die Lesung des ersten Buchstaben der Z. 16 ist unsicher: J. Strugnell, 243, liest [וֹרֹ; die Lesung von י scheint möglich, doch auch ס oder ein anderer Buchstabe mit einer waagerechten Strichführung im oberen Buchstabenteil wären nicht ganz auszuschließen.

[6] Vergleiche z.B. Z. 6: In Anlehnung an Hab 2,1 wird Ps 5,10 interpretiert. Zu הסירו ערלות לב ברשם vergleiche besonders 1QS V,5 und 1QpHab XI,13; vergleiche aber auch Kol. III,4. Zu הסיר vergleiche Kol. X,2. Im Gegensatz zu Jer 4,4 wird man הסירו als Hiphil Indikativ auffassen müssen, zu י siehe Anm. 5. Darauf weist vor allem die Änderung von לבבכם (MT) in לב בשרם hin. Mit der Beschneidung des Herzens ist stets eine reflexive Handlung gemeint (vergleiche z.B. 1QpHab XI,13), was dagegen spricht, daß die Verbform dem MT entsprechend als Imperativ zu verstehen ist. Hinzu kommt, daß nirgendwo sonst im Text ein Imperativ belegt ist. Zu בדור הא]חרון vergleiche z.B. CD I,12.

auf Frg. 7 erhaltenen Textes ist unsicher. Doch mit J. Strugnell wird
‏[ול ‏טמא ‏להמה ‏אשר ‏ל[ו]כ[ו]‏[ ]°[‏ zu lesen sein.[1]

## Kol. X

Diese Kolumne ist durch die **Frg. 2, 24, 14, 3, 4, 1, 31 (und 34)** repräsentiert.[2] Aufgrund der Rekonstruktion ergibt sich eine Kolumnenbreite von
15,0 cm. Alle sechzehn Zeilen dieser Kolumne sind durch Textreste vertreten. Während die Zeilenanfänge nirgendwo erhalten sind, liefert Frg. 3
für die Z. 9-16 die Zeilenschlüsse, da dessen linker Rand nur wenige Millimeter von der linken Kolumnenbegrenzung entfernt liegt.[3]

**Z. 1**　Der erhaltene Textbestand dieser Zeile ist verhältnismäßig gering, so daß der direkte Übergang vom Ende der Kol. IX zum Beginn von
Kol. X wohl nicht mehr rekonstruiert werden kann. Da keine Anzeichen
für ein Schriftzitat vorliegen, wird die Interpretation von Kol. IX,14ff hier
wahrscheinlich fortgesetzt worden sein. Vielleicht ist ‏דבריהם ‏כו[ל zu
lesen.[4] Die Lesung des ersten Wortes auf Frg. 14 ist unsicher. J. M. Allegro liest ‏ו[בחר; J. Strugnell dagegen, da er ‏ו für wahrscheinlicher hält als
‏ר, schlägt als mögliche Lesung ‏ת[ש]בחו‏ת vor.[5] Paläographisch ist J. Strugnells Lesung vorzuziehen.[6] ‏יואמר ‏אשר am Schluß erinnert zunächst an
eine Zitationsformel, doch wird dann stets ‏אמר und nicht ‏יואמר gelesen.[7]

**Z. 2**　Sämtliche Fragmente weisen in dieser Zeile Schriftbezüge auf:

---

[1] Vergleiche J. Strugnell, 243 und 245, zur Übersetzung von ‏טמא siehe J. Strugnell
245; ‏טמא ist im Gegensatz zu J. M. Allegros syntaktischer Aufteilung und Übersetzung,
70, hier als eine Verbform im Piel aufgefaßt, vergleiche z.B. Lev 13. Ganz sicher ist allerdings auch diese Übersetzung nicht. Für das Zeilenende setzt J. Strugnells Übersetzung („... […] and all which belong to them will he declare unclean, nor[…" 245) offenbar eine Ergänzung von ‏ול[וא voraus.

[2] Da eine exakte Plazierung von Frg. 34 – es ist mit hoher Wahrscheinlichkeit in
Z. 15.16 von Kol. X anzuordnen – nicht zweifelsfrei möglich ist, wird es in der Transkription von Kol. X fortgelassen und unter den „weiterhin nicht eingeordneten Fragmenten" aufgeführt und besprochen.

[3] Frg. 1 (in Z. 10-12) liegt relativ nahe am rechten Kolumnenrand (0,8 cm in Z. 10).
Der Abstand zwischen dem linken Rand von Frg. 3 und dem Zeilenende variiert zwischen 0,1-0,6 cm.

[4] Vergleiche J. Strugnells Übersetzung („all their words...") 240.

[5] Siehe J. M. Allegro, 72, und J. Strugnell 237.

[6] Das Original zeigt, daß J. M. Allegros ‏ר nicht möglich ist, ‏ו oder ‏י dagegen ist
sehr wahrscheinlich. Die Lesung von ‏ח ist wegen einer starken Rundung im rechten
oberen Bereich unsicher. ‏ש zu Beginn ist möglich. Zu ‏תשבחות vergleiche 1QM IV,8
(‏תשבוחת ‏אל).

[7] Vergleiche z.B. Kol. XI,7 oder auch CD VI,13, VIII,9, 11QMelch II,15 (nach Zählung von E. Puech (1987)).

Auf Frg. 2 finden sich Reste von Dtn 7,15a, obgleich die Lesung von ממכה, besonders des zweiten מ, nicht unproblematisch ist.[1] Für ein Zitat von Dtn 7,15a, spricht der Kontext. Sowohl im AT als auch hier – man vergleiche besonders Kol. IX,14ff – geht es um die ausgesonderte Stellung des einen Volkes unter den anderen. Vor Beginn des erhaltenen Textbestandes wird man also wahrscheinlich den Anfang von V. 15 ergänzen müssen, also [והסיר יהוה. Zu הסיר ist Kol. IX,16 zu vergleichen.[2] Die Lücke zwischen Zeilenbeginn und dem Einsatz von Frg. 2,2 beträgt insgesamt 4,7 cm (≈ 37 ZE). Vielleicht fehlte auch bei der hier vorliegenden Zitatkombination von Dtn 7,15a und Ps 16,3 eine Einleitungsformel.[3] Falls kein weiteres Schriftzitat vorausgegangen ist, wäre zu Beginn der Zeile der Interpretationsschluß zu ergänzen.[4] Direkt an Frg. 2 schließt sich Frg. 24 an, welches den Beginn von Ps 16,3 aufweist. Reste von Ps 16,3 finden sich auch auf Frg. 14. In der Lücke zwischen Frg. 24 und 14 – sie beträgt gemäß der Rekonstruktion 1,0 cm ( ≈ 8 ZE) – läßt sich exakt der fehlende Zitattext ergänzen, also לקדו[שים אשר [בא]רץ] המה ואדי̇ר̇י כול חפצי [בם.[5] Zitiert wird vollständig nach dem MT. Einzige Abweichung stellt die übliche Pleneschreibung von כול dar. Darüber, ob auch Ps 16,4 wiedergegeben worden ist, läßt sich nur spekulieren. Zumindest Ps 16,4a würde inhaltlich in den Zusammenhang von Dtn 7,15 passen, doch es findet sich unter den 4Q177-Fragmenten keines, welches eine derartige Vermutung stützen würde.[6]

**Z. 3** Mit J. Strugnell ist wahrscheinlich ]נהיה כמ̇ו̇ה̇[ °̇ zu lesen,[7] jedoch ist die Lesung vor allem des letzten ו unsicher. Der erste Buchstabe

---

[1] Vergleiche J. M. Allegro, 67, und J. Strugnell 237. Die Abweichungen vom MT betreffen die vollere Schreibweise von ממכה (statt ממך MT) und כול (statt כל MT).

[2] Die inhaltlichen Parallelen zwischen Kol. IX,14-16 und Kol. X,2 – an einer Übergangsstelle von einer zur nächsten Kolumne also – bestätigen gleichzeitig die Ergebnisse der materiellen Rekonstruktion.

[3] Vergleiche Kol. VIII,12: Ps 12,1f + Jes 27,11.

[4] Eine Kombination von drei Schriftzitaten wäre sehr ungewöhnlich; möglicherweise bestand ein kleines Vacat zwischen Auslegungsende und Zitatbeginn, vergleiche Kol. VIII,12.

[5] Vergleiche J. M. Allegro, 72, der jedoch noch nicht den Zusammenhang zwischen Frg. 14 und 24 erkannt hatte, siehe aber J. Strugnell 237f; auf Frg. 24 ist nach ד ein kleiner Rest von י erhalten; durch Frg. 14 verläuft ein senkrechter Bruch, daher sind in ואדי̇ר̇י das erste י sowie ר nur noch partiell erhalten; die Oberfläche des Leders ist an manchen Stellen zerstört, so daß man צ in חפצי nur noch schwach erkennen und das erste ה in המה nur noch vermuten kann.

[6] Ps 16,4a: ירבו עצבותם אחר מהרו („Viel sind die Leiden derer, die anderen (Göttern) nacheilen"); dann אחרים / אל]הים in Kol. IX,15f?

[7] J. Strugnell 237; siehe dagegen J. M. Allegro 67f נהיה כמש]פחות הארצות[ °̇, vergleiche Ez 20,32).

ist nur noch in ganz geringen Resten erhalten, vielleicht ist כֿ zu lesen.[1]
J. Strugnell verweist auf Jo 2,2. Sowohl נהיה als auch כמוהו finden sich
hier, allerdings in veränderter Reihenfolge.[2] Die erhaltenen Schriftreste
vor נהיה lassen nicht auf ein א schließen, was nach Joel 2,2 zu erwarten
wäre (לא נהיה). So wurde Jo 2,2 wahrscheinlich nicht explizit zitiert – zumindest nicht gemäß einer bekannten Textüberlieferung –, sondern indirekt zur Auslegung der vorausgehenden Zitatkombination verwendet.
Daher lassen sich über den Beginn der Zeile nur Vermutungen anstellen.
Auf Frg. 14 ist eine Wiedergabe von Nah 2,11b zu lesen; zitiert wird vollständig und dem MT entsprechend.[3] Sieht man in כמוהו das letzte Wort
der Joel-Texteinheit, so läßt sich in der Lücke zwischen Frg. 24 und 14
genau der Beginn von Nah 2,11b (ולב נמס) ergänzen. Für die Ergänzung
einer Zitationsformel ist der Abstand zu gering.[4] Möglicherweise wurde
dort, wo der Text abbricht, noch der letzte Versteil von Nah 2,11 wiedergegeben. Ebenso könnte aber auch die Auslegung des Verses eingesetzt
haben.

**Z. 4**  Ganz geringe Reste dieser Interpretation sind am Anfang des
Textes auf Frg. 2 erhalten. Mit E. Puech ist zu Beginn sehr wahrscheinlich
אֿ[שׁ]רֿ zu lesen.[5] Deutlich wird ansonsten lediglich, daß das auf Frg. 2 und
Frg. 14 folgende Zitat von Ps 17,1 ohne Zitationsformel wiedergegeben
ist. Auch auf die psalmeigene Einleitungsformel (תפלה לדויד) wurde verzichtet. Ps 17,1a wird ansonsten vollständig gemäß dem MT zitiert, einzige Ausnahme bildet die Lesung von לתפלתי statt תפלתי (MT).[6] Der zwischen Frg. 2 und Frg. 14 fehlende Psalmtext läßt sich genau in dieser
Lücke ergänzen. Vielleicht folgte auf das Zitat von Ps 17,1a auch V.1b;
inhaltlich wäre dies durchaus passend, doch es finden sich keine Beweise

---

[1] Reste des linken Buchstabenrandes sind erhalten: zwei senkrecht übereinander ste-
hende Punkte, der Abstand beträgt knapp 0,1 cm.

[2] Zur Pleneschreibung von כמוהו weist J. Strugnell, 237, auf 19 Kennicott-Manuskripte hin.

[3] Die Abweichungen vom MT פיק ( statt פק MT) betreffen die Pleneschreibung; zur
Pleneschreibung von פיק vergleiche Kennicott-Manuskripte.

[4] Also auch hier möglicherweise nur indirekte Verwendung der Schriftstelle? Dagegen scheint aber der Umfang der Parallele zu Nah zu sprechen.

[5] Nach persönlicher Mitteilung von E. Puech. Paläographisch sicher ist die Lesung
von ר (vergleiche J. Strugnell 238) statt ד (J. M. Allegro 67). Ebenso finden sich Reste
von א (rechter unterer Teil), ש, welches zerstört ist, ist sehr wahrscheinlich. Danach ist
vielleicht mit J. Strugnell לֿחמה[ ]ֿ[ ] zu lesen; לֿחמה[ wird auch von J. M. Allegro gelesen.

[6] Eindeutig ist zu Beginn שמעה}ֿ zu lesen (vergleiche J. Strugnell 237f; J. M. Allegro,
67, dagegen liest שמה}ֿ). Für die Lesung von Präposition + תפלתי findet sich in der
Psalmüberlieferung keine Parallele. Dem MT wird auch dort gefolgt, wo die LXX eine
Variante aufweist (MT צדק; LXX צדק + Suffix 1. Pers. sg.).

dafür unter den übrigen Fragmenten von 4Q177. Im Anschluß an den Psalm ist eine Pescherformel zu erwarten, die die Interpretation einleitet.[1]

**Z. 5** Das in dieser Zeile verwendete Vokabular ist aus Interpretationen innerhalb von Qumrantexten gut bekannt,[2] weist also darauf hin, daß es sich hier um einen Pescher – zu Ps 17,1 – handelt. In der Lücke ist etwa folgende Konstruktion zu erwarten: את עצת היחד + Infinitiv + (Subjekt) + יבקש. Die Lesung von ר nach der Lücke ist nicht sicher.[3] הוא scheint bereits zur Überleitung zum folgenden, allerdings nicht mehr erhaltenen Zitat zu gehören.

**Z. 6** Nach einem kleinen Freiraum (0,3 cm) im Anschluß an den ersten Schriftrest auf Frg. 2 findet sich eine Pescherformel.[4] Von dem vorausgehenden Zitat ist nur der letzte Buchstabe partiell erhalten, vielleicht handelt es sich um מ, sonst möglicherweise um ן.[5] Doch auf welches Zitat bezieht sich der Pescher? Sollte die Pescherformel nur nach Psalmzitaten gebraucht worden sein,[6] hätte man also mit einem Zitat aus dem Bereich des biblischen Psalters zu rechnen. In Frage käme hier aus dem Umfeld des vorausgegangenen Ps 17,1 beispielsweise Ps 16,8 der auf מ endet; mit ן schließt beispielsweise Ps 17,8.[7] Aber dies ist sehr ungewiß.[8] Nach יעמוד איש ist מב[ ] zu lesen. Der Pescherbeginn erinnert an die häufig in Qumrantexten verwendete Schriftstelle Num 24,17,[9] ist wahrscheinlich in messianischem Sinne zu verstehen.[10] מב[ ]° gibt dann den Ausgangsort des Auftretens an.[11] Eine Ergänzung von מב[י]ת ישראל etwa, wie sie im Zusammenhang mit Num 24,17 zu vermuten wäre, ist zu lang, das heißt, sie

---

[1] Vielleicht ist eine vollständige Lesung von Ps 17,1 + Pescherformel etwas zu lang, so daß doch nur V.1a zitiert worden wäre. Zum Zusammenhang von Psalmzitaten und Pescherformeln siehe Teil III,3.6.

[2] Zu באחרית הימים vergleiche etwa CD IV,4, zu עצת היחד vergleiche z.B. 1QS VIII,5. את אשר „wenn" wird erst in späteren alttestamentlichen Büchern verwendet, siehe E. Qimron (1986) 94.

[3] E. Puech, nach persönlicher Mitteilung. ר lesen J. M. Allegro, 72, und J. Strugnell 238.

[4] Zu Vacats zwischen Zitat und Auslegung vergleiche z.B. Kol. IX,12.

[5] Nach einem persönlichen Hinweis von E. Puech. Zu מ vergleiche bereits J. Strugnell 239, vergleiche paläographisch מ in Kol. IX,13.16, ungewöhnlich ist lediglich die schräge Strichführung.

[6] Siehe unten Teil II,3.6.

[7] Der Pescherbeginn würde ein Zitat von Ps 16,8 oder Ps 17,8 nicht ausschließen.

[8] Die erhaltenen Reste des Peschers (Z. 6f) geben keinen eindeutigen Hinweis auf das vorausgegangene Zitat; vielleicht weist (Z. 7) כאש לכול תבל auf Gerichtszusammenhänge hin.

[9] Vergleiche 4QTest 9-13, CD VII,19, 1QM XI,6, Test Juda 24,1.

[10] Vergleiche auch יעמיד/יעמוד Kol. III,11.13 und VIII,3.

[11] Vergleiche auch die Übersetzung J. M. Allegros („... that there shall arise a man from..." 68) und entsprechend J. Strugnell 240.

würde mit den auf Frg. 14 erhaltenen Schriftresten nicht übereinstimmen.
Die Lesung dieser letzten Zeile von Frg. 14, die einen Beitrag zum messianischen Verständnis des Textes erwarten ließe, ist sehr schwierig.[1]

**Z. 7**   Der Beginn des erhaltenen Textes stellt das Auslegungsende
dar. Vielleicht ist mit J. M. Allegro[2] hinter ‏היו[‏ das Verb ‏היה‏ zu vermuten.
E. Puech (diss. 1992) verweist für „sie werden sein wie Feuer für die
ganze Erde …" mit Recht auf eine Ähnlichkeit zu Sap 3,7. Zur folgenden
Einleitungsformel vergleiche man z.B. Kol. VIII,9, an deren Schluß ist
‏באחרית[‏ ‏הימים‏ zu ergänzen.[3] Die Reste des auf Frg. 3,1 zu erwartenden Zitates sind nicht leicht zu deuten. Relativ sicher ist lediglich die Lesung
‏ה פוה[‏ °°°[. Dahinter könnte Zeph 3,4 vermutet werden.[4] J. Strugnell weist
zu Recht darauf hin, daß es unmöglich ist ‏נביאיה‏ ‏פחזים‏ zu lesen, wie es
diese Schriftstelle vermuten ließe.[5] Er schlägt vor ‏כו[הניה‏ (siehe ebenfalls
Zeph 3,4) anstelle von ‏נביאיה‏ zu lesen. Paläographisch ist dies allerdings
schwierig.[6] Auffällig ist, daß die Zitationsformel keine Quelle anzugeben
scheint, der das Zitat entstammt.[7] Ob das Zitat in Z. 7 endete oder in Z. 8
fortgesetzt wurde, ist ungewiß.

**Z. 8**   Der erhaltene Textbestand dieser Zeile, der zur Interpretation
des vorausgegangenen Zitates gehört haben muß, weist einen Parallelismus auf. Dafür spricht das auf Frg. 2 und Frg. 3 erhaltene ‏אשר‏ ‏היה‏ ‏מהאבל‏.
Mit E. Puech ist zu Beginn der Zeile ‏[מו]של‏ ‏[בנ]ורל‏ zu lesen.[8] J. Strugnell

---

[1] Zu erwarten wäre ansonsten eine Formulierung wie ‏מב[י]ת‏ ‏יהודה‏, vgl. E. Puech (diss.
1992). Dies kollidiert aber wahrscheinlich mit dem Textbefund nach der Lücke – siehe
Transkription – ‏ר‏, ‏י‏ und ‏ם‏ sind sehr wahrscheinlich. Vor der Lücke ist ‏י‏ möglich. Könnte
dann vielleicht ‏מב[י]ת‏ ‏שר‏ ‏[א]ו[ר]י[ם‏ gelesen werden, vergleiche etwa CD V,17f? E. Puechs
(diss. 1992) Alternativ-Vorschlag ‏מבנ[י‏ ist möglich. Eine Untersuchung dieser Textstelle
mit Hilfe von CATT (Computer Aided Textreconstruction and Transcription), für die ich
A. Lange danken möchte, hat leider zu keinem Ergebnis geführt.

[2] Siehe J. M. Allegro 67f.

[3] Vergleiche z.B. Kol. IX,10. Zu ‏והמה‏ ‏אשר‏ ‏כתוב‏ ‏עליהם‏ vergleiche Lk 7,27 (οὗτος
ἐστιν περὶ οὗ γέγραπται), siehe zu dieser Parallele J. A. Fitzmyer (1985) 674, vergleiche
die Rezension zu J. A. Fitzmyer (1985) von J. Carmignac (1986) 290 (siehe auch oben
zu Kol. VIII,11).

[4] Vergleiche J. M. Allegro, 67f, und J. Strugnell 239; Zeph 3,4 würde thematisch
passen.

[5] Entgegen L. Vegas Montaners (1980) ‏באיה‏, F. García Martínez (1983), 438, wies
bereits darauf hin, daß diese Lesung nicht möglich sei.

[6] Zweifelhaft ist vor allem die Lesung von ‏נ‏, welches sonst weniger Platz in An-
spruch nimmt. Nicht in Frage kommen (Zeph 3,3) ‏שריה‏ ‏בקרבה‏ oder ‏שפטיה‏, gleiches gilt
für die sinngemäßen Bildungen von ‏ראה‏ und ‏חזה‏.

[7] Vergleiche Kol. IX,3.

[8] Nach einer mündlicher Mitteilung von E. Puech, vgl. ders. (diss.1992). J. Strugnell
liest ‏אמר‏ ‏על‏ ‏נורל‏, 238. ‏מ‏, ‏ש‏ und ‏ל‏ sind sicher. Siehe auch ‏בממשלת‏ ebenfalls in Z. 8;
‏ב‏ + ‏מושל‏ ist häufig in Qumrantexten belegt, vergleiche z.B. 1QH V,8, 1QS IX,22.

ergänzt die Lücke zwischen Frg. 2 und 3 antithetisch,[1] was im Prinzip zutreffend ist, doch wegen der Lesung des Zeilenbeginns leicht modifiziert werden muß. Eine Ergänzung des zu erwartenden ‏ומשול בנורל חושך‎ ... läßt die Lücke zwischen den Fragmenten nicht zu. Vielleicht wurde – dann dem Parallelismus allerdings nicht ganz gerecht werdend – nur ‏מושל בחושך‎ ... gelesen.[2] Dies würde exakt das Spatium ausfüllen. Am Ende ist ein zu ‏בממשלת בליעל‎ paralleles Glied zu ergänzen.[3]

**Z. 9** Frg. 4 tritt hier hinzu (‏בה ממנו ו̊‎[).[4] Mit E. Puech (diss. 1992) ist der Übergang von Z. 8 zu Z. 9 sinngemäß zu ergänzen: „... qui était en deuil[ pendant la domination de Michel/(du prince) de la lumière (?) – 9 et la domination fut reti]rée de lui...". Zu Beginn von Frg. 2 ist sehr wahrscheinlich mit J. M. Allegro ‏לראשי‎ zu lesen.[5] Die Lesung der Buchstabenreste nach ‏שוב‎ ist schwierig. Während J. M. Allegro ‏תֹ̇‎[ liest, hat J. Strugnell ‏יֹהֹהֹ‎, beide Lösungen sind allerdings problematisch.[6] Vielleicht ist ‏ה‎ als erster Buchstabe zu lesen.[7] J. Strugnells Ergänzung von ‏ישראל אל תנ[מול‎ würde gut passen;[8] auch seine Vermutung in Bezug auf den Übergang von Z. 9/10 ist mit den Rekonstruktionsergebnissen gut vereinbar (Kolumnenbreite: 15 cm). Zu lesen wäre dann z.B. mit J. Strugnell: ‏אשר התנוללו ברוחי בליעל‎[9] (Z. 9). / ‏כפ[עולת‎ (Z. 10) / ‏פשעם]‎. Zur Übersetzung

---

[1] Siehe J. Strugnell 238f.

[2] Möglich wäre ebenso ‏ונורל חושך‎ (siehe aber den Plural von ‏ראשי אבל‎ in Z. 9, der eher für ‏מושל בחושך‎ zu sprechen scheint). Zu ‏נורל חושך‎ als Gegensatz zu ‏אור נורל אור‎ vergleiche z.B. 1QM I,11.

[3] Vielleicht ist eine Formulierung zu ergänzen wie etwa ‏בממשלת שר אורים‎ (siehe zu Z. 6, vgl. E. Puech (diss. 1992), siehe besonders CD V,18 (Gegensatz von Belial und dem Fürsten der Lichter) oder ‏מיכאל‎ (siehe E. Puech (diss. 1992)) oder ‏בממשלת קדושים‎, vergleiche 1QM X,12, vergleiche auch 1QM I,5, 1QS IV,13, 1QpHab V,5f (?), 1QH XXIII,16 (neue Zählung).

[4] Unzutreffend ist die von J. M. Allegro, 67f, angenommene Anordnung von Frg. 4.

[5] Siehe J. M. Allegro 67; J. Strugnell, 239, fragt, ob nicht – in Anlehnung an 2Sam 14,2 – auch anstelle von ‏ר‎ ein zerstörtes ‏ב‎ gelesen werden könnte; doch scheint die Zerstörung des Grundstriches von ‏ב‎ dann beinahe zu perfekt zu sein, auch der Kopf ähnelt eher einem ‏ר‎ als einem ‏ב‎. Ebenso spricht der Kontext für ‏ראשי אבל‎, vergleiche ‏מושל‎ in Z. 8.

[6] Siehe J. M. Allegro 67; J. Strugnell 238; die Lesung von ‏ה‎ als erstem Buchstaben wäre möglich, jedoch hat dieses links unten meist einen ziemlich ausgeprägten „Haken"; die Lesung von ‏ה‎ als zweitem Buchstaben scheint unwahrscheinlich (Neigung des rechten, senkrechten Striches; Strichführung im linken, oberen Bereich); zudem ist die Verwendung des Tetragramms hier nicht möglich.

[7] Vergleiche z.B. erstes ‏ה‎ in ‏יהודה‎ Z. 12. Könnte nicht ‏הֹוֹשֹ‎[ gelesen und eine Form von ‏ישע‎ ergänzt werden? Für die Lesung von ‏ש‎ spricht der Rest eines schrägen Striches im oberen Buchstabenbereich, wie ihn nur ‏ש‎ aufweist; ‏ו‎ und ‏ש‎ wären dann sehr eng geschrieben.

[8] Vielleicht aber eher ‏אל יֹנ[מול‎? Siehe unten.

[9] Siehe J. Strugnell 239; J. Strugnells anderer Ergänzungsvorschlag

von שוב ist folgendes anzumerken: J. Strugnell nimmt hier und in der folgenden Zeile einen Imperativ an. Dies ist aber nicht zwingend notwendig und würde auch dem Stil des Textes in einmaliger Weise widersprechen. Es läge dann eine Art Gebet innerhalb des Midrasch vor. Ausgeschlossen ist dies zwar nicht, doch wären dann die Suffixe im Falle von להם und ברכם (2x) eher – wie etwa in 1QSb – in der 2. Pers. zu erwarten. Möglich wäre eventuell allerdings ein Gebet für den Teil aus Israel, der nicht der Gemeinde angehörte.

**Z. 10** Auch in dieser Zeile liegt ein Parallelismus vor (לעולם וברכם). Zu einer möglichen Ergänzung des Zeilenbeginns siehe zu Z. 9. In der Lücke zwischen Frg. 2 und 3 ist formal parallel zu ונסלח להם לעולם zu ergänzen. Mit J. Strugnell ist auf Frg. 2 ונסלח zu lesen.[1] Nicht sicher ist, ob עוד[ oder ה[נ]יד zu lesen ist. Sowohl ein zerstörtes ע als auch נ sind möglich. Die Lesung von ו beziehungsweise י ist nicht eindeutig. עוד würde besser in den Kontext passen. Beim folgenden Wort handelt es sich wohl eher um ein durchgestrichenes מיד (+ rechte Klammer) als um כיא. Am Zeilenende ist wahrscheinlich mit J. Strugnell [קציֿ[ם] פ]לאי zu lesen. Vielleicht könnte darüber hinaus folgendermaßen ergänzt werden:

...אבותם וכבר]וֿת (Z. 11) / קציֿ[ם פ]לאי ככול וברכם... (Z. 10) oder

...כפ]לאי אל וברכם... [2] Zu (ברוחי בליעל) התנוללו siehe z.B. 1QS IV,21f, 1QH VI,22 und öfter. Steht im Hintergrund dieser Interpretation Dan 9,9?[3]

**Z. 11** In Z. 11 finden sich deutliche Anklänge an CD II,9ff und CD IV,4f.[4] Mit E. Puech ist als letzter Buchstabe auf Frg. 2 sehr wahrscheinlich ה zu lesen.[5]

**Z. 12** Aufgrund der Verbindung der Frg. 1 und 4 ist את צאצאי יהודה zu lesen.[6] Zu dem innerhalb der Auslegung stilistisch ungewöhnlichen

---

(ישרא]ל בחירכה נ[מול) ist zu lang; J. Strugnell bietet auch eine Ergänzungsmöglichkeit für die Lücke zwischen Frg. 2 und 3; jedoch unter der Voraussetzung der Lesung des nicht möglichen יהוה am Ende von Frg. 2.

[1] Siehe J. Strugnell 239; dagegen liest J. M. Allegro ונסלוֿ, 67; siehe auch zu den folgenden Lesungen dieser Zeile J. Strugnell 239.

[2] Zu ברית אבותם siehe alttestamentlich z.B. Dtn 4,31, Mal 2,10; vergleiche CD XIX,31, 1QM XIV,8.

[3] (Z. 9) לאלוהי הרחמים (Dan 9,9), (Z. 10) נסלח (Dan 9,9) לאדני אלוהינו הרחמים (והסלחות).

[4] Vergleiche z.B. zu מפורשים בשמות CD II,13, IV,4f, zu וקץ מעמדם שנותיהם CD II,9, IV,5, vergleiche aber auch CD XIV,4 (vergleiche Anm. 5); zu מפרשים בשמות vergleiche daneben auch 1QM, z.B.1QM IV,7.8; vergleiche auch 1QS III,15ff, 1QH V,24ff (nach neuer Zählung).

[5] Nach einem persönlichen Hinweis von E. Puech. Zu לשונם vergleiche eventuell CD XIV,10.

[6] Zu צאצא vergleiche auch Kol. II,12, in Kol. X,13 findet sich dann זרע, zu צאצאים

ועתה הנה vergleiche man הנה in CD IV,4 (siehe auch zu Z. 11). In CD IV,4 wird diese Formel – auch hier den Stil unterbrechend – in exakt den gleichen Zusammenhängen verwendet. Die Lesung zu Beginn von Frg. 3 lautet wahrscheinlich אל.[1] Wie J. Strugnell feststellt, handelt es sich bei dem Buchstabenrest, der sich über ויודיעהו befindet, um ein supralineares Zeichen, vermutlich ו, welches der Korrektur dient: gelesen werden soll ויודיעהו.[2] לוח mit der Präposition ב ist alttestamentlich nicht belegt.[3] Gedanklich schließt sich diese Zeile an die vorausgehende an, ebenso an die erste Hälfte der folgenden Z. 13. Ungewiß ist, auf welche Größe das Suffix von ויודיעהו zu beziehen ist. Zu vermuten wäre – wegen ינחיל, (Z. 13) ולזרעו und (Z. 13) מן ארם –, daß es sich um Abraham handeln könnte.[4] Vielleicht müßte dann, parallel zu ויודיעהו את מספר, im Anschluß an וינח[יל] eine Formulierung wie [את הארץ ... ל]ו[ ] ולזרעו [עד] עולם (Z. 13) gelesen werden.[5] Die Lücke davor ließe sich etwa folgendermaßen ausfüllen: ויודיעהו את מספר [כול דור]ו̇ת.[6]

**Z. 13** Zum Beginn der Zeile siehe oben zu Z. 12. Für die Ergänzung der Lücke zwischen Frg. 2 und 3 machte J. Strugnell eine entscheidende Entdeckung: Sein Frg. 31 ergänzt den Freiraum zwischen beiden Fragmenten sowohl inhaltlich als auch formal gut. Die Aussage ויקום משמה ללכת מן ארם könnte auf Abraham anspielen.[7] Darauf folgt ein

---

und זרע vergleiche zu Kol. VI,4 (Jes 65,23). Die Lesung von ע̇תה[ ist sicherlich zutreffend – vor allem wegen des folgenden הנה –, doch paläographisch nicht ganz sicher.

[1] Am besten ist א̇ zu lesen, so J. M. Allegro, 67, und E. Puech (persönlicher Hinweis). Die Lederoberfläche ist an dieser Stelle abgeblättert. J. Strugnell, 240, bemerkt, daß ebenso נ[ו̇ר̇ל̇] gelesen werden könnte, doch scheint besonders ר unsicher.

[2] Siehe J. Strugnell 238 und 240. Zu ידע (Hiphil) vergleiche CD II,12, aber auch 1QH.

[3] Hier wird על verwendet.

[4] Stehen vielleicht auch die Segnungen in Z. 9ff in einem Zusammenhang mit der Segnung Abrahams? Vergleiche CD III,2f.

[5] Wird hiermit möglicherweise noch auf Ps 16,3 (Z. 2) Bezug genommen? Zu לו ולזרעו עד עולם vergleiche Ex 28,43, 31,21.

[6] דור[ו]ת̇ mit E. Puech (persönlicher Hinweis) Reste von ו sind erhalten; zu מספר כול דורות vergleiche eventuell 4Q499 Frg. 10,4, vergleiche auch 4Q504 (4QDibHam<sup>a</sup>) Frg. 7,3, ed. M. Baillet (1982).

[7] Siehe auch zu Z. 11. Könnte aber nicht ebenso an Zusammenhänge zu denken sein, wie sie sich in CD VI,19 und CD VII,12-14(.14-21) finden (vergleiche auch das Zitat von Hos 5,8 in Z. 13f, eine Textstelle, welche im AT im Kontext des Bruderkrieges zwischen Ephraim und Manasse steht)? Wäre es dann nicht auch möglich an den „Lehrer der Gerechtigkeit" zu denken? מן ארם könnte dann für die Vorgängergruppe der Qumrangemeinde stehen. Doch das ist sehr spekulativ, und das Verständnis dieser Passage bleibt schwierig. Oder ist Z. 12f möglicherweise futurisch zu verstehen?

Zitat von Hos 5,8a; dies wird ohne Einleitungsformel wiedergegeben.[1]
Hos 5,8a wird gemäß dem MT zitiert. Die Art und Weise der Interpretation, welche sich direkt an das Zitat anschließt, ist in Qumrantexten häufig
belegt: Ein Wort aus dem Zitat wird aufgenommen und mit Hilfe eines
Personalpronomens ausgelegt.[2]

**Z. 14**  Zu Beginn dieser Zeile muß die Fortsetzung der Auslegung von
Hos 5,8a gestanden haben. Aufgrund von ספר התורה שנית in der Mitte der
Zeile wird im Anschluß an Z. 13 (הואה ספר) mit Sicherheit zu Beginn von
Z. 14 התורה] zu lesen sein. Da auf Frg. 2 wiederum Reste eines Interpreta-
tionsbeginns vorliegen – gemäß Z. 13 müßte הי[אה beziehungsweise הו[אה
gelesen werden – kann man davon ausgehen, daß ein Zitat vorausging. Dabei liegt es am nächsten an Hos 5,8b zu denken. Schlösse sich V. 8b direkt
an התורה] / ספר an und würde parallel zur Konstruktion von Z. 13 החצוצרה
auslegend daraus wieder aufgenommen worden sein, wäre zu lesen:
תקעו שופר בנבעה השופר הואה ספר] (Z. 13)

התורה החצוצרה ברמה הח[צו]צרה הי[אה ספר התורה שנית]
Bei einer zu erwartenden Pleneschreibung von החצוצרה (MT החצצרה),
würde diese Ergänzung exakt mit der rekonstruierten Kolumnenbreite
von 15 cm übereinstimmen.[3] Voraussetzung für die Richtigkeit dieser Lesung wäre, daß die Buchstabenreste, die sich auf Frg. 2 in 1,0 cm Abstand
vom Beginn des eigentlichen Textbestandes befinden, mit der Ergänzung
korrespondieren. Sowohl J. M. Allegro als auch J. Strugnell verzeichnen
die Reste zweier nichtidentifizierter Buchstaben.[4] Vom ersten dieser
Buchstaben ist ein kleiner, gekrümmter Strich aus dem linken, oberen Bereich erhalten, welcher gut – wenn auch nicht ausschließlich – zu einem צ
passen würde.[5] Die Spuren des folgenden Zeichens wären leicht als Kopf
eines ו zu deuten.[6] Die oben aufgezeigte Ergänzungsmöglichkeit weist an
der entsprechenden Stelle tatsächlich ein צ mit folgendem ו auf (zweites
החצוצרה). Zwar ist die Lesung der Buchstabenreste nicht eindeutig, doch

---

[1] Bemerkenswert ist, daß erst hier ein weiteres Schriftzitat auftaucht. Das letzte Zitat
davor findet sich in Z. 7(.8). Trotz der vorhandenen Lücken im Text kann davon ausgegangen werden, daß sich zwischen den Z. 7(.8) und 13 kein Zitat befunden hat. Üblich
ist sonst in der Handschrift ein Verhältnis von etwa 1:3 (Zitat:Auslegung).

[2] Vergleiche z.B. CD VII,16f.19, VIII,9f; ähnlich, jedoch ohne einen Teil des Zitates
explizit aufzugreifen, siehe auch Kol. XI,13.

[3] Der Abstand zwischen rechtem Kolumnenrand und אה] ספר beträgt 4,4 cm, dies
entspricht 27 ZE; vermutlich ist הי]אה zu lesen, da החצצרה fem. ist, in 2Chr 29,28 ist es allerdings mit mask. Partizip belegt.

[4] Siehe J. M. Allegro 68; J. Strugnell 238.

[5] Die Art der Krümmung ist besonders für צ charakteristisch, möglich wären aber daneben eventuell auch א, ע und bedingt auch ש.

[6] Möglich wäre ebenso die Lesung von י.

keineswegs unwahrscheinlich.[1] Entgegen J. M. Allegro und Y. Yadin ist היאה ספר התורה שנית nicht mit „it is the book of the Second Law", sondern mit „that is the book of the Law again" (J. Strugnell, H. Stegemann) zu übersetzen.[2] In Qumrantexten läßt sich die Existenz eines „book of the Second Law" nicht belegen.[3] Hingegen findet die Übersetzung „dies ist wiederum das Buch der Thora" eine eindeutige Bestätigung in Parallelen die zwischen dieser Textstelle und anderen Qumrantexten bestehen, z.B. 1QpHab V,9-12 und 4QpJes<sup>c</sup> Frg. 23,II,14a.[4]

Die Lesung des letzten Wortes von Z. 14 ist nicht ganz sicher. J. Strugnell plädiert für die Möglichkeit וישלה zu lesen.[5] Diese Lösung scheint tatsächlich die den Schriftresten am besten entsprechende zu sein, obgleich ל und ה dann ziemlich eng geschrieben sein müßten.[6] Vergleiche eventuell zu dieser Passage 4QpPs<sup>a</sup> IV,8ff.[7]

**Z. 15** Zu lesen ist או[ת]ות mit einem nachfolgenden – durch Punkte darüber und darunter getilgt – ע, welches der Schreiber der Handschrift an

---

[1] Bedingung wäre die Pleneschreibung von הצוצרה – gegen MT הצצרה –, jedoch ist auch im AT (im Plural) die Pleneschreibung belegt, siehe Num 10,2, 1Chr 15,28; als Einwand zu bedenken wäre der relativ große Abstand nach ו, in dem sich keine weiteren Schriftreste finden (Wortschluß ?), doch ist ein derartiger Abstand nicht ganz ungewöhnlich, vergleiche z.B. in Z. 14 ויקום den Abstand zwischen ו und ם. Zu שופר und הצוצרה in endzeitlichen Zusammenhängen siehe öfter in 1QM, z.B. 1QM VIII,8-10.

[2] Siehe J. M. Allegro, 68, und Y. Yadin (1977 I, 303, 1983 I, 396-397, 1985 226-227), der in התורה שנית die Möglichkeit einer Bezeichnung der „Tempelrolle" gesehen hat; die unzutreffende Übersetzung „book of the Second Law" kommt aufgrund der Annahme einer Haplographie von ה zustande: Y. Yadin (1983 I, 397) meinte, anstelle von שנית solle השנית gelesen werden. Dies ist aber keineswegs nötig, zur korrekten Übersetzung siehe J. Strugnell, 241; H. Stegemann (1986), 243, vergleiche Ph. R. Callaway (1988), 244.

[3] Zeigt sich im Gebrauch von שנית nicht vielmehr eine Parallele zu καὶ πάλιν z.B. in Hebr 1,5, 2,13? Die Art und Weise, in der mit der Schrift umgegangen wird, ist hier sehr ähnlich, eine Aussage wird durch zwei (Hebr 1,5) oder mehrere Schriftzitate untermauert. Zu vergleichen ist der vorliegende Gebrauch von שנית auch mit dem von עוד (כי) in Dan 10,14.

[4] Stets wird lediglich התורה – nie התורה השנית – gelesen. Hinter diesen Formulierungen steht Jes 5,24c.

[5] Siehe J. Strugnell 238 und 240.

[6] Für die Lesung von ה spricht z.B. die Neigung und die Strichführung im oberen Buchstabenbereich. Aus Platzgründen bleibt dann für den vorausgehenden Buchstaben kaum eine andere Möglichkeit als ל zu lesen (ע z.B. wäre zu breit). Vergleiche zu וישלה 1QM XVII,6 (auch Kontext).

[7] Demnach wäre וישלה als Imperfekt zu übersetzen. In 4QpPs<sup>a</sup> IV,8f ist wahrscheinlich der sogenannte „Brief des Lehrers" (4QMMT) angesprochen, in dem sich der Lehrer der Gerechtigkeit in Sachen der Thoraauslegung an den amtierenden Hohenpriester gewandt hatte; vergleiche auch den Gerichtskontext in 4QpPs<sup>a</sup> IV,8ff und der vorliegenden 4Q177-Stelle.

dieser Stelle versehentlich zu früh bringt.[1] Es sollte erst nach dem folgenden auf ות- endenden Wort geschrieben werden (נדולות על). Das letzte
Wort dieser Zeile ist in seiner Lesung unsicher. Doch wird wahrscheinlich
– auch aus inhaltlichen Gründen – der Inf. cs. von ירד, also רדת (mit unsi-
cherem ת) zu lesen sein.[2] Verschiedene alttestamentliche Motive scheinen
in der Formulierung ויעקוב עומד על הגתות ושמח על רדת den gedanklichen
Hintergrund zu bilden: z.B. Jakob zertritt seine Feinde (Num 24,19), die
Kelter als Bild des göttliches Gerichts (z.B. Joel 3,13, Jes 63,1ff, Klgl
1,15).[3] Deutlich wird, daß es sich um Gerichtsaussagen handelt, dafür
spricht auch חרב in der folgenden Zeile. Das würde die Vermutung unterstützen, die sich aufgrund materieller Beobachtungen ergab, nämlich
Frg. 34 den Z. 15f dieser Kolumne zuzuordnen. Frg. 34,1 weist das Wort
לשׁפוֹך] auf. Alttestamentlich steht es in den meisten Fällen – wenn nicht
in Verbindung mit דם – in Zusammenhang mit dem göttlichen Zorn
(חמה), würde also gut zur Gerichtsthematik dieser Zeile passen.[4]

**Z. 16**   Die Lesung der ersten beiden Wörter bereitet Schwierigkeiten.
Der letzte Buchstabe des ersten Wortes wurde durch Überschreiben korrigiert. J. M. Allegro liest ב, welches über einen anderen Buchstaben geschrieben wurde.[5] J. Strugnells Vorschlag ein zu ח korrigiertes ה – beziehungsweise umgekehrt – zu lesen, ist wegen des langen Grundstriches
nicht so überzeugend.[6] J. M. Allegros ב ist wahrscheinlich zutreffend, für
בחרב spricht auch der Zeilenabschluß. Doch ist dann die Lesung des ersten erhaltenen Buchstabens problematisch. J. M. Allegros תֿ zu Beginn
ist möglich, wenn man von einer leichten Zerstörung ausgeht und annimmt, daß der Abstand zwischen ת und dem folgenden בחרב sehr gering
gewesen ist. J. Strugnell liest נבחרהֿ, weist aber selbst darauf hin, daß auch
diese Lösung nicht ganz zufriedenstellend ist. J. M. Allegro liest nach
בחרב die Reste von איביהם (י und ב unsicher), doch ist dies mit den erhaltenen Buchstabenresten unvereinbar. Wie J. Strugnell zu Recht feststellt,
muß nach פ א gelesen werden. Die Schriftreste danach sind mehrdeutig,
am besten scheint – so auch E. Puech – אפוֹ] zu lesen zu sein, doch ganz

---

[1] J. M. Allegro, 68, liest ein korrigiertes ת, doch dies ist nicht möglich. J. Strugnell,
238 und 240, liest על, ל ist nicht zu erkennen; J. Strugnells Vermutung über die Vorweg-
nahme von על ist zutreffend. Zur Tilgung durch Punkte siehe auch Kol. VIII,12.

[2] Siehe auch J. M. Allegro, 68, und J. Strugnell 238.

[3] Zur Freude Jakobs vergleiche ähnlich Ps 14,7; Jakob als derjenige, der die Kelter
tritt, ist alttestamentlich nicht belegt, vielleicht liegt eine unbekannte apokryphe Tradition zugrunde; zu נתוח siehe E. Qimron (1986) 68: Pluralform, die nicht im klassischen
biblischen Hebräisch vorkommt.

[4] Zu או]תות נדולות vergleiche 1QM III,13 (hier sg. und in anderem Zusammenhang).

[5] Siehe J. M. Allegro 68. Vielleicht ה.

[6] Siehe J. Strugnell 238 und 240.

sicher ist das nicht.[1] Mit J. M. Allegro wird wohl zu Beginn von Frg. 3 לֹ
als Präposition zu אנשי עצתו gezogen werden müssen.[2] Darauf folgt die
Einleitung eines Zitates, welches in Kol. XI,1 gestanden hat, jedoch nicht
mehr erhalten ist. Wäre es nicht möglich, daß Ps 17,13 wiedergegeben
worden ist?[3]

Kol. XI

Diese Kolumne wird durch die **Frg. 12, 13 und 15** repräsentiert. Frg. 15
liefert rechten Kolumnenrand (Z. 13-15), Frg. 13 linken (Z. 6-11). Frg. 12
– es steht durch ein Zitat von Ps 6 mit Frg. 13 in Verbindung – bietet den
größten Teil des erhaltenen Textes. Es entstammt der unteren Mitte der
Kolumne (Z. 6-16).

Wahrscheinlich läßt sich auch **Frg. 19** der Kol. XI zuordnen. Es gehört
wie die übrigen Fragmente dieser Kolumne der dünnen Lederqualität an,
allerdings ist seine Farbe relativ hell. Eine recht gute Plazierungsmöglich-
keit würde sich – auch unabhängig von textlichen Erwägungen – bieten,
ordnete man Frg. 19,1 der ersten Kolumnenzeile zu, in einem Abstand
von etwa 1,0 cm zum rechten Kolumnenrand. Die Entsprechungen mit
Frg. 14 zur Rechten sind nicht schlecht: der rechte Rand von Frg. 19
würde dann einem senkrechten Bruch in der Mitte von Frg. 14 entsprechen, der seine Fortsetzung in Frg. 3 hat.[4] Da die Zuordnung von

---

[1] Persönlicher Hinweis von E. Puech; andere Vorschläge J. Strugnells sind: אפ̇ה̇[ und
]אפס. Falls אפר[ stimmt, ist vielleicht אפר[ים ("Ephraim") zu lesen (vergleiche CD
VII,12.13, vergleiche auch Hos 5,8 Kontext). אפר "Staub" wäre unwahrscheinlich.

[2] J. Strugnell, 238, liest אנשי עצתו לֹ[, doch ist kein Abstand zwischen ל und א zu erkennen. Zu אנשי עצתו siehe Z. 14.

[3] Dies würde auch die Reihenfolge der Psalmen fortsetzen (Z. 4: Ps 17,1); zu lesen
wäre zu Beginn von Kol. XI,1 dann etwa: דויד קומה יהוה ונ' (Z. 1)/ואשר אמר ... (Z. 16);
zu אשר אמר דויד vergleiche Kol. XI,7. Zu חרב in Gerichtszusammenhängen in Qumrantexten vergleiche z.B. 1QH VI,29.

[4] Relativ gut ist dann auch die Entsprechung zum oberen Teil von Frg. 2. Nicht überzeugend ist allerdings die Korrespondenz der Zeilenabstände (besonders Z. 1). Eine andere Zuordnung von Frg. 19 innerhalb dieser Kolumne ist kaum möglich, da es sonst mit
den Fragmenten oder sicher zu ergänzendem Text kollidieren würde. Vom Text her –
unter der Voraussetzung, daß tatsächlich Ps 17,13 zitiert worden ist (siehe zu Kol. X,16)
– wäre auch eine Anordnung von Frg. 19 einige Millimeter weiter rechts beziehungsweise links denkbar. Erstere Möglichkeit würde dann zutreffen, wenn die Einleitungsformel (siehe zu Kol. X,16 Anm. 3) ohne דויד gelautet hätte und die Zeile dann mit קומה
begonnen hätte. Letztere wäre der Fall, wenn מה nicht mit קומה zu identifizieren wäre,
sondern mit dem späteren קדמה (Möglichkeiten mit oder ohne דויד der Zitationsformel).
Die materiellen Entsprechungen wären allerdings nicht so überzeugend. Doch die Annahme einer Wiedergabe von Ps 17,13 in Z. 1 ist sehr vage, und zur Lesung von ]מ̇ה̇[
siehe unten.

Frg. 19 zwar gut möglich, jedoch – vor allem in horizontaler Plazierung –
nicht sicher ist, sind die Z. 1-6(Anfang) von Kol. XI mit Vorbehalt zu betrachten.

**Z. 1**   J. Strugnell liest hier ].מה[.[1] Möglicherweise ist Ps 17, 13 zu ergänzen.[2]

**Z. 2**   Mit J. Strugnell ist ]°ה אלי בואו זמה שי[(ו)ע zu lesen.[3] Zu זמה mit
עשׂה ist alttestamentlich Ri 20,6, Ez 16,43(Q), 22,9, Hos 6,9, Pr 10,23 zu
vergleichen. Ein Schriftzitat läßt sich hier allerdings nicht identifizieren.[4]
Die Zeile bleibt in ihrer Bedeutung unsicher.

**Z. 3**   Zwischen dem ersten erhaltenen Buchstabenrest und התלוננו ist
eine Lücke zu verzeichnen.[5] Zu לון vergleiche man Kol. X,14.[6]

**Z. 4**   Ebenso wie in Z. 3 ist eine kleine Lücke zwischen dem ersten
Buchstabenrest und dem folgenden Wort (יתנוללו) zu lesen.[7] נלל im Hit-
polel ist häufig in Qumrantexten belegt. Deutlich ist nach יתנוללו ein Vacat von etwa 3 ZE zu erkennen. Da יתנוללו mit großer Wahrscheinlichkeit
Teil einer Auslegung ist, ließe sich vermuten, daß mit ה ein Zitat beziehungsweise dessen Einleitung beginnt.[8] Wahrscheinlich ist vor יתנוללו אש[ר
zu ergänzen.[9] ר ist paläographisch gut möglich. Syntaktisch scheint eine
derartige Konstruktion nötig, da ansonsten nach יתנוללו ein weiteres Wort
– eingeleitet durch die Präposition ב – hätte folgen müssen.[10]

**Z. 5**   Es ist nicht ganz eindeutig, wie die Wörter dieser Zeile zueinander in Beziehung zu setzen sind. J. Strugnell zeigt die nächstliegenden Alternativen auf:[11] entweder ist אקבוץ zu חרון zu ziehen (vergleiche Ez

---

[1] Siehe J. Strugnell 247. Allerdings ist die Identifizierung מה nicht ganz sicher (E.
Puech, persönlicher Hinweis. J. M. Allegro, 73, verzeichnet lediglich Reste zweier nichtidentifizierter Buchstaben).

[2] Näheres siehe Erläuterungen zu Kol. X,16; welche Lesart, ob vollständig und ob
vielleicht auch Ps 17,14 zitiert worden ist, ist nicht mehr rekonstruierbar.

[3] Siehe J. Strugnell 247; wahrscheinlich aber besser עושׂי wegen der üblichen Pleneschreibung; entgegen J. M. Allegro, 73, der ... ה°נ°... liest; zur Schreibung von ו vergleiche z.B. Z. 11.

[4] Doch könnte אלי darauf hinweisen, daß hier zitiert wird.

[5] J. M. Allegro, 73, liest hier ]°התלוננו[ . Die Verwendung von לון im Hitpael ist ungebräuchlich.

[6] מאסו כול אנשי עצתו וידברו עליו סרה, siehe Erläuterungen zur Stelle. Zu לון in sehr
ähnlicher Verwendung siehe besonders 1QH V,24f. Die inhaltliche Nähe von Z. 3 zu
Kol. X,14 bestätigt indirekt die Plazierung von Frg. 19 in Kol. XI.

[7] J. M. Allegro, 73, liest irrtümlich ]°יתנוללו[.

[8] Vergleiche z.B. Kol. VIII,12, hier vor Beginn von Ps 12,1.

[9] Vergleiche Kol. X,10.

[10] Vergleiche die Konstruktionen in anderen Qumrantexten, z.B. mit בדרכי זנות/רשע
(1QS IV,19, CD VIII,5, XIX,17).

[11] Siehe J. Strugnell 247.

22,20) oder man verbindet ע[דריו אקבוץ miteinander. Die erste Möglichkeit scheint aus syntaktischen Gründen einleuchtender. Dafür spricht
außerdem, daß sich in 4Q177 Verben in der 1.Pers.sg. nur innerhalb von
Schriftzitaten finden. Vielleicht handelt es sich hier also um eine vom MT
etwas abweichende Fassung von Ez 22,20,[1] eventuell auch um eine freie
Wiedergabe innerhalb eines Peschers.[2]

**Z. 6** Zu Frg. 19, dessen letzte Zeile sich hier befindet, treten die
Frg. 12 und 13 hinzu. Die Schriftreste auf Frg. 19 weisen Parallelen zu Jes
35,10a (= Jes 51,11a) auf. Eine Identifizierung der letzten zwei Buchstaben ist kaum noch möglich. Die Lesung von א und ו (ובאו) wäre denkbar,
ist aber nicht sicher.[3] Schwierigkeiten bei einer Ergänzung von Jes 35,10
würde der Abstand zum rechten Kolumnenrand bereiten, der allerdings
recht hypothetisch ist.[4] J. M. Allegro verzeichnet auf Frg. 12 und 13 Reste
eines Zitates von Jer 18,18.[5] Die Lesung dieser Schriftstelle am jeweiligen Fragmentrand ist aber nicht unproblematisch. Besonders gilt dies für
die Lesung von מ auf Frg. 13.[6] Für die Ergänzung von Jer 18,18 spricht
der Abstand zwischen Frg. 12 und 13, der sich durch die Rekonstruktion
ergibt.[7]

**Z. 7** Der Textbestand wird nun umfangreicher und sicherer. Zu Be-
ginn liegt eine Einleitungsformel vor, die David als den Urheber dieses
Psalms angibt. Auf Frg. 12 und 13 finden sich eindeutige Reste von Ps
6,2.3.[8] In der Lücke zwischen beiden Fragmenten ließe sich das Ende von
V. 2a und der Beginn von V. 3a ergänzen. Dies entspräche genau dem zur
Verfügung stehenden Platz.[9]

**Z. 8** Frg. 12 gibt hier Ps 6,4.5a wieder. Zitiert wird vollständig, je-

---

[1] MT liest Ez 22,20bα: כן אקבץ באפי ובחמתי, vergleiche alttestamentlichen Kontext
(Metalläuterung).

[2] Vergleiche z.B. Kol. IX,6 (Hab 2,1).

[3] Möglich wäre beispielsweise auch die Lesung von ר + einem oder zwei Buchstaben.

[4] Zur horizontalen Plazierung von Frg. 19 siehe zu Z. 1; eine theoretische Möglichkeit bestünde darin, anstelle von ופדויי יהוה (MT) ופדויו zu lesen, das jedoch durch keine
Textvariante belegt ist. Nimmt man lediglich eine Anspielung an, könnte z.B. auch
(ו)בחוריו oder eine ähnliche Gemeindebezeichnung gelesen werden. Zur (alten) Pluralendung ו- siehe E. Qimron (1986) 45, dieses Afformativ tritt nur in Zusammenhang mit
Bibelversen auf, was für ein Zitat (von Jes 35,10) spricht.

[5] Siehe J. M. Allegro 71: תורה מכ[והן ועצה מחכם ודבר מ]נביא.

[6] Die Lesung von כ auf Frg. 12 ist möglich, jedoch unsicher; vielleicht ist auf Frg. 12
auch ו statt י zu lesen.

[7] Bei einer Kolumnenbreite von 15 cm.

[8] Die Abweichungen vom MT betreffen lediglich die vollere Schreibweise von כי
und באפך.

[9] Auf diese Ergänzung weist auch J. Strugnell, 245, hin; eine Ergänzung des gesamten V. 2 wäre zu lang.

doch mit Abweichungen vom MT.[1] Zu erwarten wäre, daß zwischen Zeilenbeginn und Frg. 12 das fehlende „Verbindungsstück", nämlich V. 3b,
gestanden hat. Der Abstand ist allerdings für eine alleinige Ergänzung
von V. 3b gemäß dem MT zu groß.[2] So wird man vielleicht mit einer unbekannten Textvariante rechnen müssen.[3] Die Ergänzung der Lücke zwischen Frg. 12 und 13 muß den Beginn der Auslegung beinhalten. Vielleicht stand dort eine Pescherformel, da es sich um einen Psalm handelt.[4]
J. Strugnells Ergänzungsvorschlag wäre ungewöhnlich, da das darauffol-
gende על mitbedacht werden muß.[5]

**Z. 9**    Das Vokabular weist eindeutig darauf hin, daß eine Interpretation – noch zu Ps 6 – vorliegt. Wegen להאבידמה ist darauf zu schließen,
daß בליעל Teil einer Konstruktusverbindung im Plural ist, am besten
wohl בנ[י ב]ליעל. Subjekt des Satzes ist sicher Gott.[6] J. Strugnells Vermutung über das Zeilenende wird sowohl den paläographischen Befunden
als auch dem Parallelismus gerecht.[7] Vielleicht könnte auch etwa folgender Text gelesen werden:

... להאבידמה בחרונו אשר לוא יותיר ל[בני עול ולוא ]י֯נ֯יח לבליעל.[8]

**Z. 10**    Die Anspielung auf Sodom scheint den Gedankengang des Peschers von Z. 9 (יניח, יותיר) weiterzuführen und steht dort vielleicht schon
im Hintergrund.[9] J. Strugnells Ergänzung von אב[רהם ist sicher zutref-

---

[1] ועתה statt MT ואת, חונני statt MT שובה יהוה, (V. 5a frei wiedergegeben); zu den Abweichungen finden sich keine Parallelen in anderen Textüberlieferungen.

[2] Ps 6,3b: רפאני יהוה כי(א) נבהלו עצמי; es bliebe eine Lücke von etwa 7 ZE.

[3] Dies wäre aufgrund der Abweichungen vom MT im erhaltenen Textbestand gut
denkbar; eventuell auch Einschub eines kürzeren Kommentars anstelle von V. 3b; eine
eingeschobene Einleitungsformel – z.B. ואשר אמר – wäre sehr ungewöhnlich.

[4] Doch siehe Teil II, 3.6 (das Zitat von Ps 6 unterbricht die Psalmenfolge).

[5] J. Strugnell (חלצה נפ]שי פשרו על אחרית הי[מים) 246; Reste eines ל scheinen sich
doch rechts oberhalb von מ am Fragmentrand zu befinden, vergleiche auch J. M. Allegro
(]ל[מים על) 71. Eine sinnvolle Ergänzung von ]ל[מים ist allerdings schwierig (עו]ל[מים).
Oder ist es als Präposition ל + מים zu verstehen? Die Formulierung על למים ist so allerdings im AT und in Qumran nicht belegt.

[6] Vergleiche ähnlich auch 1QH III,28. Zu אבד vergleiche Kol. I,7.

[7] אשר לוא י]ניח בליעל siehe J. Strugnell 246; es sind noch Reste des ersten י erhalten.

[8] Zu Beginn der Lücke wird ein Parallelbegriff zu Belial gestanden haben, vielleicht
בני עול (בני חושך oder בני אשמה wären zu lang); רשעים würde בליעל nicht so gut entsprechen, ist vielleicht auch etwas zu kurz, vergleiche aber Gen 18,16ff; zu בחרונו vergleiche
Z. 5; (vergleiche CD II,6f, 1QS IV,14, 1QH VI,32 etc.). Zu ב als Präposition in בחרונו
siehe Y. Thorion (1985), 29, der es als Beleg für ein „circumstanciales" ב (des Beglei-
tumstandes) anführt, vergleichbar mit באף in 1QH IX,3.

[9] Siehe besonders Gen 18,32, 18,23.25a; vergleiche zu עשרה צדיקים vielleicht auch
1QS VI,3 par. Zu עיר als Bezeichnung einer Gemeinschaft vergleiche z.B. 4QpNah II,2,
siehe dazu auch J. Maier (1962) 228 und Anm. 76.

fend.[1] Vielleicht ist zu Beginn der Zeile eine positive Zusage Gottes an Abraham zu ergänzen. Dies würde inhaltlich den Zusammenhang zum Zitat von Ps 6,6 herstellen, welches mit hoher Wahrscheinlichkeit in Z. 10f (… כי[א אין) wiedergegeben wurde. Für ein Zitat von Ps 6,6 spricht der Anschluß an Ps 6,5 (Z. 8), zudem paßt es gut in den Kontext. Eine Einleitungsformel ging dem Zitat wohl nicht voraus, da für ihre Ergänzung nur wenig Platz zur Verfügung stünde. Zu רוח אמת vergleiche man z.B. 1QS IV,21. Der letzte Schriftrest läßt sich vielleicht – mit E. Puech – als צ̊ identifizieren, so daß dann möglicherweise (Hiphil) כיא רוח אמת צ̊[דיק ge-lesen worden ist.[2]

**Z. 11**   Zu Beginn der Zeile ist die Fortsetzung von Ps 6,6a zu ergänzen (siehe zu Z. 10). Ob im Anschluß an Ps 6,6a auch V. 6b wiedergegeben worden ist, ist nicht sicher, ebensowenig, in welcher Weise die nach-folgende Interpretation eingeleitet wurde.[3] Bei dem ersten auf Frg. 12 bruchstückhaft erhaltenen Buchstaben könnte es sich um ein ע handeln. Es wäre dann ע̊מה[ zu lesen und ein zu אחיהמה paralleler Begriff zu ergänzen. אחיהמה ist vielleicht Bezeichnung für Gemeindemitglieder.[4] Bereits J. M. Allegro stellte fest, daß במחשבת anstelle von במחשבל gelesen werden muß. Der Fehler in der Handschrift erklärt sich als Schreibfehler, da das nächste Wort mit בל beginnt.[5] מחשבת בליעל findet sich ebenso in Kol. III,8, man vergleiche aber z.B. auch 1QH IV,12f. Mit E. Puech ist der letzte Buch-stabe auf Frg. 12 paläographisch eher als ה̊ zu lesen, so daß dann עליה̊[ם ergänzt werden kann.[6] Am Schluß der Zeile ist ]ת̊ ל̊°° ̊[ zu lesen.[7]

**Z. 12**   Der erhaltene Text, der zu Beginn leicht zerstört ist, gehört zu

---

[1] Siehe J. Strugnell 246.

[2] Nach persönlichem Hinweis von E. Puech. Siehe עשרה צדיקים in derselben Zeile; zu צדק im Hiphil vergleiche zahlreiche Belege in Qumrantexten, siehe z.B. 1QM XI,14. Vergleiche aber auch 1QS IV,20ff (siehe oben). Zu übersetzen wäre dann: „…denn der Geist der Wahrheit erweist als gerecht/spricht gerecht…".

[3] Vielleicht, da es sich um ein Psalmzitat handelt, durch eine Pescherformel. Doch siehe Teil II,3.6.

[4] Vergleiche häufiger z.B. in 1QS, 1QSa und CD. Auffällig ist allerdings das Suffix der 3. Pers. mask. pl., sonst wird beinahe ausnahmslos אחיהו (sg.) gelesen, was aber kon-textbedingt sein kann.

[5] Siehe J. M. Allegro 72.

[6] Persönlicher Hinweis von E. Puech. J. M. Allegro, 71, liest ו̊.

[7] Neben J. M. Allegros ל, 71, lassen sich ם und ת mit hoher Sicherheit identifizieren; der Abstand zwischen dem auf ם endenden Wort und dem folgenden ist nicht sehr groß, dies erklärt sich aber aus dem nahen Zeilenschluß, der eine gedrängtere Schreibweise er-forderte, vergleiche z.B. Z. 7 (siehe auch unten zum Schriftwechsel in Z. 15.16). Nach ל ist ב̊ oder כ̊, vielleicht auch מ̊ zu lesen, danach folgt ע̊, ש̊ oder א̊. Lies möglicherweise: ל̊ ב̊ל̊ע̊ת[ ( ל + Infinitiv von בעת)? Zu לבעת vergleiche z.B. 1Q19 (1QLivre de Noé, ed. D. Barthelemy, J. T. Milik (1955)) III,6.

einer Interpretation und besitzt eine wörtliche Parallele in 1QS III,24f.[1]
Vielleicht ist daher zu Beginn ואל ישראל ו[מלאך אמתו zu ergänzen.

**Z. 13**  Frg. 15 tritt hinzu. יֿדיהֿםֿ könnte sich auf eine Größe wie
אנשי גורלו beziehen (vergleiche Z. 16), die möglicherweise im Anschluß
an [מיד בליעלֿ (Z. 12) erwähnt wurden. Zu Beginn von Frg. 12 ist wahrscheinlich [ֿהֿמֿהֿ] zu lesen. מ ist sicher, statt הֿ wäre jeweils noch הֿ eventuell möglich. Die Fortsetzung nach dem zweiten הֿ, welches wahrscheinlich
den Wortschluß darstellt, ist unklar. Am Ende der Ausführung findet sich
eine Bezugnahme auf Jo 2,20.[2] Diese wird – eingeführt durch היא – ausgelegt. Der Beginn der Deutung scheint durch ein kleines supralineares
Kreuz markiert worden zu sein, vergleichbar mit kleinen Vacats die sonst
in der Handschrift hier und da in dieser Funktion auftreten.[3] Zu עת ענות
weist J. Strugnell auf eventuell mögliche Zusammenhänge zu 4QpPs[a]
II,9, III,3 hin.[4] Gemäß E. Puechs (diss. 1992) Vorschlag kann vielleicht
עת ענות המור[ה gelesen werden.

**Z. 14**  Den Beginn von Frg. 12 liest J. M. Allegro תמֿדֿ ידוד הֿצֿ]דֿי[קֿ.
J. Strugnell schlägt als Alternative, da er ר für wahrscheinlicher als ד hält,
folgendes vor: תמרוד יד הֿמֿ]לֿא[ךֿ.[5] Wahrscheinlich ist mit J. M. Allegro
תמֿדֿ ידוד zu lesen, da dies den Abständen zwischen den Buchstaben entspricht und ד paläographisch vorzuziehen ist,[6] auch wenn das Verständnis
von תמד Schwierigkeiten bereitet.[7] Weder הֿצֿ]דֿי[קֿ noch הֿמֿ]לֿא[ךֿ sind
mögliche Lesungen; mit E. Puech (diss. 1992) ist dagegen הֿמֿ]וֿר[הֿ in
Erwägung zu ziehen. Am Ende ist wahrscheinlich eher רוח[ן anstelle von
J. M. Allegros רוחו]ת zu lesen und dann z.B. in Anlehnung an Kol. X,10
רוח[ן בליעל zu ergänzen.

**Z. 15**  J. Strugnells Lesung des Textbeginns ist überzeugend:[8]

---

[1] In 1QS III,24f fehlt lediglich der Schluß מיד בליעל; Belial wird in 1QS III,13-IV,26
nicht erwähnt, dafür מלאך חושך; 1QS III,24 liest עזר, hier יעזור.

[2] Es scheint sich um ein Zitat (nur teilweise zitiert; gemäß MT) innerhalb – am Schluß
– einer Auslegung zu handeln, welches aber in aller Form ausgelegt wird; zu באר ציה
vergleiche auch 1QH VIII,4. L. Vegas Montaners (1980) Lesung von לאר ציה ושממה
(Jo 2,20) ist nicht möglich, darauf verwies bereits F. García Martínez (1983) 438.

[3] Vergleiche J. M. Allegro 72; er weist auf Kreuzzeichen in Frg. 13,II,9 und Frg. 29,2
hin, die allerdings – wenn es sich tatsächlich um ein Kreuz handelt – in, nicht über die
Zeile geschrieben worden sind.

[4] Vergleiche zum folgenden J. Strugnell 246.

[5] Siehe J. M. Allegro, 71, J. Strugnell 246.

[6] Der Buchstabe besteht aus zwei Strichen.

[7] Def. Schreibung für תמיד (J. M. Allegro, 72)? Oder 3. pers. fem. sg. impf. von מוד?
E. Puech, der ... ע[ת תמד ידוד המ]ור[ה vorschlägt, versteht diese Passage folgendermaßen: „... le temp]s sera mesuré; il entraînera le M[aîtr]e (?) ...".

[8] Siehe J. Strugnell 246; die Lesung von ר zu Beginn scheint sicher; J. M. Allegro,
71, liest ]אֿו אל וקדושו שמו.

ויראי אל יקדישו שמו. Jes 29,23 könnte hinter dieser Formulierung gestanden haben.[1] Zu ובאו ציון בסמחה vergleiche Jes 35,10, 51,11.[2] Es handelt sich hierbei um eine freie Verwendung dieser Schriftstelle, nicht um ein eigentliches Zitat; zusätzlich zu ציון wird ירושלים angeführt. Auffällig ist die Veränderung der Schrift in Z. 15f.[3] Ein Vergleich der Buchstaben läßt vermuten, daß es sich um dieselbe Hand handelt, jedoch breiter und weniger sorgfältig. Dafür spricht auch die Fortsetzung der Kol. XII in der sonst üblichen Schrift.[4] Auszuschließen ist die Möglichkeit, daß es sich um einen redaktionellen Nachtrag von späterer Hand handelt, da die Schrift ab ציון eine andere ist, also mitten in dem zu Jes 35,10 parallelen Gedanken wechselt.

**Z. 16** J. Strugnell schlägt vor, ein Wort wie etwa יתמו in der Lücke zu ergänzen.[5] Allerdings ist der Platz dafür etwas klein, auch existiert ein weiterer Schriftrest nach י.[6] So sollte יֹת̇[מ]ו gelesen werden.[7]

## Kol. XII

Das einzige Fragment, welches mit Sicherheit dieser Kolumne angehört, ist Frg. 13,II. Es bietet die Anfänge der Z. 4-12. Die Kolumnenbreite ist unbekannt.[8]

---

[1] Vergleiche die ähnliche, auf Mal 3,16 zurückgehende Formulierung in CD XX,19f.

[2] סמחה anstelle von שמחה (MT), siehe E. Qimron (1986) 24; vergleiche entgegengesetzt Kol. VIII,2.

[3] Vergleiche J. M. Allegro 72; J. Strugnell, 247, charakterisiert die Schrift als „<semiformelle> vulgaire" und weist auf einen möglichen Zusammenhang zu „l'orthographie vulgaire" von סמחה hin.

[4] Möglicherweise versuchte der Schreiber durch die „breitere" Schreibweise seine Abschrift an die Vorlage anzugleichen. Die Kolumne der Vorlage war vielleicht schon beinahe beendet, als dem Kopisten noch knapp zwei Zeilen bis zu seinem Kolumnenschluß blieben; deshalb versuchte er möglicherweise zu dehnen, um einen gleichen Kolumnenanfang zu erreichen. Es existiert dazu kein Parallelbefund unter den Qumranhandschriften, doch könnten folgende Beobachtungen diese These stützen: So bestehen in **1QH** häufig größere Lücken zwischen einzelnen Wörtern, die der „Dehnung" – zum Ausfüllen der einzelnen Zeilen – dienen. Unter den ShirShabb-Manuskripten (ed. C. Newsom (1985)) gibt es zwei Paralleltexte – **4Q400** und **4Q401** –, die identische Zeilen aufweisen (vergleiche z.B. 4Q400 Frg. 2,1.2 mit 4Q401 Frg. 14I,7.8); das heißt also, daß man in diesem Falle beim Kopieren auf das Übereinstimmen von Zeilen geachtet hatte. Eine ähnliche Parallele existiert zwischen **4Q403** und **4Q404** (beide ShirShabb, C. Newsom (1985)): In 4Q403 umfaßt eine Zeile jeweils genau zwei 4Q404-Zeilen (vergleiche 4Q403 Frg. 1I,4ff mit 4Q404 Frg. 5).

[5] Siehe J. Strugnell 247; zu יתמו vergleiche z.B. 1QM XIV,7, 4QpPs<sup>a</sup> II,7.

[6] Einen Schriftrest vermerkt auch J. M. Allegro 71.

[7] Mit E. Puech, nach persönlichem Hinweis.

[8] Im folgenden nichtkommentierte Zeilen werden in Übereinstimmung mit J. M. Allegro und J. Strugnell gelesen.

**Z. 6**  Sicherlich ist לאֶֿחרית [הימים zu ergänzen.[1]

**Z. 7**  Vielleicht kann – wie in Kol. X,13 – שופר בנ[ב]עה gelesen werden. Paläographisch ist dies nicht auszuschließen, allerdings keineswegs sicher.[2]

**Z. 8**  Mit J. Strugnell sind die zwei Teile, in die das Fragment hier zerfallen ist, anders zusammenzubringen als J. M. Allegro dies getan hatte. Dafür sprechen Schriftreste, welche dem ל der folgenden Zeile zuzuordnen sind.[3] Die Lesung von Z. 8 ist schwierig: J. M. Allegro liest אמֿהֿתין[, J. Strugnell אלֿכֿסֿוֿם[. Letzteres ist aufgrund des Originals wahrscheinlicher. Dann läge – aufgrund der 1. Pers. – sicher der Rest eines Zitates vor, allerdings ist אכסום nirgends im AT belegt.[4]

**Z. 11**  Vermutlich ist אנשי Teil einer Gruppenbezeichnung. In diesem Zusammenhang tritt es stets im Text auf, ob als Gemeinde- oder Gegnertitulierung ist hier aber unklar.

**Z. 12**  J. Strugnell zeigt in א eine gleichwertige Alternative zu J. M. Allegros Lesung eines Kreuzes zu Beginn der Zeile auf;[5] man vergleiche z.B. die Schreibung des ersten א in Z. 9. Der Abstand zum folgenden Buchstaben wäre dann relativ groß. Ein ähnlicher Fall liegt in Frg. 29,2 vor, hier scheint es sich tatsächlich um ein Kreuz zu handeln, was J. M. Allegros Lesung dieser Zeile stützen würde. Eine sichere Entscheidung ist nicht möglich.

### Die weiterhin nicht eingeordneten Fragmente

Im folgenden soll der Text der Fragmente besprochen werden, die sich mit Hilfe der materiellen Rekonstruktion bisher keiner der fünf Kolumnen zuordnen ließen. Es handelt sich dabei um relativ kleine Fragmente mit verhältnismäßig geringem Textbestand.[6] Sie sollen – entsprechend ihrer Reihenfolge, die sich durch die Zählung von J. M. Allegro und J. Strugnell (Frg. 32-34) ergeben hat, – erläutert werden. In Verbindung mit einem Blick auf die materielle Beschaffenheit der Fragmente wird hier

---

[1] לאחרית הימים siehe auch in Kol. III,15, V,3 und XI,7.

[2] Ob es sich dann um ein erneutes Zitat von Hos 5,8 handeln würde – am Ende von Z. 6 wäre dann תקעו zu ergänzen – oder um eine Interpretation, ist unklar. Für eine mehrfache Verwendung eines Zitates im selben Text findet sich aber kein Beleg. Falls ב zu lesen ist, käme ansonsten alttestamentlich nur noch Jer 51,27 (שופר בגוים) in Frage, auch dann wäre תקעו am Ende von Z. 6 zu ergänzen.

[3] Siehe J. Strugnell 246; J. M. Allegro, 72, deutet irrtümlicherweise die Reste des ל als supralineares ו oder י.

[4] Vergleiche vielleicht ähnlich Ps 85,3.

[5] Siehe J. Strugnell, 246, J. M. Allegro 72.

[6] In der Regel maximal vier Zeilen erhaltener Textbestand mit nicht mehr als zwei Wörtern pro Zeile.

und da eine Vermutung über ihren ursprünglichen Platz innerhalb der Handschrift möglich sein.

Frg. 16[1]

**Z. 1**  Vermutlich wird als erster Buchstabe י oder ו zu lesen sein.[2] Doch wie lautete dann das Wort?[3]

**Z. 2**  Wahrscheinlich ist hier eine Formulierung wie לעצ]ת היחד zu lesen.[4] Die Reste dieser Zeile werden daher wahrscheinlich einer Interpretation zuzurechnen sein.

Die materielle Zuordnung dieses Fragments zu Lederqualität A oder B ist nicht unproblematisch. Es handelt sich um ein relativ dünnes, helles Leder, vergleichbar etwa dem oberen Bereich von Kol. X. So stellt J. Strugnell auch eine materielle Ähnlichkeit zu Frg. 14 fest, schließt allerdings auch nicht aus, daß Frg. 16 nicht zu 4Q177, sondern zu **4Q169** (4QpNah) gehören könnte.[5] Gute Entsprechungen bestehen zwischen Frg. 16 und Frg. 24, daher wäre eine Zuordnung von Frg. 16 (einige Millimeter) links von Frg. 14 vorstellbar. Die Z. 1 von Frg. 16 entspräche dabei der ersten Kolumnenzeile.[6]

---

[1] Lesungen, die im folgenden nicht kommentiert werden, stimmen sowohl mit J. M. Allegro als auch mit J. Strugnell überein.

[2] J. Strugnell, 246, vermutet ע, was zwar einen guten Sinn ergeben würde, paläographisch jedoch kaum möglich ist. Bei dem Schriftrest handelt es sich um einen senkrechten Strich mit einem kleinen Haken links oben.

[3] Aufgrund der Ähnlichkeit von י und ו läßt sich auch über den zweiten Buchstaben keine ganz sichere Entscheidung treffen. Doch läßt die Kürze des Striches eher auf י schließen.

[4] Mit ל liegt der Beginn eines neuen Wortes vor. Die Verbindung von ל, ע und צ findet sich nur bei ל + עצה (meist in einer Konstruktusverbindung), vergleiche z.B. häufig in 1QS und 1QSa; am besten ist לעצת היחד belegt (siehe z.B. 1QS VI,10, 1QSa I,27), daneben z.B. aber auch לעצת קודש (z.B. 1QH VII,10, 1QM III,4).

[5] J. Strugnell 246; J. Strugnell, 205, charakterisiert die Hand von 4Q169 als „formelle" und datiert sie an das Ende der hasmonäischen beziehungsweise den Anfang der herodianischen Epoche. Besonders die Schreibung von מ auf Frg. 16 spricht aber für eine Zuordnung zum „Round" semiformalen Schrifttyp von 4Q177.

[6] Eine Anordnung zur rechten Seite von Frg. 24 ist nicht möglich, da sich dort der Kolumnenrand befindet, daher ist nur an eine Anordnung links von Frg. 24 im Abstand einer Rollenwicklung zu denken. Dies würde sich mit J. Strugnells Vermutung über die materielle Ähnlichkeit von Frg. 16 und 14 decken. Im Anschluß an das Zitat von Ps 16,3 wäre dann ein kleiner Freiplatz zu erwarten, daran würde sich, parallel zum לקדושים des Zitates לעצת היחד anschließen. Problematisch wäre, daß so keine Auslegungsformel Platz fände und keine überzeugende Korrespondenz der Zeilenabstände besteht. So ist diese Zuordnung spekulativ.

**Frg. 17**

Siehe zu Kol. VIII,15.

**Frg. 18**

**Z. 1**   Mit hoher Wahrscheinlichkeit ist mit J. Strugnell ]עׄלׄיׄהׄ[ zu lesen.[1] Vielleicht handelt es sich bei ם]ׄהׄלׄעׄ[ um den Teil einer Zitationsformel.[2]

**Z. 2**   Zu lesen ist ] רׄפסׄ[. Vielleicht gehört ספר zu einer Zitationsformel.[3] Möglich wäre aber z.B. auch התורה] ספר wie in Kol. X,14. Ebenso würde ספר zum Zusammenhang von Kol. X,11-12 passen.[4] Im gleichen Kontext sind auch מ]סׄפר oder eine Verbform von ספר nicht auszuschließen.

**Z. 3**   Eindeutig zu lesen sind lediglich zwei ב. Davor ist der Rest eines zerstörten Buchstabens erhalten, der vielleicht – mit E. Puech – als שׄ zu identifizieren ist; am Ende könnte וׄ zu lesen sein.[5]

**Z. 4**   Zwischen ר und א befindet sich eine kleine Lücke.[6]

**Z. 5**   Wahrscheinlich ist בׄ zu lesen.

Das Originalfragment fehlt. J. Strugnell vermutet es aufgrund seines Materials in der Nähe der Frg. 1-4 oder der Frg. 12-13.[7] Die Zeilenabstände korrespondieren gut mit denen von Frg. 12. Muß Frg. 18 vielleicht rechts von Frg. 12 angeordnet werden? Seine Form wäre dann vergleichbar mit Strukturen, die sich innerhalb vom rechten Nachbarn Frg. 3 zeigen, welches durch senkrechte Risse gekennzeichnet ist.[8]

**Frg. 21**

**Z. 2**   Es ist nicht ganz eindeutig, ob der letzte Buchstabe, der nur noch fragmentarisch erhalten ist, zum vorausgehenden יבקשׄ gehört,[9] oder ob mit ihm das nächste Wort beginnt, was wahrscheinlicher ist.

**Z. 3**   בקש mit folgendem ל (+ Infinitv) findet sich auch in Kol. IX,12, sehr ähnlich auch in Kol. II,16.[10]

Das helle – zwar relativ dünne – Leder dieses Fragments weist es den

---

[1] Siehe J. Strugnell 247.

[2] Siehe z.B. Kol. VIII,5, IX,3.

[3] Vergleiche z.B. Kol. VIII,5; dann wahrscheinlich zu einem Zitat, welches nicht aus dem Bereich des Psalters stammt, siehe Teil II,3.4.

[4] Als Parallelbegriff zu den לוחות (Kol. X,12), z.B. „Buch des Lebens".

[5] Persönlicher Hinweis von E. Puech.

[6] J. M. Allegro, 73, liest ]רׄאׄ[. Vielleicht ist ר]אׄשׄר oder ]אׄשׄר אׄמׄ[ר oder פשר הד]בׄר אשר zu lesen.

[7] J. Strugnell 247.

[8] Eine Zuordnung zu den Z. 10-14 der Kol. X (siehe Erläuterungen zu Z. 2) ist so gut wie auszuschließen, da sich wahrscheinlich materielle Überlappungen ergäben.

[9] Siehe J. M. Allegro 73.

[10] Vergleiche zu dieser Konstruktion sonst in Qumrantexten z.B. 4QpPs^a IV,7.8.

Kol. VIII beziehungsweise IX zu. Dafür sprechen insbesondere auch die stark ausgeprägten Falten, die Ähnlichkeiten zu denen des rechten Lederbogens besitzen. Am ehesten wäre an eine Zuordnung des Frg. 21 zu Kol. IX zu denken. Oberhalb des Frg. 9 befindet sich innerhalb der Rekonstruktion eine Lücke.[1] Möglich wäre hier eine Plazierung einen Wicklungsumfang links von Frg. 6, Frg. 21,1 könnte dabei entweder der zweiten oder dritten Kolumenzeile entsprechen.[2] Eine andere Zuordnungsmöglichkeit legt der Text selbst nahe: In Kol. IX,12 findet sich ebenfalls בקשׁ.[3]

Frg. 22

**Z. 2**  Mit J. Strugnell wird יהושוע [בֹּן נון] zu lesen sein.[4]

**Z. 3**  Es ist wahrscheinlich mit J. Strugnell [לֹבהֹֹ] zu lesen;[5] dabei scheinen Reste von ל am rechten Fragmentrand erhalten zu sein.

Da das Originalfragment verloren gegangen ist, ist eine Zuordnung schwierig. Allerdings könnte der enge Zeilenabstand (Z. 2.3) auf eine Zugehörigkeit zu Kol. X,14-16 hinweisen. Geht man dann vom Text aus, so findet sich in Kol. X,14 tatsächlich die sicher zu ergänzende Buchstabenfolge מ und ה, wie sie in Frg. 22,1 vorliegt.[6] Bei einer Plazierung von Frg. 22 an dieser Stelle ergäben sich Entsprechungen zu Frg. 31, welches sich eine Wicklung weiter links befindet. Möglich wäre aber auch, daß es sich bei Z. 3 um eine supralineare Einfügung – also um Z. 3a – handelt.[7]

Frg. 23

**Z. 1**  Vielleicht ist [כֹּיא] zu lesen.

**Z. 2**  אסף findet sich in 4Q177 nur noch einmal, allerdings im Niphal, nämlich in Kol. XI,16. Hier tritt es – wie häufig in Qumrantexten – in eschatologischen Zusammenhängen auf.[8]

---

[1] Es fehlt ein Fragment oder mehrere, die Frg. 11 beziehungsweise 6 entsprechen.

[2] Frg. 21 entspricht in seiner Breite gut der von Frg. 6. Der linke Fragmentrand würde dem Nahtrand auf Frg. 11 entsprechen. Die Zeilenzuordnung ist durch zu ergänzende Schriftzitate eingeschränkt.

[3] Siehe zu Z. 3. Ordnete man Frg. 21 den Z. 9-11 der Kol. IX zu, so ergäben sich zwar gute materielle Entsprechungen (die rechte Seite von Frg. 21 in Verlängerung der rechten Kante von Frg. 11; zur linken Seite hin wäre eine nicht schlechte Korrespondenz zu Frg. 4 gegeben). Allerdings ergibt sich so kaum ein sinnvoller Text.

[4] Siehe J. Strugnell 247; zu בן נון in Qumrantexten vergleiche 4QpsIb<sup>c</sup> 4,1 (noch unveröffentlicht).

[5] J. Strugnell 247.

[6] Hos 5,8 muß zu Beginn von Z. 14 mit hoher Wahrscheinlichkeit ergänzt werden (ברמה).

[7] Persönlicher Hinweis von E. Puech.

[8] Vergleiche z.B. mehrfach in 1QM, 1QSa I,1, 4QpHos I,12. פ anstelle von ף (J. M. Allegro 73).

**Z. 3**　J. Strugnell liest ‏ע בל[‏.[1] Vielleicht ließe sich nach 1QH XVIII,24 ‏לב ע]פר‏[ ergänzen.

Das Leder dieses Fragmentes ist relativ hell und vergleichsweise dünn. J. Strugnell vermutet seinen ursprünglichen Platz in der Nähe von Frg. 14.[2] Gute Entsprechungen der Zeilenabstände ergeben sich zwischen Frg. 23 und Kol. X,5-7 beziehungsweise 6-8, links unterhalb von Frg. 14.

**Frg. 25**

**Z. 1**　Eventuell sind die Buchstabenreste als ‏[מׄצׄלׄ[‏ zu lesen.[3]
**Z. 2**　Vielleicht muß vor ‏ב‏ ‏הׄ‏ gelesen werden.

Die dünne Lederstärke und seine mittelbraune Farbe weisen dieses Fragment dem linken Lederbogen zu.

**Frg. 27**

**Z. 2**　Zu ‏בחירי‏ als Teil einer Konstruktus-Verbindung siehe man Kol. III,19 (‏בחירי ישראל‏) und – innerhalb eines Zitates von Jes 65,22f – Kol. VI,2. ‏בחירי‏ kommt in Gemeindebezeichnungen häufig in Qumrantexten vor.[4]

Das Originalfragment fehlt.

**Frg. 28**

**Z. 2**　Vielleicht kann, wie J. Strugnell es vermutet, ‏אשר אמׄ]ר‏ gelesen werden. Dann läge hier ein Teil einer Zitationsformel vor.

Das Material – relativ dunkles, dünnes Leder – weist eindeutig auf eine Zugehörigkeit dieses Fragmentes zum linken Lederbogen hin.[5]

---

[1] Siehe J. Strugnell 247.
[2] Siehe J. Strugnell 247.
[3] Vergleiche ‏מצלות‏ in Sach 14,20.
[4] Unterschiedliche Verbindungen sind möglich, siehe z.B. CD IV,3 (‏בחירי ישראל‏), 1QS VIII,6 (‏בחירי רצון‏), IX,14 (‏בחירי העת‏), XI,16 (‏בחירי אדם‏); alttestamentlich hauptsächlich in Jesaja und dem Psalter belegt.
[5] Könnte es hier etwa in Kol. XI,7-9 vor Frg. 12 plaziert werden? Z. 8 könnte dann folgendermaßen gelesen werden:
‏רפאני יהוה כיא נבהלו עצמי וא]שר אמׄ]ר [ונפשי נבהלה ...‏
Ungewöhnlich wäre allerdings eine derartig eingeschobene Einleitungsformel, die den hier wohl durchgängig zitierten Psalmtext unterbrechen würde. Die Formel ‏ואשר אמר‏ findet sich häufig in 11QMelch, siehe hier z.B. Z. 11, in der so zwei Psalmzitate miteinander verbunden werden. Die Zeilenabstände sprechen nicht gegen eine solche Plazierung von Frg. 28, gute Korrespondenzen ergäben sich zu Frg. 2, möglicherweise auch zu Frg. 23.

Frg. 29

**Z. 2**  Vor dem Kreuzzeichen befindet sich scheinbar ein kleines Vacat. Möglicherweise wird so ein Neueinsatz – ein Zitat- oder Auslegungsbeginn – gekennzeichnet. In dieser Weise ist das Kreuzzeichen einmalig in 4Q177.[1]

**Z. 3**  Mit J. Strugnell ist ‏פֿרח לֿ]‏ zu lesen.[2]

Frg. 29 gehört dem rechten Lederbogen an, dafür spricht das helle, dicke Material. Gute Entsprechungen der Zeilenabstände bestehen zu Frg. 11. Ist Frg. 29 möglicherweise oberhalb von Frg. 10 in Kol. IX,3-5 zu plazieren?[3]

Frg. 30

**Z. 2**  Beim letzten Buchstaben von ‏אספסוף‏ handelt es sich wahrscheinlich nicht um ein ‏ף‏, sondern um ‏פ‏.[4] ‏אספסוף‏ tritt auch in Kol. IX,4 auf.

**Z. 3**  ‏י‏ zu Beginn ist nicht ganz sicher.

Das dünne, dunkle Leder von Frg. 30 läßt auf eine Zugehörigkeit zum linken Lederbogen schließen. In seiner Färbung ähnelt es besonders den Fragmenten der Kol. X.[5]

Frg. 32

**Z. 2**  ‏חושך‏ weist mit großer Wahrscheinlichkeit darauf hin, daß hier ein Teil einer Auslegung erhalten ist.[6]

Aufgrund seiner geringen Lederstärke muß dieses Fragment – trotz relativ heller Farbe – dem linken Lederbogen zugerechnet werden.[7] Welcher der Kol. X-XII Frg. 32 allerdings zuzuordnen ist, ist nicht sicher.

---

[1] Siehe auch die Erläuterungen zu Kol. XI,13 und XII,12.

[2] Vergleiche J. Strugnell 247; zu ‏פרח ל‏ vergleiche Nah 1,4.

[3] Der linke Rand von Frg. 29 hätte seine Entsprechung sowohl im Nahtrand von Frg. 11 als auch in der linken Kante von Frg. 6, auf welchem sich in dieser Höhe zudem noch ein Riß befindet, der die Entstehung des rechten Randes von Frg. 29 erklären würde.

[4] J. M. Allegro, 74, liest ‏ף‏.

[5] Vergleiche z.B. Frg. 14 unten links oder Frg. 2 Mitte links.

[6] Zu ‏חושך‏ innerhalb von Gegnerbezeichnungen siehe z.B. ‏בני חושך‏ (z.B. 1QS I,10, 1QM I,16, III,6.9, XIII,13), ‏מלאך חושך‏ (z.B. 1QS III,21), ‏רוחות חושך‏ (z.B. 1QS III,25), ‏דרכי חושך‏ (z.B. 1QS IV,11); ‏חושך‏ in absolutem Gebrauch häufig in den Hodajot. In Kol. X,8 muß wahrscheinlich ‏בחושך‏ ergänzt werden, eine Plazierung von Frg. 32 an dieser Stelle ist allerdings nicht möglich (unter anderem folgendes ‏ר‏).

[7] Es ist durch Lichteinwirkung weißlich verfärbt.

**Frg. 33**

**Z. 2** ב wurde zu ו korrigiert,[1] das erste מ ist unsicher.

Das Leder von Frg. 33 ist dünn und relativ hell. Auffällig ist der ungleichmäßige Zeilenabstand. Die Z. 1 und 2 sind so dicht untereinandergeschrieben, wie es sonst nur in Kol. X,15.16 und Frg. 22 und Frg. 34 vorkommt. Daß auf Frg. 33 noch eine weitere Zeile folgt, macht eine Zuordnung zu Kol. X,15f unmöglich.[2] Möglicherweise handelt es sich um eine supralineare Eintragung.[3]

**Frg. 34**

**Z. 1** In Qumrantexten geht es bei שפוך + ל stets um das Vergießen von Blut, allerdings sind die Zusammenhänge jeweils unterschiedlich.[4]

Das Leder von Frg. 34 ist dünn und von mittelbrauner Farbe. Der Abstand beider Zeilen entspricht dem von Kol. X,15 und 16. Da es sich bei Frg. 34 um ein Fragment handelt, welches vom unteren Textrand stammt, ist es mit hoher Wahrscheinlichkeit in Kol. X,15f zu plazieren.[5] Auch inhaltlich scheint es gut zur Gerichtsthematik dieser Zeilen zu passen.[6]

---

[1] Vergleiche J. Strugnell 248.

[2] Es wäre zwar nicht ganz auszuschließen, daß in Kol. X eine 17. Zeile begonnen worden wäre, doch erscheint es ungewöhnlich, daß der Zeilenabstand dann wieder in der üblichen Größe gewählt worden wäre.

[3] Vergleiche auch zu Frg. 22. Das Material ließe am ehesten auf eine Plazierung von Frg. 33 innerhalb von Kol. X schließen, wo die Zeilenabstände zum Teil erheblich variieren.

[4] 1QH II,33, CD XII,6, 1QM VI,17; alttestamentlich findet sich neben dem Ausgießen von Blut oder Wasser häufig auch das Ausgießen des göttlichen Zornes.

[5] Zu Frg. 34 siehe auch die Erläuterungen zu Kol. X,15f.

[6] שפך könnte in den Zusammenhang des Keltertretens passen; zu משלך mit חרב siehe z.B. Jer 14,16.

Eine Zuordnung von Frg. 34 *und* 22 in diese Zusammenhänge ist allerdings aus textlichen Gründen nahezu auszuschließen.

TEIL II

4Q174 UND 4Q177 ALS
BESTANDTEILE DES GLEICHEN
LITERARISCHEN WERKES

# 1
## Die Ergebnisse der
## materiellen Rekonstruktion
## von 4Q174 und 4Q177

Ziel dieses Abschnittes ist eine Verhältnisbestimmung der rekonstruierten Textbestände beider Handschriften.

Die paläographischen Befunde schließen eines von vornherein aus: 4Q174 und 4Q177 können nicht Bestandteile derselben **Handschrift** gewesen sein. Während die Schrift von 4Q174 den „formalen" Schrifttyp repräsentiert, gehört die von 4Q177 der etwas jüngeren „Rustic Semiformal" Tradition an.

Es besteht dagegen aber die Möglichkeit, daß beide Handschriften Kopien eines gleichen **literarischen Werkes** sind, von dem durch 4Q174 und 4Q177 dann jeweils unterschiedliche Partien erhalten wären.

Für die „verkehrtherum" gewickelte Handschrift **4Q174** ergab sich, daß der ersten Kolumne (Kol. I) wahrscheinlich ein „handlesheet" vorausging. So umfaßt der erhaltene Textbestand die Kol. I-VI der ursprünglichen Handschrift. Da lediglich der „Beginn" der Rolle überliefert ist, läßt sich ihre Gesamtlänge nicht mehr berechnen. Ist somit auch der Textumfang insgesamt unbekannt, kann zumindest die Textmasse bestimmt werden, die der fragmentarisch erhaltene Anfang der Rolle (Kol. I-VI) umfaßte. Sie betrug etwa 8065 ZE.[1]

Günstiger stellt sich die Informationslage für **4Q177** dar. Mit Hilfe der Rekonstruktion ließ sich feststellen, daß die erhaltenen Fragmente der Rollenmitte zugehören. Sie bilden die Kol. VIII-XII der ursprünglichen Handschrift, die etwa 18 Kolumnen insgesamt umfaßte. Berechnet man nun die gesamte Textmenge, so ergeben sich 25920 ZE (bei 18 regulären

---

[1] Die Anzahl der Zeicheneinheiten (ZE) pro Zeile variiert relativ stark. Für jede Kolumne wurde eine durchschnittliche Anzahl an ZE pro Zeile (ZE/Zeile) ermittelt. Die Gesamtzahl der ZE für die ersten sechs Kolumnen berechnet sich also folgendermaßen:

$$
\begin{array}{ll}
19 \text{ Zeilen} \times 79 \text{ ZE/Zeile} & (\text{Kol. I}) \\
+ 19 \text{ Zeilen} \times 76 \text{ ZE/Zeile} & (\text{Kol. II}) \\
+ 19 \text{ Zeilen} \times 72 \text{ ZE/Zeile} & (\text{Kol. III}) \\
+ 20 \text{ Zeilen} \times 63 \text{ ZE/Zeile} & (\text{Kol. IV}) \\
+ 19 \text{ Zeilen} \times 67 \text{ ZE/Zeile} & (\text{Kol. V}) \\
+ 19 \text{ Zeilen} \times 60 \text{ ZE/Zeile} & (\text{Kol. VI}) \\
\hline
= 8065 \text{ ZE}
\end{array}
$$

Kolumnen).[1] Das entspräche einer Länge von ca. 290 cm. Geht man davon aus, daß etwa jede vierte Kolumne (Nahtrandkolumne) ungefähr 27% weniger Text enthielt (vergleiche Kol. IX), dann erhält man eine Gesamtsumme von etwa 24640 ZE für die Handschrift.[2] Umgerechnet auf die Länge der Rolle ergäben sich ca. 280 cm.

Ebenso ist es möglich den Umfang des Textes zu berechnen, der vom ursprünglichen Rollenanfang bis zum erhaltenen Beginn (Kol. VIII) verloren ist. Es handelt sich um sieben fehlende Kolumnen. Nimmt man für sie sämtlichst eine reguläre Breite an, so entspricht das etwa 10080 ZE.[3] Vermutet man unter diesen sieben Kolumnen eine kleinere Nahtrandkolumne, dann würden bis zum Rollenanfang ca. 9760 ZE fehlen.[4]

Ein Vergleich des verlorenen Beginns von 4Q177 mit dem erhaltenen Anfang der Handschrift 4Q174 ergibt folgendes: Zwischen dem Ende von 4Q174 (Kol. VI) und dem Beginn von 4Q177 (Kol. VIII) besteht eine Differenz von 2015 ZE beziehungsweise – bei Annahme einer Nahtrandkolumne – 1695 ZE.[5]

Es wäre daher gut vorstellbar, daß der Textbestand von 4Q177 die Fortsetzung dessen von 4Q174 darstellt, und zwar so, daß der Text in einem Umfang von wahrscheinlich etwa einer Kolumne – eventuell zwei Kolumnen – zwischen Kol. VI (Ende 4Q174) und Kol. VIII (Anfang 4Q177) fehlt.[6]

---

[1] 18 Kol. × 16 Zeilen × 90 ZE/Zeile/Kol. = 25920 ZE insgesamt. (Die Anzahl der ZE pro Kolumne ist in 4Q177 ziemlich konstant. Den durchschnittlich 90 ZE/Zeile/Kol. liegt die Zählung der ZE folgender Zeilen zugrunde (durch * verbundene Zeilenangaben bedeuten, daß diese, dort wo Lücken bestanden, in Ergänzung gezählt wurden): Kol. VIII,2.8.10.5*8.11*12, Kol. X,14.10*8.13*11, Kol. XI,7*1.14*6.)

[2] 14 reguläre Kol. × 16 Zeilen × 90 ZE/Zeile/Kol. + 4 Nahtrandkol. × 16 Zeilen × 70 ZE/Zeile/Kol. = 24640 ZE insgesamt. Für die 90 ZE/Zeile/Kol. siehe Anm. 1. Die durchschnittlich 70 ZE/Zeile beruhen auf einer Zählung der Nahtrandkolumne IX,1.2.4.8.9.14.

[3] 7 Kol. × 16 Zeilen × 90 ZE/Zeile/Kol. = 10080 ZE.

[4] 6 Kol. × 16 Zeilen × 90 ZE/Zeile/Kol. + 1 Kol. × 16 Zeilen × 70 ZE/Zeile/Kol. = 9760 ZE.

[5] 10080 ZE – 8065 ZE = 2015 ZE, oder: 9760 ZE – 8065 ZE = 1695 ZE. Die durchschnittliche Zahl der ZE pro regulärer Kolumne beträgt in 4Q174 1357, in 4Q177 1440. Sie unterscheiden sich also um etwa 83 ZE (ca. eine Zeile).

[6] Die „Berechnungen", die zwangsläufig eine Reihe von Annahmen beinhalten, lassen eine sichere Entscheidung darüber, ob eine oder zwei Kolumnen fehlen nicht zu. Falls für 4Q174 ein kleinster innerer Wicklungsumfang von ca. 5,0 cm anzunehmen ist, also der jetztigen Kol. I eine weitere Textkolumne vorausgangen wäre, würde sich 4Q177 Kol. VIII dann unmittelbar – oder eventuell im Abstand einer Kolumne – an die letzte Kolumne von 4Q174 anschließen.

## 2
## Die Verwendung des „Davidischen"
## Psalters in 4Q174 und 4Q177 und die
## Struktur des Textes

Festzuhalten ist zunächst, daß keinerlei textliche Überschneidungen zwischen 4Q174 und 4Q177 bestehen.

Dies legten die Ergebnisse der materiellen Rekonstruktion bereits nahe: der 4Q177-Textbestand setzt den von 4Q174 in einem Abstand von etwa einer Kolumne fort. So ergeben sich auch im Bereich der Psalmzitate keine Doppelungen.

Doch es lassen sich andere bemerkenswerte Parallelen feststellen.

Auffällig ist, neben der Tatsache, daß beide Manuskripte explizit biblische Psalmen zitieren, eine gewisse Ordnung ihres Auftretens. In 4Q174 finden sich in Kol. III Ps 1,1a (Z. 14) und Ps 2,1.2 (Z. 18f) und in Kol. V Ps 5,3(.4a) (Z. 2).

Das erste Psalmzitat, welches sich mit Sicherheit in 4Q177 nachweisen läßt, ist Ps 11,1a.2 in Kol. VIII,7.8, dann Ps 12,1a in Kol. VIII,12 und Ps 12,7 in Kol. IX,1. Eventuell folgte danach Ps 5,10 in Kol. IX,5, doch dies ist nicht eindeutig. In derselben Kolumne werden dann Ps 13,2.3 (Z. 8f) und Ps 13,5a (Z. 11f) zitiert. Zu Beginn der nächsten Kolumne (Kol. X,2) wird Ps 16,3 wiedergegeben, gleich darauf (Kol. X,4) Ps 17,1a. Ein Zitat von Ps 6,2-5 (V. 2a.3a.4.5a) erstreckt sich über die Z. 7f in Kol. XI. Ps 6,6a folgt in Z. 10f.

Es zeigt sich also zunächst *innerhalb* beider Handschriften eine gewisse Orientierung an der Reihenfolge der Psalmen im biblischen Psalter, diese wird zudem 4Q174 und 4Q177 *übergreifend* gut fortgesetzt.[1] Deutlich wird, daß hier wie dort nicht jeder Psalm beziehungsweise einzelne Psalmvers zitiert wurde. Auch die Unterbrechung beziehungsweise die Veränderung der Psalmenfolge durch die Wiedergabe von Ps 6 in Kol. XI nach Ps 17[2] – ebenso vielleicht das Zitat von Ps 5,10 in Kol. IX nach Ps

---

[1] Ps 5,3 in Kol. V,2 und Ps 11,1.2 in Kol. VIII,7f.

[2] Eine solche Verkehrung der biblischen Psalmenfolge läßt sich durch die Psalmhandschriften aus Qumran – auch durch bisher unveröffentlichte – nicht belegen, da nirgendwo Ps 6 und Ps 17 gemeinsam erhalten sind. Zu den bereits veröffentlichten siehe die Auflistung bei J. A. Fitzmyer (1977) 11-53; zu dem noch nicht publizierten 4Q-Psalmmaterial siehe P. W. Skehans Liste und kurze Beschreibung der Handschriften, veröffentlicht in: Supplement au Dictionnaire de la Bible 9-10 (1973-81), Sp. 815-816. An dieser Stelle möchte ich mich bei Prof. E. Ulrich, University of Notre Dame, und sei-

12 – scheint für eine bestimmte Unabhängigkeit von der Psalterfolge zu zeugen.

Während Psalmen in 4Q177 im gesamten Textbestand verwendet werden, finden sie sich in 4Q174 – dem vermeintlichen Beginn des Werkes – erst ab Kol. III,14. Und zwar hier als ein neuer Textkomplex (Teil C) innerhalb von 4Q174.[1] Voraus gehen zwei weitere eigenständige Textpartien. Es handelt sich dabei um eine Auslegung der Dtn 33-Segnungen in Kol. I,1-II,? (Teil A) und eine Interpretation der Verheißungen von 2Sam 7 in Kol. II,?-III,13 (Teil B).[2]

Interessant ist nicht nur die Beobachtung, daß erst nach der Einleitung מדרש מ(ן) (Kol. III,14) – mit Beginn von Teil C also – Psalmen zitiert werden, sondern, daß auch Pescherformeln hier wahrscheinlich das erste Mal innerhalb von 4Q174 belegt sind. Und zwar treten diese lediglich zur Einführung von Psalm-Auslegungen auf. Prophetenzitate, die in Teil C neben den Psalmzitaten herangezogen werden, werden stets durch andere Formeln eingeleitet, z.B. durch solche, die Personalpronomina verwenden. Exakt den gleichen Befund trifft man in 4Q177 an, wo – entsprechend den Psalmzitaten – Pescherformeln im gesamten rekonstruierten Textbestand belegt sind.

Eine ähnliche Sonderstellung der Psalmzitate innerhalb von Teil C von 4Q174 und in 4Q177 läßt sich in Bezug auf die Zitationsformeln ausmachen: Nie wird ein Psalmzitat mit einer כתוב-Formel eingeleitet, die aber grundsätzlich für die übrigen Prophetenzitate verwendet wird. Psalmzitate werden entweder ohne Einleitung oder mit einer vorausgehenden אמר-Formel wiedergegeben.

All dieses läßt auf eine gewisse *strukturbestimmende Rolle der Psalmen* in beiden Handschriften schließen, das heißt, für 4Q174 mit Beginn von Teil C, ab מדרש מ(ן) (Kol. III, 14). Die Verwendung von מדרש im Sinne von „Darlegung" ist in zwei 4Q Paralleltexten zu 1QS belegt.[3] Wie im Falle von 4Q174 leitet es dort einen neuen Sinnabschnitt ein. Parallel zu 1QS V,1 (...וזה הסרך לאנשי היחד המתנדבים) lesen die beiden **4QS-Ma-**

---

nem Assistenten P. W. Flint bedanken, die mir freundlicherweise mit Auskünften über die noch unveröffentlichten 4Q-Psalmhandschriften weitergeholfen haben.

[1] Zur einfacheren Bezeichnung der Textabschnitte werden im folgenden A, B und C gewählt.

[2] Eine genaue Abgrenzung der Teile A und B ist nur schwer möglich. Fest steht lediglich, daß Kol. II,6 noch mit großer Sicherheit zu A gehört hat, während Kol. II,12 vielleicht schon zu B zu rechnen ist, spätestens wohl Kol. II,15.

[3] Auf diese hat J. T. Milik (1956), 60-61, in einer kurzen Beschreibung der insgesamt bislang unveröffentlichten elf 4QS-Manuskripte hingewiesen.

nuskripte: ‏...המתנדבים התורה אנשי על למשכיל מדרש‎.[1] Das ‏על‎ dieser For-
mel entspricht dem ‏מ(ן)‎ in 4Q174 III,14.[2] Beide leiten die Nennung des
Gegenstandes der „Darlegung" ein. In 4QS sind dies die ‏התורה אנשי‎ ... .
Ps 1,1 steht in 4Q174 in gleicher Stellung und Funktion. Zwar wird dieses
Zitat selbst ausgelegt, gleichzeitig und vor allem scheint es aber als eine
Art Überschrift, stellvertretend für die Gesamtheit der im folgenden aus-
gelegten Psalmen zu stehen.

Doch um welchen Psalmenkomplex, der hier gewissermaßen als
„Titel" Ps 1,1 getragen hat, handelt es sich?

Möglich wäre es, an sämtliche biblische Psalmen (Ps 1-150) zu denken, möglich aber auch die Vermutung des „davidischen" Psalters, also
Ps 1-41. Las man dann vielleicht Kol. III,14: „Darlegung von ‚Wohl dem
Manne, der nicht wandelt im Rate der Gottlosen'" (Ps 1,1) einmal in diesem wörtlichen Sinne, verstand es aber gleichzeitig als „Darlegung des
davidischen Psalters" oder besser vielleicht „Darlegung (herrührend) aus
dem davidischen Psalter"? Voraussetzen würde dies, daß es zur Zeit des
Verfassers einen „davidischen" Psalter gegeben hat, der unter dem Titel
Ps 1,1 bekannt war.[3]

Schwerlich wird sich dies nachweisen lassen. Von den bislang veröffentlichten Psalmhandschriften aus Qumran überschreiten nur die sehr
fragmentarischen Manuskripte **3Q2** und **8Q2** nicht die Grenzen des
„davidischen" Psalters.[4] Unter den noch unedierten 4Q-Psalmhandschrif-
ten befinden sich nur zwei Manuskripte, **4QPs$^{q,r}$**, die möglicherweise
nicht über Ps 41 hinaus lesen.[5] Einmal trifft man in den Qumrantexten auf

---

[1] Bei den zwei 4QS-Texten – es handelt sich um Papyrushandschriften – stellt
‏מדרש...‎ (1QS V) die einzige wesentliche Abweichung vom 1QS-Text dar. J. T. Milik
(1956), 61, wertet sie als „une forme plus brève et sans doute plus primitive que celle de
1QS". Ein Fragment einer dieser beiden Handschriften (**4QS$^d$** 2 I: 1QS V,1-20) veröffentlichte J. T. Milik (1977 Semitica), 78 und Tafel X (Beschreibung von 4QS$^d$ 76-79),
es liest in Z. 1 ‏למשכיל מדרש על‎.

[2] ‏מ(ן)‎ verweist dabei stärker auf den Ausgangspunkt des Midrasch.

[3] Zu den vielfältigen Forschungspositionen in Bezug auf Ps 1 siehe die einschlägigen
alttestamentlichen Kommentare.

[4] Ed. M. Baillet, J. T. Milik, R. de Vaux (1962), **3Q2** (3QPs): Ps 2,6-7, die Handschrift stammt aus dem 1. Jhd. n. Chr.; **8Q2** (8QPs): Frg. 1-6: Ps 17,5-9, Frg. 8-10: Ps
18,6-9 (= 2Sam 22,6-9), Frg. 11-13: Ps 18,10-13 (= 2Sam 22,10-13), ebenfalls aus dem
1. Jhd. n. Chr. Die übrigen Handschriften (1Q10 (1QPs$^a$), 1Q11 (1QPs$^b$), 1Q12 (1QPs$^c$)
ed. D. Barthelemy, J. T. Milik (1955) sowie 2Q14 (2QPs), 5Q5 (5QPs), 6Q5 (6QPs) ed.
M. Baillet, J. T. Milik, R. de Vaux (1962) setzen weitergehende Psalterteile voraus.

[5] Bei **4QPs$^q$** handelt es sich um eine Handschrift, die aus der Mitte des 1. Jhds. n.
Chr. stammt und die Ps 31,25 + Ps 33,1-18 sowie Ps 35,4-20 enthält. **4QPs$^r$** ist ein hero-
dianisches Manuskript, welches Ps 26,7-12, Ps 27,1 und Ps 30,9-13 überliefert. Zu diesen Angaben siehe P. W. Skehan (siehe oben).

den Ausdruck ספר התהלים „das Buch der Psalmen", nämlich in **4Q491**
Frg. 17,4.[1] Doch wird sich dieser älteste Beleg wahrscheinlich ebenso wie
(ἐν) βίβλῳ ψαλμῶν **Lk 20,42** und **Apg 1,20** auf den gesamten Psalter beziehen.[2] Für eine Verwendung allein des „davidischen Psalters" in 4Q174
und 4Q177 spräche die rekonstruierte Länge des literarischen Werkes.[3]

Abschließend ist nach der Stellung des psalterorientierten Midrasch
(4Q174 C und 4Q177) innerhalb des Gesamtwerkes zu fragen. Betrachtet
man 4Q174, so wird deutlich, daß zwei weitere Textabschnitte (A und B)
vorausgingen, die relativ kurz waren. Teil A (Dtn 33-Segnungen) umfaßte
weniger als zwei Kolumnen, B (2Sam 7) etwa eine Kolumne. Mit Blick
auf 4Q177 läßt sich schließen, daß C (psalterorientierter Midrasch) den
Hauptanteil des Gesamten ausmachte, nämlich etwa fünfzehn Kolumnen.[4]

Schwierig ist es nun, das Verhältnis der drei Textabschnitte zueinander
zu bestimmen. Handelt es sich bei den Teilen A und B um Einleitungen
zu C? Was hatte zu einer derartigen Zusammenstellung der Textkomplexe
bewogen?

Um eine Antwort auf letztere Frage bemühte sich G. J. Brooke
(1985).[5] In seinem Ansatz sah er den historischen Hintergrund für die Zusammenstellung der verschiedenen Schrifttexte von 4Q174 in der Liturgie
der Qumrangemeinde begründet. Insbesondere bezog sich G. J. Brooke
bei diesem Lösungsversuch auf die Frg. 1-3, die Deutung der Nathans-
Weissagungen aus 2Sam 7 und die Auslegung von Ps 1 und 2 also. Den
Zusammenhang zwischen den Textpartien 2Sam 7 und Ps 2 – und damit
auch Ps 1[6] – vermutete er in einer gemeinsamen Verwendung bei der
Feier des Tabernakel-Festes in der Qumrangemeinde. Grundlage für G. J.
Brookes Untersuchung der Struktur des Textes war die Handschrift
4Q174 in ihrem **fragmentarischen** Zustand.

---

[1] M. Baillet (1982), 40, **4Q491** („La Règle de la Guerre (i)") Frg. 17,4:
ספר התהלים א[.

[2] Siehe M. Baillet (1982), 41, mit einer Liste zahlreicher späterer Belege. Vgl. wahrscheinlich auch 1Q30 1,4 (ס[פרים חומשים).

[3] Bislang sind noch keine „Fortsetzungs-Handschriften" – das heißt die Aufteilung
eines längeren Werkes auf zwei oder mehrere Handschriften – bekannt.

[4] Daß es sich bei dem Psalmenabschnitt um den Hauptteil des Werkes handelt, läßt
auch 4Q174 an sich vermuten, wo die ersten fünf Psalmen bereits über einen Bereich
von etwa 1,5 Kolumnen verteilt sind und es keinen Grund dafür gibt anzunehmen, daß
der „psalterorientierte Midrasch" hier bereits endete. Die Folge der kommentierten Ps 1,
2 und 5 sieht eher nach dem Teil einer längeren Kette aus, siehe auch oben zur „Überschrift" von C.

[5] Siehe G. J. Brooke (1985) 161-174.

[6] G. J. Brooke (1985), 172f, weist zur Stützung seiner These auf die Zusammengehörigkeit von Ps 1 und 2 in der rabbinischen Literatur und die Lesung des Mehrheitstextes
in Apg 13,33 hin. Vergleiche im übrigen die alttestamentlichen Kommentare.

Nach einer Rekonstruktion der Handschrift zeigt sich ein anderes Bild. Und zwar besonders aus dem Grunde, daß in 4Q174 nicht allein Ps 1 und 2 wiedergegeben worden sind, sondern auch noch Ps 5,3 und sicher eine ganze Reihe weiterer biblischer Psalmen.[1]

Läßt sich G. J. Brookes These (1985) insgesamt nicht halten, so sind doch viele seiner einzelnen Beobachtungen sehr wertvoll.

Dies gilt z.B. auch für die Feststellung, daß das verbindende Element zwischen Dtn 33, 2 Sam 7 und den Psalmen die Prophetie ist.[2] In Dtn 33 spricht Mose die Segnungen der Stämme gewissermaßen in prophetischer Vollmacht, zudem wird Mose in **4Q175** („Testimonia“) 5-8 als *der* Prophet schlechthin charakterisiert. Daß es sich bei der Weissagung Nathans in 2 Sam 7 um Prophetie handelt, ist offensichtlich. Den Psalmen räumt man in Qumran – ebenso wie im Neuen Testament – prophetischen Rang ein. Der prophetische Kontext der Teile A-C spricht für deren bewußte Zusammenstellung.

Ihre Reihenfolge innerhalb des Werkes entspricht der Gliederung der alttestamentlichen Schriften in תורה, נביאים und כתובים, wie sie sich in der Formel „... τῷ νόμῳ Μωϋσέως καὶ τοῖς προφήταις καὶ ψαλμοῖς...“ (Lk 24,44) umschrieben findet.[3]

In der Person des David wird der Konnex zwischen dem 2Sam 7-Abschnitt und dem folgenden Psalm-Abschnitt bestanden haben, denn David gilt in Qumran als prophetischer Verfasser der Psalmen.[4]

Die *Voranstellung* der Dtn 33-Segnungen vor die Nathans-Weissagung könnte in der Überordnung des Priesterlichen gegenüber dem Königlichen begründet liegen:[5] Mose als *dem* Leviten gebührt der Vortritt vor David als *dem* König.

Ebenso wäre es aber möglich, in 2Sam 7 den Zielpunkt der Dtn 33-Segnungen zu erblicken: Als eigentlichen Anlaß für das Zitieren von Dtn

---

[1] Einige Textbestandteile vermochte G. J. Brooke (1985) nur unzureichend in sein Konzept zu integrieren, siehe z.B. Jes 65 (Frg. 15 und 19), andere bleiben in diesem Zusammenhang unerwähnt, vor allem betrifft dies die Danielbezüge auf Frg. 1 und 3. Ein grundsätzliches Problem an G. J. Brookes These ist, daß nur wenig über eine in der Qumrangemeinde praktizierte Liturgie tatsächlich bekannt ist. Siehe zu diesem Problem J. Maier (1990).

[2] Siehe G. J. Brooke (1985) 167f.

[3] Vergleiche die ähnliche Dreiteilung in Jesus Sirach (Vorwort) schon um etwa 130 v. Chr.

[4] Siehe 11QPs^a (ed. J. Sanders (1967)) Kol. XXVII,2-11 („David's Compositions“). Diese Verbindung stellte bereits P. W. Skehan (1963), 121, fest.

[5] Vergleiche z.B. die stets in der Reihenfolge „Aaron und Israel“ verwendeten messianischen Formeln in Qumrantexten, siehe z.B. 1QS IX,11, CD 20,1. Siehe dagegen die Reihenfolge der Zitate in 4Q175 (Testimonia).

33 hätte man dann den – nicht mehr erhaltenen – Juda-Segen anzunehmen. Dieser hätte in David und seinem auf Ewigkeit verheißenen Geschlecht gewissermaßen seine Erfüllung gefunden.

Beide Überlegungen sind sehr spekulativ. Zu einer Entscheidung kann
man vor allem deshalb nicht gelangen, weil der wesentliche Textübergang
von A (Dtn 33) zu B (2 Sam 7) in Kol. II nicht erhalten ist. So muß es hier
beim Aufzeigen der Möglichkeiten bleiben.

Verhältnismäßig sicher, da von diesem Befund unabhängig, scheint
eine Verbindung der Textabschnitte A und B über das Bild des „sicheren
Wohnens" und des „Baues" zu sein. Das von Jahwe gewährleistete sichere Wohnen und damit verbunden die Hilfe und der Schutz vor Feinden
wird in Teil B thematisiert, ist aber bereits Element der Segenssprüchen,
besonders für Juda und Benjamin. Die Gewährleistung der Kultausübung,
in Dtn 33,10f Levi zugesprochen, spiegelt sich ebenso in Teil B.[1]

Zum Bild des „Baues" vergleiche man insbesondere die Handschrift
**4QpJes^d** (4Q164). Auch hier wird die Gemeinde – wie in B – mit einem
Bauwerk verglichen, in diesem Falle unter Bezugnahme auf Jes 54,11.12
das „Neue Jerusalem". Die Tore dieses „Neuen Jerusalems" (Jes 54,12b)
werden dabei von diesem Pescher 4Q164 auf „die Häupter der Stämme
Israels am Ende der Tage" gedeutet.[2] Steht auch hinter der Verwendung
der Stämme-Segnungen in 4Q174 A das Bild der Tore, hinführend auf das
„Menschenheiligtum" in B? Das Bild der Gemeinde als Bau spielte be-
kanntlich eine nicht unwesentliche Rolle in Qumran.[3] Besonders interessant für den möglichen Zusammenhang von A und B ist **1QH VI,24-29**,
ein Text, der auch in seinem Kontext deutliche Parallelen zu 4Q174 und
4Q177 aufweist: Nachdem die Unbezwingbarkeit des Baues einer Stadt
(= Gemeinde) beschrieben worden ist (1QH VI,24-27), folgt „Denn kein
Fremdling wird durch ihre Tore hineinkommen…" (Z. 27). Dies erinnnert
an den Beginn von 4Q174 Kol. III.[4] Wie beliebt solche Bilder, die sich an
Vorstellungen wie die in Ez 48 anlehnten, noch in späterer Zeit in bestimmten religiösen Kreisen waren, zeigt etwa Apk 21.

---

[1] Vergleiche etwa die „interpretierende" Aufnahme der קטורה (Kol. I,11) durch
מקטירים in Kol. III,6.

[2] Näheres zu **4QpJes^d** siehe M. Horgan (1979) 125-131.

[3] Probleme könnte die Tatsache bereiten, daß in 4Q174 wahrscheinlich nur elf
Stämme erwähnt worden sind; zur Verbindung des Bildes vom „Bau" und der Zwölfzahl
siehe z.B. 1QS VIII,1ff und 1QM II,3.

[4] Siehe Kol. III,3ff. Vergleiche auch הביאמה in Kol. II,17?

## 3
## FORMALE BEFUNDE

### 3.1. *Der Zitierkanon*

In **4Q174** lassen sich für **Teil A** (Kol. I,1-II,?) lediglich Dtn 33-Zitate nachweisen.[1]

2Sam 7,10-14 ist in **Teil B** (Kol. II,?-III,13) der den Textabschnitt bestimmende Schriftbezug.[3] Hinzu kommen aber Zitate von Ex 15,17b.18, Am 9,11ab und – in Kombination mit 2Sam 7,11a – vielleicht Ps 89,23.[2]

In etwa vergleichbar mit der Rolle von 2Sam 7,10-14 in Teil B ist die der Psalmen in **Teil C** (ab Kol. III,14). Neben den Psalmen werden Jesaja, Ezechiel und Daniel zitiert, möglicherweise auch eine Exodusstelle.[4] Auffällig ist ein Befund in Kol. IV,3, in dem Daniel bereits formal als Schriftprophet gekennzeichnet ist.[5]

Ganz offensichtlich gleichen die Verhältnisse in **4Q177** dem, was sich über den Zitierkanon von 4Q174 C aussagen läßt.

Außer den Psalmzitaten, möglicherweise stammen sie nur aus dem „davidischen" Psalter, treten – wie in 4Q174 C – Prophetenzitate auf. Vor allem Jesaja und das Dodekapropheton werden häufig benützt.[6] Neben der Verwendung von Jeremia ist besonders das Ezechiel-Zitat in Kol. IX,14 auffällig:[7] Nur in 4Q174, 4Q177 und in CD wird Ezechiel in Qumrantexten explizit zitiert.[8] Lediglich ein Zitat – es steht in Kombination mit einem Psalm – entstammt dem Pentateuch.[9]

---

[1] Zur Abgrenzung der einzelnen Abschnitte siehe Teil II,2. *Dtn* 33: V. 8-11 in Kol. I,9-12, V. 12 in Kol. I,16, V. 20.21a Kol. II,3f.

[2] *2Sam* 7: V. 10-11aα in Kol. II,19-Kol. III,1f, V. 11aβ in Kol. III,7, V. 11b-14 in Kol. III,10f.

[3] *Ex* 15,17b-18 in Kol. III,3, *Am* 9,11ab in Kol. III,12.

[4] *Jes* 8,11 in Kol. III,15f, Jes 65,22.23 in Kol. VI,1-3, *Ez* 37,23 in Kol. III,16f, *Dan* 12,10; 11,32b.35 in Kol. IV,3.4a *Ex* 34,29b in IV,5.

[5] Dies ist der früheste Beleg; älter ist wahrscheinlich nur der Befund in 11QMelch (ohne ausdrückliche Kennzeichnung Daniels als Prophet).

[6] *Jes* 37,30b.c in Kol. VIII,2, Jes 32,7a in Kol. VIII,5(?), Jes 32,7b.c in Kol. VIII,6f, Jes 27,11b in Kol. VIII,12f, Jes 22,13b in Kol. VIII,15; *Mi* 2,10b.11 in Kol. VIII,9f, *Sach* 3,9b in Kol. IX,2, (*Jo* 2,2 in Kol. X,3), *Nah* 2,11b in Kol. X,3, *Zeph* 3,4 in Kol. X,7 (?), *Hos* 5,8a in Kol. X,13f. Auffällig ist die Korrespondenz zum „Zitierkanon" der Pescharim; es existieren Kommentare zu Teilen des Psalters, des Dodekapropheton und Jesaja.

[7] *Ez* 25,8 in Kol. IX,14, Ez 22,20 in Kol. XI,5(?). Zu Jeremia (*Jer* 18,18 in Kol. XI,6, Jer 6,14 in Kol. VIII,14(?)) siehe 4Q182.

[8] Den Hinweis auf die spezifische Verwendung von Ezechiel verdanke ich D. Dimant; auch dies könnte für eine Zugehörigkeit von 4Q174 und 4Q177 zum gleichen Werk sprechen.

[9] Dtn 7,15 in Kol. X,2.

Abschließend ist festzuhalten, daß die Zitate in 4Q174 und 4Q177 den „kanonischen" Schriften der Bibel entstammen. „Apokryphe" Überlieferung wurde sehr wahrscheinlich nicht explizit zitiert.[1]

So findet sich auch keiner der nichtkanonischen Psalmen zitiert, die im Bibliotheksbestand der Qumrangemeinde gefunden worden sind. E. M. Schuller (1986) zählt folgende Texte dazu:[2] 1QH, 1QS X, 1QM X-XII, 4Q510, 4Q511,[3] 4Q380, 4Q381,[4] 4QPs,[5] 11QPs,[6] 11QPsAp,[7] daneben auch die fragmentarischen Handschriften 1Q36-40,[8] 2Q22, 3Q6, 6Q18, 8Q5,[9] 4Q498 und 4Q499.[10]

### 3.2. Die Textform der Zitate

Eine Bestandsaufnahme der in beiden Handschriften verwendeten Texttraditionen ist Ziel des folgenden Abschnittes.[11]

Für **Teil A** von **4Q174** ergibt sich folgendes Bild: Dtn 33,8-11 weist eine Abweichung vom MT auf, die mit dem Samaritanus geteilt wird.[12] Dagegen wird ידיד in Dtn 33,12 (Kol. I,16) mit dem MT gegen den Samaritanischen Pentateuch gelesen. Bei dem einzig weiteren in ausreichendem Umfang erhaltenen Pentateuch-Zitat in 4Q174, Ex 15,17b.18 (Kol. III,3) in Teil B, sind Parallelen zum Samaritanus unverkennbar.[13]

---

[1] Unsicher ist die Zuordnung des Zitatrestes in Kol. IX,3f, doch handelt es sich hier wahrscheinlich nicht um ein apokryphes Zitat.

[2] Siehe E. M. Schuller (1986) 6 und 14. Näheres zur nachexilischen Psalmendichtung und den in Qumran entdeckten Psalmensammlungen siehe E. M. Schuller (1986) 5-20.

[3] 4Q510 und 4Q511 („Cantiques du Sage", Shir[a] und Shir[b]) ed. M. Baillet (1982).

[4] 4Q380 und 4Q381 ed. E. M. Schuller (1986).

[5] 4QPs[f] ed. J. Starcky (1966).

[6] 11QPs[a] ed. J. Sanders (1965) und derselbe (1967, im postscriptum Veröffentlichung eines weiteren Fragmentes E). 11QPs[b], ed. J. van der Ploeg (1967), scheint ebenfalls eine Kopie des von 11QPs[a] vertretenen Werkes darzustellen.

[7] 11QPsAp[a] ed. J. van der Ploeg (1965) und derselbe (1971). Siehe dazu die ausführliche Textrekonstruktion von E. Puech (1990); sowie E. Puech, Les deux derniers Psaumes Davidique du rituel d'exorcisme, 11QPsAp[a] IV,4-V,14, Symposium Haifa/Tel Aviv/Jerusalem 1988 (STDJ 10, 1992) 64-89.

[8] 1Q36-40 ed. D. Barthelemy, J. T. Milik (1955).

[9] Ed. M. Baillet, J. T. Milik, R. de Vaux (1962).

[10] 4Q498 und 4Q499 ed. M. Baillet (1982).

[11] Eine *Wertung* der Befunde kann nur mit Vorsicht vorgenommen werden. In erster Linie liegt dies daran, daß die allermeisten Zitate lediglich fragmentarisch erhalten sind, somit Aussagen über benützte Textüberlieferungen nur in begrenztem Umfang möglich sind.

[12] Kol. I,9: ותריבהו (Dtn 33,8 mit Samaritanus, MT liest תריבהו).

[13] יהוה wird sowohl vom MT als auch beispielsweise vom Samaritanus gelesen. עולם mit dem Samaritanus gegen den MT (לעולם). Zur Verwendung des Samaritanus in vergleichbaren Qumrantexten siehe z.B. das Doppelzitat von Ex 20,21b (MT Dtn 5,28f + Dtn 18,18f) in 4Q175 („Testimonia") 1-4.

Unklar ist die verwendete Textüberlieferung von 2Sam 7 in **Teil B**. Zumindest für 2Sam 7,10-11aα (Kol. II,19-III,2) läßt sich kein Paralleltext ausfindig machen. Die „freie" Wiedergabe von 2Sam 7,11b-14 in Kol. III,10f könnte auf die Verwendung älterer Texttraditionen hindeuten.[1]

Für **Teil C** läßt sich folgendes beobachten: Ps 1,1 (Kol. III,14) wird gemäß dem MT zitiert. Ps 2,1.2 (Kol. III,18f), der in der Lesung ביחד eine Nähe zur LXX aufwies, wurde offenbar früh in diesem Punkt zu korrigieren und dem MT anzugleichen versucht. Daß auch Ps 5,3 in Kol. V,2 dem MT gefolgt sein könnte, läßt sich nur vermuten. Die Zitatkombination von Dan 12,10, 11,32b.35 (Kol. IV,3-4) wird mit Abweichungen vom MT wiedergegeben, zu denen keine Parallelüberlieferung existiert. Jes 65,22.23 in Kol. VI,1-3 könnte – so lassen es die Lücken vermuten – nach dem MT zitiert worden sein.[2]

Für die Psalmen in **4Q177** kann festgestellt werden, daß diese häufig dem MT folgen, oft aber auch – allerdings meist kleine – Abweichungen von diesem aufweisen.[3] Gute Korrespondenzen zum MT zeigen sich im Falle der Jesaja-Zitate, deren Text aber nicht immer in ausreichendem Umfang erhalten ist.[4] Anders scheint die Lage bei den Zitaten aus dem Dodekapropheton zu sein, hier zeigen sich zum Teil recht erhebliche Varianten zum MT, die sich aber in einigen Fällen durch hebräische Parallelüberlieferungen belegt finden.[5] Die Textform des Ezechiel-Zitates (Kol. IX,14) ist unsicher, ebenso wie die von Ez 37,23 in 4Q174 Kol. III,16f.[6]

---

[1] Vergleiche die „freie" Verwendung von 2Sam 25,26 in CD IX,9.

[2] Nur Auslassen des Schlusses; Jes 8,11 in Kol. III,15 scheint dem MT ebenfalls nahezustehen.

[3] Mit dem MT lesen: Ps 6,2a.3a (Kol. XI,7), Ps 16,3 (Kol. X,2), vielleicht Ps 12,7 (Kol. IX,1). Sehr geringe Abweichungen vom MT: Ps 13,2.3 (Kol. IX,8f, Weglassen von את, vergleiche Kennicott-Manuskripte) und Ps 17,1a (Kol. X,4, mit MT auch gegen LXX, einzige Abweichung לתפלתי – statt MT תפלתי – hat keine Parallele). Abweichungen vom MT bei der Wiedergabe von Ps 6,4.5a in Kol. XI,8 und Ps 11,2 (Kol. VIII,8, ויכינו mit Peshitta statt MT כוננו, siehe aber Erläuterungen zur Stelle, הצים mit LXX statt MT חצם). Unklar ist die Lesung des Singulars אויב in Ps 13,5a (Kol. IX,11): vielleicht mit der lucianischen LXX-Rezension, möglicherweise aber nur Schreibfehler.

[4] Jes 37,30 (Kol. VIII,2, lediglich eine orthographische Abweichung, doch ist nur wenig Text erhalten), vielleicht Jes 32,7a (Kol. VIII,5), Jes 32,7b.c (Kol. VIII,6, doch nur wenig Text), Jes 22,13 (Kol. VIII,15).

[5] Mit dem MT lesen Nah 2,11b (Kol. X,3) und Hos 5,8 (Kol. X,13); aber Mi 2,10f (Kol. VIII,10, Abweichungen vom MT, die ihre Parallelen in jeweils unterschiedlichen Kennicott-Manuskripten haben, die Konstruktion נמרץ לה parallel in der Peshitta), Sach 3,9 (Kol. IX,2, zu einer Abweichung vergleiche Kennicott) und Zeph 3,4(?) (Kol. X,7).

[6] Ez 25,8 (Kol. IX,14, vielleicht in einer der LXX nahestehenden Fassung, zu העמים vergleiche Peshitta). Ez 37,23 (Kol. IV,16f, nicht anderweitig bezeugte Abweichung vom MT in der Lesung von בכול נלוליהמה). Vergleiche auch die Verwendung von direkten Zitaten in CD.

Vergleicht man die Befunde miteinander, so läßt sich – trotz aller Un-
sicherheiten – eine deutliche Bevorzugung der hebräischen Textüberlieferung, sowohl in 4Q174 als auch in 4Q177, feststellen.

Ob dabei im Rahmen der Pentateuch-Zitate möglicherweise sogenannte samaritanische Texttradition eine Rolle gespielt hat, ist nicht sicher zu entscheiden, aber auch in bestimmten Partien nicht von der Hand
zu weisen. Die größten Abweichungen vom MT treten in der Regel bei
„Zitatkombinationen" – sei es unterschiedlichen oder gleichen Ursprungs
– auf, so z.B. im Falle von Ps 89,23(?) + 2Sam 7,10b (Kol. III,1) und Ps
6,2a-5a (Kol. XI,7f).[1] Woher diese Lesungen stammen ist ungewiß. Doch
bei einer Betrachtung – einschließlich der übrigen Zitate – kann davon
ausgegangen werden, daß ein eigenständiges, bewußtes Umformen des
Schrifttextes selbst im Rahmen tatsächlicher Zitate nicht stattgefunden
hat.[2] Dafür spricht die Beobachtung, daß der gelesene Text häufig für die
beabsichtigte Auslegung des Verfassers keine nennenswerten Vorteile
bringt.[3] Dies läßt sich sowohl für 4Q174 als auch für 4Q177 feststellen.

> Angesichts der unterschiedlichen Texttraditionen, die sowohl in 4Q174 als
> auch in 4Q177 – selbst innerhalb gleicher Textkomplexe wie beispielsweise
> den Psalmen – verwendet wurden, ließe sich fragen, ob nicht zumindest
> hier und da vom Verfasser bei der Erstellung seines Werkes Testimonien-
> Sammlungen benützt worden sind. Vielleicht fand er in solchen bereits die
> Zusammenstellung bestimmter Zitate vor. Besonders interessant für diese
> Zusammenhänge sind die Zitate in Kol. III,12 und Kol. IX,3. Auffällig ist,
> daß in beiden Fällen die gelesene Textform von der üblichen Überlieferung
> abweicht und die Einleitung der Zitate keine Herkunftsangabe liefert, was
> für diese Sorte von Zitationsformeln in 4Q174 und 4Q177 ganz ungewöhn-
> lich ist und innerhalb beider Handschriften nur an diesen Stellen vorkommt.
> Für das Zitat von Am 9,11 in Kol. III,12 existiert dabei ein Parallelbefund.
> In Apg 15,16 findet sich eine Wiedergabe der selben Schriftstelle und zwar
> in der gleichen, sowohl vom MT als auch von der LXX abweichenden Les-
> art.[4] Selbst die Zitationsformeln stimmen überein.[5] Könnte es nicht sein,
> daß von beiden eine Vorlage benützt wurde, die bereits Zitationsformeln

---

[1] Vergleiche vielleicht auch Ps 12,1a(2a) in Kombination mit Jes 27,11b (Kol.
VIII,12).

[2] Ausgenommen sind verkürzte Wiedergaben von Schriftstellen. Anders aber die
Schriftverwendung in Interpretationen. G. J. Brooke (1985), 166, nimmt für 2Sam
7,11b-14a eine Textgestaltung unter Zuhilfenahme des Homeuoteleuton an.

[3] Was selbstverständlich nicht ausschließt, daß sich der Verfasser für eine ihm entge-
genkommende Textüberlieferung entscheiden konnte, wie beispielsweise wohl im Falle
von 2Sam 7,11c-14.

[4] Siehe J. de Waard (1965), 24-26, der als erster auf diese Parallele hinwies, vergleiche G. J. Brooke (1985) 114 und Anm. 89 (S. 233f).

[5] כאשר כתוב beziehungsweise καθὼς γέγραπται.

beinhaltete?[1] Doch die Existenz eines derartigen Werkes läßt sich nirgend-wo belegen. Gegen ein solches Testimonium, welches also bereits Formeln enthielt, spricht möglicherweise auch CD VII,16. Hier wird ebenfalls die in 4Q174 III,12 und Apg 15,16 gelesene Textform von Am 9,11 zitiert, aller-dings mit *abweichender Zitationsformel*. Verwendeten also alle drei ledig-lich die gleiche, unbekannte Textüberlieferung? Oder ließ CD VII,16 die Zitationsformel der Vorlage fort und glich sie der אמר-Formel des voraus-gehenden Amos-Zitates an?[2] Denn hätte 4Q174 direkt aus einer Amos-Handschrift zitiert, warum wäre nicht Amos auch als Quelle angegeben, wie sonst üblich? Ebenso wäre es denkbar, daß Testimonien verwendet wurden, die nur Zitate, keine Quellenangaben und auch keine Formeln be-inhalteten und die Verfasser dadurch genötigt waren gerade diese „neu-trale" Formel zu benützen.[3] Für das nicht sicher zu identifizierende Zitat in 4Q177 Kol. IX,3 ließe sich gleiches vermuten wie für Am 9,11 in 4Q174 Kol. III,12, doch existieren keine Parallelbelege.

Aus rein arbeitstechnischen Gründen wäre es durchaus vorstellbar, daß für die Abfassung von Werken, wie sie in Gestalt von 4Q174 und 4Q177 existieren, vorherige „Notizen" benützt wurden. Denn – anders als in den Pescharim – waren dazu unterschiedliche Handschriftenrollen von Nöten, die parallel zueinander verwendet werden mußten.[4] Es dürfte daher am günstigsten gewesen sein, wenn der Verfasser vor Beginn seiner eigentli-chen Arbeit Belegstellen sammelte. Ob er dabei auf bereits bestehende Zita-tensammlungen zurückgriff oder sich selbst Notizen anfertigte und welche Form diese hatten, mag dahingestellt sein, denn ohnehin handelt es sich hier um Vermutungen.[5]

---

[1] Dann vielleicht auch – wegen des Anschlußcharakters von כאשר bzw. καθώς – kurze Deutungen? Dies würde allerdings den Rahmen einer reinen Zitatensammlung überschreiten.

[2] Siehe Am 5,26f in CD VII,14f. Zeigt sich auch in der sonst ganz ungewöhnlichen Zitationsformel in CD VII,10f (כתוב + אמר) eine Angleichung ? Ein differenzierter For-melgebrauch läßt sich allerdings in CD nicht nachweisen.

[3] Solche Dokumente sind unter den Qumranfunden erhalten, siehe Teil III,2.2.

[4] Für 4Q174 C und 4Q177 wären dies mindestens drei Rollen: eine Psalmen-, eine Jesaja- und eine Dodekapropheton-Handschrift.

[5] So darf beispielsweise nicht vergessen werden, daß solche „Notizen" wertvollen Schreibmaterials bedurften. Man sollte sich diese also nicht allzu umfangreich vorstel-len. Auch wird man für einen damaligen Verfasser solcher literarischer Werke sicher ein hohes Maß an Schriftgelehrsamkeit voraussetzen müssen. Es ließe sich also mutmaßen, daß er „Notizen" nicht benötigte, sondern zumindest hier und da aus seiner Erinnerung zitierte. Doch lassen sich Gedächtniszitate nicht eindeutig nachweisen. Die häufig exi-stierenden Zeugen für abweichende Lesungen lassen in ungeklärten Fällen eher auf die Verwendung unbekannter Texttraditionen schließen.

### 3.3. *Zitationsweise*

4Q174 und 4Q177 können in diesem Paragraphen gemeinsam behandelt werden, da sie sich in der grundsätzlichen Art des Zitierens nicht unterscheiden.

In der Regel wird getreu der jeweils verwendeten Textfassung zitiert worden sein.[1] Bewußtes Verändern der überlieferten Vorlage beim Zitieren läßt sich nicht nachweisen. Vermutlich sind ungewöhnliche Lesungen eher darauf zurückzuführen, daß die Textvorlage nicht überliefert ist; auch Gedächtniszitate sind nicht auszuschließen.[2] Lediglich Anpassungen des Schriftzitates an die handschrifteneigene Orthographie können vorgenommen werden. Auffällig ist, daß in beiden Manuskripten das Tetragramm im Text des Schriftbezuges nicht ersetzt, sondern ausgeschrieben wird.[3] Im Gegensatz zum Zitattext an sich, scheint der Umfang des Zitates ganz von dessen „Gebrauchswert" für den Verfasser abzuhängen. So können einzelne Verse bzw. Versteile wiedergegeben werden,[4] das Zitat kann sich aber auch über mehrere Verse erstrecken.[5] Es kann weggelassen werden, was für die Gedankenführung nicht benötigt wird.[6] Ebenso können nichtwiedergegebene Versteile innerhalb der Interpretation aufgegriffen werden.[7] Möglich ist eine Zusammenstellung von Zitaten literarisch unterschiedlicher Herkunft zu Kombinationen.[8] Deutlich wird ein auswählendes Vorgehen beim Zitieren: Welche Schriftstellen zitiert werden, hängt vom Interesse des Verfassers ab.[9] Eine Ausnahme scheint 4Q174 A zu bilden, da hier wohl ausschließlich Dtn 33 wiedergegeben worden ist, während sonst in 4Q174 und in 4Q177 neben den strukturbestimmenden Zitaten[10] auch Schriftbelege aus anderen Bereichen herangezogen werden.

---

[1] Dies entspricht der in Qumran üblichen Praxis.

[2] Möglich wäre dies z.B. im Falle des nicht sicher zu identifizierenden Zitates in Kol. IX,3, da keine Quelle genannt wird, doch siehe andere Erklärungsmöglichkeit oben unter Teil II,3.2. Vielleicht auch – wenn es sich um eine falsche Zitatzuweisung handeln sollte – im Falle von Mi 2,10.11 in Kol. VIII,9f, siehe aber Erläuterungen zur Stelle.

[3] Auch dies könnte für deren Zugehörigkeit zum gleichen Werk sprechen; siehe dazu Teil III,4.

[4] Siehe z.B. 4Q174 IV,12: Am 9,11aβ, IV,14: Ps 1,1aα, 4Q177 IX,11f: Ps 13,5a.

[5] Siehe z.B. 4Q174 II,9-12: Dtn 33,8-11, IV,10f: 2Sam 7,11-14, VII,1-3: Jes 65,22.23, 4Q177 XI,7f: Ps 6,2-5.

[6] Siehe z.B. 4Q174 IV,14: Ps 1,1aα (Rest von Psalm 1,1 wird weggelassen), 4Q177 VIII,2: Jes 37,30b.c (ohne a.d).

[7] Siehe z.B. 4Q174 II,1: Dtn 33,19, 4Q177 VIII,7f: Ps 11,1b.

[8] Siehe z.B. 4Q177 X,2: Dtn 7,15 und Ps 16,3.

[9] Siehe z.B. die Psalmzitate – und das Auslassen einiger – in 4Q174 und 4Q177.

[10] 4Q174 B: 2Sam 7, 4Q174 C und 4Q177: Psalter.

### 3.4. *Zitationsformeln*

Ganz charakteristische Parallelen zwischen 4Q174 und 4Q177 – nur von diesen werden sie geteilt – zeigen sich im Gebrauch von Zitationsformeln. Drei Arten, die jeweils in beiden Handschriften auftreten, lassen sich voneinander unterscheiden:

- a. כתוב-Formeln,[1]
- b. אמר-Formeln,[2]
- c. ohne Zitationsformel.[3]

a. Die כתוב-Formeln haben folgende Grundform: והמה אשר כאשר כתוב בספר...(הנביא).[4] Hinzutreten kann die Angabe der Bezugsgrößen (ה)עליהמ beziehungsweise לאחרית הימים.[5] Jeweils einmal in 4Q174 und 4Q177 tritt eine כתוב-Formel ohne Herkunftsangabe des Zitates auf.[6]

b. אמר-Formeln sind nur in geringer Zahl belegt. Sie besitzen die Grundform (ו)אשר אמר. Einmal findet sich hier eine Angabe über den „Urheber", ein anderes Mal über den ursprünglichen „Adressaten" des Zitates.[7]

c. Eine Reihe von Schriftwiedergaben bleibt uneingeleitet, wobei zum Teil die Zitate in sich eine Art von Einleitungsformel beinhalten.[8]

Bezüglich der Zuordnung der verschiedenen Einleitungsmöglichkeiten (a-c) zu bestimmten „Zitatsorten" läßt sich folgendes beobachten: Die strukturbestimmenden Zitate bleiben uneingeleitet oder werden mit אמר-Formeln eingeführt. Den anderen Zitaten dagegen geht eine כתוב-Formel voraus. Diese Beobachtung läßt sich sowohl für alle drei Teile von 4Q174 als auch für 4Q177 machen. Dem zufolge findet sich in **4Q174 A** keine כתוב-Formel, da neben den bestimmenden Dtn 33-Zitaten keine weiteren Schriftstellen herangezogen werden. In **4Q174 B** erfahren lediglich die

---

[1] 4Q174 III,2f.12.15.16, IV,3, [IV,10(?)], [V,19-VI,1], 4Q177 IX,1f.3.13, X,7, VIII,[2.5.9.]11.[15(?)]; für die mit eckigen Klammern versehenen Stellenangaben gilt hier und im folgenden, daß die Formeln dort in sicherer Textergänzung zu lesen sind.

[2] 4Q174 I,14(?), III,7, 4Q177 X,16(f?), XI,7, [IX,8(?).]11].

[3] 4Q174 I,9, III,10.18, 4Q177 VIII,7(?).12; IX,5(?), X,4.13.14, XI,[10(?).](13).

[4] Beide Varianten der Formel sind sowohl in 4Q174 als auch 4Q177 vertreten. Ohne נביא in 4Q174 III,2f, erwartungsgemäß, da es sich hier nicht um ein Zitat aus einem Prophetenbuch handelt, sondern ספר מושה beziehungsweise התורה ספר.

[5] עליהם: 4Q177 VIII,5.9, IX,3, X,7. עליהמה: 4Q174 III,16. באחרית הימים: 4Q177 X,7, לאחרית הימים: 4Q177 III,15.

[6] 4Q174 III,12, 4Q177 IX,3.

[7] אשר אמר דויד (4Q177 XI,7), ואשר אמר לדויד (4Q174 III,7).

[8] Zitate, die bereits eine Einleitungsformel beinhalten, sind z.B. 4Q174 II,9.16, 4Q177 VIII,7.12.

„Nicht-2Sam 7-Zitate" eine Einleitung mit כתוב. **4Q174 C** sowie **4Q177** lassen die Psalmzitate uneingeführt beziehungsweise verwenden אמר-Formeln für diese, alle anderen Zitate aber werden mit כתוב eingeleitet.

Es ließen sich Vermutungen darüber anstellen, welche der strukturbestimmenden Zitate uneingeleitet blieben und welchen אמר-Formeln vorausgingen. G. J. Brooke (1985) bemerkte zurecht die *unterordnende* Funktion der אמר-Formel vor 2Sam 7,11b (Kol. III,7).[1] Vielleicht besitzen die אמר-Formeln auch in den anderen Fällen diese Funktion? Das würde dann unter anderem auch die ungewöhnliche Stellung von Ps 6,2-6, die die Psalmenreihenfolge unterbricht, erklären.[2] Allerdings ist eine solche Verhältnisbestimmung dieser beiden Einleitungsmöglichkeiten nicht sicher.[3] Doch man vergleiche die Befunde der Interpretationsformeln in Teil 3.6.

Die Zitationsformeln stehen durch Anfänge wie כ)אשר) in enger Verknüpfung mit dem laufenden Text.[4]

### 3.5. *Interpretationsweise*

Da sich Art und Weise der Auslegung in 4Q174 und 4Q177 entsprechen, können die Befunde im folgenden gemeinsam behandelt werden.

Zunächst ist festzuhalten, daß keine bestimmte Auslegungstechnik vorherrscht, sondern die Interpretation kann sich ganz unterschiedlich auf das Zitat beziehen. So kann die Deutung auf das Zitat als ganzes gehen,[5] lediglich ein Element daraus aufnehmen[6] oder auch über eine Art Wortspiel mit diesem in Verbindung stehen.[7] Versucht man Parallelen zu den rabbinischen „Middôt" zu ziehen, so ist besonders häufig die Technik des Analo-

---

[1] Siehe G. J. Brooke (1985) 136f.

[2] Ps 6 (Kol. XI) nach Ps 17 (Kol. X). אמר-Formeln würden dann auch auftreten, wenn von einem Psalm weitere Verse zitiert wurden, siehe אמר-Formel vor Ps 13,5 in Kol. IX,11, nachdem in Kol. IX,8 Ps 13,2.3 (vor diesem wäre dann keine Zitationsformel zu erwarten) zitiert wurde. (Vielleicht auch, wenn in Kol. XI,1 Ps 17,13 zu ergänzen wäre, nach dem Zitat von Ps 17,1 in Kol. X,4). Siehe aber 2Sam 7,11c-14 in Kol. III,10f.

[3] Falls in Kol. IX,5 tatsächlich Ps 5,10 zitiert worden wäre, läge hier ein Widerspruch zu dieser Vermutung vor.

[4] In besonderer Weise geschieht diese Verknüpfung in Kol. III,16, wo die Zitationsformel gleichzeitig Interpretationsbeginn ist, vergleiche auch die Verbindung mit der Deutung in Kol. IV,3 und Kol. X,16.

[5] Siehe z.B. 4Q174 III,7ff.18ff, 4Q177 IX,12.

[6] Siehe z.B. 4Q174 III,11, 4Q177 VIII,2, X,13.14.

[7] Verbindung durch Paronomasie siehe 4Q174 III,12.13 (סוכה, bereits beobachtet von L. H. Silbermann (1959), siehe dazu G. J. Brooke (1985) bes. 166 mit Anm. 217 (S. 251)), und siehe 4Q177 IX,9 (Wurzel נצה).

gieschlusses (gĕzērâ šāwâ) belegt.[1] Größere, aus mehreren Versen bestehende Komplexe können, vergleichbar mit der Vers-für-Vers-Deutung der Pescharim, interpretiert werden.[2] Zitatkombinationen werden gemeinsam ausgelegt.[3] Ebenso kann ein Zitat zur Interpretation eines anderen herangezogen werden.[4] Gleiches gilt für nicht wiedergegebene Versteile eines Zitates.[5] Die Länge der Deutungen variiert.[6] Hatte G. J. Brooke (1985) für 4Q174 beobachtet, daß die Auslegungen sowohl identifizierenden als auch erklärenden Charakter besitzen, so läßt sich dieses ebenso für 4Q177 feststellen.[7] Eine Einschaltung weiterer Schriftstellen neben die strukturbestimmenden Zitate in 4Q174 B.C und 4Q177 bedeutet nicht zwangsläufig deren untergeordnete Funktion. Häufig treiben diese den Interpretationsbeziehungsweise Gedankengang des Textes voran.[8] Innerhalb der Deutungen finden sich Anspielungen auf die Schrift;[9] die Sprache insgesamt ist biblisch geprägt. Sowohl Terminologie als auch einzelne Formulierungen weisen deutliche Parallelen zu anderen Qumrantexten auf.[10] Die Tatsache, daß der Verfasser als interpretierende Person ganz hinter den Text zurück-

---

[1] Siehe z.B. 4Q174 III,10.12 (והקימותי), vergleiche G. J. Brooke (1985), 166 (dort auch weitere Beispiele), 4Q177 IX,1.2 (שבעה). D. Dimant (1986), 173 Anm. 18, hat allerdings zu recht darauf hingewiesen, daß Vorsicht bei der Verwendung des Terminus „gĕzērâ šāwâ" in Bezug auf exegetische Literatur in Qumran geboten ist, da der rabbinische Gebrauch dieser Regel komplex und nicht eindeutig festgelegt ist. G. J. Brooke (1985), 166f, beobachtete daneben weitere exegetische Prinzipien, die innerhalb von 4Q174 zur Anwendung gekommen sind (z.B „Spiel" mit bereits im Schrifttext angelegten Doppelbedeutungen von Zitatwörtern, möglicher Gebrauch von binyan 'āb und sĕmûkîn). Grundsätzliches zu den Middôt und der diesbezüglichen Forschungsgeschichte siehe G. J. Brooke (1985) 8-17.

[2] Siehe z.B. 4Q174 I,9-12 (Dtn 33,8-11), 4Q177 XI,7-11 (Ps 6,2-6).

[3] 4Q174 III,1f, 4Q177 VIII,12f, X,2.

[4] 4Q174 III,15-17, 4Q177 IX,1-3.

[5] Siehe z.B. 4Q174 II,1 (?), IV,4(?), 4Q177 VIII,8.9.

[6] Für 4Q174 A sind wahrscheinlich ziemlich kurze Interpretationen anzunehmen (siehe Kol. I), ähnliches gilt für B und C, doch auch längere Deutungen existieren (siehe Kol. II unten). Auch in 4Q177 sind die Interpretationen meist verhältnismäßig kurz (siehe z.B. Kol. VIII), eine längere Auslegungspassage findet sich dagegen in Kol. X,8-13.

[7] Siehe G. J. Brooke (1985) 140. In den meisten Fällen eng miteinander verknüpft; doch läßt sich hier und da ein Überwiegen des einen oder anderen Elementes feststellen. Überwiegend identifizierende Funktion besitzen z.B. 4Q174 III,3.11, 4Q177 X,13.14, überwiegend erklärenden Charakters sind z.B.4Q174 IV,19, 4Q177 VIII,8f. Vornehmlich kennzeichnend für erstere ist eine Einleitungsformel mit Personalpronomen (oder אשר), für letztere Pescherformeln mit אשר.

[8] Siehe z.B. 4Q174 III,16f, 4Q177 X,13.14.

[9] Siehe z.B. 4Q174 III,3f.11, 4Q177 IX,4.6, XI,10; apokryphe Überlieferungen wurden innerhalb der Deutungen vielleicht in Kol. X,15f aufgenommen, eventuell auch in 4Q177 Frg. 22.

[10] Z.B. Gemeinde- und Gegnerbezeichnungen; parallele Formulierungen besonders eindrücklich z.B. in Kol. IX,6 (vergleiche CD IV,11f).

tritt, verleiht seinen Ausführungen eine vermeintliche Objektivität. In der
Regel wird im Rahmen der Interpretation die 3. Pers. verwendet. Eine
Ausnahme stellt Kol. II,5 (צונו) dar, nur hier wird einmal die 1. Pers. be-
nützt.[1] Ein direktes Ansprechen des Lesers/Hörers findet sich einmal, in
Kol. X,12. Es wäre denkbar, daß an diesen Stellen, für die sich eine deutli-
che Unterbrechung des Stils nachweisen läßt, bereits schriftlich fixierte
Vorlagen eingearbeitet worden sind.[2]

### 3.6. *Interpretationsformeln*

Die Schriftzitate sind sowohl in 4Q174 als auch 4Q177 eng in den laufenden Gedankengang des Textes eingebunden. Doch ist die eigentliche Auslegung der Zitate stets nachgestellt. Der Anschluß der Interpretationen an
die Zitate erfolgt durch bestimmte Deuteformeln.[3]

Für **4Q174** ergibt sich dabei folgendes Bild: Nur geringes und zudem
unsicheres Formelmaterial ist in **4Q174 A** erhalten, dem Teil der Handschrift also, der lediglich Dtn 33-Zitate mit ihren Auslegungen liefert. Pescherformeln lassen sich hier nicht eindeutig nachweisen; mit relativ
hoher Wahrscheinlichkeit zu ergänzen sind allein Interpretationsformeln,
die Personalpronomina verwenden.[4]

Auch in **4Q174 B** finden sich keine Pescherformeln. Ansonsten werden jedoch ganz verschiedene Deuteformeln benützt. Mit Ausnahme einer
אשר-Formel (Kol. III,7) handelt es sich bei allen um solche, die mit einem
Personalpronomen gebildet sind.[5] Die Art der Interpretationsformeln ist
ansonsten in 4Q174 B – im Gegensatz zu den Zitationsformeln – nicht
abhängig vom Zitierkanon.[6]

---

[1] An zwei Stellen könnte eine Interpretation auffordernden Charakter besitzen: in
Kol. IX,6 bezogen auf die Gemeinde, in Kol. X,9.10 möglicherweise eine psalmartige,
an Gott gerichtete Bitte, doch siehe Erläuterungen zur Stelle.

[2] Vergleiche z.B. die Parallele zwischen Kol. X,12 und CD IV,4.

[3] In ihrer spezifischen Verwendung liefern sie einen wesentlichen Hinweis auf die
Zugehörigkeit von 4Q174 und 4Q177 zum gleichen literarischen Werk.

[4] – כיא + Pers. pron. (Kol. I,15(?))
   – Pers. pron. + Zitatwort (Kol. II,1(?);
zu einer eventuell möglichen Pescherformel siehe zu Kol. II,4.

[5] – Pers. pron. + Zitatwort (Kol. III,12f)
   – Pers. pron. + Bezug + אשר (Kol. II,14, III,2.3.11).

[6] Sowohl die strukturbestimmenden 2Sam 7-Zitate als auch die übrigen werden mit
Formeln eingeleitet, die Pers.pron. benützen. Der untergeordnete Charakter des Zitates
von 2Sam 7,11b im Verlauf der Deutung wird dadurch deutlich, daß es als einziges nur
mit אשר eingeleitet wird, vergleiche oben zu den Zitationsformeln 3.4.

In **4Q174 C** lassen sich zwei Arten von Interpretationsformeln unterscheiden. Zum einen sind dies Pescherformeln,[1] zum anderen solche, die Personalpronomina verwenden.[2] Auffällig ist – wie bereits in Teil II,3.2 angesprochen –, daß Pescherformeln ausschließlich nach Psalmzitaten auftreten. Die übrigen Propheten-Zitate werden dagegen mit den anderen Formeln eingeleitet.[3] Deutlich wird also in 4Q174 folgendes: Erst mit Beginn von Hauptteil C, erst nach der Überschrift ...‏(ן)מן מדרש‎ in Kol. IV,14, sind Pescherformeln anzutreffen. Hier werden sie lediglich nach den strukturbestimmenden Psalmzitaten eingesetzt.

Die Annahme, daß 4Q177 die *Fortsetzung* von 4Q174 darstellt, wird durch die Interpretationsformeln in **4Q177** bestätigt. Hier entsprechen die Befunde nämlich genau denen in 4Q174 C: Allein nach Psalmzitaten treten Pescherformeln auf,[4] die Auslegungen aller übrigen Zitate sind durch Formeln mit Personalpronomina,[5] gelegentlich durch ‏אשר‎ oder ‏כיא‎ verwendende Formeln eingeleitet.[6]

Nur in zwei Fällen – Kol. IX,1.12 – beginnen Psalminterpretationen nicht mit einer Pescherformel. Auffällig ist, daß es sich jeweils um die Wiedergabe eines Psalmverses handelt, dem bereits ein Zitat eines anderen Verses des gleichen Psalmes vorausgeht.[7] Dies korrespondiert den

---

[1] Belegt sind nur Pescher-Langformen, sie besitzen folgende Ausprägungen:
  – ‏פשר הדבר המה‎ (Kol. [III,14])
  – ‏פשר הדבר אשר‎ (Kol. [III,19])
  – ‏פשר הדבר לאחרית הימים על‎ (Kol. [V,2f]).
[2] – ‏כיא‎ + Pers.pron. (Kol. IV,8(?), V,4, [VI,3])
  – Pers.pron. + Bezug + ‏אשר‎ (Kol. III,17, IV,1(innerhalb der Auslegung).4af)
  – ‏ו‎ + Pers.pron. + Zitationsformel (Kol. III,16), siehe oben unter 3.5.
[3] Siehe oben Anm. 1 und 2.
[4] Pescher-Langformen:
  – ‏פשר הדבר אשר‎ (Kol. X,6)
  – ‏פשר הדבר על‎ (Kol. IX,9)
  Pescher-Kurzformen, allerdings nicht ganz sicher belegt:
  – ‏פשרו אשר‎ (Kol. [VIII,8(?)]).
[5] – Pers.pron. + Zitatwort (+ ‏אשר‎) (Kol. VIII,13 (Bezug + Zitat), X,16)
  – Zitatwort + Pers.pron. (+ ‏אשר‎) (Kol. VIII,2, X,13.14)
  – Pers.pron. + Bezug (+ ‏אשר‎) (Kol. VIII,10f.14, IX,[4(?).]12.[14(?)], XI,13).
[6] – ‏אשר‎ (Kol. IX,2, doch vielleicht Fortsetzung der Formel in IX,3?)
  – ‏ואשר אמר‎ (Kol. [VIII,2(?)])
  – ‏אשר המה‎ (Kol. VIII,14, siehe oben Anm. 5)
  – ‏כיא‎ (Kol. VIII,5).
[7] Ps 12,7 in Kol. IX,1 wird durch ein Zitat interpretiert (Sach 3,9, siehe Erläuterungen zur Stelle), so ist ...‏כאשר כתוב‎ Deutungs- und Zitationsformel zugleich. Die Auslegung von Ps 13,5 in Kol. IX,11f wird durch eine Pers. pron. verwendende Formel (‏המה‎ + Bezug (+ ‏אשר‎), siehe oben Anm. 5) eingeleitet. Dem Ps 12,7 geht Ps 12,1 in Kol. VIII,12 voraus. Ps 13,5 folgt auf Ps 13,2.3 in Kol. IX,8f.

Beobachtungen zur Verwendung von Zitationsformeln in Bezug auf Psalmen. Vielleicht wurde durch Zitations- und Interpretationsformeln eine
formale Unterordnung derartiger Psalmzitate vorgenommen, doch sicher
ist dies nicht.[1]

---

[1] Überträgt man die Vermutungen, die im Zusammenhang mit den Zitationsformeln
angestellt worden sind, dann würde dies vielleicht auch für Zitate gelten, die die *Reihenfolge unterbrechen*. Das beträfe also eventuell auch Ps 6,2-5.6 in Kol. XI,8.11 (nach Ps
17), falls tatsächlich zitiert auch Ps 5,6 und Ps 5,10. Doch ist in keinem der Fälle eine Interpretationsformel erhalten – gemäß der Hypothese dürfte dies dann in keinem Fall eine
Pescherformel sein –, so daß es lediglich bei Vermutungen bleiben muß.

## 4
## DAS VERHÄLTNIS VON ZITATEN UND INTERPRETATIONEN
## ZUEINANDER: DAS SCHRIFTVERSTÄNDNIS IN 4Q174 UND IN 4Q177

Für sämtliche Teile von 4Q174 wie für 4Q177 gilt, daß der gesamte Text
durchgängig nach dem Schema Zitat-Auslegung-Zitat-Auslegung-etc.
aufgebaut ist.

Die Schriftbezüge erfahren dabei eine Umdeutung auf die endzeitlich
verstandene Gegenwart der Gemeinde,[1] auf ihre Geschichte[2] und ihre Zukunft.[3] Zugleich werden die meisten Schriftzitate damit ihrem historischen
Zusammenhang enthoben:[4] Worte, die beispielsweise von einem Propheten
wie Jesaja in seine eigene geschichtliche Situation hinein gesprochen worden waren, werden vom Verfasser aktualisierend interpretiert. Viele der in
4Q174 und 4Q177 verwendeten Schriftbezüge kommen dabei aufgrund
ihres „allgemeinen" Charakters einer solchen Übertragung entgegen.[5]

Legitimiert wird ein solcher Umgang mit der Schrift durch das endzeitliche Geschichts- und Erfüllungsbewußtsein der Gemeinde. Für die
Endzeit, die Zeit der Gemeindeexistenz, seien die Bibeltexte eigentlich
verfaßt worden.[6] Den Propheten war die tatsächliche Bedeutung ihrer
Worte verborgen, erst dem „Lehrer der Gerechtigkeit" hatte Gott deren
Sinn enthüllt.[7] In dieser Tradition der Schriftauslegung durch den „Lehrer
der Gerechtigkeit" stehen – wie sämtliche exegetische Qumrantexte auch –
4Q174 und 4Q177.

---

[1] Z.B. 4Q174 III,6f.16ff, 4Q177 VIII,1f.

[2] Z.B. 4Q177 X,14.

[3] Z.B. 4Q174 III,7f, 4Q177 X,15f.

[4] Z.B. 4Q174 III,7, 4Q1777 X,13.14.

[5] Siehe z.B. 4Q174 III,14, 4Q177 XI,7ff.
J. A. Fitzmyer (1960), 305-330, hat prinzipiell ganz zurecht zwischen unterschiedlichen
Arten der Zitatverwendung differenziert ((A) Literal or Historical class, (B) class of Mo-
dernization, (C) class of Accomodation, (D) Eschatological class), verweist allerdings
selbst darauf (306), daß eine eindeutige Zuordnung der Zitate zu den vier Kategorien
nicht immer zweifelsfrei möglich ist. Gleiches gilt etwa auch für M. Fishbanes (1988),
373-375, vier Kategorien für „Prophetic Exegesis" in Qumrantexten ((A) „dogmatische"
Verbindung von Zitat und Auslegung, (B) direkte Wortverbindung zwischen Zitat und
Auslegung, (C) umgeformte Wortverbindung zwischen Auslegung und Zitat, (D) typo-
logische Reinterpretation).

[6] Siehe die אחרית הימים-Belege in beiden Handschriften, z.B. Kol. VI,3, XI,7. Besonders eindrücklich zeugen von diesem Bewußtsein häufig verwendete Zitationsformeln
wie: ...כאשר כתוב עליהם. עליהם ist dabei stets auf eine zeitgenössische Größe des Verfassers, z.B. die Gemeinde bezogen.

[7] Siehe 1QpHab II,8f.

SONSTIGE BEOBACHTUNGEN ZUR TERMINOLOGIE
IN 4Q174 UND 4Q177 IM VERGLEICH
MIT ANDEREN QUMRANTEXTEN[1]

Ziel dieses Abschnittes soll es sein, terminologische Parallelen zwischen 4Q174 und 4Q177 aufzuzeigen. Es geht dabei um Begriffe und Formulierungen, die sich in ihrer gemeinsamen Verwendung in beiden Handschriften charakteristisch von anderen Qumrantexten unterscheiden,[2] man somit auf eine Zugehörigkeit zum gleichen literarischen Werk schließen kann.

Aufschlußreich sind folgende Befunde: Die sowohl in 4Q174 als auch 4Q177 verwendete Formulierung על (ה)הבא המצרף (עת) wird lediglich mit 4QpPs[a] geteilt, in welchem sie einmal auftritt.[3] Der Titel דורש התורה kommt außer in 4Q174 und 4Q177 allein in der Damaskusschrift vor.[4] Die in 4Q174 und 4Q177 belegte Part. pl. Hiph.-Form von כשל, nämlich המכשילים – hier wie dort als Verb verwendet –, erscheint sonst lediglich einmal in 4Q504.[5] Konstruktusverbindungen mit צאצאים treten in Qumrantexten nur in 4Q178, 4Q174 und 4Q177 auf.[6] Die Verwendung der בני אור in beiden wird mit bestimmten Partien der Gemeinschafts- und der

---

[1] Der terminologische Vergleich berücksichtigt – unter Zuhilfenahme der „Preliminary Concordance" (J. Strugnell et al. (1988)) – auch die bislang unveröffentlichten Texte beziehungsweise Fragmente aus den Höhlen 2Q-10Q.

[2] Wenig tragen zu einem solchen Vergleich hier wie da auftretende Termini wie אחרית הימים (z.B. in 4Q174 III,2.12.15 und 4Q177 IX,10, X,5, XI,7), עצת היחד (4Q174 III,17, 4Q177 X,5) oder בליעל (z.B. in 4Q174 III,9, 4Q177 XI,9.12) bei; ihr Gebrauch ist innerhalb der Qumrantexte weit verbreitet.

[3] 4Q174 IV,1, 4Q177 VIII,2.3, 4QpPs[a] (4Q171) II,18.

[4] 4Q174 III,11, eventuell 4Q174 Frg. 23, 4Q177 IX,5, CD VI,6, VII,18, siehe auch 4QD[b] (wird von J. M. Baumgarten veröffentlicht).

[5] 4Q174 III,8, 4Q177 IX,7, 4Q504 (4QDibHam[a]) Frg. 1-2, VI,17 (מכשילים ist hier zu המכשילים korrigiert). Im AT ist diese Form nicht belegt. Zur Verwendung von Partizipien (pl.) als Verben in Qumrantexten vergleiche 11QT XXXIV,7-11, XLIII,5, LVII,10, vergleiche aber CD XIX,9, siehe E. Qimron (1986) 76.

[6] 4Q174 II,12, 4Q177 X,12, 4Q178 (MidrEschat[d]?) Frg. 4,4 (entgegen J. M. Allegros (1968) Transkription, 74, besteht ein Wortabstand zwischen צאצאי und dem folgenden Schriftrest). Wenn צאצאים sonst in Qumrantexten belegt ist, dann stets in suffigierter Form, vergleiche z.B. 1QM X,13, 1QH I,18. Im AT existiert nur eine Konstruktusverbindung mit צאצאים, nämlich in Jes 48,19 צאצאי מעיך ("Sprößlinge deines Leibes").

Kriegsregel, 4QD[b] sowie 4Q280 (Frg. 2,1) geteilt.[1] In 4Q174 und 4Q177 findet sich der Ausdruck במחשבת בליעל,[2] der sonst nur in 1QH IV,12 und möglicherweise wiederum in 4Q178 auftritt. אבד, ein ohnehin selten in Qumrantexten belegtes Verb, wird in der Form להאביד(מה) (Präp. ל + Inf. Hiph. von אבד) allein in 4Q174 und 4Q177 und 6Q12 (Frg. 1,4) gelesen.[3] Ähnlich verhält es sich mit der Wiedergabe von בקנאתמה; mit der Präposition ב und dem Suffix der 3. Pers. mask. pl. taucht קנאה ausschließlich in 4Q174 und 4Q177 auf.[4] Die eschatologische Erwähnung des ציון ist gerade diesen beiden Texten eigen.[5]

Mögen einzelne Belege an sich von geringer Beweiskraft sein, so sind sie doch in ihrer Gesamtheit ein gutes Indiz dafür, daß hier der gleiche Verfasser am Werk gewesen ist: In keinem anderen Qumrantext findet sich beispielsweise das gemeinsame Auftreten von (עת) המצרף הבא(ה) על und דורש התורה; Handschriften, die בני אור bezeugen, verwenden weder die erste noch die zweite Formulierung und so weiter.

---

[1] 4Q174 III,9, 4Q177 XI,12.16 (בני האור in Kol. IX,7) vergleiche בני אור zweimal in der liturgischen Gemeindeordnung 1QS I,1-III,12 (Kol. I,9, II,16) und innerhalb der Zwei-Geister-Lehre 1QS III,13-IV,26 (Kol. III,13.24.25 (vergleiche 4Q177 XI,12)) und in der ersten Kolumne von 1QM (Kol. I,1.3.9.11.13). 4Q280 (4QTeharot D), ed. J. T. Milik (1972).

[2] 4Q174 III,8, 4Q177 XI,11.

[3] להאביד 4Q174 I,7, להאבידמה 4Q177 XI,9, . 6Q12 ed. M. Baillet, J. T. Milik, R. de Vaux (1962) . להאביד ist hier und da im AT belegt (z.B. Jer 1,10, Dt 28,63).

[4] 4Q174 II,13, 4Q177 IX,13. Im AT ist diese Form nicht belegt (nie mit מה-), קנאה mit ב nur in בקנאתי (z.B. Ez 36,6). Es finden sich eine Reihe weiterer, kleinerer Belege, die für eine Zugehörigkeit von 4Q174 und 4Q177 zum gleichen Werk sprechen könnten, z.B. בקש + ל + Inf. (Kol. II,16, IX,12, 4Q177 Frg. 21 (2x), sonst so nur zweimal in 4QPps[a]).

[5] Kol. III,12 und XI,15.

# 6
## Zu orthographischen Differenzen
## in 4Q174 und 4Q177

Ein Befund, der zunächst gegen eine Zugehörigkeit von 4Q174 und 4Q177 zum gleichen Werk zu sprechen scheint, ist die teilweise voneinander abweichende Orthographie.

Diese Unterschiede treten bei der Schreibung der Pronominalsuffixe für die 3. Pers. mask. pl. auf. Hier überwiegen im Falle von 4Q174 deutlich die Langformen, während in 4Q177 die Kurzformen in der Überzahl sind. Besonders auffällig wird dies bei einem Vergleich der suffigierten Präpositionen. Benützt 4Q174 ausschließlich die lange Suffixform (z.B. להמה), ist in 4Q177 sowohl die lange als auch die kurze Form (z.B. להם) belegt.[1] Ein signifikanter Unterschied zwischen beiden Handschriften besteht in der Schreibung von עליהם: in 4Q174 wird nur die Langform עליהמה, in 4Q177 nur die Kurzform עליהם verwendet.

Nun existiert aber unter den Hodajot-Manuskripten ein Beispiel dafür, daß die Orthographie von Parallelhandschriften nicht immer identisch sein muß. In Entsprechung zu 4Q174 und 4Q177 läßt sich hier folgendes beobachten: Eine Handschrift aus Höhle 4Q, **4QHᵃ**, verwendet im Gegensatz zu **1QHᵃ** die vollere Form für das 3. Pers. mask. pl.-Suffix.[2] Bemerkenswert ist dann vielleicht eher eine orthographische *Gemeinsamkeit* von 4Q174 und 4Q177, die sie nur mit wenigen nichtbiblischen Qumrantexten teilen, und auf die E. Qimron (1986) hingewiesen hat. Diese betrifft die Tatsache, daß überhaupt lange Pronominalsuffixe in beiden auftreten.[3]

---

[1] Vergleiche auch Pers. pron.: im Falle der 3.Pers.mask./fem.sg. sind diese in 4Q174 stets lang, 4Q177 kennt sowohl die lange als auch die kurze Schreibung. Beide bezeugen aber den gemeinsamen Gebrauch der langen Form המה.

[2] H. Stegemann, dem ich diesen Hinweis verdanke, hat mir freundlicherweise sein noch unveröffentlichtes Hodajot-Material zur Einsicht zur Verfügung gestellt (Stellenangaben für 1QHᵃ hier und im folgenden nach neuer Zählung). Vergleiche **1QHᵃ** VII,15 דעתם mit der Parallele **4QHᵃ** Frg. 3,I,2 דעתמה, **1QHᵃ** XXVI,3 במכוניהם mit der Parallele **4QHᵃ** Frg. 7,II,11 במכונׁיהמה, **1QHᵃ** XXVI,32 בדעתם mit der Parallele **4QHᵃ** Frg. 7,II,13 בדעתמה. Zeuge für lediglich eine einzelne Abweichung von der Schreibung der Personalendung ist **pap4QHᶠ**: חוכמהמה (Frg. 7,I,2) anstelle von **1QHᵃ** XI,16 חכמתם. Sonst wird hier, wie auch in den übrigen 4Q-Handschriften (Ausnahmen siehe oben), diese Suffixform mit 1QHᵃ gelesen.

[3] Siehe E. Qimron (1986), 61. Vergleiche außerdem die Pleneschreibung in beiden, und siehe Anm. 1.

# 7

## SCHLUSSFOLGERUNG

Die formalen Befunde beider Handschriften, insbesondere die einander auf charakteristische Weise entsprechende Schrift- und Formelverwendung, sowie auffällige terminologische Parallelen lassen darauf schließen, daß in 4Q174 und 4Q177 zwei Abschriften eines gleichen Werkes vorliegen. Dabei bildet der Text von 4Q177 die Fortsetzung dessen von 4Q174;[1] dieses hatte ein Vergleich der rekonstruierten Bestände beider Manuskripte nahegelegt und konnte durch eine Strukturanalyse der Texte bestätigt werden. Orthographische Differenzen, die zwischen 4Q174 und 4Q177 – neben auffälligen Übereinstimmungen – bestehen, erwiesen sich als nicht hinderlich für die Annahme eines gemeinsamen Ursprunges beider Handschriften.

Wie eine Betrachtung der übrigen exegetischen Qumranliteratur zeigen wird, sind die festgestellten Parallelen zwischen 4Q174 und 4Q177 so charakteristisch, diese deutlich von jener abgrenzend, daß es sich hier nicht etwa um ähnliche Werke, sondern um ein und dasselbe Werk handelt. Im folgenden werden sie daher als Repräsentanten des gleichen Werkes, bezeichnet als **4QMidrEschat[a.b]** (4Q174 (Kol. I-VI) MidrEschat[a] und 4Q177 (Kol. VIII-XII) 4QMidrEschat[b]), betrachtet.[2]

---

[1] Die Editionen von Qumrantexten habe ich auf bislang unidentifizierte und unsicher identifizierte Fragmente durchgesehen, die möglicherweise weitere Teile dieses Werkes repräsentieren könnten, vor allem in der Hoffnung auf erhaltene Textreste aus dem verlorenen textlichen Übergangsbereich zwischen 4Q174 und 4Q177. Für letzteres waren die Befunde eindeutig negativ.

[2] Zum Titel siehe unter Teil III,3.

8

## Mögliche weitere Kopien:
### 4Q182 (4QMidrEschat^c?), 4Q178 (4QMidrEschat^D?)
### und 4Q183 (4QMidrEschat^E?)

Auffällige Parallelen zu 4QMidrEschat weist die Handschrift **4Q182** auf. Ähnlichkeiten zu 4Q177 („Catena A") feststellend, hatte bereits J. M. Allegro in seiner Edition (1968) 4Q182 den Titel „Catena B" gegeben.[1] J. Strugnell (1970) hat diese „formale" Handschrift in früh- oder mittelherodianische Zeit datiert.[2] Nur zwei kleine Fragmente sind von dem Manuskript erhalten.[3] Doch auf einem der beiden, Frg. 1,4, findet sich eine ganz charakteristische Zitationsformel, die 4Q182 nur mit 4QMidrEschat teilt.[4] Zu Recht hat J. Strugnell (1970) für Frg. 1,5 die Reste eines Zitates von Jer 5,7 vermutet. Inhaltlich würde dieses Zitat gut in den Kontext von 4QMidrEschat passen. Gleiches gilt für die übrigen Zeilen (Z. 1-3) von Frg. 1, die sehr wahrscheinlich zu einer Auslegung eines nicht mehr erhaltenen, vorausgehenden Zitates gehören.[5] Sowohl auf Frg. 1 (Z. 1) als auch auf Frg. 2 (Z. 1) ist אחרית הימים erhalten. Die Textbasis von 4Q182 ist zu schmal, um sicher auf eine Zugehörigkeit zum gleichen Werk wie 4QMidrEschat^{a.c} schließen zu lassen. Doch besonders die gleiche spezifische Struktur der Zitationsformel, daneben die Tatsache, daß das biblische Buch Jeremiah – außer in 4QpJes^c (4Q163) Frg. 1,4 – nur hier und in 4QMidrEschat (Kol. XI,6) zitiert wird, läßt dies als möglich erscheinen; zuzuordnen wäre es dann Teil C des Werkes 4QMidrEschat. Daher wird im folgenden eine Transkription und Übersetzung von 4Q182 (4QMidr-Eschat^c?) gegeben, die die Verbesserungen von J. Strugnell (1970) gegenüber J. M. Allegros Lesung (1968) berücksichtigt:

---

[1] Siehe J. M. Allegro (1968) 80f mit Tafel XXVII.

[2] Siehe J. Strugnell (1970) 256.

[3] Frg. 1 weist oberen Kolumnenrand (1,5 cm) auf. Eventuell – so J. Strugnell – existiert auch linker Kolumnenrand. Obgleich keine Kolumnentrennerlinie zu erkennen ist, ist dies aufgrund der Freiräume nach den letzten Wörtern in Z. 1-3 – sie sind größer als die Wortabstände sonst – sehr wahrscheinlich. In J. M. Allegros Transkription sind diese Freiräume nach den Wörtern nicht vermerkt. Die Zeilenabstände betragen 0,7 cm; die Linien sind noch sichtbar.

[4] Die Verwendung dieser Formel (...כאשר כתוב עליהם בספר) scheint gegen eine Zuordnung des Textes zu einem Werk wie etwa CD zu sprechen (vor allem בספר); siehe auch Teil III,4. Es existiert kein Pescher zu Jeremiah.

[5] Auch Frg. 2 enthält keinen Zitattext.

Frg. 1

1: ]                    [אחרית הימים על < >

2: ]                    ה] אשר יקשו את עורפם

3: ]                    ויפרעו] ביד רמה להחל

4: [ כאשר כ]תוב עליהם < > בספר ירמ]יה

5: [א]הנביא אי לזאת אסלוח לך בנ]יֹכֹהֹ עזֹבֹוֹנֹיֹ וֹ]ישבעו בלא

6: [אלהים (ואשבע אותם וינאפו ובית זונה יתנדדו)

(1) [...] Ende der Tage über (2) [...], welche hartnäckig waren (3) [...] und
sie ließen sich absichtlich gehen, um profan zu machen (4) [... wie es
ge]schrieben ist über sie im Buche Jerem[iah (5) des Propheten: „Weshalb
sollte ich dir vergeben? ]Deine[ Söhne] haben mich verlassen, und[ sie haben geschworen bei denen, die nicht (6) Gott sind. (Als ich sie satt machte,
da betrieben sie Ehebruch und wurden Gäste im Haus der Dirne.) ...]

Frg. 2

1:    [ יֹ°א לאחרית הימֹ]ים

2:    [ ]ֹה לֹהכותם °[

(1) [...].. in Bezug auf das Ende der Ta[ge ... (2) ...], um sie zu schlagen
[...]

Zu Frg. 1:

**Z. 2**    Vergleiche 1QS V,5. J. M. Allegro (1968) übersetzt יקשו futurisch.[1]

**Z. 3**    Vergleiche CD VIII,8.

**Z. 4f**    Ergänzung der Zitationsformel gemäß 4QMidrEschat[a.b]. Reste
eines getilgten Buchstabenteiles sind vor בספר erhalten, vielleicht handelt
es sich um den Beginn eines א.[2]

**Z. 5f**    Lesung der Schriftreste in Z. 5 mit J. Strugnell (1970),[3] Ergänzung des Zitates von Jer 5,7 nach Lesung und Orthographie des MT.[4]

---

[1] J. M. Allegro (1968) 81.

[2] Siehe J. Strugnell (1970) 256. Er vermutet weiter, daß es sich hier vielleicht um den
versehentlichen Beginn von Jer 5,7 (...א) handeln könnte.

[3] J. M. Allegro (1968) liest [ל] [°°°°° ֹעֹ ֹה°[, J. Strugnell (1970) hat festgestellt, daß es
sich nicht um ein ל, sondern lediglich um einen Schatten handelt. בניכה stellt dann eine
Variante zu בניך (MT Jer 5,7) dar.

[4] יתנדדו (MT): LXX יתנורדו (von נור I).

Gemäß der Ergänzung in Z. 5 betrüge die Zeilenlänge 47 ZE, dies entspräche einer Kolumnenbreite von etwa 13,5 cm.[1]

Zu Frg. 2:

**Z. 1**   Die Lesung des Buchstaben vor יא ist schwierig, י selbst dagegen sehr wahrscheinlich, vergleiche z.B. י in ביד (Frg. 1,3). Zu erwarten wäre etwa eine Zitationsformel wie כאשר כתוב בספר ... הנביא לאחרית הימים (vgl. Kol. III,15), doch scheint הנ[בׄ]יא nahezu ausgeschlossen.[2] Lesung von הימ[ם]ים mit J. Strugnell (1970).[3]

**Z. 3** (?)   Eventuell sind Reste von ל unter ח (Z. 2) erhalten.

Sehr schwierig ist eine Beurteilung von **4Q178**. Bei diesem Manuskript mag es sich um Reste eines thematischen Midrasch handeln. Die Handschrift – dreizehn kleinere Fragmente gehören ihr an – ist paläographisch der „Rustic Semiformal" Tradition zuzuweisen, sie stammt aus herodianischer Zeit.[4] Schriftzitate lassen sich nicht sicher nachweisen.[5] Daß es sie aber in diesem Text gegeben haben muß, bezeugt die auf Frg. 3,2 erhaltene Zitationsformel כאשר כתוב. Interpretationsformeln sind nicht überliefert. Dafür, daß es sich um einen Midrasch handelt, könnte אחרית הימים sprechen, welches bevorzugt in exegetischen Texten auftritt.[6] Eine gewisse Nähe zu 4QMidrEschat ist zu beobachten: Vor allem sind dies die Verwendung von צאצאים in einer Konstruktusverbindung, die Formulierung (ו)במחשבת בליעל und besonders die Erwähnung Daniels, vielleicht als Teil einer Zitationsformel.[7] Daher ist zumindest nicht auszuschließen,

---

[1] Wenn man eine „Pleneschreibung" des Zitattextes annimmt, ist die Zeile nur unmaßgeblich länger.

[2] J. Strugnell (1970) liest מ[שׄ]א, doch existiert kein ש mit Keraja am linken Arm in dieser Handschrift; auch ist משא nirgends mit folgendem ל belegt. J. M. Allegros Lesung א[מׄ] ist paläographisch zweifelhaft.

[3] J. M. Allegro (1968) liest הי[מי]ם[, was aufgrund des Abstandes zwischen י und dem folgenden Buchstabenrest (0,4 cm) nicht möglich ist, dieser wäre für J. M. Allegros Lesung von ם zu gering, מ dagegen ist möglich (vergleiche הימים in Frg. 1,1).

[4] Edition von 4Q178 durch J. M. Allegro (1968) 74f mit Tafel XXV. Zur paläographischen Einordnung der Handschrift und Korrekturen der Allegro-Lesungen siehe J. Strugnell (1970) 248-249 mit einer Abbildung der Frg. 2 und Frg. 11+13 auf Tafel I(d.e) 257.

[5] J. Strugnell (1970), 248, erwägt, ob es nicht möglich sei, auf Frg. 1,1 Num 16,9 (לשרתם ולעמוד לפני העדה) zu identifizieren. Doch er weist selbst darauf hin, daß anstelle des ersten ר vielleicht eher ד zu lesen ist.

[6] אחרית הימים (Frg. 3,4, Frg. 2,3, 9,2?).

[7] 4Q178: צאצאי [ ]° Frg. 4,4 (siehe Teil II,5), ובמחשבת בליעל gemäß J. Strugnell (1970), 249, in Zusammenstellung der Frg. 2 (Z. 5) und 10 (Z. 1) (siehe Teil II,5), דניא[ל Frg. 12,1 (vergleiche 4Q174 IV,3, siehe aber auch 11QMelch). Vergleiche daneben auch die hier wie dort auftretenden – allerdings weniger charakteristischen – Wörter בקש

daß hier eine weitere Kopie des Werkes von 4QMidrEschat vorliegt.[1] Die Bruchformen der Fragmente von 4Q178, die klein und schmal sind, sprechen dafür, daß sie vom Ende einer ursprünglichen Rolle stammen. Falls es sich hier um 4QMidrEschat[d] handelt, läge also wahrscheinlich bruchstückhaft dessen Schluß vor. Eine Rekonstruktion dieser Handschrift, die Klarheit schaffen könnte, steht noch aus,[2] auch eine abschließende Beurteilung der von J. Strugnell vorgeschlagenen Kombination der Frg. 2, 5, 6b und 10[3] sowie anderer Fragmentzusammenstellungen, wie sie sich jetzt im Museum bzw. auf den Photos der Handschrift finden.[4]

Schwer zu bestimmen ist die Gattung eines weiteren Textes, nämlich **4Q183**.[5] J. Strugnell (1970) vermutete: „L'ouvrage serait donc a rapprocher des «Chaînes», «Florilèges» et pᵉšārîm".[6] Den sicheren Bestand dieser Handschrift bildet lediglich ein Fragment (Frg. 1).[7] Paläographisch weist sie große Ähnlichkeiten zu 4QpHos[b], einer „Rustic Semiformal" Handschrift, auf; eventuell handelt es sich um die gleiche Schreiberhand.[8] אל (Frg. 1 II,3) ist in althebräischer Schrift wiedergegeben. Mit der Zitationsformel ואשר אמר (Frg. 1 II,9) beginnt ein neuer Textabschnitt.[9] Vom Zitat selbst ist nur dessen Beginn erhalten, den J. T. Milik (1972) gemäß Ps

---

(4Q178 Frg. 1,4, 4Q174 II,16, 4Q177 IX,12 und öfter), (ו)ענות (4Q178 Frg. 6,3, 4Q177 XI,13) und פותאים (4Q178 Frg. 5,2 (Lesung mit J. Strugnell), 4Q177 IX,15); auch ינדפו (4Q178 Frg. 2,4 Lesung mit J. Strugnell) würde in den Kontext von 4QMidrEschat passen.

[1] Nahezu auszuschließen ist – insbesondere wegen der Verwendung von בליעל –, daß es sich um einen (kontinuierlichen) Pescher handelt. Möglich wäre aber auch, daß die Fragmente zu einem Werk wie CD gehören.

[2] Schwierigkeiten bereiten vor allem der schlechte Erhaltungszustand der Handschrift und das heutige – nicht immer unproblematische – Arrangement der Fragmente bzw. ihrer einzelnen Bruchstücke auf dem Museums-Plate.

[3] Die aus einer solchen Fragment-Komposition entstehende Bruchfigur ist kaum durch korrespondierende Arrangements zu bestätigen.

[4] Dies gilt für die einzelnen Bestandteile jeweils der Fragmente 1, 6 und 11. Aus den genannten Gründen wäre auch eine neue Transkription der Handschrift an dieser Stelle noch verfrüht.

[5] Edition durch J. M. Allegro (1968) 81f mit Tafel XXVI. Siehe dazu J. Strugnell (1970) 256 und 263 sowie Tafel III, 259.

[6] J. Strugnell (1970) 263. J. M. Allegro (1968) weist auf eine Reihe kleinerer Parallelen zu CD hin.

[7] Das von J. M. Allegro zur Handschrift gezählte Frg. 3 ist von P. W. Skehan und J. Strugnell der Handschrift 4Q171 (pPs[a]) zugewiesen worden, wo sich eine direkte Verbindung zu 4Q171 Frg. 1-2,II,12 ergibt, siehe J. Strugnell (1970) 263 und Abbildung 259. Für Frg. 2 hat H. Stegemann eine Zugehörigkeit zu 4Q183 ebenfalls – aufgrund des althebräischen Tetragramms – ausgeschlossen.

[8] Siehe J. Strugnell (1970) am angegebenen Ort.

[9] Siehe „vacat" in Z. 8.

110,2b ergänzt:[1] ‏רד[ו]ה בקרב אויביכה]. Der in Z. 1-8 vorausgehende Pescher könnte sich gut auf Ps 110,1b-2a beziehen (Z. 1 ‏אויביהם, Z. 2
‏למלחמות: Ps 110,1b: ‏איביך).[2] Auffällig ist, daß hier das Psalmzitat durch
eine ‏אמר-Formel eingeleitet wird. Dies ist auch in 4QMidrEschat (Teil C)
für Psalmzitate üblich. Mag 4Q183 stilistisch, formal und auch inhaltlich
4QMidrEschat (Teil C) ähneln, so scheint doch die Tatsache, daß Ps 110
zitiert wird gegen die Annahme einer weiteren Kopie dieses Werkes zu
sprechen, dessen Teil C wohl nicht über das erste Buch der Psalmen
hinausreichte. Einzig unter der Voraussetzung, daß es unter den Qumranhandschriften Fortsetzungshandschriften gäbe – d. h., daß sehr lange
Werke auf mehrere Handschriften verteilt worden sind – könnte man mit
der Möglichkeit rechnen, im Falle von 4Q183 eine weitere Kopie des
Werkes (4QMidrEschat[e]) vorliegen zu haben.[3] So wird man sich zumindest zunächst damit begnügen müssen, die Ähnlichkeit beider Texte festzustellen; aus diesem Grund hier eine Transkription von 4Q183:[4]

Frg. 1

Kol. I

01:      [ם

Kol. II

01: אויביהם ויטמאו את מקדשם]
02: מהם ויקימו למלחמות איש]
03: בבריתו הושיע <u>אל</u> וימלט]
04: רצון ויתן להם לב אחד ללכ]ת
05: כול הון רשעה וינזרו מדר]ך
06: תועי רוח ובלשון האמת מ̇]
07: וירצו את עוונם בנגיעי]הם

---

[1] J. T. Milik (1972) 138.

[2] J. T. Milik (1972) 138f. Zu recht hält Milik eine Identifzierung des Zitates mit Ps
110,2b für wahrscheinlicher als andere Schriftzitate, in denen ‏ירד im Imperativ erscheint, also etwa Jes 47,1; Jer 22,1; 48,18 und Ez 32,19. Milik, der Frg. 2 zu dieser
Handschrift zählt, weist darauf hin, daß hier der Anfang des Psalms mit einer leichten
gammatikalischen Variante wiedergegeben worden sein könnte (Frg. 2,1 ‏מזמור לדויד[
‏נאום ]יהוה א]ל אדוני[, Ps 110,1a: ‏לדויד מזמור נאום יהוה לאדוני); daß es sich hier um die explizite Wiedergabe einer Schriftstelle handeln muß, ist aufgrund der Tetragramm-Ver-
wendung sicher.

[3] Die Wahrscheinlichkeit ist relativ gering, da man das Phänomen solcher Fortsetzungshandschriften in Qumran bislang nicht nachgewiesen hat.

[4] Vergleiche J. M. Allegro (1968) und J. Strugnell (1970), 263.

08: עוונם ‏   vac.   ]
09: ואשר אמר רד]ה בקרב אויביכה ?
10: [ ] [ ] [ ] [

Frg. 1, Kol. II:

1 ihre Feinde. Und sie haben verunreinigt ihr Heiligtum […] 2 (weg) von ihnen. Und sie ließen aufstehen zu Kriegen einen […(?)] Mann (?)[…] 3 durch seinen Bund hat Gott sie gerettet, und er hat gerettet […] 4 Wohlgefallen und er gab ihnen *ein* Herz, um zu wande[ln …] 5 jeglichen Besitz der Gottlosigkeit. Und sie sonderten sich ab vom We[g …] 6 die irrenden Geistes sind, und mit wahrhaftiger Zunge […] 7 und sie sühnten ihre Schuld durch [ihre] Leiden […] 8 ihre Schuld. Vac. […] 9 Und wovon es heißt: „He[rrsche inmitten deiner Feinde (Ps 110b) (?)…"]

TEIL III

INHALT, GATTUNG UND
TRADITIONSGESCHICHTLICHE EINORDNUNG
VON 4QMIDRESCHAT[A.B]

1

## 1.1. אחרית הימים

Die אחרית הימים ist *das* Thema von 4QMidrEschat<sup>a.b</sup>; ein Drittel aller אחרית הימים-Belege der Qumrantexte stammen aus diesem Werk.

Die אחרית הימים-Befunde in den Qumrantexten insgesamt stellen sich folgendermaßen dar: In den hebräischen Texten existieren 33 sichere Belege;[1] hinzukommen etliche solcher, die nur fragmentarisch belegt sind, in denen sich eine Ergänzung aber nahelegt.[2] Das aramäische Pendant אחרית יומיא ist nicht belegt. Beinahe ausnahmslos stammen die אחרית הימים-Belege aus solchen Texten, die man als „echte Qumrantexte" bezeichnet, Werke also, die essenischen Ursprungs sind. Nur ein einziger Beleg taucht in einem Werk – den sogenannten DibHam – auf, dessen Abschrift bereits in der Mitte des 2. Jhds. angefertigt worden ist, also in einer Zeit, in der die Essener sich gerade erst konstituierten.[3] Die übrigen Belege verteilen sich über die gesamte Zeit literarischer Produktion der Essener: die ältesten Belege finden sich im sogenannten Lehrerbrief, 4QMMT, (kurz nach Mitte des 2. Jhds. v. Chr) und der „Gemeinderegel" 1QSa, die jüngsten in den späten Pescharim (z.B. 4QpJes<sup>a</sup>, kurz nach der Zeitenwende). Stets treten die אחרית הימים-Belege – und dies ist nicht unwichtig – im Zusammenhang mit Schriftinterpretation auf, häufig sogar in Zitationsformeln, wo sie den zeitlichen Bezug der jeweiligen Schriftstelle herstellen;[4] einzige Ausnahme stellt 1QSa I,1 dar.

In 4QMidrEschat wie in den anderen Qumrantexten auch ist אחרית הימים terminus technicus für die letzte Zeitspanne einer periodisch verlaufenden Geschichte.

---

[1] 1QSa I,1; 1QpHab II,5f; IX,6; 4QpJes<sup>a</sup> Frg. 2-6 II,26; Frg. 7-10 III,22; 4QpJes<sup>b</sup> Frg. 2,1; 4QpJes<sup>c</sup> Frg. 6-7 II,14; Frg. 23 II,10; 4QpJes<sup>d</sup> Frg. 1,7; 4QpNah II,2; 4QMidr-Eschat III,2.12.15.19; V,3; IX,10.14; X,5.7; XI,7; XII,6; 4Q178 (MidrEschat<sup>d</sup>?) Frg. 2, 3; Frg. 3, 4; 4Q182 (4QMidrEschat<sup>c</sup>?) Frg. 1,1; Frg. 2,1; 4Qpatr 2; 4Qpatr (Steg.-Frg.) 2; 4QDibHam<sup>a</sup> Frg. 1-2 III,13; 4Q509 7,5; 4QMMT C 15.22; CD IV,4; VI,11; 11QMelch II,4.

[2] Siehe z.B. 4Q178 (MidrEschat<sup>d</sup>?) Frg. 9,2. Nicht mitgezählt sind dabei die Belege in den biblischen Handschriften.

[3] 4QDibHam<sup>a</sup> (4Q504).

[4] Siehe z.B. 4QMidrEschat III,15, XI,7.

So beschreibt 4QMidrEschat III,14ff die אחרית הימים als einen *Zeitabschnitt*, in dem es vor allem darum geht, sich zu bewähren. Hier ist es die
Gemeinde, die auf vorbildliche Weise באחרית הימים vom Weg der Frevler
abgewichen ist und sich nicht mehr verunreinigt. Gesehen wird darin wird
die Erfüllung verschiedener Schriftstellen (Ps 1,1, Jes 8,11 und Ez 37,23),
die in diesem Zusammenhang ausgelegt werden. Unter anderem findet
sich auch eine Definition der אחרית הימים (IV,1ff):

אחרית הימים היאה עת המצרף הבאה. Übersetzt werden muß dies mit
„אחרית הימים, dies ist die Zeit der Läuterung, die *gekommen ist* (= die bereits angebrochen ist)". Daß wir tatsächlich so und nicht etwa „... dies ist
die kommende Zeit der Läuterung" zu übersetzten haben – was philolo-
gisch mindestens ebenso naheliegend wäre – ergibt sich aus der stereoty-
pen Verwendung von עת המצרף הבאה in Qumran: eine bereits angebro-
chene Geschichtsepoche ist damit gemeint. Besonders deutlich wird dies
in 4QpPsᵃ. Dort wird an einer Stelle Ps 37,14f zitiert und folgendermaßen
ausgelegt: „Seine Deutung bezieht sich auf die Gottlosen von Ephraim
und Manasse, die ihre Hand ausstrecken wollten gegen den Priester und
die Männer seines Rates zur Zeit der Läuterung, die über sie gekommen
ist. Aber Gott hat sie erlöst aus ihrer Hand." (II,17-19). Es besteht kein
Zweifel darüber, daß hier – wie so oft – tatsächliche historische Bege-
benheiten der Essenergeschichte geschildert werden. Ohne im einzelnen
darauf eingehen zu können: Es handelt sich um Angriffe auf den Lehrer
der Gerechtigkeit und seine Gemeinde. Zur Zeit der Abfassung dieses
Peschers, im ersten Drittel des 1. Jhd. v. Chr., war der Lehrer der Gerechtigkeit bereits gestorben, die hier geschilderten Ereignisse gehörten längst
der Vergangenheit an. Die „Zeit der Läuterung" ist also bereits angebrochen. In 4QMidrEschat, der noch etwas später entstanden ist, liegt in
einer Reihe weiterer Stellen (Kol. VIII) genau diese Bedeutung von
עת המצרף הבאה als Synonym für אחרית הימים vor: Die אחרית הימים ist die
Zeit der Läuterung, d.h. der Aussonderung und Prüfung für die Frommen,
eine Zeit, die durch große Versuchungen und Leiden gekennzeichnet ist,
in der sich die Gemeinde bewähren muß.

Neben diesen Vergangenheits-[1] und Gegenwartsimplikationen[2] von
אחרית הימים gibt es aber auch durchaus Ereignisse, die innerhalb der
אחרית הימים als zukünftig erwartet werden. Vor allem handelt es sich
dabei um die Ankunft der Gesalbten,[3] die noch in der letzten Zeit vor dem
eigentlichen Ende zum Gericht erwartet werden. Deutlich ist, daß das

---

[1] Vgl. auch 4QpNah II,2f, 1QpHab IX,6.
[2] Vgl. auch die an den Adressaten ausgesprochenen Aufforderungen zur Umkehr in
4QMMT.
[3] Siehe z.B. Kol. III,12f, vgl.18f.

Kommen der Gesalbten noch in die אחרית הימים fällt, nicht aber in die Heilszeit.[1] Gleiches gilt auch für die Errichtung des ewigwährenden zukünftigen Tempels Gottes, der sehr wahrscheinlich vom „Menschentempel" als der Gemeinde zu unterscheiden ist. Verbunden mit der Errichtung des zukünftigen Tempels ist die Errichtung der Gottesherrrschaft באחרית הימים. Die Heilszeit, die Zeit nach der אחרית הימים also, ist selten Gegenstand der Reflexion.

Zusammenfassend läßt sich für אחרית הימים festhalten: אחרית הימים meint in 4QMidrEschat – wie in Qumran überhaupt – *nicht* Heilszeit, *auch nicht* ein *punktuelles* Ende der Geschichte; auch ist *nicht* „Zukunft" damit gemeint, wie es von neueren Übersetzungen vorschlagen wird. Sondern אחרית הימים meint eine begrenzte Zeitspanne, nämlich die letzte Zeitepoche der von Gott vorhergeplanten, in Perioden ablaufenden Geschichte. Dieser letzte Zeitabschnitt unmittelbar vor Beginn der Heilszeit umfaßt dabei sowohl Vergangenheits- als auch Gegenwarts- und Zukunftsaspekte.

Die beste Übersetzung für אחרית הימים in den Qumrantexten ist demnach „das Ende der Tage" oder besser – aber etwas freier – „die letzte Zeit" (ganz deutlich wäre: „die letzte Zeitepoche").[2]

## 1.2. *Die Gemeinde und ihre Gegner*

### 1.2.1. *Die Gemeinde*

Charakteristika der Gemeinde liefern zu einem großen Teil deren Selbstbezeichnungen. So existiert eine Vielzahl von Gemeindebezeichnungen, die sich *traditioneller Terminologie* bedienen. In der Regel wird in ihnen die religiöse Qualifizierung der Gemeinde zum Ausdruck gebracht. Dazu gehören etwa יראי אל („die, die Gott fürchten", Kol. XI,15), בית יהודה („Haus Juda", Kol. II,15, IV,1), אנשי האמת („Männer der Wahrheit",

---

[1] Vgl. 1QSa (1QSa ist keine Heilszeitordnung, dies zeigt sich z.B. daran, daß der Krieg gegen die Heiden erst bevorsteht 1QSa I,21 und es auch noch "mit irgendeiner Unreinheit des Menschen" Geschlagene gibt!) und 4QpJes^a.

[2] Das Thema אחרית הימים kann im Rahmen dieser Arbeit nicht in extenso behandelt werden. Forschungsgeschichtliche Entwicklungen, אחרית הימים im Alten Testament, die Verwendung von אחרית הימים als terminus technicus etwa in der LXX, dem Neuen Testament und den Targumen, die im übrigen den für Qumran getroffenen Aussagen korrespondiert, werden in einem gesonderten Beitrag veröffentlicht. Zu Spekulationen über die Ausdehnung der אחרית הימים und ihren möglichen Endpunkt, soll dort ebenfalls Stellung genommen werden, ansatzweise sind Überlegungen dazu bereits in Teil III, 5 dieser Arbeit eingeflossen.

Kol. IV,3f) oder eine mit שוב gebildete Gemeindetitulierung (Kol. II,5).[1] Diese Bezeichnungen sind Ausdruck der frommen Grundhaltung und des endzeitlichen Erwählungsbewußtseins der Gemeinde.

In dieselbe Richtung tendieren Kennzeichnungen der Gemeinde, die sich aus dem Umgang mit den Schriftzitaten entnehmen lassen, aus der Art und Weise, in der man sich mit hier genannten Größen identifizierte. Zu nennen sind hier beispielsweise צדיקים ("Gerechte", Kol. IV,4a), ענוים ("Arme", Kol. VIII,6), מזוקקים ("Geläuterte", Kol. IX,11) und קדושים ("Heilige", Kol. X,2, eventuell auch Kol. III,4[2]). Wie die erwähnten Gemeindebezeichnungen auch, spiegeln sie die ganz bewußte Einordnung der Gemeinde in die Tradition Israels.

Davon zeugt auch, daß sich die Gemeinde als "eschatologisches Israel" verstanden haben wird. Dies zeigt etwa die Verwendung der Stammessegnungen Dtn 33, die – obgleich nur wenig von den Auslegungen erhalten ist – sicher auf die Gemeinde gedeutet worden sind.[3]

Neben dieser Definition der Gemeinde über ihre Tradition, existieren eher *"technische" Formulierungen*, die Auskunft über die Struktur der Gemeinde geben. Auch diese spiegeln sich vor allem in Gemeindebezeichnungen, man siehe etwa אנשי היחד und עצת היחד.[4] Deren Auftreten in 4QMidrEschat ist sicherer Beleg dafür, daß dieses Werk in der Qumrangemeinde seinen Ursprung hat, es sich also um einen "echten" Qumrantext handelt. Auch die Bezeichnung בני צדוק ואנשי עצתמה ("Söhne Zadoqs und die Männer ihres Rates", Kol. III,17), welche für die Gemeinde insgesamt steht, ist eine spezifisch qumranische.[5] Enthalten die Formulie-

---

[1] Parallelbefunde in anderen Qumrantexten (und im Alten Testament): יראי אל siehe z.B. CD XX,19 (vergleiche z.B. ähnlich Hi 1,9), בית יהודה siehe z.B. CD IV,11 (siehe z.B. Jes 22,21), אנשי האמת siehe z.B. 1QpHab VII,10 (vergleiche z.B. ähnlich Ex 18,21), Gemeindebezeichnungen mit שוב siehe etwa שבי פשע z.B. in 1QH II,9, CD II,5 (siehe z.B. Jes 59,20).

[2] Wenn hier nicht Engel gemeint sind, so vermutet es H. W. Kuhn (1966) für diese Stelle; grundsätzlich möglich ist zur Entstehungszeit von 4Q174 beides, siehe dazu H. W. Kuhn (1966), 90-93 (Exkurs IV).

[3] So ist mit Blick auf 4QpJes[d] zu vermuten, daß die Urim und Thummim Levis (Kol. I,9-14) auf die Rechtsprechung durch die Priester der Gemeinde verweisen. Die Formulierungen בחירי ישראל באחרית הימים (Kol. III,19), בית יהודה (Kol. II,15, IV,1), יעקוב (Kol. X,15) deuten in die gleiche Richtung. ישראל in Kol. III,13 wird dabei – entsprechend den anderweitigen Qumranbefunden – nicht als Gemeindebezeichnung, sondern umfassender verwendet.

[4] אנשי היחד siehe Kol. VIII,1, IX,10f(?), עצת היחד siehe Kol. X,5.

[5] Vergleiche z.B. 1QS V,2.9, 1QSa I,2, CD III,21. Bei den בני צדוק wird es sich um führende zadoqidische Priesterfamilien handeln, die – gemeinsam mit dem "Lehrer der Gerechtigkeit" vom Jerusalemer Tempelkult vertrieben – ihren Herrschaftsanspruch in der Qumrangemeinde durchsetzen konnten; vergleiche dazu H. Stegemann (1971) 252 und öfter.

rungen mit יחד insbesondere das Implikat der „freiwilligen Beitrittsge-
meinschaft",[1] so wird in letzterer die priesterlich-zadokidische Orientierung der Gemeinde betont.

Ein nicht unwesentlicher Befund zur Zusammensetzung der Qumrangemeinde läßt sich indirekt der Negativ-Auflistung in Kol. III,3.4 entnehmen. Neben anderen Gruppen, welche als vom „reinen" Tempel ausgeschlossen gelten, wird zum Schluß – als einziges Element der Reihe ohne
biblische Vorlage – der גר („Proselyt") genannt. Daraus läßt sich schließen, daß der Qumrangemeinde zumindest zur Zeit der Abfassung von
4QMidrEschat keine Proselyten mehr angehörten. Denn wohl kaum hätte
der Autor dieser Schrift einen Teil seiner Gemeinschaft derartig dis-
qualifiziert.[2]

Wiederum auf einer anderen Ebene bewegen sich die *„dualistischen"*
*Bezeichnungen* der Gemeinde. Belegt sind בני (ה)אור („Söhne des
Lichtes") und גורל אור („Los des Lichtes").[3] Diese Begriffe weisen die
Gemeinschaft einerseits als dem ethisch Guten, als der „Licht"-Seite zu-
gehörig aus, andererseits deuten sie auch auf deren Verbindung mit der
himmlischen Sphäre hin. Verschiedene Textstellen in den Hodajot (1QH)
und den Segenssprüchen (1QSb) verweisen auf die in Qumran verbreitete
Vorstellung von einer Gemeinschaft mit den Engeln.[4]

Besonders auffällig ist die auf die Gemeinde bezogene Bezeichnung
מקדש אדם („Menschentempel" Kol. III,6). Über dieses „Menschenheiligtum" erfährt man, daß es nicht nur im Auftrag Gottes, sondern auch für

---

[1] Die Konstituierung eines יחד wird sich an hellenistisches Vereinswesen angelehnt
haben, siehe M. Hengel (1973) 446f. Die Zugehörigkeit zum Bund Gottes ist nun nicht
mehr allein durch die Geburt gegeben, sondern bedarf des Beitrittes in den יחד (vergleiche auch die Bezeichnung der Gemeinschaft als ברית החדשה in CD<sub>Mahnschrift</sub> VIII,21,
XX,12 und öfter).

[2] Dies gilt, ganz gleich auf welchen Tempel diese Ausschlußliste zu beziehen ist –
auf den „Menschentempel", die gegenwärtige Gemeinde also, oder auf einen zukünftigen Gottestempel, an dem sich die Qumrangemeinde sicher beteiligt sah. Man wird
davon ausgehen können, daß Proselyten zumindest über weite Zeiträume nicht zu den
Mitgliedern der Qumrangemeinde gezählt haben, wohl aber zu deren Vorgängergruppe
den „Chassidim", von denen ein literarisches Zeugnis in – im einzelnen sicher schwer
abzugrenzenden – Gesetzen der Damaskusschriften überliefert ist. Hier, in CD XIV,4.6,
werden die Proselyten eindeutig noch als Gemeindeglieder aufgezählt. In vergleichbaren
Listen in 1QS II,19-22 und VI,8f, die relativ frühe Dokumente der Qumrangemeinde
selbst sind, fehlen die Proselyten bereits. Auch CD VI,21 geht nicht vom גר als Gemein-
demitglied aus. D. R. Schwartz (1989), 165, führt zu Unrecht 4QpNah II,9 als גר-Beleg-
stelle an: Hier handelt es sich wie bei den מלכים, den שרים und den übrigen in Z. 9 Auf-
gezählten nicht um Mitglieder der Qumrangemeinde.

[3] בני (ה)אור siehe Kol. III,8f, IX,7, גורל אור siehe Kol. X,8.

[4] Siehe z.B. 1QH III,22f, IV,25, 1QSb I,5 und III,26. Siehe auch den himmlischen
Beistand, den die Gemeinde während der אחרית הימים erhält (4QMidrEschat XI,12.14).

ihn gebaut worden ist. Wie in dem „zeitgenössischen" in Jerusalem exi-
stierenden Tempel, den man als verunreinigt betrachtet, werden auch im
„Menschentempel", in der Gemeinde, Opfer dargebracht. Allerdings handelt es sich bei den im מקדש אדם dargebrachten Opfern um „spirituali-
sierte" Opfergaben.[1] Als Rauchopfer sollen hier מעשי תודה („Taten/Werke
des Dankes", Kol. III,7) dienen. Worum es sich bei diesen מעשי תודה handelte, läßt sich aus dem Text selbst kaum erschließen.[2] Zu denken ist bei
den מעשי תודה sicher an Gebete und Hymnen. Literarische Fixierungen
dieser sind in Qumran etwa in Gestalt der Hodajot erhalten.[3] Parallelen
zur Vorstellung der Gemeinde als Tempel und den darin dargebrachten
Opfern sind zahlreich in der Qumranliteratur, man vergleiche z.B. die
entsprechenden Stellen in 1QS VIII und IX. Über das Verhältnis der in
4Q174 IV,1-13 dargestellten Tempel hat es zahlreiche Untersuchungen
und beinahe ebensoviele Forschungspositionen gegeben. Aus der jüngeren Vergangenheit ist besonders der Artikel von D. Dimant (1986) zu
erwähnen. D. Dimant gelangte durch eine detaillierten Textanalyse unter
Berücksichtigung der Parallele in 11QT 29,8-10 zu der Auffassung, daß
in 4Q174 drei Tempel deutlich voneinander zu unterscheiden sind (das
zukünftige Heiligtum, der historische Tempel Israels und der Menschentempel).[4] Zuvor wird in der Literatur in der Regel eine stärkere Identifizierung des Menschentempels mit dem eschatologischen Heiligtum
vorgenommen. So kann G. J. Brooke (1985) das Selbstverständnis der
Qumrangemeinde als „eschatological sanctuary in anticipation" (354 und
öfter) formulieren.[5] Darüber, wie das Verhältnis der Gemeinde zu einem
zukünftigen Tempel tatsächlich vorgestellt worden ist, läßt sich im Text
selbst nur schwer Konkretes festmachen. Ein wesentliches Bindeglied
wird in der Reinheit bestanden haben. Wird sonst in Qumrantexten von

---

[1] Gedankliche Ansätze zu einer solchen Vorstellung vom Wert „spiritualisierter
Opfer" finden sich vielleicht schon in der Aufnahme des Proverbien-Zitates (Prov 15,8)
in CD XI,20f.

[2] Innerhalb von 4QMidrEschat liegt ein umschreibender Ausdruck möglicherweise in
Kol. X,1 תשבחות הכבוד ... כול דבריהם („all (?) ihre Worte...Lobpreisungen (?) der Herrlichkeit") vor. Vielleicht verweist auch זבח הצדק („das gerechte Opfer" Kol. II,1) in
diese Richtung; da der Text der Deutung hier aber nur sehr fragmentarisch erhalten ist,
läßt sich dies lediglich vermuten.

[3] Vergleiche zu den מעשי תודה z.B. auch eine Formulierung wie 1QS VI,8a.

[4] Eine eingehende Auseinandersetzung mit D. Dimants (1986) Untersuchung ist in
diesen Zusammenhängen in jedem Fall lohnenswert, im Rahmen dieser Arbeit aber leider nicht möglich. Dies liegt unter anderem auch an D. Dimants Einschätzung der Tempelrolle, die in diesem Kontext ebenso zu diskutieren wäre.

[5] Siehe bei G. J. Brooke (1985), 178-193, auch eine Darstellung der Forschungslage
zu diesem Problemkreis. Vgl. M. O. Wise (1991) 107-109.

der Gemeinde als Tempel gesprochen,[1] ist stets die gegenwärtige Gemeinschaft im Blick. Dies gilt auch für 1QH VI,27, welches eine deutliche Parallele zur Ausschlußliste in 4Q174 III,3-4 darstellt.[2] So ist zu bedenken, ob in 4Q174 III,1-5 überhaupt von einem zukünftigen Tempel die Rede ist und nicht etwa bereits hier von der gegenwärtigen Gemeinde. Ein Blick auf 4QpPs^a III,15-17 könnte eine Übersetzung von יכין im Imperfekt, nicht im Futur, durchaus nahelegen, auch באחרית הימים steht einer solchen Deutung keinesfalls im Wege. Diese Auffassung wird beispielsweise von J. A. Fitzmyer, E. Lohse, G. Vermes und M. A. Knibb vertreten.[3]

Ein besonders wichtiger Aspekt der Darstellung der Qumrangemeinde in 4QMidrEschat liegt neben dem eschatologischen Erfüllungsbewußtsein in deren *Thoraobservanz*. Dieser Befund leitet zum nächsten Abschnitt über.

## 1.2.2. *Die Gegner der Gemeinde*

Festzuhalten ist zunächst folgendes: Den irdischen Feinden der Qumrangemeinde korrespondiert als gleichsam übergeordnete Größe Belial.[4] Seinem Herrschaftsbereich sind die Gegner der Gemeinde zugehörig. So können die feindlichen Handlungen den jeweiligen konkreten Gegner zum Subjekt haben, oder es kann genereller – aber gleichbedeutend – von den Taten Belials geredet werden. Werden für die Gemeinde „dualistische" Titel verwendet, so auch für deren Gegner. Sie werden als בני בליעל („Söhne Belials", Kol. III,8) oder אנשי בליעל („Männer Belials", Kol. IX,4) bezeichnet, daneben auch als רוחי בליעל („Geister Belials", Kol. X,10, XI,14). Es ist das Wirken der Macht Belials, welches in den Aktionen der Feinde offenbar wird.

*Der* Gegner der Gemeinde schlechthin, ist in 4QMidrEschat ein innerjüdischer.[5] Ganz unterschiedliche Bezeichnungen können zu dessen Charakterisierung verwendet werden. Neben traditionellen Formulierungen,

---

[1] Siehe etwa 1QS VIII und IX.

[2] Siehe auch 1QH VI,25-27 insgesamt und 1QH VII,8f.

[3] J. A. Fitzmyer (1960) 314, E. Lohse (1971) 257 mit Anm. 2 (297), G. Vermes (1987) 245, M. A. Knibb (1988) 259f.

[4] Vergleiche zur Entsprechung von Irdischem und Himmlischen auch das Daniel-Buch: In Daniel korrespondieren den irdischen Feinden die Engelfürsten der Völker (siehe z.B. Dan 10,13.20). Vergleiche auf der „positiven" Seite mit dem מלאך אמתו beziehungsweise יד אל הנדולה in 4QMidrEschat XI,12.14 den Engelfürst Michael in Dan 12,1, der im endzeitlichen Kampf Beistand und Rettung gewährt (vergleiche auch 11QMelch).

[5] Vergleiche auch hier die Danielparallele, wo neben den Völkern innerjüdische Feinde existieren.

die man aus der Schrift bezieht,[1] dienen einige spezifisch qumranische Wendungen zur Titulierung dieses Gegners. Vor allem sind dies: איש/אנשי הלצון ("Mann/Männer des Spottes", Kol. VIII,7) und עדת דורשי חלקות ("Gemeinschaft derer, die nach glatten Dingen suchen", Kol. IX,12).[2] Mit Blick auf den jeweiligen Kontext läßt sich feststellen, daß es sich hier stets um den gleichen Gegner handelt. Man hat es bei diesem Feind mit einer Gruppe zu tun, welche einst in der Vergangenheit mit der Qumrangemeinde *eine* Gemeinschaft gebildet hatte. In dieser war es dann aber zu Auseinandersetzungen über die rechte Thoraauslegung und letztlich auch zur Spaltung gekommen. Darauf weist Kol. X,13.14 hin.[3] Über diese Ereignisse, die für den Verfasser von 4QMidrEschat bereits in der Vergangenheit liegen, berichten am ausführlichsten 1QpHab und 4QpPs^a.[4]

Historisch ist diese Gruppe sehr wahrscheinlich mit den **Pharisäern** identisch.[5]

*Der* aktuelle Vorwurf, der ihnen durchgängig gemacht wird, ist eine falsche Auslegung des Wortes Gottes.[6] Die Probleme also, aufgrund derer es einst zur Spaltung gekommen war, waren zur Abfassungszeit von 4QMidrEschat keineswegs vergessen, sondern scheinen die Qumrangemeinde ganz existentiell beschäftigt zu haben. Zumal sich diese Gegner – inzwischen als eigenständige Gruppe etabliert – besonderer Beliebtheit erfreut haben werden. Der Vorwurf der „Verführung" des Volkes spiegelt sich nicht nur in den Gegnerbezeichnungen עדת דורשי חלקות und האספסוף.[7] Auch die Qumrangemeinde selbst scheint von diesen nicht un-

---

[1] Siehe etwa ההוללים in Kol. VIII,1.4, הרשעים in Kol. VIII,8.

[2] Diese Bezeichnungen sind auch sonst in Qumrantexten belegt: zu איש/אנשי הלצון siehe z.B. CD I,14/XX,11, zu עדת דורשי חלקות vergleiche z.B. 4QpJes^c Frg. 23 II,10.

[3] Siehe z.B. auch die Gegnerbezeichnung האספסוף (Kol. IX,4 und 4Q177 Frg. 30), welche von Num 11,4 herrührt; nur hier ist dieses Wort belegt. In Num 11,4 sind es die אספסוף, die – zur Heilsgemeinschaft in der Wüste gehörend – diese zum „Murren" verleiten. Sicher nicht ohne Blick auf diesen Hintergrund von Num 11,4 wurde האספסוף gewissermaßen typologisch als Gegnerbezeichnung gewählt.

[4] Auf die Tatsache, daß es sich bei dieser Auseinandersetzung um Streitigkeiten zwischen „Brüdern" einer ursprünglich gleichen Gemeinschaft handelte, weist möglicherweise die Wahl des Zitates Hos 5,8 in Kol. X,13.14 hin; denn auch Hos 5,8 steht im Kontext des Bruderkrieges zwischen Ephraim (siehe als Chiffre für diese Gegner in 4QpNah) und Juda (siehe als Gemeindebezeichnung z.B. 4QMidrEschat II,15 und in 4QpNah).

[5] Siehe zur Identifizierung der historischen Ereignisse und Größen vor allem H. Stegemann (1971), siehe aber z.B. auch J. Maier/K. Schubert (1982) und E. Lohse (1971). Besonders deutlich wird eine solche Identifizierung im pNah.

[6] Vergleiche auch H. Stegemanns (1971), besonders Anmerkungseite 56-59 (Anm. 176), Übersetzung von דורשי חלקות als „Mißdeuter (der Thora)".

[7] Siehe besonders Kol. VIII.

behelligt geblieben zu sein,[1] so ist das besondere Interesse an diesem Thema verständlich. Die Qumrangemeinde beanspruchte für sich das rechte Verständnis der Thora zu besitzen. Den Gegnern wird vorgeworfen, zwar nach dem Wohlgefallen des Volkes zu predigen, aber damit im Gegensatz zur Wahrheit der Worte Gottes zu stehen.[2] Daß diese Feinde mit ihrem Gesetzesverständnis nicht nur Anklang fanden, sondern führend gewesen sein müssen, belegt etwa das Aufgreifen von Zitaten wie Ps 13,2.3.5 in Kol. IX,8-12. So erhoffte die Qumrangemeinde ein baldiges Einschreiten Gottes, eine Vernichtung dieser Feinde und damit verbunden dann auch die Durchsetzung der eigenen Thoraauslegung.[3]

Vorsicht ist allerdings bei allzu weitgehenden historischen Schlußfolgerungen in Bezug auf die Pharisäer geboten, denn wie die Qumrangemeinde auch, werden diese zu einem großen Teil unter Zuhilfenahme traditioneller Formulierungen beschrieben.

Eine andere in 4QMidrEschat erwähnte Gruppe von Feinden, die „Völker", bleiben dagegen in ihrer Zeichnung ganz blaß. Es wird sich bei diesen nicht um einen „aktuellen" Feind der Gemeinde gehandelt haben, denn nur einmal werden sie im erhaltenen Textbestand als Gegner erwähnt, und hier unter Verwendung wenig charakteristischer, bereits biblischer Formulierungen.[4] Hätten die „Völker" eine gegenwärtige Bedrohung dargestellt, so hätte sich der Verfasser von 4QMidrEschat diesen viel intensiver gewidmet und hätte sie auch plastischer hervortreten lassen. Ein anschauliches Gegenbeispiel liefert etwa der Habakukpescher (1QpHab): Er entstand zur Zeit römischer Herrschaft über Palästina und – obwohl nie namentlich erwähnt – lassen sich die Römer als feindliche Macht deutlich im Text wiedererkennen.

So wird man von einer historischen Identifizierung der „Völker" im Falle von 4QMidrEschat Abstand nehmen müssen. Vielmehr gehört ihre Erwähnung in diesem Text zur „Abrundung" des Gesamtbildes endzeitlicher Vorstellungen.

---

[1] Siehe Kol. III,7-9, VIII,7-9.

[2] Siehe besonders Kol. VIII,10-IX,3.

[3] Das „Volk" wird zwar in 4QMidrEschat negativ beschrieben, von dessen Lebenswandel sich die Gemeinde abgegrenzt hat (Kol. III,14ff). Doch handelt es sich bei diesem nicht um einen aktiven Feind, sondern um eine passive Größe (Kol. VIII,10-13). Die Auflistung in Kol. IX,15 ist von ihrer Bedeutung her nicht sicher.

[4] Siehe Kol. III,18.19 (Ps 2,1-2 und Auslegung). Auch in Kol. III,1-13 ist nicht an aktuelle Bedrohungen durch „Völker" gedacht.

# ANDERWEITIGE EXEGETISCHE QUMRANLITERATUR

## 2.1. *Werke mit einzelnen expliziten Schriftbezügen*

### 2.1.1. *Die „Ordinances"*

Einzelne Schriftzitate hat es auch in den sogenannten „Ordinances", einem halachischen Werk, gegeben, dessen Gattungszugehörigkeit und Herkunft noch unerforscht ist. Die „Ordinances" sind fragmentarisch durch die Manuskripte 4Q159, 4Q513 und eventuell auch durch 4Q514 vertreten.[1] Exegetische Formeln finden sich allerdings nur in **4Q159** Frg. 5. Hier sind in Z. 1 und 5 Bruchstücke von Pescherformeln, in Z. 3 und 7 Zitationsformeln erhalten.[2] Während der Deuteformel in Z. 1 wahrscheinlich ein Zitat von Lev 16,1 vorausging,[3] ist ungewiß, zu welchem Schriftbezug die Textreste in Z. 5 gehören.[4]

J. Strugnell (1970) verweist auf die paläographische Ähnlichkeit von 4Q159 und 4Q174.[5]

### 2.1.2. *Die Kriegsregel (1QM)*

Ein weiterer Text, der in seinem Grundbestand etwa zeitgleich mit dem biblischen Danielbuch entstanden sein dürfte und erst später eine qumranische Überarbeitung erfahren hat, ist die sogenannte „Kriegsregel", Milḥama.[6]

---

[1] **4Q159** (Ord[a]) veröffentlicht durch J. M. Allegro (1968) 6-9 mit Tafel II (zuvor durch J. M. Allegro teilweise in Journal of Semitic Studies 6 (1961), 70-73, publiziert). Siehe auch J. Strugnell (1970), 75.77-79 und zu Frg. 2-4 Y. Yadin (1968). **4Q513** (Ord[b]) veröffentlicht durch M.Baillet (1982) 287-295 mit Tafeln LXXII-LXXIII, **4Q514** (Ord[c]?) ebenda 295-298 mit Tafel LXXIV. **4Q513** ist die älteste der drei Handschriften: M. Baillet (1982), 287, datiert sie etwas vor die Mitte des 1. Jhds. v. Chr. H. Stegemann (1990), 424 Anm. 92, hält es für möglich, daß dieses Werk aus priesterlichen Kreisen der vormakkabäischen Zeit stammt.

[2] Zitationsformeln: ואשר אמר (Z. 3), אשר דבר מושה (Z. 7), Interpretationsformeln: פשר (Z. 1), פשר הדבר (Z. 5).

[3] Wahrscheinlich läßt sich mit J. Strugnell (1970), 178, der Beginn von Z. 1 פ]נֹי אל וימותו (J. M. Allegro (1968) אל וימותו[ gemäß Lev 16,1 lesen.

[4] Z. 5 Beginn: יצאו שמה , J. M. Allegro (1968) übersetzt „they went out thence".

[5] J. Strugnell (1970) 177. Doch J. Strugnell erwähnt hier auch die häufige Verwendung dieses Handschriftentyps in Höhle 4Q.

[6] Erstausgabe von E. L. Sukenik (1954) 16-34 mit den Tafeln 16-34, vergleiche zum

Im gesamten erhaltenen Textbestand von **1QM (Milḥama)**[1] existieren lediglich drei explizite Schriftbezüge. In Kol. X,6-8 wird Num 10,9 mit leichten Varianten vom MT wiedergegeben; auffällig ist das Auslassen des Tetragramms vor אלוהיכם.[2] In Kol. XI,6f wird Num 24,17b-19 zitiert, allerdings in vom MT abweichender Reihenfolge der einzelnen Verse und einer leichten Verkürzung sowie kleinen Varianten.[3] Bemerkenswert ist, daß dem MT ansonsten gegen zahlreiche andere Textzeugen gefolgt wird. Bei diesem ältesten erhaltenen Num 24 Zitat fällt auf, daß gegenüber späteren Verwendungen – vergleiche CD und Testimonia – sehr ausführlich zitiert worden ist. Der Aspekt des Machtausübens von Israel kommt so nur hier zum Tragen. Kol. XI,11f gibt Jes 31,8a gemäß dem MT wieder.

Alle diese Zitate stehen in einer den vorausgehenden Text erklärenden beziehungsweise bekräftigenden Funktion. So wird keines von ihnen im Anschluß gedeutet. Daher sind auch nur Zitations- und keine Interpretationsformeln belegt. Diese sind aufgrund der engen Einbindung der Schriftbezüge in den Erzählverlauf ziemlich ausführlich und repräsentieren keinen bestimmten Formeltyp.[4]

In den fragmentarischen Milḥama-Handschriften aus Höhle 4Q sind keine expliziten Schriftbezüge überliefert.[5]

---

Text vor allem Y. Yadin ([2]1957 bzw. 1962), J. Carmignac (1958), J. van der Ploeg (1959). Zu kleineren Fragmenten weiterer Milḥama-Handschriften aus Höhle 1Q siehe D. Barthelemy-J. T. Milik (1955) 135f mit den Tafeln XXXI.

[1] Die Handschrift umfaßt 19 Kolumnen eines Werkes, dessen Schluß nicht mehr erhalten ist. Auch am Ende einer jeden Kolumne sind einige Zeilen – ihre Anzahl ist ungewiß – verloren.

[2] Sonstige Abweichungen vom MT: Zu Beginn כיא הבוא (MT וכי הבאו), auffällig gegenüber dem MT sind ferner die langen Suffixformen.

[3] V. 17b, 19, 18aα(+β), 18b. Abweichungen vom MT: קם (MT ויקם), שיח (MT שת)

[4] Kol. X,6: ואשר דברתה ביד מושה לאמור (zu ביד + Quellenangabe vergleiche CD), Kol. XI,5f: כאשר הגדתה לנו מאז לאמור, Kol. XI,11: ומז השמעתנו מועד נבורת ידכה בכתיים לאמור

[5] **4Q491-496** ediert durch M. Baillet (1982), 12-68 mit den Tafeln V-VIII, X, XII, XIV, XVI, XVIII(unten) und XXIV(unten), siehe auch **4Q497** ebenda, 69-72 mit Tafel XXVI. Eine Untersuchung des Verhältnisses von 1QM und den Parallelüberlieferungen aus Höhle 4Q wäre sicher lohnend, da der Text etliche Unterschiede aufweist (siehe bereits C.-H. Hunzinger, Fragmente einer älteren Fassung des Buches Milḥama aus Höhle 4 von Qumran, ZAW 69 (1957), 131-151). Voraussetzung einer solchen Analyse wäre allerdings eine materielle Rekonstruktion der 4QMilḥama-Handschriften. Probleme dabei liegen in deren sehr fragmentarischem Erhaltungszustand sowie dem unsicheren Textumfang von 1QM.

2.1.3. *4QMMT^{a-f}*

Einzelne explizite Schriftzitate sind auch in 4QMMT, dem sogenannten „Lehrerbrief" erhalten.[1]

Dieses Werk – wahrscheinlich an den damals amtierenden Hohenpriester Jonathan gerichtet[2] – ist in sechs fragmentarischen Handschriften aus Höhle 4Q (4Q394-399 = 4QMMT^{a-f}) überliefert, die einander textlich ergänzen, so daß ein Großteil des Briefes rekonstruiert werden kann und Aufschlüsse über dessen Struktur möglich sind.[3]

Drei explizite Schriftbezüge finden sich in Teil C des Werkes. Eine Identifizierung des ersten Schriftzitates (4QMMT C 11f) ist bislang noch nicht gelungen. Es wird sich dabei wahrscheinlich um die freie Wiedergabe einer Pentateuchstelle handeln; gelesen wird folgendermaßen:[4] וקדמוניות ע[סה] לך] [.....] שֹלוא[ ים עֹ[סה] [.........] [...]°°[.].[5] In 4QMMT C 12 wird Dtn 31,29 auszugsweise und mit Abweichungen vom MT – für die keine Parallelüberlieferungen existieren – zitiert:

‮[.]ידעתי כי סרתה] מהדרך וקרת[כה] הרעה‬.[6]

Es folgt eine vollständige Wiedergabe von Dtn 30,1a, die ganz hochgradig dem MT entspricht, direkt anschließend eine „freie Verwendung"

---

[1] Die Edition von MMT durch E. Qimron/J. Strugnell steht noch aus. Das folgende Kapitel meiner Arbeit basiert auf den Vorarbeiten zu der zukünftige Edition von E. Qimron /J. Strugnell, die mir dankenswerterweise zur Verfügung gestanden haben. Sowohl hinsichtlich der Textlesung und -ergänzung als auch Textzählung beziehe ich mich auf deren „Composite Text".

[2] Nach E. Qimron/J. Strugnell (1985), 400f, war der Adressat entweder Jonathan oder Simon und 4QMMT möglicherweise das älteste Werk der eigentlichen Qumrangemeinde. Aufgrund der sehr wahrscheinlichen Erwähnung von MMT in 4QpPs^a IV,8f wird man sich – schließt man sich H. Stegemanns Rekonstruktion der Geschichte der Qumrangemeinde an – für Jonathan entscheiden müssen.

[3] Grundsätzlich lassen sich in 4QMMT drei Textabschnitte voneinander unterscheiden: 4QMMT A: Kalender (eine Handschrift repräsentiert diesen „Beginn", sie wird gesondert von J. T. Milik veröffentlicht werden; der tatsächliche Anfang des Werkes, ist leider durch keines der Manuskripte überliefert), 4QMMT B: Liste von mehr als zwanzig Halakhoth, 4QMMT C: Historisch-Eschatologischer Epilog. Näheres dazu siehe E. Qimron/J. Strugnell (1985).

[4] Siehe unten zur Zitationsformel. Allerdings ist קדמוניות – aufgrund dessen hier überhaupt ein explizites Schriftzitat angenommen wird – im Pentateuch nicht belegt.

[5] Im „Composite Text" wird 4QMMT^d in Ergänzung durch 4QMMT^e (לֹ[ך וקדמוניות עסה) gelesen; die Ergänzung des ersten עסה ist naheliegend, aber durch keine handschriftliche Parallele gestützt.

[6] Der „Composite Text" liest 4QMMT^d in Ergänzung durch 4QMMT^e (ידעתי; וקרתכה (in 4QMMT^e defektiv), כי סרתה ist in Anlehnung an den MT (כי...וסרתם) und unter Berücksichtigung des Umfanges der Textlücke ergänzt. Abweichungen vom MT sind ferner: מהדרך (statt MT מן הדרך) und וקרתכה (statt MT וקראת אתכם).

des Scheᵐa (4QMMT C 14-17); auffällig ist hier das Eintragen von באחרית הימים und באחרית העת in das Zitat:[1]

וְהָיָא כִי / [יְבוֹ]אָ עָלֶיךָ [כל הדברים] הָאֵלָּה
בְּאָחֲרִי[ת] הַיָמִים הברכה / [וְהַ]קְּלָלָא [וְהַשִּׁיבוֹתָ]הּ אל לבבך
וְשַׁבְתָּהּ אֵלַי בכל לבבך / [ובכ]ל נפש[ך] באחרי[ת] [העת]

Keines der Zitate wird explizit ausgelegt; gemeinsam ist allen eine Einleitung durch eine כתוב-Formel.[2]

Offenbar werden diese כתוב-Formeln auch dann verwendet, wenn kein explizites Zitat folgt, sondern der Verfasser des Werkes – besonders im halakhischen B-Teil – sich in eigenen Formulierungen auf Inhalte der Schrift bezieht.[3]

Aufschlußreich für den in Qumran als autoritativ betrachteten Kanon ist die Formulierung בספר מושה ובספרי הנביאים ובדויד in 4QMMT C 10; die Rede ist hier also vom Pentateuch, der prophetischen Überlieferung und dem Psalter.

---

[1] Der „Composite Text" liest 4QMMTᵉ und ergänzt nach dem MT sowie 4QMMTᵈ (באחרית), באחרית העת nach 4QMMT C 31. Orthographische Abweichungen vom MT sind: והיא (statt MT והיה), והקללא (statt MT והקללה); יבוא wird anstelle von MT יבאו gelesen. Zum auf die Wiedergabe von Dtn 30,1 folgenden Zitatteil („Scheᵐa") vergleiche im Zusammenhang Dtn 30,2 (Beginn) und Dtn 30,6b. Die Verwendung von אלי („zu mir") weist Gott als Sprecher des (gesamten) Zitates aus (im AT: Mose). Möglicherweise ist durch die Formulierung אלי versucht worden, die Schreibung des Tetragramms – es tritt nirgendwo in 4QMMT auf – zu vermeiden. Bemerkenswert ist, daß das zusätzlich in den Text eingetragene באחרית הימים auch in Dtn 31,29 auftritt, eine Stelle, die gerade zuvor von 4QMMT zitiert worden ist. Dtn 31,29 wurde dort – allerdings auszugsweise – bis zum Auftreten von באחרית הימים (ausschließlich) wiedergegeben. Die באחרית הימים-Belege in 4QMMT (siehe auch 4QMMT C 22), die jeweils die Schrift als für die eigene, endzeitliche Gegenwart bestimmt darstellen, sind sehr wahrscheinlich die ältesten in Qumran. Die Formulierung באחרית העת ist außer in 4QMMT nirgends in Qumrantexten belegt, ebenso findet sie sich nicht im AT.

[2] ובספר כתוב [ש] (4QMMT C 11, am nächstliegenden wäre es, bei ספר an die Thora zu denken, vergleiche 1QS VI,7), ואפכתוב ש (4QMMT C 12, so 4QMMTᵈ, 4QMMTᵉ liest hier ש), ואף כתוב), וכתוב (4QMMT C 14). Es scheint so, als wäre die Formel in ihrer Anwendung auf die drei Zitate nach und nach verkürzt worden.

[3] Falls hier nicht Gedächtniszitate vorliegen; siehe ועל שא כתוב (4QMMT B 27, mit folgender freier Verwendung von Lev 17,3), ואף כתוב ש (4QMMT B 66 mit folgender Verwendung von Lev 14,8), ועל (העושה ש)הואה בוזה ומנדף) כתוב ביד רמה) (4QMMT B 70 in freier Aufnahme von Lev 15,30), קודש ישראל) משכתוב ) in 4QMMT B 76 (nach 4QMMTᶜ, 4QMMTᵈ liest כשכתוב; nicht zu identifizierendes „Zitat"), כתוב ש und ועל (לבושו) כתוב ש (4QMMT B 77 jeweils mit folgender freier Verwendung von Lev 19,19). Die „Zitate" in 4QMMT B stammen offensichtlich aus Lev. שכתוב בספר מושה (4QMMT C 22, mit folgendem nicht zu identifizierenden Zitat, welches אחרית הימים verwendet).

## 2.1.4. *Die „Regel der Gemeinschaft" (1QS V-XI)*[1]

Nur drei Schriftzitate existieren in diesem Text, der insgesamt sieben Kolumnen umfaßt. Es handelt sich um Ex 23,7a in Kol. V,15, Jes 2,22 in Kol. V,17 und Jes 40,3a in Kol. VIII,14. Dabei folgen die Jesajazitate dem MT,[2] das Exoduszitat der LXX.[3] Alle Zitate sind durch kurze כתוב-Formeln – ohne Quellenangabe – eingeleitet.[4]

Dem Zitat von Ex 23,7 geht die Deutung voraus,[5] im Falle von Jes 2,22 schließt sie sich direkt an das Zitat an. Jes 40,3 steht in explizierender Funktion gegenüber dem vorausgehenden Text, doch wird es auch nachträglich ausgelegt. So existieren Interpretationsformeln für beide Jesaja-Auslegungen.[6] Für die Deutung aller drei Zitate gilt, daß in ihrem Verlauf einzelne Zitatwörter bzw. -teile verwendet werden.[7]

## 2.1.5. *Die Damaskusschrift (CD)*

Formale Beobachtungen haben dazu geführt, daß man die sogenannte Damaskusschrift, die vor den Qumranfunden bereits durch Handschriften aus der Cairoer Geniza bekannt war, gern in zwei literarisch voneinander verschiedene Teile gegliedert hat, in CD$_{Gesetz}$ (CD IX-XVI) und CD$_{Mahnschrift}$ (CD I-VIII/XIX-XX). Die Qumranfunde aus Höhle 4Q haben nun aber gezeigt, daß eine so klare Trennung beider Werkteile, wie sie aufgrund der Manuskripte der Cairoer Geniza zu vermuten war, nicht aufrecht erhalten werden kann, sondern eine Durchmischung beider Elemente Gesetz und Mahnung ist in den 4Q-Handschriften zu beobachten. Dennoch bleiben formale Unterschiede bestehen und ich möchte im folgenden daran festhalten, daß in der Damaskusschrift, die ihre Endgestalt

---

[1] Explizite Schriftbezüge finden sich nur in diesem Teil – der eigentlichen Gemeinschaftsordnung – der Sammelhandschrift 1QS. Erstedition von 1QS von M. Burrows (1951), die wichtigsten Varianten der 4QS-Texte sind von J. T. Milik (1960), 410-416, mitgeteilt worden. 1QS stellt die älteste Handschrift der „Gemeinschaftsregel" dar, paläographisch etwa um 100 v. Chr. zu datieren, siehe dazu J. T. Milik (1960) 411.

[2] Wiedergabe von Jes 2,22 weicht nur in der Pleneschreibung von הואה vom MT ab; Jes 40,3a wird ohne den Beginn (קול קורא) zitiert, anstelle des Tetragramms sind vier Punkte gesetzt (vergleiche z.B. 4Q175 und 4Q176).

[3] Wiedergabe von Ex 23,7a מכול דבר שקר תרחק entspricht LXX ἀπὸ παντὸς ῥήματος ἀδίκου ἀποστήσῃ (MT liest מדבר שקר תרחק).

[4] כאשר כתוב (Kol. V,17, VIII,14), כיא כן כתוב (Kol. V,15).

[5] Siehe Zitationsformel כיא כן כתוב.

[6] כי (Kol. V,17), Pers. pron. (היאה) + Bezugswort + אשר (Kol. VIII,15).

[7] Kol. V,15 gebraucht ירחק im Vorgriff auf Ex 23,7 (תרחק) in derselben Zeile. Kol. V,18f nimmt in נחשבו bzw. חבל (2x) die Zitatwörter נחשב bzw. נשמה (indirekt) aus Jes 2,22 (Kol. V,17) auf. Die vorausgehende Deutung in Kol. VIII,13 formuliert: במדבר פנו דרך; Jes 40,3 (Kol. VIII,14) liest: …. למדבר לפנות שם את דרך הואהא.

etwa um das Jahr 100 v. Chr. erhalten hat, ältere, gesetzliche Partien erhalten sind, die von den jüngeren paränetischen Formulierungen zu unterscheiden sind, so schwer im Einzelnen die Abgrenzung auch sein wird.[1]

Zunächst daher zu den *gesetzlichen Textpassagen* der Damaskusschrift. Hier wird nicht nur der Pentateuch[2] zitiert, sondern es werden auch Zitate aus der biblischen Prophetenüberlieferung – Jesaja und das Dodekapropheton – in halakhischen Zusammenhängen herangezogen.[3] Auffällig ist das Zitat von 1Sam 25,26 in CD IX,9. Ein expliziter Schriftbezug aus den Samuelbüchern findet sich nur hier und in 4Q174.[4] Daneben wird einmal aus den כתובים zitiert, nämlich Prov 15,8.[5] Meist beschränkt sich die Wiedergabe der Schriftstellen auf einzelne Versteile, diese werden dann aber „vollständig" zitiert.[6] In der Regel folgt der gelesene Text dem MT.[7] Auffällige Abweichungen ergeben sich, wenn der Schrifttext יהוה liest. Hier wird der Text umformuliert.[8] Bemerkenswert ist ferner folgendes: zweimal wird רעה in den Zitattext eingetragen.[9] Nur die Texte von 1Sam 25,26 und Num 30,9 scheinen eine „freie Wiedergabe" darzustellen.[10]

---

[1] Erstedition der „Damaskusschriften" durch S. Schechter (1910); vgl. besonders die Textausgabe (mit textkritischem Apparat) von Ch. Rabin (1954[1], 1958[2]), das Faksimile der Handschrift von S. Zeitlin (1952) sowie die Photoedition von M. Broshi (1992). Zu den zwei Parallelhandschriften aus Höhle 5Q und 6Q siehe Anm. 2 beziehungsweise 176 Anm. 4. Die endgültige Edition aller Parallel- und Ergänzungstexte zu CD aus Höhle 4Q liegt in den Händen von J. M. Baumgarten. Das älteste Manuskript der „Damaskusschriften" stammt – so J. T. Milik (1972) 135 – aus dem ersten Drittel des 1. Jhds. v. Chr. Eine genaue Verhältnisbestimmung der einzelnen Qumranhandschriften zueinander und zu den Handschriften der Kairoer Geniza, deren Text meiner Untersuchung zugrunde liegt, kann erst eine materielle Rekonstruktion der 4Q-Handschriften erbringen. Diese ist allerdings aufgrund der Vielzahl der Fragmente und Handschriften hoch kompliziert.

[2] *Lev* 19,18a in CD IX,2, Lev 19,17b in CD IX,7f, Lev 23,38a in CD XI,18. Zu Lev 19,17b (CD IX,7f) existiert eine – allerdings fragmentarische – Parallele aus Höhle 5Q (**5Q Document de Damas**); ediert von M. Baillet, J. T. Milik, R. de Vaux (1962) 181 mit Tafel XXXVIII. *Num* 20,9 in CD XVI,10. *Dtn* 5,12a in CD X,16f, Dtn 23,24a in CD XVI,6f.

[3] *Jes* 7,17aβ in CD XIV,1, *Nah* 1,2b in CD IX,5, *Mi* 7,2bβ in CD XVI,15.

[4] Siehe 2Sam 7 in 4Q174 Kol. III.

[5] CD XI,20f. Prov werden in Qumrantexten nur hier direkt zitiert.

[6] Lediglich Prov 15,8 ist vollständig wiedergegeben.

[7] Lev 19,18a mit MT gegen bestehende Textvarianten, allein vollere Schreibweise für נקם und נטר; Dtn 5,12a mit MT; Dtn 23,24a mit MT, nur vollere Schreibweise für תשמר; Jes 7,17a mit MT, lediglich מיום statt MT למיום.

[8] Lev 23,38a מלבד שבתותיכם statt MT מלבד שבתת יהוה (Suffix כם- ist aus dem nichtzitierten Zitatteil von Lev 23,38 übernommen, siehe MT מתנותיכם etc.); Nah 1,2b הוא statt MT יהוה"; Prov 15,8 תועבה statt MT תועבת יהוה und רצון כמנחת צדקם statt MT ישרים רצונו.

[9] Lev 19,17b רעיך anstelle von MT עמיתך, Mi 7,2b רעיהו anstelle von MT אחיהו.

[10] Es existieren keine Parallelüberlieferungen, die diese Lesungen unterstützen würden. Auffällig ist ihre Stellung im Text, beiden geht eine sehr ähnliche Einleitung

Sämtliche Zitate sind durch kurze Formeln eingeleitet. Sowohl אמר-
als auch כתוב-Formeln existieren, erstere überwiegen.[1] Ihre Form variiert,
und es läßt sich kein Schema hinter ihrer jeweiligen Anwendung erkennen. Gemeinsam ist allen das Fehlen einer Herkunftsangabe des Zitates.
Die Schriftbezüge sind eng mit dem laufenden Text verknüpft, echte Interpretationsformeln fehlen.[2] Terminologisch bemerkenswert ist die häufige Verwendung von רעה in den aufeinanderfolgenden Seiten XVI, IX
und X.[3]

Nun zu den *paränetischen Textpassagen* von CD, deren Zitierkanon
wie der der gesetzlichen Partien auch sowohl den Pentateuch – insbesondere Dtn und Num[4] – als auch Jesaja[5] und das Dodekapropheton[6] umfaßt.
Auffälligerweise stammen daneben auch zwei Zitate aus Ezechiel.[7] Ezechielzitate treten sonst nur in 4QMidrEschat (Kol. III,16f und Kol.
IX,14) auf. Dabei ist die Verteilung der Zitate auf die einzelnen Textsei-
ten unterschiedlich. So finden sich etwa im Bereich der ersten drei Seiten
nur zwei Schriftbezüge, während beispielsweise allein auf Seite VII fünf
auftauchen.

In der Parallelüberlieferung der beiden Handschriften A1 (CD VII,5-
VIII,21) und B (CD XIX,1-XIX,34) werden zum Teil voneinander ab-

---

voraus: In CD IX,8f (Sam) heißt es על השבועה אשר אמר, in CD XVI,10 (Num)
על שבועת האשה אשר אמר. Ch. Rabin (1958), 45 und 76f, vermutet für beide Texte die
Verwendung einer „sectarian source".

[1] אמר-Formeln: אשר אמר (CD IX,8f, XVI,10), אשר אמר לו (CD IX,8, Pleneschreibung von לוא in 5Q Document de Damas), ואשר אמר (CD IX,2, XVI,6),
כי הוא אשר אמר (CD X,16, XVI,15). כתוב-Formeln:
ואין כתוב כי אם (CD IX,5), כי כן כתוב (CD XI,18), כי כתוב (CD XI,20).

[2] Wird כי in einer Zitationsformel verwendet, so geht die Deutung des Zitates voraus.
Dieses steht also hier in einer nachträglich explizierenden Funktion.

[3] Aus den 4QD-Handschriften ist zu schließen, daß die Seiten XV und XVI den Seiten IX-XIV ursprünglich vorausgingen. Zu רעה CD IX,8 und XVI,15 siehe oben, רעהו in
der Deutung von Lev 19,18a (CD IX,3) nimmt לרעך aus dem nichtzitierten Lev 19,18b
auf (ואהבת לרעך כמוך אני יהוה), siehe ferner CD IX,17 und X,2.18.

[4] *Dtn* 9,23 auf Seite III,7, Dtn 17,17 auf Seite V,2, Dtn 32,33 auf Seite VIII,9f (=
Seite XIX,22), Dtn 9,5;7,8 auf Seite VIII,14f (= Seite XIX,27f), Dtn 7,9 auf Seite
XIX,1f. *Num* 21,18 auf Seite VI,4, Num 30,17 auf Seite VII,8f (= Seite XIX,5), Num
24,17 auf Seite VII,19f. Daneben werden auf Seite IV,21 *Gen* 1,27 und auf Seite V,8f
*Lev* 18,13 wiedergegeben. Zu Gen 1,27 in CD IV,21 existiert eine Parallele in Höhle 6Q,
nämlich **6Q Document de Damas** Frg. 1. Der Text ist – soweit vorhanden – identisch.
Edition von 6Q Document de Damas durch M. Baillet, J. T. Milik, R. de Vaux (1962)
128-131 mit Tafel XXVI.

[5] *Jes* 24,17 auf Seite IV,14, Jes 54,16 auf Seite VI,8, Jes 7,17 auf Seite VII,11f.

[6] Hos 4,16 auf Seite I,13f, Hos 5,10 auf Seite XIX,15f, Hos 3,4 auf Seite XX,16, *Mal*
1,10 auf Seite VI,13, *Am* 5,26f auf Seite VII,14f, Am 9,11 auf Seite VII,16, *Sach* 13,7
auf Seite XIX,7-9 und *Mi* 3,6 auf Seite IV,20.

[7] *Ez* 44,15 auf Seite III,21- IV,2 und Ez 9,4 auf Seite XIX,12.

weichende Schriftzitate verwendet. Während beide in identischer Wiedergabe Num 30,17, Dtn 32,33 und Dtn 9,5;7,8 lesen,[1] liest A1 Jes 7,17, B dort aber Sach 13,7. Die Zitate von Am 5,26f, Am 9,11 und Num 24,17 treten nur in A1 auf. Es spiegelt sich dieser sogenannte „Amos-Numeri-Midrasch" (CD VII,13b-VIII,1a) aber komprimiert in der Formel משיח אהרן וישראל im Zusammenhang des Sacharia-Zitates in B.[2] Dagegen fehlen in A1 die Zitate von Dtn 7,9 und Ez 9,4 aus B. Anstelle eines direkten Zitates von Hos 5,10 in B liefert A1 eine freie Formulierung nach Hos 5,10.[3] Der Text der Zitate steht in der Regel dem MT nahe.[4] Doch sind Auslassungen einzelner Versteile und kleinere Abweichungen, für die keine Parallelüberlieferungen existieren, möglich.[5] Ein vergleichsweise freier Umgang mit dem Schrifttext scheint im Falle der beiden Ezechielzitate und der „Mischzitate" Am 5,26.27 und Dtn 9,5;7,8 vorzuliegen.[6] Die Schreibung des Tetragramms wird auch innerhalb der Schriftzitate vermieden.[7] Das Zitat von Am 9,11aβ wird in der gleichen – vom MT abweichenden – Lesung wiedergegeben wie in 4Q174 III,12.[8] Gewöhnlich kennzeichnen אמר- und כתוב-Formeln den Beginn eines Zitates.[9] אמר-Formeln sind in der Überzahl; eine große Vielfalt besteht bei der Ausführung dieser Formeln.[10] Einige Einleitungsformeln nennen die Quelle des

---

[1] Siehe zu den Stellenangaben hier und im folgenden 176, Anm. 4-7.

[2] משיח אהרן וישראל auf Seite XIX,10f.

[3] Siehe Seite VIII,3.

[4] Siehe z.B. Num 24,17b (gegen zahlreiche Textvarianten, unter anderem auch gegen LXX und gegen die Lesungen von Num 24,17 in 4Q175 12 und 1QM XI,6), Dtn 32,33, Jes 24,17, aber etwa auch die ansonsten „freie" Wiedergabe von Ez 44,15 mit MT בני ישראל (gegen LXX οἶκον (בית)).

[5] *Auslassungen:* z.B. im Falle der Wiedergaben von Num 30,17(aβ), Am 9,11(aβ), Dtn 17,17(aα), *Abweichungen:* z.B. Num 30,17 לבנו statt MT לבתו, Gen 1,27b Pleneschreibung von אותם (MT אתם).

[6] Beginn von Dtn 9,5;7,8 aber gemäß MT Dtn 9,5. „Freie" Wiedergaben sind auch Mi 3,6 und Lev 18,13, falls es sich hier – so wie es die Zitationsformel nahelegt – tatsächlich um ein Zitat handelt.

[7] Siehe Jes 7,17a, Dtn 9,5;7,8, in Sach 13,7 wird יהוה צבאות durch אל ersetzt. Siehe auch CD VII,11f, VIII,14f = XIX,27f.

[8] והקימותי anstelle von MT אקים.

[9] Uneingeleitet sind nur die Zitate von Num 21,18 und Gen 1,27. Letzteres erfährt auch keine direkte Auslegung, ist deshalb – obwohl es wörtlich dem MT entspricht – vielleicht nicht als explizites Zitat zu verstehen. Die Handschrift liest vor Dtn 9,23 nur להם בקדש; in Anlehnung an den Bibeltext ist sinngemäß etwa mit E. Lohse (1986) וידבר להם בקדש zu vervollständigen.

[10] אמר-Formeln: אשר אמר אל (עליהם) (CD VII,8.14.15, XIX,5, XX,16), כאשר אמר (CD VI,13, VIII,9, XIX,21f), אשר אמר (CD IV,20), אשר אמר ביד יחזקאל (CD XIX,11), ואשר אמר משה לישראל (CD VIII,14), ואשר אמר משה (CD VI,7f) אשר אמר ישעיה XIX,26f), אשר אמר עליהם לוי בן יעקב (CD V,8), ומשה אמר (CD IV,15), אשר כתוב בדברי ישעיה בן אמוץ הנביא אשר אמר (CD VII,10f). כתוב-Formeln:

Zitates.[1] Auffällig ist die Formel אשר אמר עליהם לוי בן יעקב (CD IV,15), welche den sich anschließenden, offensichtlich *apokryphen* Text deutlich als Zitat ausweist.[2] Da sonst lediglich Bibeltexte explizit zitiert werden, liegt hier die einzig sicher belegte Ausnahme für das Zitieren apokrypher Tradition vor.[3] Interpretationsformeln fehlen häufig. Dies liegt zumeist an der direkten Einbettung der Zitate in den „Erzählverlauf".[4] Oft stehen die Zitate in begründender Funktion, die Interpretation geht ihnen – dann ohne eigentliche Formel – voraus.[5] Lediglich einmal leitet eine Pescher-formel eine Deutung ein (CD IV,14). Dieser Pescher zu Jes 24,17 nimmt zur Erklärung das apokryphe Levizitat zu Hilfe.[6] Ansonsten leiten Zitat-wort + Personalpronomen-Formeln die Interpretationen ein.[7] Das heißt, daß der Verfasser bei der Wiedergabe des jeweiligen Schriftbezuges an ganz bestimmten Elementen daraus interessiert war, die er dann gesondert ausgelegt hat.[8] Die Deutung von Am 5,26f (CD VII,15f) bedient sich eines Wortspieles.[9]

---

אשר כתוב ביד זכריה הנביא (CD), CD XIX,1), (כאשר כתוב) CD VII,19), כאשר כתוב (CD V,1), ועל הנשיא כתוב (CD I,13), היא העת אשר היה כתוב עליה (CD XIX,7), אשר כתוב בדברי ישעיה בן אמוץ הנביא אשר אמר (CD VII,10f). Daneben existieren folgende Formeln: כאשר דבר אל ביד ישעיה הנביא בן אמוץ לאמר (CD XIX,15), כאשר דבר (CD IV,13f), כאשר הקים להם אל ביד יחזקאל הנביא לאמר (CD III,20f).

[1] „Mose", „(der Prophet) Jesaja (der Sohn des Amos)", „(der Prophet) Ezechiel", „der Prophet Sacharia", „Levi der Sohn Jakobs". Häufig wird Gott (אל) als Urheber des Zitates genannt, ביד weist einige Male auf den Mittlercharakter des jeweiligen Propheten hin. Ein paar Formeln nennen die Bezugsgröße des Zitates (z.B. העת...עליה, עליהם).

[2] Eine solche Textvorlage scheint im TestLevi nicht überliefert; Ch. Rabin (1958), 16, weist auf Ähnlichkeiten zu TestDan 2,4 und auch Jub 7,21, PsSal 8,10-13 hin, vergleiche Eph 5,5.

[3] Doch vergleiche zumindest 4Q175 („Testimonia") 21-30; zu Jub 11,23 siehe Anm. 6.

[4] Siehe z.B. CD V,2.

[5] Siehe z.B. CD IV,21.

[6] Eine ähnlich erklärende Funktion – hier allerdings einer Gemeinschafts-Halakha, nicht eines Schriftzitates – nimmt Jub 11,23 in CD X,8ff ein (eingeleitet durch כי). Im Falle von Sach 13,7 (CD XIX,9) scheint eine Wiedergabe von Sach 11,11 in abgewandel-ter Form die Deutung zu übernehmen, die allerdings nicht als solche gekennzeichnet ist.

[7] CD IV,2.3f(2x), VI,4.4f.7.8, VII,16f.17.18 (vorwegnehmend).20, VIII,10f (3x), XIX,22f (3x).

[8] Siehe z.B. die ausführliche Interpretation der einzelnen Elemente aus Num 21,18 in CD VI,4-8(ff).

[9] סכות (מלככם) (Am 5,26) wird aufgenommen durch סוכת (המלך), dies wiederum stellt die Verbindung mit dem Zitat von Am 9,11 (CD VII,16) סוכת (דוד) her.

## 2.2. *4QTestimonia und andere Exzerpt-Texte*

**4Q175** („Testimonia") stellt eine kleine, in sich abgeschlossene Samm-lung von Belegstellen dar.[1] Etliche Unterschiede zu den bisher besproche-nen Texten bestehen. Zum einen betrifft dies die äußere Form: Bei 4Q175 handelt es sich um ein einzelnes Lederblatt (23 x 14 cm); der Schreiber ist der gleiche wie in 1QS, doch ist die Schrift nachlässiger. Zum anderen existieren Unterschiede in der Schriftverwendung: Die Zitate werden in 4Q175 nicht im eigentlichen Sinne ausgelegt, unverbunden und unkom-mentiert werden sie aneinandergereiht. Lediglich in der Auswahl der Zitate, der Art ihrer Wiedergabe und begrenzt in der Reihenfolge ihrer Zusammenstellung zeigt sich deren Interpretation.

Folgende Texte werden zitiert: Ein Doppelzitat von Dtn 5,28f und Dtn 18,18f, welches sich im Samaritanus in Ex 20,21b findet (4Q175 1-8), Num 24,15-17 (4Q175 9-13), Dtn 33,8-11 (4Q175 14-20) und eine Pas-sage aus den sogenannten „Psalmen Josuas" (Jos 6,26, 4Q175 21-30).

Die Zitate werden vollständig wiedergegeben, doch ist es schwierig, eine jeweils zugrundeliegende Textüberlieferung zu eruieren. Zu unter-scheiden ist zunächst zwischen zahlreichen nur orthographisch bedingten Varianten – etwa die Pleneschreibung von כול und לוא oder die Ver-wendung langer Promominalsuffixe[2] – und tatsächlichen Textvarianten. J. Strugnell (1970) hat diese ausführlich verzeichnet und diskutiert.[3]

Betrachtet man die Zitate , welche 4Q175 mit anderen Qumrantexten teilt, so fällt auf, daß die Textlesungen in allen Fällen voneinander abwei-chen: Num 24,17 wird außer in 4Q175 noch in CD VII,19f und 1QM XI,6 zitiert. Nur CD liest genau mit dem MT. Auch dort, wo 4Q175 und 1QM gemeinsam vom MT abweichen, lesen sie jeweils unterschiedliches.[4] Ähnliches gilt für das Zitat von Dtn 33,8-11 in 4Q175 und 4Q174.[5]

Interessant ist die Tatsache, daß neben den drei Schriftzitaten ein „apo-kryphes" Zitat, nämlich aus den „Psalmen Josuas", wiedergegeben wird.[6]

---

[1] Edition durch J. M. Allegro (1956) 182-187 = derselbe (1968) 57-60 mit Tafel XXI. Siehe zum Text vor allem J. Strugnell (1970) 225-229.

[2] Lange Suffixe werden neben kurzen verwendet.

[3] J. Strugnell (1970) am angegebenen Ort, zuvor bereits ansatzweise J. M. Allegro (1968), am angegebenen Ort.

[4] MT und CD lesen וקם, 4Q175 ויקום und 1QM קם.

[5] Siehe die Erläuterungen zum Text von 4Q174 I,9-12.

[6] Zwei fragmentarische Exemplare dieses Werkes sind unter den Qumranfunden erhalten: **4Q378** und **4Q379**, veröffentlicht – teilweise mit Photos – von C. Newsom (1988). Parallelen bestehen zwischen 4Q175 und 4Q379 Frg. 22 II, allerdings stimmt der von beiden gelesene Text nicht exakt überein (siehe dazu bereits J. M. Allegro (1968) am angegebenen Ort und J. Strugnell (1970) am angegebenen Ort sowie F. M. Cross (1958) 147-152 und J. T. Milik (1959) 61-64). 4Q379 und 4Q175 teilen aber wichtige

Da dies offensichtlich gleichen Zeugencharakter besitzt wie die übrigen
Schriftbelege, ist eine „kanonische" Geltung der „Psalmen Josuas" für
den 4Q175-Autor als wahrscheinlich anzunehmen.[1]

Das Format des Manuskriptes, die Flüchtigkeit der Schreiberhand, die
Art der Schriftverwendung und der Inhalt lassen die Vermutung zu, daß
es sich bei 4Q175 um einen privat verwendeten „Handzettel" für die Diskussion eschatologischer Fragen handeln könnte, etwa im Zusammenhang einer kritischen, polemischen Auseinandersetzung mit (ehemaligen)
Ansprüchen des Johannes Hyrkan I.[2] Denkbar wäre auch, daß diese Zitatensammlung etwa die Grundlage für einen thematischen Midrasch über
Endzeit-Gestalten bilden sollte.[3]

H. Stegemann (1967) hat auf die Existenz einer Reihe von **Exzerpt-Texten** unter den Qumranfunden hingewiesen.[4] Es handelt sich dabei um solche Werke, die im Unterschied zu Bibelhandschriften nur Auszüge aus
biblischen Büchern darstellen. Ausprägung und Verwendungszweck
dieser Texte sind dabei verschieden. Neben 4Q175 („Testimonia") zählt

---

Abweichungen in der Wiedergabe von Jos 6,26 mit der LXX (z.B. Auslassen von MT
ירידו).

[1] Dies ist ein zusätzliches Argument für die Datierung der „Psalmen Josuas" in vorqumranische Zeit, so auch C. Newsom (1988), 72-73, die eine Entstehung des Werkes
im 3. oder 4. Jhd. v. Chr. annimmt (siehe etwa die freie Verwendung des Tetragramms).
Das Werk, welches seinen Titel einst wegen 4Q175 21 erhielt, stellt vielleicht eine „re-
written Bible" (C. Newsom (1988), 58) zum Josuabuch (nach Art der Chronikbücher
oder Pseudo Philo) dar. Neben einem Erzählrahmen beinhaltet es Reden, Gebete sowie
Zitate und Interpretationen. C. Newsom vermutet die qumranische Wertschätzung der
„Psalmen Josuas" in deren Verbindung zum Kalender des Jubiläenbuches.

[2] Zu der m.E. zutreffenden historischen Identifizierung der Josua-Passage in 4QTest
siehe H. Eshel, The Historical Background of the Pesher Interpreting Joshua's Curse on
the Rebuilder of Jericho, RQ 15, 409-420. Die oben dargestellten formalen Aspekte
sowie die Art der Korrekturen im Text lassen darauf schließen, daß es sich bei 4Q175
um ein Autograph handelt. Eine Besonderheit liegt darin, daß der Verfasser und Schreiber dieses Testimoniums gleichzeitig Kopist von 1QS war. Entstanden ist 4Q175 (Werk
und Handschrift) also um 100 v. Chr. Mit 1QS teilt 4Q175 das Ersetzen des Tetragramms durch vier Punkte (vergleiche aber z.B.auch 4Q176). Thema von 4Q175 sind
der erwartete endzeitliche Prophet (Z. 1-8), der königliche (Z. 9-13) und der priesterliche
Messias (Z. 14-20) sowie ein endzeitlicher Gegner (Z. 21-30; ab Z. 25 zwei Gegner). In
der hier erwähnten „positiven Dreiergruppe" existiert eine weitere besondere Parallele
zu 1QS (1QS IX,11 נביא ומשיחי אהרון וישראל), ansonsten fehlt stets der „Prophet" (siehe
z.B. CD XII,23f, XIV,19; CD XIX,10f, XX,1).

[3] Spricht die Verwendung eines apokryphen Zitates vielleicht eher für eine beabsichtigte mündliche Benützung von 4Q175? Mit Ausnahme von CD IV,15ff sind apokryphe
Zitate innerhalb der exegetischen Literatur nicht nachweisbar. Doch würde dies einen
„großzügigeren" Kanon für Diskussionen etc. bedeuten, für nicht-private schriftlich
fixierte Werke einen strikter begrenzten.

[4] H. Stegemann (1967) 217-227, siehe dort auch Näheres zum folgenden.

H. Stegemann folgende Qumran-Manuskripte zu den Exzerpt-Texten: **Phylakterien**,[1] wahrscheinlich ein Exodus-„Exzerpt" (2QEx$^b$),[2] das Deuteronomium-„Exzerpt" **4QDtn$^q$**[3] und ein weiteres Deuteronomium-„Exzerpt" (= **4QDtn$^n$**).[4]

**4QDtn$^n$** ist auch für eine komplette Deuteronomium-Handschrift gehalten worden; die auftretenden textlichen Brüche werden dann mit einer in der Vergangenheit unsachgemäß ausgeführten Reparatur des Manuskriptes zu erklären versucht.[5] Bereits H. Stegemann (1967) hatte 4QDtn$^n$ den Exzerpt-Texten zugewiesen und Parallelen zum **Papyrus Nash** aufgezeigt.[6] Beide gehören der gleichen Gattung an. Bekräftigt wird diese Feststellung seit neuestem durch S. A. White.[7] Sie rechnet mit einer Verwendung dieses Textes zu Frömmigkeits- und/oder Studienzwecken.

Vgl. **Dtn$^j$** (J. Duncan, 1992, STDJ XI,1, 199-215).

Andere werden diesen Exzerpt-Texten hinzuzufügen sein, hier mag der Hinweis auf die Existenz solcher „Sammeltexte" – aus welchen Gründen auch immer im Einzelnen sie entstanden sein mögen – genügen.[8]

---

[1] Siehe z.B. die Phylakterien-Editionen von K.- G. Kuhn (1957) und von J. T. Milik (1977); eine Liste der Phylakterien-Veröffentlichungen bis 1967 siehe H. Stegemann (1967) 218 Anm. 93 und 219f Anm. 96.

[2] Ediert von M. Baillet, J. T. Milik, R. de Vaux (1962) 52-55 mit Tafel XI. Paläographisch dem Anfang des 1. Jhds. n. Chr. zuzuordnen; enthält auf Frg. 8 Ex 19,9, danach Ex 34,10.

[3] Ediert von P. W. Skehan (1954) in: Bulletin of the American Schools of Oriental Research 136, 12-15. Beinhaltet ausschließlich das „Moselied" (Dtn 32). Die Handschrift stammt aus der ersten Hälfte des 1. Jhds. n. Chr.

[4] Beschreibung der Handschrift durch H. Stegemann (1967, am angegebenen Ort). F. M. Cross (1969) veröffentlichte ein Photo und eine teilweise Transkription der Handschrift 4QDtn$^n$. Eine vollständige Edition dieses Manuskriptes durch S. A. White wird in Discoveries in the Judaean Desert (Oxford University Press) erscheinen.

[5] So J. Strugnell, siehe S. A. White (siehe Anm. 7).

[6] Im Falle von **4QDtn$^n$** handelt es sich um eine gut erhaltene Handschrift aus frühherodianischer Zeit. Vier vollständige Textkolumnen sind überliefert, zwei weitere teilweise zerstört. *Kol. I* beinhaltet Dtn 8,5-10 (danach unbeschrieben), *Kol. II-VI* Dtn 5,1-6,1. Kol. I hat rechts und links einen Nahtrand, ist also ein einzelnes Lederblatt und steht über den linken Nahtrand mit Kol. II in direkter Verbindung. Der **Papyrus Nash** (Erstedition von St. A. Cook in: Proceedings of the Society of Biblical Archaeology 1903, 34-56) – entstanden in der zweiten Hälfte des 2. Jhds. v. Chr. in Ägypten – enthält den Dekalog und das Sch$^e$ma' auf einem Blatt, möglicherweise war er zu Unterrichtszwecken bestimmt.

[7] S. A. White, 4QDt$^n$: Biblical Manuscript or Excerpted Text? (in: W. Attridge et al. (Ed.), Of Scribes and Scrolls, Festschrift anläßlich des 60. Geburtstags von J. Strugnell, 13-20).

[8] Ob es sich bei einem Text um eine vollständige Bibelhandschrift oder aber um einen Auszugstext handelt, ist oft nicht leicht zu beurteilen, wenn dieser fragmentarisch erhalten und kein textlicher Bruch zu erkennen ist. Kriterien (siehe H. Stegemann (1967) 217f) sind dann die Schrift (Exzerpt-Texte weichen oft deutlich von der „Buchschrift"

## 2.3. *Andere thematische Midraschim*

Als „thematische Midraschim" werden hier und im folgenden Werke bezeichnet, die sich bestimmter Themen annehmen und diese mit Hilfe expliziter Schriftbezüge „aufarbeiten". Dabei können die verwendeten Zitate aus ganz unterschiedlichen biblischen Büchern stammen.[1]

### 2.3.1. *11QMelchisedek*

1965 veröffentlichte A. S. van der Woude die dreizehn Fragmente der Melchisedek-Handschrift aus Höhle 11Q (**11QMelch**).

Seither hat es zahlreiche Untersuchungen zu diesem Text gegeben. Wesentliche Impulse für das Verständnis des Textes erbrachte J. T. Miliks Studie „Milkî-ṣedeq et Milkî rešaʿ dans les anciens ecrits juifs et chretiens" (1972).

E. Puech (1987) ist nach einer erneuten Betrachtung des Photos PAM 43.979 und der Originale im Rockefeller-Museum in Jerusalem eine „Neuedition" der Handschrift 11QMelch gelungen.[2] Seine Rekonstruktion der dreizehn Fragmente ergab eine Folge von drei Kolumnen, von denen Kol. II dabei nahezu vollständig rekonstruiert werden konnte. Zahlreiche neue Lesungen erreichte E. Puech auch für die übrigen Fragmente (Kol. I und III).[3] Die aufgrund von Unregelmäßigkeiten schwer zu klassifizierende Handschrift datierte er in die Mitte des 1. Jhds. v. Chr.

ab) und die Verwendung spezieller Bibeltexte anderenorts (vergleiche 4QDtnⁿ und Papyrus Nash). S. A. White verweist zudem darauf, daß harmonisierte Texte bevorzugt in Exzerpten auftreten. Eine materielle Rekonstruktion der Handschrift kann in Zweifelsfällen hilfreich sein. Mit Blick auf 4QMidrEschat wären die Psalmhandschriften von besonderem Interesse; zu den Psalmensammlungen in Qumran siehe Teil II,3.1.

[1] Im Gebrauch des Begriffes „Thematischer Midrasch" folge ich H. Stegemann (1967) 213-217. Dieser Terminus entspricht J. Carmignacs „péshèr <discontinu> ou <thématique>" (1970, besonders 360-361). Die kurze Bezeichnung „Pescher" für J. Carmignacs „péshèr <continu>" ist inzwischen ganz gebräuchlich geworden. Würde man daneben die Bezeichnung „Thematischer *Pescher*" für eine zwar verwandte doch andere Gattung verwenden, könnte dies leichter zu Verwechselungen führen. Auch ist eine Unterscheidung zwischen dem Gebrauch von „Midrasch" für Qumrantexte und der späteren, spezifischen rabbinischen Verwendung des Begriffes inzwischen selbstverständlich (siehe die Midrasch-Definition von A. G. Wright (1967); G. J. Brooke (1985), 149-156 (besonders 155) verwendet zur deutlicheren Abgrenzung die Bezeichnung „Qumran midrash"). Daher ist hier und im folgenden der Bezeichnung „Thematischer Midrasch" der Vorzug gegeben. Möglich allerdings sind beide.

[2] Zur Forschungsgeschichte zu 11QMelch siehe E. Puech (1987) 483-484.

[3] *Kol. I*: Frg. 1, *Kol. II*: Frg. 1, 2, 6, 12, 7, 3, 8, 10, 9, *Kol. III*: Frg. 2, 7, 13, 4, 11, 5. Von Kol. I ist lediglich eine Ergänzung (supralinear und auf dem Rand) in Z. 12 erhalten. Die Anzahl der Zeilen in Kol. II beträgt mindestens 25, vielleicht 27 (Z. 01 und Z. 02, siehe E. Puech 485). Siehe E. Puechs (1987) Rekonstruktionsdarstellung (Abbildung 1-3).

oder wenig später.[1] Bereits in der zweiten Hälfte des 2. Jhds. v. Chr. dürfte die Komposition des Werkes entstanden sein, aufgrund von Kol. II,15-20 wahrscheinlich noch zu Lebzeiten des „Lehrers der Gerechtigkeit".[2]

Nur in Kol. II lassen sich explizite Schriftbezüge nachweisen, hier treten sie allerdings in großer Zahl auf. Zitate von Lev 25 und Jes 61 scheinen die Struktur des Textes zu bestimmen. Die übrigen Schriftbelege stammen aus dem Deuteronomium, Jesaja, und bemerkenswerterweise auch aus dem Psalter und aus Daniel.[3] Viele Zitate werden vollständig wiedergegeben.[4] Dabei entspricht der gelesene Text weitgehend dem MT.[5] Lediglich die handschrifteigene Orthographie wird in den Schrifttext eingetragen, und das Tetragramm wird stets durch אל ersetzt.[6] Die Einleitung der Zitate geschieht sowohl durch אמר- als auch durch כתוב-Formeln.[7] Ein differenzierter Gebrauch läßt sich nicht erkennen. Hier und da beinhaltet eine Zitationsformel eine Quellenangabe.[8] Häufig wird ein Bezugsobjekt – meist עליו – genannt.

Die Interpretationen der Zitate nehmen oft einzelne Elemente auslegend auf.[9] Auch werden Schriftstellen zur Deutung anderer herangezo-

---

[1] Zur Diskussion der paläographischen Datierung der Handschrift siehe E. Puech (1987) 507f.

[2] J. T. Milik (1972), 126, hatte die Komposition des Werkes um ca. 120 v. Chr. angenommen (zu einer Diskussion der Entstehungshypothesen siehe E. Puech (1987) 508-510). Bestätigt wird eine Datierung in die zweite Hälfte des 2. Jhds. v. Chr. auch durch formale Beobachtungen, siehe unten Teil III,4. E. Puechs Lesung des Manuskriptes liegt der folgenden Analyse zugrunde.

[3] *Lev 25*,13 (Kol. II,2), Lev 25,9 (Kol. II,25-III,01), siehe auch Lev 25,9 in Kol. II,7, *Jes 61*,1 (Kol. II,4), Jes 61,2-3 (Kol. II,19), siehe auch Jes 61,2 in Kol. II,9 und Jes 61,3 in Kol. II,14. Jes 52,7 (Kol. II,15f), *Dtn 15*,2 (Kol. II,2-4), *Ps 82*,1 (Kol. II,10), Ps 82,2 (Kol. II,11), Ps 7,8-9 (Kol. II,10f), *Dan 9*,25(?) (Kol. II,18). Zum indirekten Zitat von Jes 8,11 (Kol. II,24, vergleiche auch 4Q174 IV,15f) und einer Interpretations-Analyse von 11QMelch siehe G. J. Brooke (1985) 319-323.

[4] Vollständig: Lev 25,13, Dtn 15,2, Jes 52,7, Ps 82,2, Ps 82,1 (doch ohne Beginn), Ps 7,8-9 (ab V. 8b). Von Jes 61,1 wird nur V. 1bβ, von Jes 61,2-3 (in Ergänzung) wahrscheinlich das Ende von V. 2 und der Beginn von V. 3 wiedergegeben.

[5] Abweichungen vom MT in Lev 25,9, der gelesene Text ist nicht sicher. Dtn 15,2 liest יד anstelle von MT ידו.

[6] Pleneschreibung von כול und לוא etc. Ersetzen des Tetragramms in Dtn 15,2 und Ps 7,8-9.

[7] אמר-Formeln: ואשר אמר (Kol. II,2.11.25), אשר אמר עליהמה (Kol. II,4), אשר אמר אל עליו לפנים בדברי ישעיה הנביא אשר אמר (Kol. II,15), אשר אמר דניאל עליו (Kol. II,18), ועליו אמר (Kol. II,10), Kol. II,9f (siehe unter כתוב). כתוב-Formeln: כאשר כתוב עליו בשירי דויד אשר אמר (Kol. II,23), כאשר כתוב עליו (Kol. II,9f), הכתוב עליו אשר (Kol. II,19), כאשר כתוב (Kol. II,2).

[8] „in den Worten des Propheten Jesaja" (nicht ganz auszuschließen wäre auch „im Buch" (בספר), doch siehe unten Teil III,4), „Daniel", „in den Liedern Davids".

[9] Siehe z.B. die Auslegung von Jes 52,7 in Kol. II,17ff.

gen; das zitatverknüpfende Prinzip scheint – will man diesen Terminus verwenden – „gĕzērâ šāwâ" zu sein.[1] Unterschiedliche Interpretationsformeln existieren: Neben Zitatwort + Personalpronomen-Formeln treten verschiedene Pescherformeln auf.[2]

Das zentrale Thema der erhaltenen 11QMelch-Fragmente ist die Gestalt des Melchisedek, himmlischer Hoherpriester, endzeitlicher Befreier und Richter.[3]

Rückschlüsse auf das Gesamtwerk, von dem 11QMelch nur einen Teil repräsentiert, lassen sich allerdings nicht ziehen. Dies betrifft sowohl dessen Thema als auch dessen Gattung. Da die Plazierung der drei erhaltenen Kolumnen innerhalb der ursprünglichen Rolle nicht mehr zu rekonstruieren ist,[4] muß wahrscheinlich auch offen bleiben, ob in 11QMelch etwa ein drittes Exemplar des „Pesher des Périodes" vorliegt. Dies ist von J. T. Milik (1972) vermutet worden, dürfte sich aber als wenig wahrscheinlich erweisen.[5]

---

[1] Siehe z.B. die Interpretation von Lev 25,13 durch Dtn 15,2. Zur Kombination der 11QMelch-Zitate siehe – auch Forschungspositionen aufzeigend – G. J. Brooke (1985) 319-323.

[2] Zitatwort + Pers.pron.: Kol. II,7.17.18.18f.23.24f. Pescherformeln: פשרו על ... אשר (Kol. II,12), אשר ... פשרו לאחרית הימים על (Kol. II,4), (:) פשרו (als „Überschrift"zur Deutung, Kol. II,17,20), (?) פשרו (Kol. III,18).

[3] Zu einer möglichen Identifizierung des מלאך אמתו („Engel seiner Wahrheit") von 4Q177 XI,12 (und 1QS III,24) mit Melchisedek siehe zur Stelle.

[4] Nach E. Puech (1987) beträgt der *Durchmesser* der Schriftrolle im Bereich von Kol. II vermutlich 3,3 oder 3,4 cm. Da der Abstand zwischen gleichen Schadstellen nur hier annähernd bekannt ist, läßt sich auch die Wicklungsrichtung der Rolle nicht mehr ermitteln, damit auch nicht, ob die erhaltenen Fragmente vom Anfang oder Ende der ursprünglichen Schriftrolle stammen. Der vorliegende *Wicklungsumfang* ist mit 10,4 cm oder 10,7 cm bei einem derartigen Text verhältnismäßig groß. Nimmt man an, daß die Rolle wie die meisten anderen aus den Qumranfunden richtigherum gewickelt war (Textbeginn außen), dann könnten die erhaltenen 11QMelch-Fragmente dem Textbeginn relativ nahe sein. Doch dies ist hypothetisch.

[5] J. T. Milik sieht in **4Q180** und **4Q181** (vollständig veröffentlicht von J. M. Allegro (1968) 77-79 mit Tafel XXVII und 79-80 mit Tafel XVIII) zwei Exemplare eines ursprünglich gleichen Werkes – „Pesher des Périodes" und vermutet in 11QMelch (siehe ebenfalls Verwendung einer Jubiläen-Zeitrechnung) ein drittes, siehe dazu J. T Milik (1972), 109-126. Zwar existieren in **4Q180** Zitate, ebenso Zitationsformeln (Frg. 2), doch sind keine Interpretationsformeln erhalten. Auffällig ist der Gebrauch der Formel פשר על (Frg. 1), der nicht im Zusammenhang mit Zitatauslegungen auftritt, sondern eher „Überschrift" für neue Texteinheiten zu sein scheint (vergleiche etwa den Gebrauch von מדרש למשכיל על אנשי התורה in einer der 4QS-Handschriften, siehe J. T. Milik Revue Biblique 63 (1956), 62). Falls es sich bei diesem Manuskript um eine Parallelhandschrift zu 11QMelch handeln sollte, dann würden beide Texte aus formal unterschiedlichen Teilen des ursprünglichen Werkes stammen. Der Charakter von **4Q181** – Frg. 2 weist bestimmte Parallelen zu 4Q180 auf – ist noch weniger klar. Zu einer Beschreibung beider Manuskripte siehe auch J. Strugnell (1970) 252-255.

Gegen J. Carmignacs (1970) Vermutung, daß in 4Q174 und 11QMelch zwei Handschriften eines gleichen Werkes existieren könnten, spricht z.B. das unterschiedliche Formelmaterial an sich sowie die Art und Weise dessen Verwendung.[1]

### 2.3.2. *4QPatriarchalBlessings*

Ein weiterer thematischer Midrasch liegt in Gestalt von 4QPatriarchal Blessings (**4Qpatr**) vor. Von dieser Handschrift ist bislang allerdings nur ein Fragment von J. M. Allegro (1956) veröffentlicht worden.[2] Dieses stammt aus dem oberen Bereich des Manuskriptes und liefert bruchstückhaft die Z. 1-7 einer Kolumne (Kol. I) sowie die Zeilenanfänge der Z. 1-4 einer sich anschließenden (Kol. II). Darüber hinaus berichtet J. M. Allegro bezüglich des Materials lediglich, daß die erhaltenen Fragmente dieser Handschrift insgesamt fünf Textkolumnen bilden.[3] Eines der noch unveröffentlichten Fragmente dieser Handschrift wurde von H. Stegemann (1967) beschrieben. Es stammt, wie das bereits von J. M. Allegro edierte, aus dem oberen Rollenbereich. Fragmentarisch sind hier die ersten sechs Textzeilen einer Kolumne repräsentiert.

Für eine Gattungsbestimmung von Bedeutung sind die beiden Schriftzitate im Textbestand dieses neuen Fragmentes. Z. 1 – diese Zeile ist vollständig erhalten – weist ein Zitat von Gen 36,12a auf, Z. 4 den Beginn von Gen 49,4.[4] Zitationsformeln bestehen nicht, was durch den bruchstückhaften Erhaltungszustand bedingt sein mag.

Dem Zitat von Gen 36,12 schließt sich in *Z. 1* als Interpretationsformel direkt das Personalpronomen הוא an.[5] הוא bezieht sich dabei auf das letzte

---

[1] J. Carmignac (1970) 361 Anm. 53. Siehe z.B. das Fehlen von בספר in Zitationsformeln, den nicht differenzierten Gebrauch der Pescherformeln, daneben den häufigen Pentateuchgebrauch (Lev, Dtn) und das Fehlen von spezifischer Gemeindeterminologie in 11QMelch im Gegensatz zu 4Q174 (und 4Q177).

[2] Siehe J. M. Allegro (1956) 174-176 mit Tafel „Document I" nach 174.

[3] Siehe J. M. Allegro Revue Biblique 63, 1956, 63 (= The Biblical Archaeologist 19, 1956, 91).

[4] Abweichungen in der Wiedergabe von *Gen 36,12a* gegenüber dem MT bestehen in der volleren Schreibweise des Namens „Esau" (4Qpatr: עשיו, MT: עשו, Parallelüberlieferungen für diese Schreibung existieren nicht) und in der Lesung von לו statt des zweiten לאליפז (MT), die 4Qpatr mit der versio Arabica teilt; Wiedergabe von *Gen 49,4aα* mit einer Abweichung vom MT (4Qpatr פחזתה, MT פחז), die 4Qpatr mit der älteren Textüberlieferung (Samaritanus, LXX, versio Syrica, Targum) teilt, siehe H. Stegemann (1967) 212f.

[5] Auch in dem von J. M. Allegro (1956) edierten Fragment (Z. 2f) scheint eine Interpretationsformel zu existieren, die sich allerdings nicht direkt an ein Zitat ( Gen 49,10) anschließt, doch (nichtzitierte ?) Elemente daraus berücksicht. Die Struktur der Formel ist: כי + Zitatwort (המחקק) + Pers. pron. + Bezug, Bezug + Pers. pron. + Zitatwort

Zitatwort (עמלק). Daher ist anzunehmen, daß die Schriftstelle Gen 36,12 wegen dieses Zitatelementes wiedergegeben worden ist. Die eigentliche Deutung, in der dann vermutlich die Identifizierung des עמלק mit einer historischen Größe vollzogen worden ist,[1] ist nicht mehr erhalten. Doch könnte der Überrest von Z. 2 – באחרית הימים – Teil der Interpretation gewesen sein,[2] wahrscheinlich auch die Wortfolge יעקוב ראובן aus Z. 3.[3] In Z. 4 folgt dann das Zitat von Gen 49,4.

Aus dieser Abfolge zweier Zitate unterschiedlicher Herkunft läßt sich mit H. Stegemann (1967) annehmen, daß in 4Qpatr kein (kontinuierlicher) Pescher vorliegt, sondern eher ein thematischer Midrasch.[4] Thema des Midrasch waren Endzeit-Fragen,[5] bei deren Behandlung Gen 49 – vielleicht auch anderen „Vätersegen" – eine besondere Rolle zugekommen sein könnte.[6]

Der Veröffentlichung der gesamten 4Qpatr-Handschrift kann noch immer mit Spannung entgegengesehen werden.[7] Vielleicht läßt sich für dieses Manuskript eine Rekonstruktion der erhaltenen Fragmente erzielen, die dann auch eine traditionsgeschichtliche Einordnung des Werkes ermöglichen würde.[8]

---

(הרגלים). Vergleiche auch כי ... היא in Z. 5f. Die Verwendung von Gen 49,10 als direktes Zitat in Z. 1 scheint aufgrund der Abweichungen vom MT und der im Anschluß fehlenden Interpretationsformel ungewiß.

[1] H. Stegemann (1967), 214-217, hat eine mögliche Bezugnahme auf das Königtum Herodes des Großen vermutet, allerdings auch darauf hingewiesen, daß erst die Publikation der gesamten Handschrift für sichere Aussagen abgewartet werden muß.

[2] Doch siehe auch die Verwendung von באחרית הימים in Gen 49,1.

[3] Siehe H. Stegemann (1967) 213.

[4] Ein Pescher nach älterem Muster, wie etwa 4QpJes[c], ließe sich nach jetzigem Veröffentlichungsstand zwar auch nicht ganz ausschließen. Doch dagegen spricht vor allem, daß Pescharim nur zu den biblischen Propheten und zu Teilen des Psalters, nicht aber zu Teilen des Pentateuch überliefert sind, und siehe Anm. 6.

[5] Siehe das von J. M. Allegro (1956) veröffentlichte Fragment und den באחרית הימים-Beleg auf dem anderen Fragment.

[6] J. M. Allegro (Revue Biblique 63, 1956, 63) beschreibt die Handschrift folgendermaßen: „Un ... document, ..., avait été d'abord consideré comme un pešer de Genèse, XLIX ...; mais d'autres fragments qui sont venus s'ajouter suggèrent plutôt une collection de bénédictions patriachales avec commentaires."

[7] Interessant könnte diese z.B. für eine nähere Untersuchung der Parallelen zu 4QMidrEschat sein. Siehe etwa die Verwendung der Vätersegnungen in 4Qpatr und Dtn 33 in 4Q174 sowie die messianischen Erwartungen (vergleiche das von J. M. Allegro (1956) veröffentlichte Fragment und 4Q174 III).

[8] H. Stegemann (1967), 212, weist auf ähnliche – für eine materielle Rekonstruktion aufschlußreiche – Zerstörungsformen der ihm bekannten 4Qpatr-Fragmente hin.

### 2.3.3. *4QTanḥumim*

Schwierig zu bestimmen ist die Gattung von **4Q176** („Tanḥumim").[1] Dieser fragmentarisch erhaltene Text besteht zu einem großen Teil aus Deuterojesaja-Zitaten,[2] daneben finden sich zumindest ein Schriftbezug aus dem Psalter (Ps 79,2-3 auf Frg. 1) und ein Sacharia-Zitat (Sach 13,9 auf Frg. 15). Bruchstücke von Auslegungen sind ebenfalls erhalten, allerdings keine der üblichen Zitations- oder Interpretationsformeln. Die Zusammenstellung von Zitaten unterschiedlicher Herkunft – möglicherweise wenigstens teilweise unter dem Thema „Tröstungen" –, das auswählende Zitieren im Bereich der Deuterojesaja-Zitate[3] sowie die Verwendung von בליעל innerhalb der Interpretation (Frg. 8-11,15) könnte auf eine Zugehörigkeit zur Gattung „thematischer Midrasch" hinweisen.[4] Auffällig und ohne Parallele in exegetischen Qumrantexten ist der Umgang mit dem Tetragramm in Zitaten: In der Regel scheint es durch vier Punkte ersetzt worden zu sein, daneben findet sich ebenso ein Ersetzen durch אלהים, an anderer Stelle ist das Tetragramm ausgeschrieben.[5] Für nähere Aussagen über Struktur, Gattungszugehörigkeit und traditionsgeschichtliche Einordnung dieses Textes ist eine materielle Rekonstruktion unerläßlich. Diese scheint auch aufgrund des äußeren Bildes der Fragmente Erfolg zu versprechen.

## 2.4. *Die Pescharim*

Etwa 17 Handschriften-Exemplare dieser Gattung sind unter den Qumranfunden erhalten.[6]

---

[1] Edition von J. M. Allegro (1968) 60-67 mit den Tafeln XXII-XXIII. Siehe dazu J. Strugnell (1970), 229-236, mit zahlreichen Vorschlägen für Textlesungen und Zusammenstellungen von Fragmenten sowie einer Diskussion der recht schwierigen paläographischen Befunde der Handschrift (zwei Hände, unterschiedliche Sorgfalt in der Ausführung bestimmter Textpassagen). J. Strugnell (1970), 236, hat darauf hingewiesen, daß einige Fragmente in ihrer Zuordnung zur Handschrift 4Q176 nicht sicher sind, vgl. M. Kister, RQ 12, 529-36. Der von J. M. Allegro (1968) gewählte Titel „Tanḥumim" geht zurück auf Frg. 1-2I,4 (ומן ספר ישעיה תנחומים) und Frg. 8-11,13 (דברי תנחומים).

[2] J. Strugnell (1970), am angegebenen Ort, hat auf zahlreiche Parallelen des gelesenen Jesaja-Textes insbesondere zu 1QJes[a] hingewiesen.

[3] Siehe z.B. innerhalb von Frg. 1-2I: Jes 40,1-5, daran schließt sich Jes 41,8-9 an und Frg. 8-11: Jes 52,13 mit anschließendem Jes 54,4-10.

[4] Neben der thematischen Orientierung aber wohl auch eine Anlehnung an Deuterojesaja.

[5] Vier Punkte siehe z.B. Frg. 1-2I,6, II,3, אלהים statt MT יהוה (Jes 49,13) in Frg. 1-2II,2, יהוה in Frg. 3,1 (= MT Jes 43,1).

[6] Textgrundlage der Untersuchung ist die Ausgabe der Pescharim von M. Horgan (1979). Es ist aufgrund des fragmentarischen Zustandes einiger Handschriften nur

Grundsätzlich läßt sich der Charakter der Pescharim folgendermaßen
definieren: Pescharim sind „exegetische" Werke, die eine geschlossene literarische Einheit der biblischen Prophetenüberlieferung[1] in der Regel
Vers für Vers zitieren und diese Zitate jeweils mit kurzen Kommentaren
versehen. Namensgebend sind die Pescherformeln, welche die Deutungen
der Schriftzitate einleiten.[2]

Trotz aller Gemeinsamkeiten sind einige Unterschiede zwischen den
einzelnen Pescharim erkennbar.

Der Versuch einer Datierung dieser Werke zeigt, daß auf *formaler*
Ebene tatsächlich eine Entwicklung innerhalb der Pescharim stattgefunden hat.[3] Diese spiegelt sich in der Art und Weise des Schriftgebrauches,[4]
einschließlich der Formelverwendung:

Die frühesten Pescharim zeichnen sich durch ein gewisses auswählendes Zitieren aus; Schriftbelege unterschiedlicher Provenienz werden herangezogen – dies ist später ganz unmöglich –; daneben weisen sie eine
Vielfalt an Interpretationsformeln auf, Zitationsformeln sind gängig.[5]

---

schwer auf die tatsächliche Zahl der Pescher-Manuskripte zu schließen. Wegen des oft
nur geringen Textbestandes ist es möglich, daß das eine oder andere Manuskript auch
der Gattung „thematischer Midrasch" zuzuordnen ist (siehe z.B. 4QpUnid). Vergleiche
M. Horgan (1979) 1-9. Folgende Handschriften wurden von mir als dieser Gattung
zugehörig betrachtet: **1QpHab, 1QpMich** (1Q14), **1QpZeph** (1Q15), **1QpPs** (1Q16),
**3QpJes** (3Q4), **4QpJes**ᵃ⁻ᵉ (4Q161-165), **4QpHos**ᵃ (4Q166), **4QpHos**ᵇ (4Q167),
**4QpNah** (4Q169), **4QpZeph** (4Q170), **4QpPs**ᵃ (4Q171), **4QpUnid** (4Q172) und
**4QpPs**ᵇ (4Q173). Zu 4Q168 (4QpMich), der nur Bibeltext enthält, siehe M. Horgan
(1979) 262 („...there is no indikation that this text is in fact a pesher."). Möglicherweise
existieren in Gestalt von **5Q10** Reste eines Peschers zu Maleachi (ediert von M. Baillet,
J. T. Milik, R. de Vaux (1962) 180 mit Tafel XXXVIII unter dem Titel „Ecrit avec Cita-
tions de Malachie". J. Carmignac (1963, RdQ 4) hat darauf hingewiesen, daß möglicherweise auch **5Q18 Frg. 1-4** (ediert von M. Baillet, J. T. Milik, R. de Vaux (1962) 195
mit Tafel XLII) zur gleichen (Hand-? siehe J. Carmignac (1963) 99 mit Anm. 3) Schrift
gehören könnten. Siehe zu 5Q10 auch O. Camponovo (1984) 291.

[1] Prophetenbücher einschließlich des als prophetisch erachteten Psalters.
[2] Zur Definition vergleiche etwa M. Horgan (1979).
[3] Im Rahmen dieser Arbeit ist es nicht möglich eine Datierung der Pescharim darzustellen, dies soll anderweitig geschehen. Es können hier nur einzelne Ergebnisse dieser
Untersuchung angeführt werden. Folgende Kriterien habe ich für die Datierung der Pescharim verwendet: Paläographie (terminus ad quem für die Entstehung), historische
Anspielungen (terminus a quo für die Entstehung), Terminologie und Schriftverwendung (einschließlich der exegetischen Formeln).
[4] Wie in den übrigen Qumrantexten auch, finden sich Abweichungen von der Lesart
des MT, diese sind von M. Horgan (1979) verzeichnet worden; siehe ferner M. Horgan
(1979) 4f.
[5] Siehe besonders **4QpJes**ᶜ (4163), älteste erhaltene Pescherhandschrift, entstanden
im ersten Drittel des 1. Jhds. v. Chr.: Auslassungen von Jesaja-Textpassagen (z.B. Frg.
8,1: Jes 14,8, dann Z. 4ff: Jes 14,26f), zusätzlich zu Jes werden auch Sach und Hos zitiert
und ausgelegt (Frg. 21,7: Sach 11,11; Frg. 8-10: vielleicht Auszug aus Sach 3,9 ? Ver-

Mit fortschreitender Zeit läßt sich innerhalb der Pescharim eine zuneh-
mende Tendenz zur „Rationalisierung" beobachten: kurze Pescherformeln (פשרו על/אשר) werden langen (פשר הדבר על/אשר) vorgezogen, die
übrigen Interpretationsformeln verschwinden beziehungsweise werden
als untergliedernde Elemente in die Interpretationen hinein verdrängt;
Zitationsformeln werden weggelassen beziehungsweise lediglich zur
Zitatwiederholung verwendet. Wachsende „Konsequenz" zeigt sich im
durchgängigen Zitieren einer literarischen Einheit. Eine deutliche formale
Vereinheitlichung der Pescharim ist spätestens in frühherodianischer Zeit
erreicht.[1]


Kontinuierlich und in großer Zahl wurden Pescharim über einen Zeitraum
von etwa 70-100 Jahren produziert. Ziel der Pescharim war vermutlich
das Aufrechterhalten von Naherwartung. Auffällig ist, daß es sich bei
allen 17 Pescherhandschriften um unterschiedliche Werke handelt, das
heißt auch die 6 Jesaja-Pescher sind nicht identisch.[2] Dies könnte darauf
schließen lassen, daß man eher einen neuen Pescher verfaßte, als einen
alten zu kopieren.[3]

---

gleiche 4Q177 IX,2); Frg. 23 II,14: Hos 6,9). Neben Pescherformeln (Langformen mit
הדבר überwiegen) werden Pers. pron.-Formeln verwendet (z.B. Frg. 8-10,3.7). Häufiger
Gebrauch von אמר- und כתוב-Formeln (כתוב-Formeln sonst nur noch in der frühherodianischen Handschrift **4QpJes^e** (4Q165)). Auslassungen (Kol. II: Jes 5,11-14.24c-25) und
unterschiedliche Interpretationsformeln weist auch die ebenfalls relativ alte Handschrift
**4QpJes^b** (4Q162; vielleicht vorherodianisch, siehe J. Strugnell (1970) 186) auf. Ähnliches läßt sich für **4QpPs^a** beobachten: zitiert und kommentiert werden Ps 37,2-37,39; Ps
45,1-45,2b und Ps 60,8-9(?). Zwar entstand die Handschrift um die Zeitenwende, doch
ist das Werk nicht zuletzt wegen Kol. II,6-8 in seiner Entstehung vor 70 v. Chr. anzusiedeln. Es handelt sich also um einen frühen Pescher. „Auswählendes" Zitieren findet sich
in gewisser Weise auch in dem um 50 v. Chr. (siehe H. Stegemann (1983) 522) entstandenen Werk **1QpHab**: nur die ersten zwei Kapitel des biblischen Habakukbuches sind
Gegenstand des Peschers.
[1] Als Beispiel dieser späteren Pescharim siehe man **4QpNah**, für den – wie für
**1QpPs** – die Römerherrschaft bereits in der Vergangenheit zu liegen scheint. Mit seiner
Entstehung ist frühestens in den 30iger Jahren des 1. Jhds. v. Chr. zu rechnen (die Handschrift halte ich auch paläographisch für etwas jünger als **1QpHab**, vergleiche z.B. die
Schreibung von א und ס).
[2] Dies zeigt ein formaler Vergleich.
[3] Doch lassen sich wahrscheinlich zumindest **1QpHab**, **4QpJes^a** und **4QpPs^a** jeweils
als Kopien erweisen.

## ZUR GATTUNGSBESTIMMUNG VON
## 4QMIDRESCHAT[A.B]

4QMidrEschat[a.b] weist eine Reihe charakteristischer formaler Merkmale auf, die eine Abgrenzung gegenüber anderen Werken und gleichzeitig eine Gattungsbestimmung möglich machen.

Einerseits ist dies der Aufbau des Textes, der gänzlich dem Schema „Zitat-Interpretation-Zitat-Interpretation etc." folgt. Das unterscheidet 4QMidrEschat[a.b] von solchen Werken, die nur vereinzelt bzw. passagenweise explizite Schriftbezüge aufweisen, ansonsten aber ganz unterschiedlichen Gattungen angehören, wie z.B. 1QS V-XI und CD.

Auf der anderen Seite ist 4QMidrEschat nicht der Gattung der Pescharim zuzurechnen. Der Ausgangspunkt beider ist ein gegensätzlicher: In den Pescharim ist es das biblische Buch, welches möglichst Vers für Vers in Bezug auf die Endzeit ausgelegt wird. In 4QMidrEschat dagegen ist die Endzeit der Ausgangspunkt. Die so verstandene eigene Gegenwart, die historische Situation der Gemeindeexistenz, gilt es mit Hilfe der Schrift „aufzuarbeiten". Anders als in den Pescharim üblich werden zu diesem Zweck Zitate unterschiedlicher Provenienz herangezogen. Auch die Vollständigkeit der Schrift-Wiedergabe hängt ganz vom sachorientierten Interesse des Autors ab.

4QMidrEschat läßt sich daher zunächst als „thematischer Midrasch"[1] („péshèr «discontinu» ou «thématique»"), vergleichbar etwa 11QMelch, identifizieren.

Doch wird eine solche Gattungsbestimmung dem Werk nicht ganz gerecht. Dies liegt vor allem an dessen Orientierung am biblischen Psalter in

---

[1] Siehe zur Definition „thematischer Midrasch" Teil III, 2.3. Eine weitergehende Untersuchung des Begriffes מדרש in den Qumrantexten ist gerade für Gattungsfragen unbedingt wünschenswert. Doch sinnvoll durchzuführen ist dies erst dann, wenn auch die 4QS- und 4QD-Handschriften einmal veröffentlicht sind. So findet sich unter den 4QS-Handschriften ein anderer Beginn der Textpassage, die in 1QS V beginnt, nämlich מדרש למשכיל על אנשי התורה, anstelle von זה הסרך לאנשי היחד 1QS V,1 (siehe J. T. Milik (1963), 61). Auch im eigentlichen Schluß der Damaskusschrift scheint der Begriff מדרש verwendet worden zu sein, wenn auch dieser nur sehr fragmentarisch erhalten ist: [...הנה לכו]ל זא[ת] [מ]דר[ש] התורה האחרון [ expl.lib. (siehe J. T. Milik (1972), 135). In beiden Fällen wird nach einer Veröffentlichung der Handschriften zu untersuchen sein, auf welchen Textbereich sich מדרש jeweils bezieht, ob etwa auf ein ganzes Werk oder nur einen bestimmten Abschnitt daraus.

seinem Hauptteil C. Trotz aller thematisch bedingten Freiheit in Auswahl und Anordnung der einzelnen Psalmen ist eine solche nicht zu verkennen. Bestätigt wird dies nicht zuletzt durch die Überschrift in Kol. IV,14 und durch die spezifische Verwendung von Zitations- und Interpretations-formeln im Zusammenhang mit den wiedergegebenen Psalmen. In dieser Anlehnung an ein biblisches Buch zeigt sich – trotz aller sonstigen Unter-schiede – eine gewisse Nähe zu den Pescharim, insbesondere zu den älte-ren, weniger „konsequenten" Werken wie 4QpJes<sup>c</sup>.

So läßt sich **4QMidrEschat** definieren als **ein thematischer Midrasch mit Parallelen zu den (frühen) Pescharim**.

An Kritik gegenüber den von J. M. Allegro (1968) gewählten *Titeln* „Florilegium" für 4Q174 und „Catena (A)" für 4Q177 hat es nicht geman-gelt.[1] So hat es auch in Bezug auf *4Q174* („Florilegium") zahlreiche Be-mühungen gegeben, eine alternative Bezeichnung zu finden, die den Cha-rakter des Werkes besser trifft.[2] Die meisten dieser Versuche entstanden vor der Gesamtedition der Handschrift durch J. M. Allegro (1968). Sie be-ziehen sich also wie etwa der von Y. Yadin (1959) vorgeschlagene Titel „A Midrasch on 2Sam. vii and Ps. i-ii (4Q Florilegium)" nur auf die bis dahin veröffentlichten Fragmente und spiegeln daher häufig lediglich Teilaspekte des Gesamtwerkes.[3] Die von J. M. Allegro (1958) für seine Teiledition gewählte Überschrift „Fragments of a Qumran Scroll of Eschatological Midrāšîm", beschreibt zwar zutreffend die eschatologi-sche Orientierung und den exegetischen Charakter von 4Q174, scheint aber wie „Florilegium" von einer Art Sammlung auszugehen.[4] So schwie-

---

[1] Siehe in Bezug auf beide J. Strugnell (1970) 220. **„Florilegium"** (= gr. „Antholo-gie") meint eine *Sammlung* bestimmter Texte, doch entspricht dies nicht dem Charakter von 4Q174 (siehe unten). **„Catena"** ist ebenfalls irreführend. Als Katene ist üblicher-weise eine besonders im 10.-16. Jhd. beliebte Kommentargattung bezeichnet. Sie sam-melt und verbindet exegetische Bemerkungen verschiedener Autoren, um ein biblisches Buch zu erklären. Ihr Ziel ist es, dem Leser die Möglichkeit zu geben, sich mit den wich-tigsten Exegeten der Kirche im Einzelfall in kurzer Zeit bekannt zu machen; zu Katenen siehe etwa E. Mühlenberg (1989). Der „homogene" Charakter von 4Q177, das Fehlen von Autorennamen – kennzeichnend für Katenen – und die Tatsache, daß 4Q177 nicht ein biblisches Buch kommentiert, sprechen gegen eine Verwendung des Titels „Catena".

[2] „Florilegium" war von J. M. Allegro (JBL 1956, 176, vergleiche RB 1956, 63) ursprünglich als vorläufiger Titel verwendet worden, wurde aber auch in der Edition der Gesamthandschrift (1968) beibehalten. Um Mißverständnisse zu vermeiden – später auch aufgrund seiner Geläufigkeit – blieb „Florilegium" der in der Forschungsgeschichte am häufigsten benützte Titel (siehe z.B. J. Carmignac (1963), G. J. Brooke (1985), M. Knibb (1988)).

[3] Siehe etwa Th. H. Gasters (1956 und 1976) „A ‚Messianic' Florilegium".

[4] Vergleiche die in den Bibliographien von Ch. Burchard (1965) und J. A. Fitzmyer

rig sich dies selbst nach einer materiellen Rekonstruktion der Handschrift im Einzelnen nachweisen läßt, ist doch von einer *Komposition* des Werkes auszugehen. Denn das rekonstruierte Manuskript 4Q174 läßt in Verbindung mit der Parallelhandschrift 4Q177 erkennen, daß es einen Hauptteil C gegeben hat, dem – gewissermaßen als Einleitung – die kurzen, ebenfalls exegetischen Teile A und B bewußt vorangestellt sind. Einen sehr treffenden Titel hat A. M. Habermann (1959) der Handschrift 4Q174 gegeben, nämlich מדרש על אחרית הימים. Diesen hat G. Vermes (1962) in seinem **„A Midrash on the Last Days"** aufgenommen.

Die Beobachtung, daß es sich bei 4Q174 und 4Q177 um zwei Kopien eines ursprünglich gleichen Werkes handelt, hat es sinnvoll gemacht, die unterschiedlichen Titel „Florilegium" und „Catena" durch einen gemeinsamen zu ersetzen. Am treffendsten ist auch unter diesen Umständen der von A. M. Habermann (G. Vermes) einst für 4Q174 gewählte, denn die אחרית הימים sind tatsächlich das Thema des Werkes.[1] Der einzige Grund nicht diesen, sondern einen weniger prägnanten Titel wie **„Der Midrasch zur Eschatologie"** zu wählen, besteht in der Möglichkeit diesen als allgemein verständliches Kürzel zu verwenden, nämlich **4QMidrEschat** (**„The Midrash on Eschatology"**, **„Le Midrash Eschatologique"**, ...).[2]

---

(1977, vgl. 1990) – siehe auch O. Camponovo (1984) – für 4Q174 verwendete Abkürzung *4QEschMidr.* Diese gehen ebenso davon aus, daß es sich um „Eschatological Midrash*im*" handelt.

   [1] Siehe auch J. Strugnell (1970) 236.

   [2] Anstelle des plakativen „*Der* Midrasch zur Eschatologie" könnte vorsichtiger auch „*Ein* Midrasch..." formuliert werden, da sich nicht mit letzter Sicherheit behaupten läßt, es gäbe tatsächlich nur einen Midrasch mit dem zentralen Thema der Eschatologie. Die in Frage kommenden Texte – wie 11QMelch – sind zu fragmentarisch erhalten. 4QMidrEschat ist zumindest der am umfangreichsten überlieferte Midrasch zur Eschatologie aus Qumran. Immerhin stammen ein Drittel aller אחרית הימים-Belege in Qumran allein aus diesem Werk.

## Die Einordnung von 4QMidrEschat[A.B]
### in die Literaturgeschichte der
### spezifischen Qumrantexte

4QMidrEschat ist in seiner besonderen formalen Ausprägung das einzige überlieferte Werk dieser Art innerhalb der Qumranfunde. Zahlreiche Parallelen zeigen aber auch, daß es sich bei 4QMidrEschat um einen „echten" Qumrantext handelt. Das Werk repräsentiert also einen Ausschnitt des breiten Spektrums literarischer Produktionen der Essener selbst, deren Existenz über einen Zeitraum von etwa zwei Jahrhunderten anzunehmen ist. Wo innerhalb einer qumranischen Literaturgeschichte ist 4QMidr-Eschat einzuordnen?

Die Beantwortung dieser Frage setzt voraus, daß sich eine Literaturgeschichte der spezifischen Qumrantexte überhaupt rekonstruieren läßt. Gewiß, zunächst wird man beim Auftreten von Parallelen in den einzelnen Werken auf deren Zugehörigkeit zur gleichen *Tradition* schließen. Doch eine **Verknüpfung unterschiedlichster Befunde** – die paläographischen Daten der Handschriften, insbesondere verschiedene formale Gegebenheiten, Textinhalte sowie hier und da erhaltene historische Anspielungen – vermag darüberhinaus *literaturgeschichtliche Tendenzen* sichtbar zu machen.[1] Von besonderer Bedeutung – nicht zuletzt für die Überprüfung der gewonnenen Ergebnisse – ist die Existenz „eschatologiegeschichtlicher" Parallelen.[2]

Es ergibt sich folgendes Bild: Aus der Frühzeit der literarischen Produktion stammen gesetzliche Passagen der Damaskusschrift, 4QMMT und 1QS V-XI. Gemeinsam ist allen dreien das Anliegen des Gesetzes, die nur vereinzelte Verwendung expliziter Schriftbezüge und der Gebrauch exegetischer Formeln, die – falls vorhanden – noch wenig ausgearbeitet sind.[3] Die biblischen Prophetenbücher haben von Beginn an zum Zitierkanon in der Qumranliteratur gezählt.

---

[1] Vergleiche die Datierungskriterien der Pescharim, hinzu kommen weitere Aspekte, z.B. Zitierkanon, Gattung und Verwendung des Tetragramms in Zitaten.

[2] Siehe unter Teil III,5.

[3] Es existieren nur kurze Zitationsformeln ohne Verweis auf die Herkunft des Schriftbezuges (Ausnahme ist בספר מושה in 4QMMT C 22). In den gesetzlichen Partien der Damaskusschrift fehlen Interpretationsformeln gänzlich, was aber vor allem gattungsbedingt sein wird: die verwendeten, nur vereinzelt auftretenden Zitate sind eng in den Textverlauf eingebunden, so liefern sie häufig eine nachträgliche Begründung des bereits Ge-

Dabei bilden das älteste, gleichsam vorqumranische Textmaterial **ge-
setzliche Passagen der Damaskusschrift.** In den Kolumnen CD IX-
XVI, wahrscheinlich auch in bislang unveröffentlichten Teilen dieses
Werkes, sind Ausschnitte eines Regelwerkes erhalten, welches von einer
Vorgängergruppe der Essener verfaßt worden ist, bei diesen dann aber in
Geltung gestanden hat.

Eine Ergänzung zu diesem alten, uns nur noch mittelbar und fragmentarisch durch die Damasusschrift bekannten Regelwerk stellt **1QS V-XI**
dar. Der Text ist essenischen Ursprungs und regelt solche Sachverhalte,
die in dem älteren Gesetzeswerk unberücksichtigt geblieben waren.[1]

---

sagten (siehe auch 1QM sowie hier und da in den paränetischen Abschnitten der Damaskusschrift). 1QS liefert die frühesten Belege expliziter, das heißt dem Zitat nachgestell-
ter, Schriftinterpretation.

[1] Bislang hatte man sich das Nebeneinander zweier Gemeindeordnungen (CD und
1QS) in den Qumranfunden durch das Bestehen verschiedener Essenergruppen zu erklären versucht. Dabei wird in der Forschung meist die Existenz von zwei Gruppen angenommen: eine in Qumran ansässige, für die die strengere Ordnung 1QS gelte und die
übrigen in anderen Städten und Dörfern lebenden Essenern, deren Grundlage das weniger
strikte Gesetzeskorpus der Damaskusschriften darstelle (siehe z.B. K. G. Kuhn (1961),
749). J. T. Milik (1959), 87-93, und J. A. Fitzmyer (1970), 16, gehen von vier Essener-
Gruppen aus. H. Stegemann (1990) nahm eine neue Verhältnisbestimmung von CD und
1QS vor, indem er auf die literarische Verschiedenheit von CD$_{Gesetz}$ und der spät – etwa
um 100 v. Chr. – zu datierenden CD$_{Mahnschrift}$ hingewiesen hat (vergleiche Ch. Rabin
(1954), X, und J. Maier (1960), Bd.II, 41; siehe auch unten). So zeigte er, daß es sich im
Falle von CD und 1QS nicht um zwei miteinander konkurrierende Gemeinschaftsord-
nungen handelt (Näheres siehe dort). Er führt vor allem folgende Belege dafür an, daß
1QS $_{V-XI}$ (besser: 1QS V-IX,11, da 1QS IX,12-21 und IX,21ff literarisch eigenständige
Annexe sind) eine Ergänzung zur weiterhin gültigen Gemeindeordnung der Vorgängergruppe der Qumrangemeinde (repräsentiert durch CD$_{Gesetz}$) ist: **1QS IX,10** – das eigentliche Ende der Gemeinschaftsordnung 1QS – verweist auf ein in Geltung stehendes Gesetzeskorpus, welches aus der Anfangszeit der Gemeinde stammt, versteht sich selbst als
Ergänzung. **CD XX,31f** – aus der jüngeren Mahnschrift – erwähnt ebenfalls jenes frü-
here Regelwerk, gleichzeitig aber auch das „Geheiß des Lehrers" (= 1QS $_{V-IX,10}$). **CD
VI,17-19** (Mahnschrift) stellt einen Katalog von Sachverhalten zusammen, die bereits
durch die alte Ordnung geregelt waren (z.B. Sabbat- und Kalenderfragen). Die auffällige
Tatsache, daß so wesentliche Themen wie der Sabbat in 1QS nicht angesprochen sind,
erklärt sich nun daraus, daß die Gemeinschaftsordnung 1QS lediglich eine *Ergänzung*
zur durch CD$_{Gesetz}$ vertretenen darstellt, wo diese schon verbindlich geregelt sind. „Der
Neue Bund im Lande Damaskus", dem diese alte Ordnung zugeschrieben wird (CD
VI,19), ist nie Bezeichnung der „Lehrergemeinde" selbst, sondern stets ist deren Vor-
gängergemeinde gemeint. Historisch wird diese mit den Chasidim (συναγωγὴ Ἀσι-
δαίων, 1Makk 2,42) zu identifizieren sein, aus denen sowohl die Essener als auch die
Pharisäer – diese setzten die Tradition ungebrochen fort – hervorgegangen sind. So konnte
L. Ginzberg (1922), VIf und öfter, die Damaskusschrift als pharisäisch bezeichnen.
Nach H. Stegemann (1990), 423, ist CD$_{Gesetz}$ daher „...mit hoher Wahrscheinlichkeit
zugleich als die älteste literarische Quelle für die Pharisäer zu betrachten, ja als der ein-
zige uns noch erhaltene unmittelbare Zeuge für deren Halacha aus vorrabbinischer
Zeit...", als einzige Einschränkung dieser Feststellung verweist H. Stegemann (1990)

Das hohe Alter der gesetzlichen Passagen CD IX-XVI wird durch formale Befunde bestätigt: Nur hier wird der Text von Schriftzitaten *stets* umformuliert, wenn dieser das Tetragramm liest.[1] In späteren Texten begnügt man sich damit, den Gottesnamen durch אל oder durch die Schreibung von vier Punkten zu ersetzen.[2] Noch später wird יהוה in Zitaten ausgeschrieben.[3] Grundsätzlich läßt sich ein „eigenständiges Formulieren" des Zitattextes nur für die gesetzlichen Passagen der Damaskusschrift und 4QMMT nachweisen.[4]

Während für Teile der **Hodajot**, ebenso wie vielleicht für **4QMMT**, eine Verfasserschaft des „Lehrers" anzunehmen ist, ist **1QS** wohl lediglich unter dessen Einfluß – noch zu Lebzeiten – entstanden.[5]

---

darauf, daß vielleicht nur noch durch die Qumrangemeinde redigierte Fassungen dieser Ordnung existieren könnten. Unabhängig von H. Stegemann hat Ph. R. Callaway (1990) die Ansicht vertreten, daß die von CD$_{Gesetz}$ repräsentierte Gemeindeordnung der „pre-Teacher community" zuzurechnen sei. Ganz weitgehend ist dieser These von H. Stegemann zu folgen, allerdings gilt es zu beachten, daß CD$_{Gesetz}$ und CD$_{Mahnschrift}$ nicht – wie es sich aufgrund der mittelalterlichen Handschriften durchaus vermuten ließ – zwei literarisch eigenständige Werke darstellen, sondern die 4QD-Handschriften zeigen, daß beide tatsächlich zu einem Werk gehört haben; auch eine stärke Durchmischung der gesetzlichen und der paränetischen Abschnitte wird hier sichtbar. Doch die formalen Beobachtungen zeigen, daß es gesetzliche Passagen in der Damaskusschrift gibt, die tatsächlich wesentlich älter sind als die Damaskusschrift selbst und wahrscheinlich vorqumranisches Gesetzesmaterial überliefern.

[1] Siehe aber ebenso die paränetischen Teile der Damaskuschrift, welche neben dem Ersetzen durch אל auch ein Umgehen der Schreibung des Tetragramms (CD VII,11f, VIII,14f = XIX,27f) kennen.

[2] Ersetzen durch vier Punkte in 1QS und 4QTest, durch אל in 11QMelch und in den paränetischen Teilen der Damaskuschrift.

[3] 4QMidrEschat und sämtliche Pescharim (aber selbstverständlich nach wie vor durchgängige Vermeidung des Tetragramms in selbstformulierten (Nicht-Zitat-) Textpassagen). In den Pescharim findet sich hier und da die Schreibung des Tetragramms in althebräischer Schrift (1QpHab, 1QpMich, 1QpZeph, 4QpJes$^a$, 4QpPs$^a$ (1 ×)). 4QpJes$^e$ (4Q165) weist einen Freiraum anstelle des Tetragramms auf. Zu erwähnen ist an dieser Stelle eine Ausnahme im Gebrauch des Tetragramms, auf die E. Puech (1990), 401f, hingewiesen hat: in (im weiteren Sinne) magischen Texten wird zur Zeit von Qumran und auch später noch notwendigerweise der Gottesname verwendet worden sein (siehe noch Mishna, Sanhedrin 10,1, vergleiche zur Notwendigkeit der Aussprache des Gottesnamens zu diesen Zwecken z.B. Test. Salom. 4,12; 11,6, Mt 12,22ff par. Noch kurz vor der Entstehung der Qumrangemeinde findet sich eine freie Verwendung des Tetragramms in Dan 9,2.8.14 und in Ben Sira).

[4] Siehe רעה-Eintragungen beziehungsweise באחרית הימים/העת-Eintragungen. Möglich dagegen ist in Qumrantexten die Wahl einer entgegenkommenden Textüberlieferung oder – abgesehen von den späteren Pescharim – des Zitatumfanges, so auch Auslassungen, die den ursprünglichen Sinn der Schriftstelle verändern können, vergleiche J. A. Fitzmyer (1960), ebenso die Eintragung der eigenen Orthographie in den Zitattext.

[5] Siehe H. Stegemann (1990) 415 Anm. 68. Die Handschrift 1QS ist etwa um 100 v. Chr. entstanden, weist aber bereits redaktionelle Eintragungen auf.

Das Werk von **11QMelch** stellt den ältesten in den Qumranfunden erhaltenen thematischen Midrasch dar.[1] Mit 11QMelch setzt ein „exegetisches" Nachdenken über endzeitliche Fragen ein, und zwar hier auf einer
allgemeinen Ebene.[2] Wie etwa in der sogenannten „Zwei-Geister-Lehre"
(1QS III,13-IV,26) geht es hier vor allem um grundsätzliche Fragen der
Eschatologie, weniger aber um die Stellung der *Gemeinde* in der Endzeit.[3]
Zum ersten Mal in Qumrantexten tritt in 11QMelch die Verwendung
bestimmter Interpretationsformeln auf; zuvor sind diese nur aus dem
Danielbuch bekannt.[4] Auffälligerweise ist dies verbunden mit dem ersten
Beleg eines expliziten Daniel-Schriftbezuges.[5] Zum ersten Mal finden
sich hier auch Quellenangaben für verwendete Zitate.

Die etwas später – um die Jahrhundertwende – entstandenen **paränetischen Passagen der Damaskusschrift** (CD I-VIII, XIX, XX)[6] weisen
in ihrem Umgang mit Schriftzitaten deutliche Parallelen zu 11QMelch
auf. Obgleich sie im Gegensatz zu 11QMelch Schriftbezüge in der Regel
nur vereinzelt benützen,[7] zeigt sich eine ähnliche Vielfalt im Formelmaterial. Zitationsformeln sind wie dort ausführlicher; auch hier finden
sich Hinweise auf die Herkunft der Schriftbezüge. Die Interpretationsformeln entsprechen einander, allerdings bleiben – bedingt durch die unterschiedliche Gattung beider Texte – in den paränetischen Abschnitten der
Damaskusschrift Zitate häufig ohne explizite, durch Formeln eingeleitete
Deutung.[8]

---

[1] Zweite Hälfte des 2. Jhds. v. Chr, wahrscheinlich um ca. 110 v. Chr. Ob es sich bei
diesem Werk, welches hinter 11QMelch steht, schon um ein rein exegetisches (4QMidr
Eschat, Pescharim) handelt, läßt sich aufgrund des fragmentarischen Erhaltungszustandes der Handschrift nicht mehr ergründen, allerdings vermuten.
[2] Indirekt findet sich dies bereits in der Prophetenexegese des „Lehrers" in den Hodajot.
[3] So fehlt in beiden spezifische Gemeindeterminologie, während hier wie dort dualistisches Vokabular verwendet wird. Die eigentlichen Wurzeln beider Texte liegen sicher nicht in der Gemeinde selbst, sondern ältere Traditionen werden aufgegriffen.
[4] Pescherformeln siehe Dan 4,21, 5,26; Zitatwort + Pers. pron. + Bezug siehe Dan
8,21.
[5] Eine Reihe von Danielhandschriften sind unter den Qumranfunden erhalten. Aus
den expliziten Schriftbezügen ist zu schließen, daß Daniel bereits gegen Ende des 2.
Jhds. v. Chr. in Qumran kanonische Geltung besessen haben muß. Daniel-Zitate sind ansonsten nur in 4QMidrEschat IV,3-4a belegt, eventuell auch in 4Q178 (4QMidr
Eschat[d]?). In 11QMelch finden sich auch die ersten expliziten Psalmzitate.
[6] Das heißt diese (und weitere noch unveröffentlichte 4QD-Passagen) stammen – im
Gegensatz zu älteren gesetzlichen Partien des Werkes – vom Verfasser der Damaskusschrift selbst.
[7] Siehe aber den Amos-Numeri-Midrasch in CD VII.
[8] Beide verwenden Zitatwort + Pers. pron. + Bezug-Formeln und Pescherformel(n).
Interpretationsformeln fehlen in 1QM und den gesetzlichen Partien der Damaskusschrift
(siehe dagegen 1QS). Nach der Veröffentlichung sämtlicher 4QD-Handschriften wird

Eine ganz eigene Gattung entsteht kurz nach der Abfassung der Damaskusschrift. Es handelt sich dabei um die **Pescharim**. Ein Einfluß der Damaskusschrift auf diese Werke ist offensichtlich: Begriffe, die innerhalb der Pescharim von großer Bedeutung sind, treten erstmalig in den paränetischen Passagen der Damaskusschrift auf. Das trifft etwa für die Verwendung von מורה (ה)צדק und איש הכזב zu.[1]

Ein Phänomen zeigt sehr schön, daß die Pescharim ein spätes Stadium in der Geschichte der Qumranliteratur repräsentieren:[2] Es ist zunächst eine orthographische Besonderheit der Pescharim gegenüber anderen Qumrantexten. Sie läßt sich an den in den Pescharim gebrauchten Begriffen מורה הצדק, דור האחרון und דורשי החלקות beobachten.[3] Erst in den Pescharim – und hier durchgängig – treten diese durch den Artikel ה determiniert auf. Zuvor findet sich מורה צדק, דור אחרון und דורשי חלקות.[4] Die Bedeutung und Bezugnahme dieser Bezeichnungen ist also in ihrer Verwendung in den Pescharim ganz fest geworden.

„Explizite" historische Anspielungen finden sich erst in den Pescharim.[5]

Zu Beginn der Pescherproduktion waren die gattungsmäßigen Grenzen dieser Literaturform noch relativ offen.[6] Wie gezeigt werden konnte, weisen die ersten Pescharim noch nicht die formale Konsequenz der späteren Werke auf, die eine ganz deutliche Abgrenzung dieser Gattung gegenüber anderen möglich macht. Die große Vielfalt exegetischer Formeln, wie sie in Texten wie 11QMelch und den paränetischen Abschnitten der Damas-

---

man abschließend klären müssen, welche Textabschnitte der jeweiligen Überlieferungsschicht angehören und auch, ob und wieweit eine stilistische Angleichung stattgefunden hat. So ist es auffällig, daß trotz der deutlichen literarischen Unterschiede zwischen den gesetzlichen und den paränetischen Abschnitten der Damaskusschrift (z.B. Zitationsformeln, Umgang mit dem Schrifttext, Terminologie, ausgereiftere exegetische Technik des Amos-Numeri-Midrasch) häufig Interpretationsformeln fehlen, daneben auch das Auslassen des Tetragramms in Zitaten, welches sich nur in diesen beiden findet.

[1] מורה (ה)צדק z.B. häufig in 1QpHab, 4QpPs[a.b], 1QpMich und CD I,11, XX,32, איש הכזב in 1QpHab, 4QpPs[a] und CD XX,15. Siehe auch מטיף הכזב (1QpHab X,9, CD VIII,13) sowie אנשי הלצון (4QpJes[b] (4Q162) Frg. 2,6.10, CD XX,11 (CD I,14 (איש הלצון)).

[2] Auf eine späte Entstehung der Pescharim hat bereits F. M. Cross (1958), 93 (Anm. 28) hingewiesen.

[3] Zu מורה הצדק siehe Anm. 1, דור האחרון siehe 1QpHab II,7, VII,2, 1QpMich Frg. 17-18,5, דורשי החלקות siehe häufig in 4QpNah und 4QpJes[c] (4Q163) Frg. 23 II,10f.

[4] מורה צדק CD I,11, XX,32, דור אחרון in CD I,12, דורשי חלקות in 1QH II,15.32. Zu 4QMidrEschat siehe unten.

[5] Vergleiche F. M. Cross (1958) 91.

[6] Das heißt vom ersten Drittel des 1. Jhds. v. Chr. bis noch etwa zur Mitte des 1. Jhds. v. Chr.

kusschrift anzutreffen ist, spiegelt sich noch in den älteren Pescharim, z.B. 4QpJes.[c]

Das – in gewissem Rahmen – auswählende Zitieren zeigt die frühen Pescharim in formaler Nähe zu den thematischen Midraschim, insbesondere zu **4QMidrEschat**.[1]

So wäre aufgrund dieser Parallelen auch eine zeitliche Nähe beider zu vermuten. Eine solche literaturgeschichtliche Einordnung wird durch weitere Beobachtungen gestützt: Wie **die Damaskusschrift und die Pescharim** ist 4QMidrEschat ein Werk, welches über die Situation der Gemeinde während der Endzeit (אחרית הימים) reflektiert. Zahlreiche Parallelen bestehen zu den paränetischen Teilen der Damaskusschrift, darauf hat G. J. Brooke (1985) bereits für 4Q174 verwiesen.[2] Dies dokumentiert sich z.B. in der Verwendung von Ezechiel für direkte Schriftbelege, die nur diese beiden miteinander teilen. Auch die Bezeichnung דורש התורה findet sich nur in diesen.

Besondere Ähnlichkeiten weist 4QMidrEschat auf der anderen Seite zu **4QpPs[a]** auf, einem älteren Pescher, der eine bestimmte Auswahl von Psalmen nach Art der Pescharim kommentiert.[3] עת המצרף הבאה ist nur in diesen beiden Werken belegt. Daneben beispielsweise verweisen sowohl 4QMidrEschat als auch 4QpPs[a] auf die Anordnung Gottes zum „Bau" der Gemeinde.[4] Mit 4QMidrEschat teilt 4QpPs[a] auch den Gebrauch von בליעל.[5] Dies ist ein besonders auffälliger Befund, da בליעל – wie dualistische Terminologie insgesamt – sonst in den Pescharim nicht belegt ist.[6]

---

[1] Die besondere Nähe von 4QMidrEschat zu den älteren Pescharim zeigt sich etwa in der Verwendung strukturbestimmender Zitate (vor allem die Psalm-Zitate im Hauptteil von 4QMidrEschat, vergleiche aber auch ansatzweise 11QMelch und 4Qpatr), des ganz überwiegend prophetischen Zitierkanons (dagegen Pentateuch-Zitate in 4Qpatr, vergleiche auch 11QMelch) und der spezifisch qumranischen Gemeindeterminologie (fehlt in 11QMelch). Weiteres siehe unten.

[2] G. J. Brooke (1985) 205-209. Aufgrund besonderer Parallelen zu CD III,12b-VIII,20 stellt er 4Q174 speziell in die Tradition von CD „A".

[3] So hat G. J. Brooke (1985), 250 Anm. 208, auf die Möglichkeit verwiesen, daß 4Q174 und 4QpPs[a] Teile eines selben (Werk, nicht Handschrift) Psalm-Kommentares dargestellt haben könnten. Doch ist dies auszuschließen, da 4QMidrEschat[a.b] (4Q174 + 4Q177) auch im Hauptteil Zitate aus anderen Teilen der Bibel verwendet. Die Psalmzitate besitzen hier lediglich eine gewisse strukturbestimmende Funktion, während sie in 4QpPs[a] ausschließlich benützt werden.

[4] Allerdings gehörte dies sicher zum allgemeinen Traditionsgut der essenischen Gemeinde, siehe die „Lehrerlieder" der Hodajot.

[5] 4QMidrEschat III,9, XI,9.12 und öfter, 4QpPs[a] II,10. Wobei בליעל sehr wahrscheinlich hier wie dort personifiziert zu verstehen ist.

[6] Auf das Fehlen dualistischer Terminologie in den Pescharim hat bereits P. von der Osten-Sacken (1969), 191 Anm. 4, verwiesen.

Die größte Nähe in Bezug auf die Art der in 4QMidrEschat benützten Zitationsformeln ergibt sich zu **4QpJes<sup>c</sup>**. Nur hier findet sich die Präzisierung der Herkunftsangabe von Prophetenzitaten durch בספר.[1] Auch die Formel פשר הדבר לאחרית הימים על teilt 4QMidrEschat nur mit 4QpJes<sup>c</sup>.[2]

Betrachtet man die Anwendung exegetischer Formeln in 4QMidrEschat, zeigt sich allerdings ein auffälliger Unterschied zu den bisher besprochenen Texten: Nirgendwo werden sie so bewußt als strukturierendes Element eingesetzt wie in 4QMidrEschat. Dieses ist ein Charakteristikum, welches erst in der **späteren Pescherentwicklung** auftritt.[3]

Andererseits scheint sich die bereits in den frühen Pescharim anzutreffende Determinierung gängiger Konstruktusverbindungen in 4QMidrEschat noch nicht vollständig durchgesetzt zu haben: עדת דורשי חלקות wird gelesen, während schon 4QpJes<sup>c</sup> עדת דורשי החלקות belegt.[4] In der Verwendung von בני האור in 4QMidrEschat IX,7 – neben der durch sämtliche früheren Texte bezeugten Form בני אור (4QMidrEschat IV,9, XI,12.16) – könnte sich diese Entwicklung hin zur Determinierung bereits andeuten.[5] Durchgesetzt zu haben scheint sie sich im Falle von דור האחרון.[6]

Eine exakte Datierung von 4QMidrEschat ist unter Zuhilfenahme formaler Kriterien allein nicht möglich. Diese legen aber eine Entstehung des Werkes in der ersten Hälfte des 1. Jhds. v. Chr. nahe. Damit stellt 4QMidrEschat ein relativ spätes literarisches Produkt der Essener dar.

Waren deren früheste Werke vornehmlich gesetzlich orientiert, so gewinnen mit zunehmender Zeit Fragen der Eschatologie an Bedeutung: In den gesetzlichen Passagen der Damaskusschrift und in 1QS<sub>V-XI</sub> liegen Gemeindeordnungen vor, in 4QMMT wird die rechte Auslegung der Thora diskutiert. Zwar steht schon hier das Bewußtsein im Hintergrund, die Endzeit sei bereits angebrochen und erfordere eine besondere Beachtung der göttlichen Gebote, doch wird die Eschatologie in diesen frühen Werken selbst nicht zum Thema. Dagegen läßt sich ins 1. Jhd. v. Chr. und – falls essenische Werke in dieser Zeit überhaupt noch entstanden sind – ins 1. Jhd. n. Chr. kein Text sicher datieren, der nicht streng eschatologisch orientiert wäre. Die Herausbildung „exegetischer Gattungen" ist nicht – wie vielleicht zu vermuten wäre – mit der Gesetzesauslegung ver-

---

[1] Siehe 4QpJes<sup>c</sup> Frg. 8-10,8, anders in Frg. 1,4.

[2] Siehe 4QpJes<sup>c</sup> Frg. 23 II,10.

[3] Etwa seit dem pHab.

[4] Siehe 197 Anm. 3.

[5] בני אור in 1QS und 1QM. Einen späteren Beleg für בני האור gibt es nicht, da die Pescharim diesen nicht verwenden.

[6] 4QMidrEschat IX,16, vergleiche 197 Anm. 3.

bunden, sondern vielmehr mit der Eschatologie.[1] Dabei wird die Rezeption des Danielbuches in der essenischen Gemeinde eine besondere Rolle gespielt haben. Wie man sich etwa die Anfertigung und Verwendung unterschiedlichster Zitatensammlungen – wie z.B. 4Q175 und 4QDt^n – nicht auf eine bestimmte Epoche der Qumrangeschichte begrenzt vorstellen sollte, gilt dies auch für die literarische Form des „thematischen Midrasch", die früheste rein exegetische Ausdrucksmöglichkeit. Auch als es „in Mode gekommen" war Pescharim zu verfassen, wird diese weiterhin existiert haben.[2] Ob das Fehlen dualistischer Terminologie in den Pescharim – im Gegensatz zu den thematischen Midraschim[3] – auf die Verwen-

---

[1] Siehe auch Tendenzen im Gebrauch eines exegetischen Instrumentariums: Im Bereich der *Interpretationsformeln* läßt sich eine Verwendung von Pescherformeln in Qumran erst gegen Ende des 2. Jhds. v. Chr. beobachten, deren Einsatz spezialisiert sich dann in solch relativ späten Werken wie 4QMidrEschat und den jüngeren Pescharim. Grundsätzlich ist es problematisch, den Gebrauch exegetischer Formeln losgelöst von bestimmten Gattungen zu betrachten. **F. L. Horton** (1971) hat versucht eine traditionsgeschichtliche Entwicklung von *Zitationsformeln* aufzuzeigen. Zu Recht verwies er auf die sehr alte Verwendung von כתוב-Formeln (K) bereits im AT. Die Herausbildung von אמר-Formeln (A), welche als spätes Stadium zu betrachten seien, ist nach F. L. Horton über eine Zwischenstufe, nämlich כתוב + אמר-Formeln (KA), zustandegekommen. In gewisser Weise bestätigen läßt sich F. L. Hortons Feststellung bezüglich des späten Einsatzes von אמר-Formeln anhand der Befunde in 4QMidrEschat und den späten Pescharim. Insgesamt ist F. L. Hortons Hypothese zur Formelentwicklung mit größter Vorsicht zu betrachten. Dies liegt vor allem an dessen Rekonstruktion eines KA-Zwischenstadiums, welches sich auf nur drei Belege in den Qumrantexten stützt: CD VII,10-11 und 11QMelch 9-10.19. Dabei ist CD VII,10-11 ein nicht unproblematischer KA-Befund. Im Falle von 11QMelch (II,)19 ist das A-Element nur in einer Textlücke ergänzt; der Text, so die Lesung von E. Puech (1987), 489, läßt sich aber plausibel vervollständigen, geht man lediglich von einer כתוב-Formel aus. So ist F. L. Hortons Beweismaterial nur dünn. Vor allem vor diesem Hintergrund erscheint F. L. Hortons weitergehende Annahme von „defektiven KA-Formeln" (ursprünglich KA-Formeln, bei denen das A-Element weggefallen sei, angeführt ist z.B. 4Q174 III,16) als letztlich in den Texten nicht nachweisbar, so auch die Entstehung der אמר-Formeln. Man wird sich zunächst mit einer Beschreibung der Befunde begnügen müssen: אמר-Formeln und כתוב-Formeln werden in den Qumrantexten von Beginn an nebeneinander verwendet. Formelerweiterungen, die etwa die Quelle oder den Bezug des Zitates angeben, finden sich erst gegen Ende des 2. Jhds. v. Chr. (ab 11QMelch). Vor 4QMidrEschat und den späten Pescharim läßt sich ein bewußt differenzierender Einsatz von אמר-Formeln und כתוב-Formeln nicht nachweisen. In diesen Werken treten dann כתוב-Formeln in einer untergeordneten Funktion beziehungsweise gar nicht mehr auf.

[2] Siehe 4QMidrEschat (einschließlich 4Q178, 4Q182 und 4Q183) und möglicherweise erst aus herodianischer Zeit 4Qpatr. Aufgrund der formalen Befunde in 4Q159 Frg. 5 wären auch die „Ordinances", wenn nicht ihrer Entstehung nach, so doch ihrer redaktionellen Überarbeitung durch die Qumrangemeinde nicht allzu spät in der ersten Hälfte des 1. Jhds. v. Chr. anzusiedeln sein.

[3] Hierin zeigt sich eine deutliche Nähe zwischen 4QMidrEschat und 11QMelch, die ebenso in der spezifischen Verwendung von Psalm- und Danielzitaten besteht. Siehe

dung unterschiedlicher Traditionen oder eine zeitliche Entwicklung hinweist muß hier offen bleiben.[1]

Grundsätzlich ist festzustellen, daß die Beziehungen der einzelnen Qumranwerke untereinander in der Regel *traditionsgeschichtlicher* Natur gewesen sein werden.

Tatsächliche literarische Abhängigkeiten einzelner Texte voneinander werden sich nur in den seltensten Fällen nachweisen lassen.[2]

---

möglicherweise auch den Gebrauch strukturbestimmender Zitate in beiden. Doch weisen Formeln und Eschatologie darauf hin, daß 11QMelch vor (den paränetischen Abschnitten) der Damaskusschrift, 4QMidrEschat aber danach entstanden ist.

[1] Siehe zur Verwendung und Entwicklung dualistischer Traditionen in Qumrantexten P. von der Osten-Sacken (1969).

[2] Siehe aber zu 4QMidrEschat Teil II,3.5.

# 5
## DIE DATIERUNG DER ENTSTEHUNG
## VON 4QMIDRESCHAT[A.B]

Wie sämtliche Qumrantexte auch, enthält 4QMidrEschat keine explizite Datierung.[1] So kann nur indirekt auf die Entstehung des Werkes geschlossen werden.

Dabei ist der **terminus ad quem** aufgrund der paläographischen Befunde der Handschriften 4Q174 und 4Q177 bekannt: Da sich das ältere Manuskript – 4Q174 – bereits als Kopie erweisen läßt, ist die Abfassung des Textes vor dem letzten Drittel des 1. Jhds. v. Chr. erfolgt.[2]

Dies korrespondiert mit der **literaturgeschichtlichen Einordnung** von 4QMidrEschat[a.b], welche eine Datierung des Werkes in die erste Hälfte des 1. Jhds. v. Chr. nahelegt.

Deutliche historische Anspielungen, wie sie sich vor allem in den späteren Pescharim finden, fehlen. So läßt sich der **terminus a quo** für die Entstehung des Werkes auf diese Weise nicht ergründen.

Als ein weiteres brauchbares Kriterium für die Datierung von Qumrantexten hat sich die **Eschatologie** herausgestellt, das heißt insbesondere die in einzelnen Werken unterschiedlich ausgeprägte Naherwartung des „Endes".

Der Aspekt der Eschatologie gewinnt für die Datierung an Bedeutung, beachtet man literaturgeschichtliche Parallelen, die sich zum so entstehenden Bild ergeben.

Die Erwartung der nahe bevorstehenden „Wende zum Besseren" hat es von Beginn an in der essenischen Gemeinde gegeben.

Ganz früh dokumentiert sie sich hier etwa in den אחרית הימים-Befunden in 4QMMT und den „Lehrerliedern" der Hodajot.[3] In der Frühzeit finden sich keine genauen Angaben über den erwarteten Zeitpunkt des Endes. Vielmehr wird man davon ausgegangen sein, daß die Wende noch zu Lebzeiten des „Lehrers" eintreffen werde.

---

[1] Siehe dagegen etwa einige Dokumente aus dem 1. und 2. Jhd. n. Chr., die in Muraba'at gefunden worden sind, ediert von P. Benoit, J. T. Milik, R. de Vaux (1961).
[2] Nicht nur 4Q177, sondern auch die Handschriften 4Q182 (4QMidrEschat[c]?), 4Q178 (4QMidrEschat[d]?) und 4Q183 (4QMidrEschat[e]?) sind sämtlichst jünger.
[3] Siehe z.B. 1QH VI.

*Exkurs: Endzeitberechnungen in den Qumrantexten*

Erste Berechnungen des Endes sind literarisch in 11QMelch belegt. Die für die Endzeitberechnungen entscheidenden Passagen finden sich in Kol. II,6-7: Berichtet wird von einem zukünftigen „Versöhnungstag", an dem Melchisedek als himmlischer Hoherpriester und Richter auftritt. Erwartet wird dieser Versöhnungstag für das *Ende des 10. Jubiläums*. Die Ankündigung dieser Freilassung, des „Versöhnungstages", erfolgt in der ersten Woche des Jubiläums, das auf die neun Jubiläen folgt, das heißt also in der *ersten Woche des 10. Jubiläums*. Fragt man, wie lang ein solches Jubiläum war und von welchem Zeitpunkt der Geschichte an diese Jubiläen gezählt werden, so hilft Z. 18 weiter: In einer Zitationsformel findet sich hier der Hinwies auf Daniel (auch wenn nur noch die ersten zwei Buchstaben erhalten sind, so gibt es keinen Zweifel daran diesen Namen hier zu lesen). Leider ist das eigentliche Zitat verloren gegangen, das Fragment bricht hier ab (wahrscheinlich wurde ein Auszug aus Dn 9,25 zitiert). Doch was im Grunde viel wichtiger als das Schriftzitat selbst ist: Diese Zitationsformel ist der älteste Beleg für Daniel als eine anerkannte Schriftgröße! Das Danielbuch gehörte zur Abfassung von 11QMelch, also wahrscheinlich Ende des 2. Jhds. v. Chr., zum „Kanon" der Essener. Dann liegt es nahe, daß – wenn der Verfasser von 11QMelch das biblische Danielbuch autoritativ zitiert – sein Berechnungssystem dem des biblischen Danielbuches entspricht, die 70 Jahrwochen des Daniel identisch sind mit den 10 Jubiläen in 11QMelch. So wären die 7 Jahre, die ein Jubiläum gewöhnlich andauert, mit Daniel als 7 Jahr*wochen* zu verstehen, und der Beginn der Jubiläenrechnung wäre mit Daniel auf die Zerstörung Jerusalems im Jahre 587 v. Chr. zu datieren. Der am Ende des 10. Jubiläums erwartete „Versöhnungstag" wäre demnach 10 x 7 x 7 Jahre, also 490 Jahre, nach 587 v. Chr. anzusetzten, das heißt nach heutiger Chronologie im Jahr 97 v. Chr. Die Ankündigung dieses „Versöhnungstages" durch den „Freudenboten" in der ersten Woche des 10. Jubiläums erfolgte entsprechend früher, nach heutiger Chronologie in den Jahren 146-139 v. Chr. Wie ein folgender Text zeigen wird, scheint es allerdings angebracht, für die exakte Datierung nicht unsere heutige Chronologie anzunehmen, sondern die des Demetrius, die uns für den „Versöhnungstag" etwa in das Jahr 71/70 v. Chr. führt und für die Ankündigung durch den „Freudenboten" in die Jahre 120/119-113/112.

Vor einem weiteren Text, der Endzeitberechnungen enthält, noch ein paar Worte zu diesem „Freudenboten" in 11QMelch: Gewöhnlich wird der Freudenbote mit dem „Lehrer der Gerechtigkeit", dem Begründer der Essener, identifiziert. Dies läßt sich auch durchaus vertreten: in einer Interpretation von Jes 52,7 werden die Berge ausgelegt als die Propheten, die Gottes Wort gehört und dann vor allem auch zuverlässig überliefert haben. Das Jesajazitat sagt nun, daß die Füße des Freudenboten auf den Bergen sind, was wir nur so verstehen können, daß die Heilsankündigung des Freudenboten auf die Propheten gegründet ist, konkret: der Freudenbote bezieht seine Heilsankündigung aus der Exegese der biblischen Prophetenbücher. Dabei wird er selbst als mit prophetischen Fähigkeiten ausgestattet charakterisiert: Er ist der משיח הרוח, der „Geistgesalbte", also auch seine Verkündigung ist wie die der Propheten – den Trägern des Geistes – göttlich autorisiert. Seine Ankündigung des Heils ist verbunden mit dem „Trösten der Trauernden" (Jes 61,2-3; in Z. 19). Wie sich dieses Trösten der Trauernden manifestierte, wird in Z. 20 gesagt: „Die Trauernden zu trösten" (Jes 61), die Auslegung dieser Stelle ist: sie zu belehren über alle Zeiten der Welt (קצי העולם). Das, was dieser Freudenbote also möglicherweise tat, war die Berechnung des Endes, und zwar ganz bewußt auf der Grundlage der Prophetenexegese (siehe Z. 16f). Der pHab nun beschreibt den „Lehrer der Gerechtigkeit" als den Exegeten der Propheten schlechthin; an seiner Auslegung der Propheten auf die אחרית הימים hin störten sich einige Gemeindemitglieder so sehr, daß es zu einem Bruch kam (siehe 1QpHab II). Daß der „Lehrer der Gerechtigkeit" tatsächlich selbst Endzeitberechnungen aufgrund von Prophetenexegese – wie es 11QMelch vermuten läßt vornehmlich aufgrund von Daniel-Lektüre – angestellt hat, berichtet ausdrücklich eine weitere Stelle im pHab, nämlich Passage pHab VII,1-14. An diesem Text wird noch etwas anderes sehr Wichtiges deutlich: aus der Sicht des Verfassers des Habakuk-Kommentares ist das vom Lehrer berechnete Datum des Endes bereits verstrichen!, freilich ohne, daß es tatsächlich eingetreten wäre. Aufgrund der historischen Bezüge und des paläographischen Befundes der Handschrift, läßt sich das Werk pHab in seiner Entstehung auf etwa das Jahr 50 n. Chr. datieren (die Tempelplünderung des Jahres 54 v. Chr. liegt ihm in jüngster Vergangenheit). Für die Interpretation der 11QMelch-Befunde – also eine Vorhersage des Endes um das Jahr 70 herum – bedeutet dies eine Bestätigung.

Neben 11QMelch existiert ein weiterer Text, der Auskunft über Endzeitberechnungen geben kann: die sogenannte **Damakusschrift**. H. Stegemann hat auf diesen Befund bereits in einem 1983 erschienenen Beitrag hingewiesen.[1] Zu Beginn der Damaskusschrift (I,5-11) findet sich ein kurzer Geschichtsrückblick: Die erste Epoche, die hier beschrieben wird, sind 390 Jahre des Zorns, die auf die Eroberung Jerusalems durch Nebu-

---

[1] H. Stegemann (1983) 522 Anm. 98.

kadnezar folgten. Doch dann ließ Gott eine „Wurzel der Pflanzung" entstehen, deren Angehörige sich zum einen durch Umkehr, zum anderen
aber auch durch Blindheit auszeichneten. So existierte diese „Wurzel der
Pflanzung" 20 Jahre lang, bis Gott ihnen den „Lehrer der Gerechtigkeit"
aufstehen ließ, um sie auf den richtigen Weg zu führen. Ohne Zweifel,
hier wird die Entstehung der Lehrergemeinde, der Essener, aus ihrer Vorgängergruppe beschrieben. Besteht soweit ein Konsens, so ist es um so
umstrittener, ob wir die hier genannten Zahlen als historisch zuverlässig
ansehen können oder ob es sich dabei eher um eine Art apokalyptisches
Zahlenspiel handelt. Sämtliche dieser Zahlen sind an sich der Schrift ent-
nommen (so stammen beispielsweise die 390 Jahre aus Ez.4,5, wo sie die
Zahl der Jahre angeben, die das Haus Israel Schuld tragen wird).

Ist die Vorgängergruppe der Essener tatsächlich 390 Jahre nach der
Eroberung Jerusalems entstanden und 20 Jahre später dann die Essener?
Nicht zu Unrecht war man gegenüber historischen Identifizierungen dieser Zahlen skeptisch, denn für die Gründung der Vorgängergruppe wird
gewöhnlich etwa das Jahr 172/171 v. Chr. angenommen: Die Empörung
über die Ermordung des Hohenpriesters Onias III. bzw. Ereignisse aus
diesem Umfeld führten zu einem zumindest lockeren Zusammenschluß
der Frommen. Die Jahreszahl, die sich dagegen aus den Angaben der
Damaskusschrift zu ergeben scheint, führt in das Jahr 197 v. Chr. Kein
historisches Ereignis, welches die Gründung einer solchen Gemeinschaft
hätte veranlaßt haben können, läßt sich für diese Zeit feststellen. Gleiches
gilt für das Datum der Gründung der Lehrergemeinde, nach Angaben der
Damaskusschrift datierte diese scheinbar in das Jahr 177 v. Chr. Tatsächlich wird sie aber von der heutigen Forschung später angesetzt, nämlich
meist – und dies ist das frühest mögliche Datum – in das Jahr 152/151 v.
Chr., dem Jahr, in dem sich der Makkabäer Jonathan das Amt des Hohenpriesters in Jerusalem aneignete. Die Jahreszahlen, die sich aus der
Damaskusschrift für das Entstehen der Vorgängergruppe und das Entstehen der Essener ergeben, differieren ganz offensichtlich in erheblichem
Maße von den Jahreszahlen, in denen diese Ereignisse historisch mit sehr
großer Wahrscheinlichkeit stattgefunden haben werden. Überein stimmt
allerdings die Zeitspanne von 20 Jahren, die zwischen der Entstehung der
Vorgängergruppe und dem Auftreten des Lehrers der Gerechtigkeit verstrichen ist.

Läßt dieser Befund der 20 Jahre zwar ein wenig skeptisch werden gegenüber der Auffassung, daß es sich in der Damaskusschrift um ein Spiel
mit biblischen Zahlen ohne jeglichen historischen Bezug handelt, müßte
man vor dem Problem der abweichenden Jahreszahlen letztlich doch

kapitulieren, wüßten wir nicht, daß es in dieser Zeit unterschiedliche Chronologien gegeben hat. So weicht beispielsweise das chronologische System des Danielbuches und das des Josephus um etwa 70 Jahre von unserer heutigen Chronologie ab. A. Laato (1992) hat nun sehr wahrscheinlich den Schlüssel für das Damaskusschrift-Problem gefunden: Es gelang es ihm aufzuzeigen, daß die Damaskusschrift dem chronologischen System des jüdischen Historiographen Demetrius folgte, welches – wie Laato nachweist – um 26/27 Jahre kürzer war als unser heutiges. Danach ergibt sich eine doch beachtliche Übereinstimmung mit den historischen Daten: Nach der Chronologie des Demetrius wäre die „Wurzel der Pflanzung" im Jahre 171/170 v. Chr. entstanden, die Ermordung des Onias, möglicher historischer Anlaß für ihre Entstehung, geschah im Jahr 172/171 v. Chr. Das Auftreten des „Lehrers", das Datum der Gemeindegründung also, fällt nach Chronolgie des Demetrius in das Jahr 151/150 v. Chr. Jonathan, der den „Lehrer" aus dem Amt vertrieben hat, wird 153/152 v. Chr. Hoherpriester. Zwar kommt man auch so nicht zu einer hundertprozentigen Deckungsgleichheit der Daten, doch ist ihre Annäherung – vor allem in Anbetracht der doch sehr großen Zeitspanne (410 Jahre), die die Berechnung umfaßt – auffällig gut.

Akzeptiert man dieses Erklärungsmodell, so ergeben sich hier Ansatzpunkte für eine *absolute Chronologie essenischer Endzeit-Berechnung*. Die noch fehlende endscheidende Information findet sich nun in *CD XX,13-15*. Nach dieser Textstelle soll das tatsächliche Ende *etwa 40 Jahre* nach dem Tod des „Lehrers der Gerechtigkeit" eintreten. Leider ist nirgends erwähnt, wie lange der „Lehrer der Gerechtigkeit" in der Gemeinde gewirkt hat. Doch wir sehen, daß er bei Entstehen der Damaskusschrift um 100 v. Chr. bereits gestorben ist, und zwar – wie wir einigen Regelungen etwa über die Aufnahme von Mitgliedern entnehmen können – noch vor nicht allzu langer Zeit. Für die Berechnungen ergibt sich nun folgendes: Addiert man die 390 Jahre von Nebukadnezar bis zur Gründung der „Wurzel der Pflanzung", die 20 Jahre bis zum Auftreten des „Lehrers der Gerechtigkeit", seine etwa 40 jährige Wirkungszeit in der Gemeinde (von 152 bis etwa kurz vor 100 v. Chr.) und die „etwa 40 Jahre" zwischen seinem Tod und dem absoluten Ende, so kommt man wieder auf die 490 Jahre, die von Daniel her bekannt sind, und die bereits in 11QMelch begegneten. Dabei beziehen sich die „etwa 40 Jahre" zwischen der Hinwegnahme des Lehrers und dem Ende nicht etwa darauf, daß sich das Ende nicht auf das Jahr genau datieren ließe, sondern auf das historische Sterbedatum des Lehrers, der eben nicht genau 40 Jahre vor dem erwarteten Ende gestorben war. Gestützt wird dieses „*etwa* 40 Jahre" biblisch dadurch, daß es gemäß Dtn 2,14 38 Jahre also etwa 40 Jahre dauerte, bis die אנשי המלחמה (so auch CD XX,14), die zur Zeit der Wüstenwanderung gemurrt hatten, gestorben waren.

490 Jahre nach Nebukadnezar wäre dann das Ende von den Verfassern der Damaskusschrift und 11QMelch erwartet worden, historisch – nach der Zeitrechnung des Demetrius – etwa das Jahr 71 v. Chr.

Die große Masse der Pescharim scheint nach diesem Datum – etwa 71 v. Chr. – entstanden zu sein. Grund für deren Abfassung war möglicherweise, daß das berechnete Ende nicht eingetreten war.[1] Vornehmliches Ziel dieser literarischen Form scheint das Aufrechterhalten der enttäuschten Naherwartung gewesen zu sein. Man bemühte sich die Eingebundenheit der Gemeinde in das endzeitliche Geschehen möglichst exakt aufzuzeigen.[2] Daß es sich bei der eigenen Gegenwart tatsächlich um die Endzeit handelt, wird mit Hilfe der Schrift nachzuweisen versucht. Diese habe sich vollständig Vers für Vers in der Geschichte der Gemeinde erfüllt. Das Ende mußte also nahe bevorstehen; doch neue Berechnungen über dessen Eintreffen sind wohl nicht angestellt worden, jedenfalls finden sich davon unmittelbar keine Spuren in der Qumranliteratur. Auf welche Weise man statt dessen mit der enttäuschten Hoffnung umzugehen versuchte, liest sich eindrücklich in 1QpHab VII,1-14: „...Die Auslegung dieser Stelle ist, daß sich die letzte Zeit in die Länge zieht, und zwar weit hinaus über alles, was die Propheten gesagt haben; denn die Geheimnisse Gottes sind wunderbar... (1QpHab VII,7f)".

Literarisch nachweisbar hat es Naherwartung in der Qumrangemeinde etwa von der Mitte des 2. Jhds. v. Chr. (4QMMT, Hodajot) bis etwa zur Zeitenwende (späte Pescharim) – also über einen Zeitraum von ca.150 Jahren – gegeben.[3]

Wo ist nun **eschatologiegeschichtlich** 4QMidrEschat einzuordnen? Entscheidend sind dabei die „Wie lange noch?"-Fragen, die in 4QMidrEschat ganz massiv auftreten und so ohne Parallelen in der Qumranliteratur sind.

Beachtet man die paläographischen und literaturgeschichtlichen Befunde, so erscheinen diese drängend gestellten Fragen – deutliche Verzö-

---

[1] Siehe H. Stegemann (1983) 522f mit Anm. 98.

[2] Der אחרית הימים, die stets die Zeit der Gemeindeexistenz bezeichnet, gilt das zentrale Interesse der Pescharim.

[3] Es läßt sich kein Pescher seiner Entstehung nach eindeutig dem 1. Jhd. n. Chr. zuordnen (dies gilt im übrigen offenbar auch für alle anderen essensichen Werke); auszuschließen ist aber nicht, daß deren Produktion noch bis Ende der Gemeindeexistenz 68 n. Chr. angedauert hat.

gerungshinweise – nur in einer Situation der Gemeinde möglich: nämlich nach dem Verstreichen des errechneten Endzeitpunktes „etwa" vierzig Jahre nach dem Tod des Lehrers (ca. 71 v. Chr.).[1]

Verschiedene Aspekte sprechen dafür, daß 4QMidrEschat *kurz* nach diesem ereignislos vorübergegangenen Datum entstanden ist.

Dies ist zunächst die formale Nähe des Werkes zu den älteren Pescharim (z.B. 4QpJes[c]), daneben auch die Tatsache, daß sich 4QMidrEschat noch nicht mit dem Erklärungsversuch der Unergründlichkeit der „Geheimnisse Gottes" (1QpHab VII, ca. 50 v. Chr.) für die Verzögerung zufrieden gibt, sondern im Aufgreifen bestimmter Psalmen noch im Begriff ist Fragen zu stellen.

Wesentliches Datierungskriterium ist das Fehlen von Hinweisen auf eine Fremdherrschaft über Israel in 4QMidrEschat. Die Feinde sind hier innerjüdisch, nirgendwo lassen sich Anspielungen auf eine historische Fremdmacht im Text festmachen. Dagegen finden sich solche ganz massiv in solchen Pescharim, die während oder nach der römischen Herrschaft über Palästina entstanden sind.[2]

So ist darauf zu schließen, daß 4QMidrEschat wahrscheinlich zwischen dem von der Gemeinde errechneten Enddatum und dem Herrschaftsbeginn der Römer in Syrien-Palästina entstanden ist, also etwa in der Zeitspanne von 71-63 v. Chr.

Dieser Zeitraum entspricht im wesentlichen der Herrschaftsperiode der Alexandra Salome – Witwe des Alexander Jannaios –, die von 76-67 v. Chr. als Königin über das Hasmonäerreich regierte, während ihr älterer Sohn Hyrcanus II in dieser Zeit das Amt des Hohenpriesters innehatte. Nach dem Tode von Alexandra Salome folgten die Jahre des Bruderkrie-

---

[1] G. J. Brookes (1985), 83f, 168 und 217, Datierung des Werkes in das zweite oder dritte Viertel des 1. Jhds. n. Chr. ist deutlich zu spät. Zum einen ist sie gestützt auf eine zu späte paläographische Einschätzung der Handschrift (siehe Teil I,1.1.2). Zum anderen ist die Verwendung der Quadrat- beziehungsweise der Althebräischen-Schrift für den Gottesnamen kein Datierungskriterium (siehe aber grundsätzlich die Verwendung des Tetragramms in Zitaten, siehe Teil III,4). Die althebräische Schrift wird lediglich hier und da als besonderer Reverenzerweis benützt, läßt sich aber zeitlich nicht festlegen, sondern scheint eher eine Frage des Geschmackes gewesen zu sein. Dies zeigen die Pescharim. Ebenso ist G. J. Brookes Berufung auf F. L. Hortons (1971) traditionsgeschichtlich späte Einordnung einer in 4Q174 (III,16) auftretenden Zitationsformel unberechtigt (siehe dazu Teil III,4).

[2] Siehe die Verwendung der Chiffre כה(א)ים, die in den Pescharim stets auf die Römer bezogen wird (1QpHab, 1QpPs, 4QpJes[a] (161), 4QpNah). Vergleiche dagegen zu 4QMidrEschat das Fehlen von Hinweisen auf Fremdherrschaft in 4QpPs[a], der aber noch keine Endzeitverzögerung aufweist und noch vor dem berechneten Ende entstanden ist (4QpPs[a] II,7).

ges zwischen ihren Söhnen Hyrcanus II und dem jüngeren Aristobolos II (67-63 v. Chr.).

Ein weiterer Textbefund könnte diese Datierung von 4QMidrEschat bestätigen: *Der* Feind schlechthin ist in diesem Text eine jüdische Gruppe, die דורשי חלקות, die historisch – dies zeigen deutlich die Befunde im pNah – sehr wahrscheinlich mit den Pharisäern zu identifizieren ist. Über diese erfährt man in 4QMidrEschat, daß sie, die als „Volksverführer" dargestellt werden, nicht nur eine sehr starke Position innegehabt haben müssen, sondern auch gegenüber der essenischen Gemeinde eine Vormachtstellung eingenommen hatten.

Flavius Josephus berichtet nun von einem Wechsel in der Politik nach dem Tode Alexander Jannais und dem daraus resultierenden Machtgewinn der Pharisäer unter der Regierung der Witwe Alexander Jannais, nämlich der Alexandra Salomes. In dieser Zeit avancierten die Pharisäer, begünstigt durch die hasmonäische Königin, zur einflußreichsten religiösen Gruppe. In seinen Antiquitates schreibt Josephus:

> Im übrigen gab sie (Alexandra) alles den Pharisäern anheim, hiess das Volk ihnen gehorchen und setzte alle den Pharisäern von ihren Vorfahren überlieferten Einrichtungen, die ihr Schwiegervater Hyrkanus abgeschafft hatte, wieder in Kraft. So gab die Königin eigentlich nur den Namen für die Regierung her, während in Wirklichkeit die Pharisäer die Gewalt in Händen hatten. Denn sie riefen Verbannte zurück, liessen Gefangene frei und unterschieden sich in nichts von wirklichen Herrschern.[1]

Ganz ähnlich äußert sich Josephus im Bellum:

> Mit ihr (Alexandra) wuchsen auch die Pharisäer in die Macht, eine judäische Gruppe, deren Angehörige für besonders fromm gelten. Ihnen war Alexandra als gottesfürchtige Frau überaus zugetan. Sie betörten aber allmählich die Einfalt der Frau und waren bald die eigentlichen Herrscher, die nach Gefallen verbannten und zurückriefen, lösten und banden, wen sie wollten. Alles in allem genommen hatten sie die Freuden des Königtums, während Alexandra die Kosten und Beschwerden hatte. … So herrschte sie (Alexandra) über ihre Untertanen und die Pharisäer über sie.[2]

So zurückhaltend man mit historischen Identifizierungen verfahren muß, scheint mir doch 4QMidrEschat diese von Josephus beschriebenen Verhältnisse zu reflektieren.

---

[1] Ant. XIII.16,2, zitiert nach: H. Clementz, Des Flavius Josephus Jüdische Altertümer, Wiesbaden ^{10}1990, 198. Ant XIII,16,5 weiß von den Befürchtungen des Aristobul zu berichten „es möchte im Falle ihres (Alexandras) Todes sein ganzes Geschlecht unter der Herrschaft der Pharisäer stehen" (H. Clementz, 200).

[2] Bell. I, 5, 2, zitiert nach: H. Clementz, Flavius Josephus, Geschichte des Judäischen Krieges, Leipzig ^{5}1990, 40.

Vorsichtiger formuliert läßt sich bezüglich der Datierung des Werkes festhalten: 4QMidrEschat ist mit großer Wahrscheinlichkeit in der ersten Hälfte des 1. Jhds. v. Chr. entstanden, und zwar wohl nicht allzu lange nach dem Verstreichen eines errechneten „End-Termins", vermutlich noch bevor sich die Römer als Großmacht in Palästina etablierten.

# 6
## DER ABFASSUNGSZWECK
## VON 4QMIDRESCHAT<sup>A,B</sup>

Der Abfassungszweck von 4QMidrEschat[a,b] erschließt sich aus den bisherigen Beoachtungen. Anlaß für die Entstehung des Werkes wird die
Verzögerung des zu einem bestimmten Zeitpunkt erwarteten „Endes" gewesen sein.

Hatte man einst dessen Eintreffen mit Hilfe der Schrift zu berechnen
versucht,[1] so galt es nun mit eben diesem Mittel die Irritationen zu bewäl-
tigen, die mit dessen Ausbleiben verbunden waren. Grundsätzlich steht
dahinter die Auffassung von der ganz besonderen Bedeutsamkeit der
Schrift und ihrer Erfüllung in der eigenen Gegenwart.

1QS VI,6-8 und VIII,12-16 zeigen: eine der wichtigsten Aufgaben der
Gemeinde bestand in der Schriftforschung. Dies bedeutete neben der
Lesung der Bibeltexte gleichzeitig deren aktualisierende Erörterung. In
diesem Zusammenhang – abgefaßt sicher in priesterlich-gelehrten Kreisen der Gemeinde – könnte 4QMidrEschat entstanden sein.[2]

Man wird in einer Zeit der Enttäuschungen endzeitlicher Erwartungen
diese Erfahrungen im Spiegel der Schrift zu entdecken gesucht haben.

So hat 4QMidrEschat die Fragen, welche die Gemeinde drängend be-
schäftigten, mit Hilfe biblischer Texte zu formulieren gewußt.[3] Doch
auch die Antworten fand man dort vor.[4] Eine an der Schrift orientierte
„Analyse" der eigenen als schmerzlich empfundenen Situation,[5] diente
der **Selbstvergewisserung**: die Endzeit mit ihren Bedrängnissen war tatsächlich gegenwärtig; selbst wenn sich das Eingreifen Gottes verzögert
hatte, es stand nahe bevor.

Naherwartung sollte aufrechterhalten werden. So versicherte man sich
auch des eigenen rechten Verhaltens während der אחרית הימים.[6]

Eine solche „konservative" Tendenz zeigt sich ebenso darin, daß neben der Schrift fast ausschließlich auf bereits vorgegebenes Gedankengut

---

[1] 11QMelch und CD.

[2] Zur priesterlichen Rolle bei der Erforschung der Schrift siehe z.B. 1QS V,9.

[3] Siehe die „Wie lange noch"-Fragen, die mit Hilfe der Psalmen gestellt werden.

[4] Siehe z.B. Kol. IV,3-4, X,2f.

[5] Siehe z.B. Kol. VIII,2, IX,8f.

[6] Siehe beispielsweise Ps 1,1 mit dessen Auslegung zu Beginn des Hauptteiles von
4QMidrEschat, welcher die Gemeinde darin bestätigt, auf dem richtigen Weg zu sein.

der Gemeinde zurückgegriffen worden ist.[1] Auch diese Einordnung in die
Tradition hatte den Zweck der Vergewisserung der eigenen heilsge-
schichtlichen Position.

Über die praktische Anwendung von 4QMidrEschat läßt sich nur mutmaßen. Am besten vorstellbar erscheint diese im Rahmen einer erbaulichen
Unterweisung und Stärkung der Gemeinde bei deren Zusammenkünften.[2]

---

[1] So z.B. die Vorstellung von der Vernichtung Belials und der Sünde, von der Reinigung und die Messianologie.
[2] Siehe z.B. 1QS IX,18f und der alte, im einzelnen schwierige Beleg in CD XIII,7.
Denkbar wäre auch, daß der Text eine apologetische Funktion bei der innergemeindli-
chen Diskussion der Endzeitproblematik eingenommen haben könnte (vergleiche zu
4Q175).

# DIE WICHTIGSTEN ERGEBNISSE

Grundlage der Untersuchung stellte die *materielle Rekonstruktion* der Handschriften **4Q174** und **4Q177** dar.

Diese ermöglichte weitgehende Erkenntnisse über die ursprüngliche Gestalt beider Schriftrollen. Die meisten größeren Fragmente ließen sich dabei den Rekonstruktionen zuordnen.

Im Falle von **4Q174** stammen die erhaltenen Fragmente vom Anfang (Kol. I-VI) der ursprünglichen Rolle. Deren einstiger Gesamtumfang läßt sich auf materiellem Wege nicht mehr rekonstruieren.

Der Fragmentbestand von **4Q177** repräsentiert die Mitte (Kol. VIII-XII) einer ehemals etwa 18 Kolumnen umfassenden, knapp 300 cm langen Schriftrolle.

Der *Text*, welcher sich aufgrund der Rekonstruktion für die Handschriften 4Q174 und 4Q177 ergeben hat, vermag diese an „Übergangsstellen" (z.B. Kol. von VIII zu IX und Kol. IX zu X) zu bestätigen.

Textergänzungen (vor allem Schriftzitate und Formelmaterial) konnten wegen der bekannten Abstände zwischen den Fragmenten nun in größerem Umfang und mit größerer Sicherheit vorgenommen werden, als dies anhand der fragmentarischen Handschriften vor der Rekonstruktion möglich war.

Die von J. Strugnell (1970) vor allem aufgrund inhaltlicher Erwägungen vorgenommenen Fragmentzusammenstellungen und Textergänzungen werden durch die rekonstruierten Handschriften in hohem Maße bestätigt.

Gleiches gilt für die von (P. W. Skehan/) J. Strugnell (1970) getroffene Vermutung über das Verhältnis der beiden Handschriften 4Q174 und 4Q177 zueinander:

Eine Analyse der rekonstruierten Manuskripte gibt Grund zu der Annahme, daß 4Q174 und 4Q177 *Bestandteile eines ursprünglich gleichen literarischen Werkes* darstellen.[1] Die Notwendigkeit, für diesen „neuen", in der Form bislang unbekannten Text einen Titel zu finden, ließ die Wahl auf **„Midrasch zur Eschatologie"** (**4QMidrEschat**[a.b]) fallen. Da 4Q174 und 4Q177 unterschiedliche Teile dieses Werkes repräsentieren, fehlen Textüberschneidungen zwischen beiden Handschriften. Diese wären der sicherste Beweis für deren Zugehörigkeit zum gleichen Werk. Doch vor

---

[1] Nicht aber Teile einer ursprünglich gleichen Handschrift.

allem ein Vergleich der Rekonstruktionsergebnisse, die spezifische Verwendung von Schriftzitaten und exegetischem Formelmaterial sowie charakteristische terminologische Parallelen lassen dies als höchst naheliegend erscheinen.

Von dem *Werk* 4QMidrEschat[a.b] läßt sich folgendes Bild zeichnen:

Etwa zwei Drittel des Textes 4QMidrEschat sind fragmentarisch durch die Handschriften 4Q174 und 4Q177 bekannt. Dabei stellt der rekonstruierte Bestand von 4Q174 dessen Anfang, der von 4Q177 dessen Mittelteil dar. Zwischen beiden ist der Text im Umfang von etwa einer Textkolumne verloren, ebenso das letzte Drittel des etwa achtzehn Kolumnen umfassenden Werkes.[1]

Formal gliedert sich 4QMidrEschat in Einführung und Hauptteil. Die Einleitung, in einem Umfang von knapp drei Kolumnen, setzt sich dabei zusammen aus einer Deutung der Stammessegnungen Dtn 33 (4Q174) und einem kurzen Midrasch, dessen Struktur durch die Nathans-Weissagung aus 2Sam 7 (4Q174) bestimmt ist. Das Hauptstück (4Q174 + 4Q177) der Komposition weist eine deutliche Orientierung am biblischen Psalter, möglicherweise speziell dem „davidischen" Psalter (Ps 1-41), auf. Doch sind thematisch bedingte Freiheiten des Verfassers – wie etwa auswählende Zitierweise, Hinzuziehen prophetischer Zitate unterschiedlicher biblischer Herkunft – in diesem Midrasch unverkennbar.

*Thema* des Werkes, welches sich aufgrund von Schriftverwendung und Terminologie als „echter" Qumrantext erweist, ist die אחרית הימים. Diese ist die letzte, durch Bedrängnisse und die Herrschaft Belials geprägte Zeit vor dem eigentlichen durch Gott herbeigeführten „Ende". Neben der Rolle der eigenen Gemeinde in dieser Zeit (etwa als „eschatologischem Israel"), gilt das besondere Interesse den endzeitlichen Feinden. Dabei handelt es sich vor allem um eine als עדת דורשי חלקות bezeichnete, auch anderweitig in Qumrantexten bekannte Größe, historisch sehr wahrscheinlich mit den Pharisäern zu identifizieren. Bei der Ableitung einzelner, geschichtlicher Züge dieser Gruppe ist allerdings Zurückhaltung geboten, denn die in 4QMidrEschat verwendete Sprache ist stark traditionell, biblisch geprägt.

Eine formale Analyse anderer „exegetischer" Qumrantexte bildete die Voraussetzung der näheren Gattungsbestimmung von 4QMidrEschat und dessen traditionsgeschichtlicher Einordnung.

So läßt sich 4QMidrEschat beschreiben als ein *„thematischer Midrasch mit Parallelen zu den (frühen) Pescharim"*. Eine besondere Nähe

---

[1] Vom Umfang einer 4Q177-Kolumne.

weist 4QMidrEschat zu den paränetischen Passagen der Damaskusschrift sowie 4QpJes[c] und 4QpPs[a] auf.

Die literaturgeschichtliche Einordnung sowie Hinweise im Text legen eine Datierung von 4QMidrEschat in die *erste Hälfte des 1. Jhds. v. Chr.* nahe, vermuten läßt sich eine Abfassung etwa zwischen 71-63 v. Chr. Dies korrespondiert den paläographischen Befunden der Handschriften 4Q174 und 4Q177, die im letzten Drittel des 1. Jhds. v. Chr. beziehungsweise um die Zeitenwende entstanden sind.

Eventuell existieren weitere Kopien des Werkes unter den von J. M. Allegro (1968) veröffentlichten 4Q-Handschriften, nämlich – mit der größten Wahrscheinlichkeit – 4Q182 „Catena B" (4QMidrEschat[c]?), vielleicht auch 4Q178 (4QMidrEschat[d]?) und 4Q183 (4QMidrEschat[e]?). Eine sichere Einschätzung ist kaum möglich, da diese Handschriften zu fragmentarisch erhalten sind.

*Abfassungszweck* von 4QMidrEschat wird die Aufarbeitung enttäuschter endzeitlicher Hoffnungen und die Aufrechterhaltung von Naherwartung gewesen sein. 4QMidrEschat diente dabei der Vergewisserung der eigenen heilgeschichtlichen Position der essenischen Gemeinde.

# SCHLUSSBEMERKUNG

Zahlreiche Fragen, von denen einige im Zusammenhang der Untersuchungsergebnisse erst aufgetreten sind, konnten im Rahmen dieser Arbeit – wenn überhaupt – nur am Rande angesprochen werden.

Exemplarisch sei hier auf einige hingewiesen:

A. Nach wie vor ungeklärt ist die *Herkunft der spezifisch qumranischen Schriftauslegung*, deren grundsätzliche Einbettung in den zeitgenössischen jüdischen Kontext G. J. Brooke (1985) aufgezeigt hat. Wurzeln dieser Exegese finden sich bereits im Alten Testament: Man siehe beispielsweise die aktualisierende Bearbeitung von 2Sam 7 in 1Chr 17 oder die Traumdeutungen etwa in Gen 40 und 41. Sogar ein erstes explizites Schriftzitat ist alttestamentlich in 2Chr 25,4 erhalten.[1] Auf die besondere Bedeutung, die Daniel für die Entwicklung von qumranischer Schriftinterpretation gespielt haben wird, hat besonders M. Horgan (1979), 249-259, im Zusammenhang mit den Pescharim hingewiesen. Inwieweit auch die hellenistische Traditionsexegese etwa über den Weg des Bildungssystems die qumranische Bibelauslegung beeinflußt hat,[2] ist noch nicht eingehend untersucht worden. So stammt die wohl älteste explizite jüdische Schriftexegese, die wir heute kennen, aus dem hellenistischen Raum: Sie findet sich bei dem hellenistisch-jüdischen Exegeten Aristobul, dessen Werk nur noch fragmentarisch überliefert ist.[3] Aristobul – beeinflußt durch hellenistische Philosophie, besonders durch stoische und pythagoreische Anschauungen – ist sehr wahrscheinlich in die Regierungszeit Philometors zu datieren.[4] An Schriftzitaten erhalten ist eine kleine Sammlung von Bibelstellen zum Thema „Hand Gottes" (Ex 13,9; 3,20; 9,3),[5] ein (Misch-)Zitat von Dtn 4,11; 5,23 LXX; 9,25[6] und eines von Ex

---

[1] 2Chr 25,4 zitiert Dtn 24,26 (einzige Abweichung vom MT ist die sonst nicht bezeugte Einfügung von כי vor איש). Eingeleitet wird das Zitat, welches sich begründend in den Kontext einfügt, durch folgende כתוב-Formel:

כי ככתוב בספר משה אשר צוה יהוה לאמר

[2] Siehe vor allem M. Hengel (²1973) 451f.

[3] Siehe W. N. Stearns, Fragments from Graeco-Jewish Writers. Chicago 1908, 77-91; A.-M. Denis, PsVTGr IIIb, Leiden 1970. N. Walter, Jüdische Schriften aus hellenistisch-römischer Zeit Bd.III, 261-279. Vgl. auch M. Hengel (²1973) 295-307.

[4] Mitte des 2. Jhds. v. Chr. (N. Walter (1975), 262; M. Hengel (²1973), 296f, datiert noch genauer: Aristobul ist in der Frühzeit Philometors – etwa 175-170 v. Chr. – anzusiedeln.

[5] Frg. 2,8.

[6] Frg. 4,3. Vgl. Ex 19,16-18; 24,17.

20,11.[1] Sämtliche dieser Zitate sind eng in den jeweiligen Kontext eingebunden und stets durch Zitationsformeln eingeleitet.[2] Selbst kurze Interpretationsformeln existieren bereits.[3] Prophetenzitate sind bei Aristobul noch nicht belegt, sie treten erstmals in Qumran auf.

B. Vielfältige Parallelen bestehen – neben wesentlichen Unterschieden – zwischen *Qumran und dem frühen Christentum*. In der deutschsprachigen Literatur haben besonders die in den „Studien zur Umwelt des Neuen Testaments" erschienenen Arbeiten von G. Jeremias (1963), J. Becker (1964), H. W. Kuhn (1966) und G. Klinzing (1971) das Verhältnis von Qumranliteratur und Neuem Testament untersucht.

Ein neuer Aspekt hat sich aufgrund der vorliegenden Beobachtungen zur Eschatologie der Qumrangemeinde ergeben: Naherwartung des Endes hat es trotz Enttäuschungen über mehrere Generationen hinweg in Qumran gegeben. Allein die Existenz der Pescharim dokumentiert diese kontinuierlich über einen Zeitraum von etwa 70-100 Jahren. In der neutestamentlichen Forschung rechnet man im allgemeinen damit, daß die vergebliche Naherwartung des frühen Christentums rasch verebbte – etwa nach einer Generation – und danach ein Sich-Einrichten der Christen in der Welt folgte. Späteres Auftreten von Naherwartung in neutestamentlichen Schriften wie der Johannes Apokalypse wird als ein Wiederaufleben von Naherwartung erklärt. Daß sich aber die Erwartung eines nahe bevorstehenden Endes in einzelnen christlichen Gemeinden auch über eine längere Frist aufrechterhalten haben könnte, ließen die religionsphänomenologischen Parallelen in Gestalt der Qumrantexte vermuten.

C. Ein ganz anderer Bereich ist der der *Textgeschichte des Alten Testaments*. F. M. Cross ist hier mit seinen Untersuchungen zur Textgestalt der Bibelhandschriften von Qumran an erster Stelle zu erwähnen, siehe z.B. F. M. Cross/S. Talmon (1975). Lohnenswert ist eine textgeschichtliche Analyse sicher auch für die nichtbiblische, im weiteren Sinne exegetische Qumranliteratur. Im Rahmen der vorliegenden Arbeit konnte auf die verwendeten Textüberlieferungen nur sehr begrenzt – allein mit dem Ziel der Beobachtungen zur Art und Weise des Zitierens (Vollständigkeit, eigenständiges Eingreifen in den Text etc.) – eingegangen werden. Im Zusammenhang mit den Pescharim hat bereits M. Horgan (1979),

---

[1] Frg. 5,12.

[2] Frg. 2,8: ἐπισημαίνεται δὲ τοῦτο καὶ διὰ τῆς νομοθεσίας ἡμῶν λέγων ὁ Μωσῆς οὕτως (Ex 13,9) καὶ πάλιν (Ex 3,20) φησὶν ὁ θεὸς (Ex 3,20 Fortsetzung). καὶ ἐπὶ τοῦ τῶν κτηνῶν θανάτου φησὶ τῷ Φαραῷ ὁ Μωσῆς (Ex 9,3). Frg. 4,3: συνεχῶς γὰρ φησὶν (Mose) ἐφ' ἑκάστου (Dtn-Mischzitat, s.o.). Frg. 5,12: σημαίνει γὰρ ὡς (Ex 20,11).

[3] Frg. 2,8 (in direktem Anschluß an die Zitatensammlung): ὥστε αἱ χεῖρες ... καὶ γὰρ ἔστιν... Frg. 5,12 (in direktem Anschluß an Ex 20,11): ἵνα...

5, auf die Notwendigkeit einer eingehenden Bibeltextuntersuchung durch Spezialisten hingewiesen. Für verschiedene einzelne „exegetische" Texte ist diese Arbeit – zumindest in Ansätzen – bereits geleistet (siehe z.B. J. Strugnell (1970) zu den in DJDJ V veröffentlichen 4Q-Texte und die Untersuchungen zu den paränetischen Teilen von CD), offen ist vor allem eine umfassende Auswertung der Befunde.

D. Trotz der erneuten Lesung der Handschriftenoriginale und deren Rekonstruktion blieben eine ganze Reihe von Problemen der Textlesung und -ergänzung ungelöst. Häufig haben sich diesbezügliche Fragen dadurch überhaupt erst gestellt. Was die *Rekonstruktion der Handschriften* in diesen Fällen zu liefern vermag, ist ein Bild der jeweiligen Sachlage. Die Anfragen an den Text – welcher Art auch immer – können so vor dem Hintergrund der materiellen Gegebenheiten fundiert diskutiert werden.

Die überwiegende Anzahl der Schriftrollen aus den Qumranfunden ist lediglich fragmentarisch und ohne Paralleltext erhalten. Eine Rekonstruktion sämtlicher dieser Manuskripte ist weder möglich noch sinnvoll. Doch für zahlreiche Handschriften – z.B. 4Q176 (Tanḥumim), 4Qpatr und 4QMª (Milḥama) – verspricht eine materielle Rekonstruktion deutliche Verständnisfortschritte.[1] Damit verbunden wäre gleichzeitig eine Erweiterung des zugänglichen Spektrums antik-jüdischer Literatur.

So steht hinter dieser Arbeit die Hoffnung, durch das Beispiel der rekonstruierten Handschriften 4Q174 und 4Q177 einige Anregungen zu weitergehender Beschäftigung auch mit fragmentarisch erhaltenen Texten vermitteln zu können.

---

[1] Wie das Beispiel der Exzerpt-Texte zeigt, kann eine materielle Rekonstruktion durchaus auch für bestimmte bislang als „Bibel-Handschriften" eingeschätzte Manuskripte sinnvoll werden.

# LITERATURVERZEICHNIS

ALLEGRO, J. M. *Further Messianic References in Qumran Literature*, JBL 75, 1956, 174-187 (im Text zitiert als: J. M. Allegro (1956)).

——. *Le travail...* (RB 63 1956), siehe M. Baillet (1956).

——. *Fragments of a Qumran Scroll of Eschatological Midrāšîm*, JBL 77 (1958), 350-354.

——. with the Collaboration of A. A. ANDERSON. *Qumrân Cave 4 I (4Q158-4Q186), Discoveries in the Judaean Desert of Jordan V (DJDJ V)*. Oxford, 1968.

BAILLET, M., J. T. MILIK, F. M. CROSS JR., P. W. SKEHAN, J. M. ALLEGRO, J. STRUGNELL, J. STARKY, C.-H. HUNZINGER. *Le travail d'édition des fragments manuscrits de Qumrân*, RB 63 (1956), 49-67.

——, J. T. MILIK, R. DE VAUX. *Les 'Petites Grottes' de Qumrân 2Q, 3Q, 5Q-10Q, Discoveries in the Judaean Desert of Jordan III (DJDJ III)*. Oxford, 1962.

——. *Qumrân Grotte 4 III (4Q482-4Q520), Discoveries in the Judaean Desert VII (DJD VII*. Oxford, 1982.

BARDTKE, H. *Die Handschriftenfunde am Toten Meer. Die Sekte von Qumran*. Berlin, ²1961.

BARTHÉLEMY, D., J. T. MILIK. *Qumran Cave I, Discoveries in the Judaean Desert of Jordan I (DJDJ I)*. Oxford, 1955.

BECKER, J. *Das Heil Gottes. Heils- und Sündenbegriffe in Qumrantexten und im Neuen Testament*. StUNT 3. Göttingen, 1964.

BEER, G., O. HOLTZMANN bzw. K. H. RENGSTORF, L. ROST (Ed.). *Die Mischna*. Gießen bzw. Berlin, 1912ff.

BENOIT, P., J. T. MILIK, R. DE VAUX. *Les Grottes de Murabba'ât, Discoveries in the Judaean Desert of Jordan II (DJDJ II)*. Oxford, 1961.

BROOKE, G. J. *Exegesis at Qumran. 4QFlorilegium in its Jewish Context*. Journal for the Study of the Old Testament Supplement Series 29. Sheffield, 1985.

BROSHI, M. (Ed.). *The Damascus Document Reconsidered*. The Israel Exploration Society. The Shrine of the Book, Israel Museum. Jerusalem, 1992.

BURCHARD, Ch. *Bibliographie zu den Handschriften vom Toten Meer*. Bd. 2. Berlin, 1965.

BURROWS, M. *The Dead Sea Scrolls of the St. Mark's Monastery*. Vol. II. New Haven, 1951.

——. *Mehr Klarheit über die Schriftrollen*. München, 1958.

CALLAWAY, Ph.R. *The Temple Scroll and the Canonization of Jewish Law*. RQ 13 (1988), 239-250.

——. *Qumran Origins: From the Doresh to the Moreh*. RQ 14 (1990), 637-650.

CAMPONOVO, O. *Königtum, Königsherrschaft und Reich Gottes in den Frühjüdischen Schriften*. Orbis Biblicus et Orientalis 58. Freiburg, Göttingen, 1984.

CARMIGNAC, J. *La Règle de la Guerre des Fils de Lumière contre les Fils de Ténèbres. Texte restauré, traduit, commenté*. Paris, 1958.

——. *Comparison entre les manuscrits 'A' et 'B' du Document de Damas*. RQ II (1959/60), 53-67.

——, É. COTHENET, H. LIGNÉE. *Les Textes de Qumran traduits et annotés II*. Paris, 1963.

——. *Vestiges d'un pesher de Malachie?* RQ IV (1963), 97-100.

——. *La notion d'eschatologie dans la Bible et à Qumrân.* RQ 7 (1969), 17-31.

——. *Le Document de Qumrân sur Melkisédeq.* RQ 7 (1970), 343-378.

——. *Rezension von J. A. Fitzmyers „The Gospel according to Luke".* RQ 12 (1986), 289-291.

CROSS, F. M. *The Ancient Library of Qumran and Modern Biblical Studies.* Garden City, N.Y.: Doubleday and Co., Inc., 1958.

——. *The Development of the Jewish Scripts.* in: G. E. Wright (Ed.): The Bible and the Ancient Near East, Garden City, N.Y.: Doubleday and Co., Inc., 1961, 133-202.

——. *Scrolls from the Wilderness of the Dead Sea.* Berkley, CA: The University of California, 1969.

——, S. TALMON (Ed.). *Qumran and the History of the Biblical Text.* Cambridge (Harvard)/London, 1975.

DAVIES, PH. R. *The Ideology of the Temple in the Damascus Document.* JJS 33 (1982), 287-301.

——. *The Damascus Covenant. An Interpretation of the „Damascus Document".* Journal for the Study of the Old Testament Supplement Series 25. Sheffield, 1983.

DIMANT, D. *Qumran Sectarian Literature.* in: M. E. Stone (Ed.): Jewish Writings of the Second Temple Period. Apocrypha, Pseudepigrapha, Qumran Sectarian Writings, Philo, Josephus. Assen/Philadelphia, 1984, 438-550.

——. *4QFlorilegium and the Idea of the Community as Temple.* in: Hellenica et Judaica. Hommage à Valentin Nikiprovetzky, Ed: A. Caquot, M. Hadas- Lebel und J. Riaud. Leuven-Paris, 1986, 165-189.

DUPONT-SOMMER, A. *Les écrits esséniens découverts près de la mer Morte,* Paris, 1959.

——. *Die essenischen Schriften vom Toten Meer.* Übersetzung der französischen Ausgabe von 1959 durch W. W. Müller. Tübingen, 1960.

ELLIGER, K., W. RUDOLPH. *Biblia Hebraica Stuttgartensia.* Stuttgart, 1977.

EVEN-SHOSHAN, A. *A New Concordance of the Bible. Thesaurus of the Language of the Bible. Hebrew and Aramaic. Roots, Words, Phrases and Synonyms.* Jerusalem, 1981.

FISHBANE, M. *Use, Authority and Interpretation of Mikra at Qumran.* in: M. J. Mulder, H. Sysling: Mikra. Text, Translation, Reading and Interpretation of the Hebrew Bible in Ancient Judaism and Early Christianity. Assen/Philadelphia, 1988.

FITZMYER, J. A. *The Use of Explicit Old Testament Quotations in Qumran Literature and in the New Testament.* NTS 7 (1960), 297-333.

——. *Documents of Jewish Sectaries.* Vol. I: Fragments of a Zadokite Work, ed. by S. Schechter, Prolegomenon by J. A. Fitzmyer. Ktav Publishing House, Inc. 1970.

——. *The Dead Sea Scrolls. Major Publications and Tools for Study.* Sources for Biblical Study 8, 1977. Vgl. 1990.

——. *The Gospel According to Luke. A New Translation with Introduction and Commentary.* Vol. I und II. New York: Doubleday, 1981 und 1985.

GALL, A. VON. *Der hebräische Pentateuch der Samaritaner.* Gießen, 1918.

GASTER, TH. H. *The Scriptures of the Dead Sea Sect.* London, 1957 und ³1976.

GESENIUS, W. *Hebräisches und Aramäisches Handwörterbuch über das Alte Testament, bearbeitet von F.Buhl.* Neudruck der 17. Auflage von 1915. Berlin/Göttingen/Heidelberg, 1962.

GESENIUS, W. *Hebräische Grammatik völlig umgearbeitet von E. KAUTZSCH.* Neudruck der 28. Auflage. Hildesheim/Zürich/New York, 1985.

GINZBERG, L. *Eine unbekannte jüdische Sekte.* New York, 1922 (= Neudruck Hildesheim/New York, 1972).

HABERMANN, A. M. *Megilloth Midbar Yehuda, The Scrolls from the Judaean Desert*. Jerusalem, 1959.

HENGEL, M. *Judentum und Hellenismus*. WUNT 10. Tübingen, ²1973.

HORGAN, M. P. *Pesharim: Qumran Interpretations of Biblical Books*. Washington DC, 1979.

HORTON, F. L. *Formulas of Introduction in the Qumran Literature*. RQ VII (1971), 505-514.

JEREMIAS, G. *Der Lehrer der Gerechtigkeit*. StUNT 3. Göttingen, 1963.

JOSEPHUS, FL., *Opera, ediert von B. NIESE*. Berlin, 1887- 1895 (Neudruck 1955).

——. *De Bello Judaico. Der jüdische Krieg I- III, ediert von O. MICHEL/O. BAUERN-FEIND*. Darmstadt, 1959-1969.

KAUTZSCH, E. (Ed.). *Die Apokryphen und Pseudepigraphien des Alten Testaments*. Bd. I und II. Tübingen, 1900.

KENNICOTT, B. *Vetus Testamentum Hebraicum cum Variis Lectionibus*. 1776-1780.

KISTER, M. *Marginalia Qumranica*. Tarbiz LVII, Nr.3 1988, 315-325.

KLINZING, G. *Die Umdeutung des Kultes in der Qumrangemeinde und im Neuen Testament*. StUNT 7. Göttingen, 1971.

KNIBB, M. A. *The Qumran Community*. Cambridge Commentaries on the Writings of the Jewish and Christian World 200 BC to AD 200, Vol. 2. Cambridge University Press, 1987 (= Neudruck 1988).

KUHN, H. W. *Enderwartung und gegenwärtiges Heil*. StUNT 4. Göttingen, 1966.

KUHN, K. G. *Phylakterien aus Höhle 4 von Qumran*. Heidelberg, 1957.

——.(Ed.). *Rückläufiges hebräisches Wörterbuch*, unter Mitarbeit von H. STEGE-MANN und G. KLINZING. Göttingen, 1958.

——.(Ed.). *Konkordanz zu den Qumrantexten*, in Verbindung mit P. A.-M. DENIS, R. DEICHGRÄBER, W. EISS, G. JEREMIAS und H.-W. KUHN. Göttingen, 1960.

——. *Qumran 4*. Artikel in: RGG³, Bd. V. Tübingen, 1961, Sp.745-754.

——.(Ed.). *Nachträge zur 'Konkordanz zu den Qumrantexten'*, unter Mitarbeit von U. Müller, W. Schmücker und H. Stegemann. RQ IV (1963), 163-234.

KUTSCHER, E.Y. (ed. R. Kutscher). *A History of the Hebrew Language*. Jerusalem, Leiden, 1982.

LAATO, A. *The Chronology in the Damascus Document of Qumran*. RQ 16, 607-609.

LANE, W. R. *A New Commentary Structure in 4Q Florilegium*. JBL 78 (1959), 343-346.

LOHSE, E. *Die Texte aus Qumran. Hebräisch und Deutsch*. Darmstadt, ¹1964 und 2., durchgesehene und ergänzte Auflage 1971 (= spätere Auflagen).

MAIER, J. *Die Texte vom Toten Meer*. Bd. I und II. München/Basel, 1960.

——. *Weitere Stücke zum Nahumkommentar aus der Höhle 4 von Qumran*. Judaica 18 (1962), 215- 250.

——, K. SCHUBERT. *Die Qumran-Essener. Texte der Schriftrollen und Lebensbild der Gemeinde*. München/Basel,1982.

——. *Zu Kult und Liturgie der Qumrangemeinde*. RQ 14 (1990), 543-586.

MANDELKERN, S. *Veteris Testamenti Concordantiae hebraicae atque chaldaicae*, be-arbeitet von F. MARGOLOIN. (Neudruck der 2.Auflage, Schocken, 1937) Graz, 1955.

MARTÍNEZ, F. GARCÍA. *Rezension von L. Vegas Montaners „Biblia de Mar Muerto"*. RQ 11 (1983), 435- 439.

McCARTER (Jr.), P. KYLE. *II Samuel. A New Translation with Introduction, Notes and Commentary*. The Anchor Bible, Vol. 9. New York, 1984.

MICHEL, D. *Tempora und Satzstellung in den Psalmen*. Abhandlungen zur Evangeli-schen Theologie, Bd. 1. Bonn, 1960.

MILIK, J. T. *DJDJ I (1955)*, siehe D. Barthélemy.

——. *Le travail...* (RB 63 1956), siehe unter M. Baillet (RB 63 1956).

——. *Le travail d'edition des manuscrits du Désert de Juda.* Supplements to Vetus Testamentum IV (1957), 17-26.

——. *Ten Years of Discovery in the Wilderness of Judaea.* London, 1959.

——. *Rezension von P. Wernberg Møllers „The Manual of Discipline".* RB 67 (1960), 410-416.

——. *DJDJ II (1961)*, siehe P. Benoit.

——. *DJDJ III (1962)*, siehe M. Baillet (1962).

——. *Milkî-ṣedeq et Milkî-rešaᶜ dans les anciens écrits juifs et chrétiens.* JJS 23 (1972), 95- 144.

——. *The Books of Henoch.* Oxford: Clarendon Press, 1976.

——. *Numérotation des Feuilles des Rouleaux dans le Scriptorium de Qumran.* Semitica 27 (1977), 75-81.

——. *Tefillin, Mezuzot et Targums (4Q128-4Q157), Discoveries in the Judaean Desert VI (DJD VI).* Oxford, 1977.

MONTANER, L. VEGAS. *Biblia del Mar Muerto.* Profetas Menores. Textos y Estudios «Cardenal Cisueros», 29. Madrid, 1980.

MORALDI, L. *I Manoscritti di Qumran.* Torino: Unione Tipographico — Editrice Torinese, 1971.

MÜHLENBERG, E. *Katenen*, Artikel in: TRE Bd. 18. Berlin/New York, 1989, 14-21.

MURPHY-O'CONNOR, J. *A Literary Analysis of Damascus Document VI,2 — VIII,3.* RB 78 (1971), 210-232.

NESTLE E., K. ALAND. *Novum Testamentum Graece*, Stuttgart, [26]1979.

NEWSOM, C. *Songs of the Sabbath Sacrifice: A Critical Edition.* Harvard Semitic Studies 27. Atlanta: Scholars Press, 1985.

——. *The 'Psalms of Joshua' from Qumran Cave 4.* JJS, Vol. XXXIX (1988), 56-73.

OSTEN-SACKEN, P. VON DER. *Gott und Belial.* StUNT 6. Göttingen, 1969.

PLOEG, J. VAN DER. *Le Rouleau de la Guerre, traduit et annoté avec introduction.* Leiden, 1959.

——. *Fragments d'un manuscrit de psaumes de Qumran (11QPs^b).* RB 74 (1967), 408-412.

——. *Un petit rouleau de psaumes apocryphes (11QPsAp^a)*, in: G. Jeremias et al. (Ed.): Tradition und Glaube: Das frühe Christentum in seiner Umwelt: Festgabe für Karl Georg Kuhn. Göttingen, 1971, 129-139.

PUECH, E. *Notes sur le Manuscrit de XIQMelchîsédeq.* RQ 12 (1987), 483-513.

——. *Un Hymne essénien en partie retrouvé et les Béatitudes. 1QH V 12-VI 18 (= col. XIII-XIV 7) et 4QBéat.* RQ 13 (1988), 59-88.

——. *11QPsAp^a: un rituel d'exorcismes. Essai de reconstruction.* RQ 14 (1990), 377-408.

——. *La croyance des esséniens en la vie future: Immortalité, résurrection, vie éternelle? Histoire d'une croyance dans le judaisme ancièn.* Diss. Sorbonne (Paris) und Diss. Institut Catholique de Paris. Jerusalem, 1992.

QIMRON E., J. STRUGNELL. *An unpublished Halakhic Letter from Qumran.* in: Biblical Archaeology Today. Proceedings of the International Congress on Biblical Archaeology, Jerusalem, April 1984. Israel Exploration Society. The Israel Academy of Siences and Humanities in Cooperation with the American Schools of Oriental Research, 1985, 400-407.

——, J. STRUGNELL. *An unpublished Halakhic Letter from Qumran.* Israel Museum Journal 4 (1985), 9-12 (im Text zitiert als: E. Qimron/J. Strugnell (1985)).

——. *The Hebrew of the Dead Sea Scrolls.* Harvard Semitic Studies 29. Atlanta, 1986.

RABIN, CH. *The Zadokite Documents*, Oxford, 1954, ²1958.

RAHLFS, A. *Septuaginta id est Vetus testamentum graece iuxta LXX interpretes.* Stuttgart, 1979 (Nachdruck).

RICHTER, H.-P. *Konkordanz zu 11QMelkisédeq (Ed. É. Puech).* RQ 12 (1987), 515-518.

RIESSLER, P. (Ed.). *Altjüdisches Schrifttum außerhalb der Bibel.* Freiburg/Heidelberg, 1928.

SANDERS, J. *The Psalms Scroll of Qumrân Cave 11 (11QPsª), Discoveries in the Judaean Desert of Jordan IV (DJDJ IV),* Oxford, 1965.

――. *The Dead Sea Psalms Scroll.* Cornell University Press, Ithaca/New York, 1967.

SCHECHTER, S. *Fragments of a Zadokite Work.* Documents of Jewish Sectaries I. Cambridge, 1910.

SCHIFFMAN, L. H. *The Temple Scroll and the Systems of Jewish Law in the Second Temple Period.* in: G. J. Brooke (Ed.): Temple Scroll Studies. Sheffield, 1989, 239-255.

――. *Miqsat Ma'aseh Ha-Torah and the Temple Scroll.* RQ 14 (1990), 435-458.

SCHUBERT, K. siehe J. Maier/K. Schubert (1982).

SCHULLER, E. M. *Non-Canonical Psalms from Qumran. A Pseudepigraphic Collection.* Harvard Semitic Studies, 28. Atlanta 1986.

――. *A Text about Joseph.* RQ 14 (1990), 349-376.

SCWARTZ, D. R. *On Two Aspekts of a Priestly View of Descent at Qumran.* in: L. H. Schiffman (Ed.): Archaeology and History in the Dead Sea Scrolls. Sheffield, 1990, 157-180.

SCHWERTNER, S. *Internationales Abkürzungsverzeichnis für Theologie und Grenzgebiete. Zeitschriften, Serien, Lexika, Quellenwerke mit bibliographischen Angaben.* Berlin/New York, 1974.

SILBERMAN, L. H. *A Note on 4Q Florilegium.* JBL 78 (1959), 158-159.

SKEHAN, P. W. *A New Translation of Qumran Texts.* CBQ 25 (1963), 119-123.

SLOMOVIC, E. *Towards an Understanding of the Exegesis in the Dead Sea Scrolls.* RQ 7 (1969), 3-15.

STARCKY, J. *Psaumes apocryphes de la grotte 4 de Qumran.* RB 73 (1966), 353-371 und Tafel XIII.

STEGEMANN, H. *Weitere Stücke von 4Q pPsalm 37, von 4Q Patriachial Blessings und Hinweis auf eine unedierte Handschrift aus Höhle 4Q mit Exzerpten aus dem Deuteronomium.* RQ VI (1967), 193-227.

――. *Die Entstehung der Qumrangemeinde.* Bonn, 1971.

――. *Religionsgeschichtliche Erwägungen zu den Gottesbezeichnungen in den Qumrantexten.* in: M. Delcor (Ed.): Qumran. Sa piété, sa théologie et son milieu. Paris/Leuven, 1978, 195-217.

――. *Die Bedeutung der Qumranfunde für die Erforschung der Apokalyptik.* in: D. Hellholm (Ed.): Apocalypticism in the Mediterranean World and the Near East — Proceedings of the International Colloquium on Apocalypticism Uppsala, August 12-17, 1979. Tübingen, 1983, 495-530.

――. *The Origins of the Temple Scroll.* Supplement to Vetus Testamentum XL (1988), 235- 256.

――. *Zu Textbestand und Grundgedanken von 1QS III,13-IV,26.* RQ 13 (1988), 95-130.

――. *Methods for the Reconstruction of Scrolls from Scattered Fragments.* in: L. H. Schiffman (Ed.): Archaeology and History in the Dead Sea Scrolls. The New York University Conference in Memory of Y. Yadin, (Journal for the Study of the Pseudepigrapha Supplement Series 8. JSOT/ASOR Monographs 2). Sheffield, 1990, 189-220. (im Text zitiert als: H. Stegemann (1990 Reconstruction)).

——. *Das Gesetzeskorpus der «Damaskusschrift» (CD IX-XVI)*. RQ 14 (1990), 409-434.

STRUGNELL, J. *Notes on 1QS 1,17-18; 8,3-4 and 1QM 17,8- 9*. CBQ XXIX (1967), 580-582.

——. *Notes en Marge du Volume V des 'Discoveries in the Judaean Desert of Jordan'*. RQ 7 (1970), 163-276.

——. *Bibl.Arch.Today (4QMMT)*, siehe E. Qimron Bibl. Arch.Today (1985).

——. *Israel Museum Journal (4QMMT)*, siehe E. Qimron Israel Museum Journal (1985).

——. ( et al.) *A Preliminary Concordance to the Hebrew and Aramaic Fragments from Qumran Caves II-X; Including Especially the Unpublished Material from Cave IV*. Printed from a card index prepared by R. E. BROWN, J. A. FITZMYER, W. G. OXTOBY, J. TEIXIDOR. Prepared and arranged for printing by H.-P. RICHTER. Vol. I-V. Copies distributed by H. STEGEMANN on behalf of J. STRUGNELL. Göttingen, 1988 (privately printed).

SUKENIK, E. L. *The Dead Sea Scrolls of the Hebrew University* (hebräisch). Jerusalem, 1954.

THORION, Y. *Die Syntax der Präposition ב in der Qumranliteratur*. RQ 12 (1985), 17-63.

TOCCI, F. M. *I Manosritti del Mar Morto*. Bari: Editori Laterza, 1967.

VAUX, R. DE. *DJDJ II*, siehe P. Benoit.

——. *DJDJ III*, siehe M. Baillet (1962).

VERMES, G. *The Dead Sea Scrolls in English*. Harmondsworth: Penguin Books Ltd., ¹1962 und 3. Edition 1987.

VOLZ, P. *Die Eschatologie der jüdischen Gemeinde im neutestamentlichen Zeitalter*. Tübingen, ²1934.

WAARD, J. DE. *A Comparative Study of the Old Testament Text in the Dead Sea Scrolls and in the New Testament*. STDJ 4. Leiden, 1965.

WERNBERG-MØLLER, P. *The Manual of Discipline*. STDJ I. Leiden, 1957.

WHITE, S. A. *A Comparison of the „A" and the „B" Manuscripts of the Damascus Document*. RQ 12 (1987), 537-553.

WISE, M. O. *Rezension von M. A. Knibb: The Qumran Community (1987)*. Journal of Near Eastern Studies 49/2 (April 1990), 200-202.

——. *4QFlorilegium and the Temple of Adam*. RQ 15 (1991), 103-132.

WOLFF, H. W. *Dodekapropheton 4. Micha*. BKAT XIV/4. Neukirchen-Vluyn, 1982.

WOUDE, A. S. VAN DER. *Die Messianischen Vorstellungen der Gemeinde von Qumran*. Assen, 1957.

——. *Melchisedek als himmlische Erlösergestalt in den neugefundenen eschatologischen Midraschim aus Qumran Höhle XI*. Oudtestamentische Studiën 14 (1965), 354-373 mit zwei Tafeln.

WRIGHT, A. G. *The Literary Genre Midrash*. Staten Island, NY: Alba House, 1967.

YADIN, Y. *A Midrash on 2 Sam. vii and Ps. i-ii (4QFlorilegium)*. IEJ 9 (1959), 95-98.

——. *The Scroll of the War of the Sons of Light against the Sons of Darkness* (hebräisch). Jerusalem, ²1957 (englische Ausgabe Oxford, 1962).

——. *A Note on 4Q159 (Ordinances)*. IEJ 18 (1968), 250-252.

——. *The Temple Scroll* (hebräische Ausgabe). Jerusalem, 1977.

——. *The Temple Scroll* (englische Übersetzung von Y. Yadin (1977)). Jerusalem, 1983.

——. *The Hidden Law of the Dead Sea Sect*. London, 1985.

ZEITLIN, S. *The Zadokite Documents*. Facsimile of the Manuscripts in the Cairo Genizah Collection in the Possession of the University Library Cambridge. Philadelphia, 1952.

# REGISTER

# ANHANG

A. Die Darstellung der rekonstruierten Handschrift 4Q174 (4QMidrEschat[a]).
B. Die weiterhin nicht eingeordneten Fragmente von 4Q174 (4QMidrEschat[a]).
C. Die Darstellung der rekonstruierten Handschrift 4Q177 (4QMidrEschat[b]).
D. Die weiterhin nicht eingeordneten Fragmente von 4Q177 (4QMidrEschat[b]).

*Die beiden Darstellungen, A und C, befinden sich im Mäppchen an der Innenseite des hinteren Buchdeckels.*

18

17

16

23

22

20

26

25

D Die weiterhin nicht eingeordneten Fragmente von 4Q177 (4QMidrEschat[b])

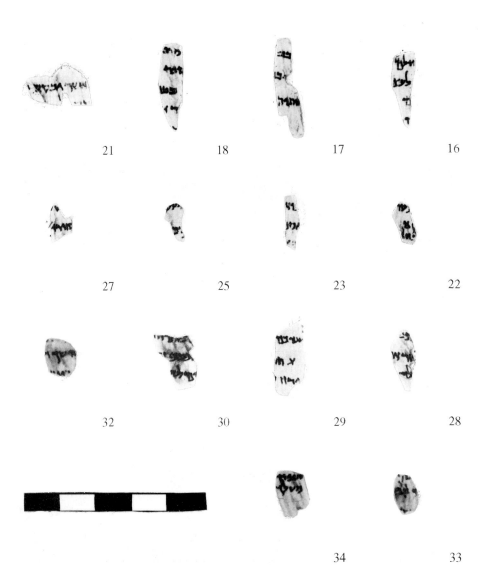